河北省高等学校人文社会科学重点研究基地资助

本书是国家社会科学重大课题
"明清华北地区府县历史文化研究与专题数据库建设"的有机组成部分

华北府县历史文化研究丛书

戴建兵 主编

巨鹿历史文化研究

秦进才 主编

天津出版传媒集团

天津古籍出版社

图书在版编目（CIP）数据

巨鹿历史文化研究 / 秦进才主编. -- 天津：天津古籍出版社，2016.11
（华北府县历史文化研究丛书 / 戴建兵主编）
ISBN 978-7-5528-0456-0

Ⅰ. ①巨… Ⅱ. ①秦… Ⅲ. ①文化史－研究－巨鹿县－文集 Ⅳ. ①K292.24-53

中国版本图书馆CIP数据核字（2016）第277105号

巨鹿历史文化研究

秦进才/主编

出版人/张玮

天津古籍出版社出版

（天津市西康路35号　邮编300051）

http://www.tjabc.net

唐山新苑印务有限公司印刷
全国新华书店发行
开本 787×1092 毫米 1/16　印张 21.75　字数 302 千字
2016 年 12 月 第 1 版　2016 年 12 月 第 1 次印刷
ISBN 978-7-5528-0456-0　　定价：54.00元

华北府县历史文化研究丛书编委会

主 任

戴建兵

编 委

徐建平	武吉庆	赵书良	朱　爱	谷更有
杨　瑞	秦进才	王俊才	陈　丽	赵生泉
申玉山	张少鹏	许　可	李红梅	习永凯
赵志伟	唐丽萍	郭晓丽	孙文阁	线　琦

序 言

以往的历史研究往往陷于三个逻辑体系之中,一是人民群众创造历史的宏大述事,二是皇帝英雄才子佳人式的传统史学模式,三是目前史学研究的个人兴趣及碎片化。我们尝试在中观史学理论的视域下,开展以府县为基本叙事单元的历史文化研究,深入挖掘和系统阐释府县历史文化的内涵和外延,并充分利用日新月异的数字与信息技术手段,积极探索文化脉动及遗产保护的新思路和新方法。易而言之,试图以国家与社会互动理论为指导,从府县这一中间层次切入整体历史,以"小地方大历史、小人物大事件"为研究路径,以当代数字与信息技术为研究手段,以基层民众生活和文化事项为研究内容,努力挖掘府县层面丰富而宝贵的历史文化资源,从府县看朝廷、政府,从府县看乡里百姓,通过系列的创新性研究成果,深刻揭示绵延不绝的中华文化的内在规律,阐明中华民族精神的渊源与特质,从而重新建构和解释宏观层面上的历史文化。

府县级政权是历史上变动最小的基层政权,它与下层百姓的联系甚为紧密。其政令运作、官民互动、社会结构、文教状况、宗教信仰、民风民俗以及境内的音乐、美术和古代建筑等,无一不与民众的日常生活和精神世界息息相关。所以,府县承载了中华历史文化的具体事项,保留了基层民众的生活场景,积淀了各具特色的大众智慧,传承了因地而异的民风与民俗,能够具体而生动地呈现郡县制确立以来丰富多彩的中华文明。

府县历史文化包含政治运行、经济活动、社会生活、文学艺术、价值观念和民俗信仰等诸多方面的丰富内涵,作为中观层面的文化形态,在中国文化的链条中承上启下,无以替代。通过研究视角和研究手段的创新,深入而系统地开展府县层面的历史文化研究,或可对当今的研究范式、文化传承和文化建设具有一定的示范和启示意义。

一、以府县为叙事单元的中观史学理论考量

在很长的一段时期内,史学研究一定程度上存有游移于宏观的宏大叙事和微观的细碎饾饤之间的偏颇。前者机械地呼应和诠释意识形态,选题流于空泛,论证失之疏阔,往往以玄想空谈代替切实印证;后者虽有视角向下和关注民间社会的正确指向,但因其较少有整体与全局之观照,每每纠缠于细枝末节,乃至同样疏离于历史的真相和常态。我们认为,新的史学观念和史学理论的引入,或可有助于这种偏弊的矫治。20世纪中期,美国社会学家罗伯特·默顿在社会学研究领域提出了"中层理论"(Middle Range Theory)概念。历史学者杨念群在把这一理论引入历史研究方面进行了筚路蓝缕的探索。他认为,"通过庙宇、宗族、一个具体的村庄来解剖中国历史上的所有变迁,这是很重要的转折,也为中层理论进入提供更多的可能性。概括地讲,一是对叙事的空间化过程,二是对某个传统空间的挖掘,这是我采用空间理论的着落点"[①]。其《中层理论——东西方思想会通下的中国史研究》和《儒学地域化的近代形态——三大知识群体互动的比较研究》等,就是这种可贵探索的见证。受其启发,我们尝试开展中观史学理论视域下的府县历史文化研究,

---

[①] 杨念群:《当代中国历史学何以引入中层理论》,《社会观察》2004年第7期。

这种尝试主要出于如下几个方面的考量。

（一）从方法论的视角而言，是试图在国家与社会之间寻找一个中间层面的切入点。视角向上的国家层面的历史文化研究，在理论上经常陷于机械诠释和简单对应意识形态之窠臼，在对象上过于关注重大事项而抽掉了一些不该忽略的具体问题，在操作上因问题过于宏大而难免顾此失彼。而视角向下的社会层面的历史文化研究，又往往缺乏对历史文化的整体把握和宏观统筹，每每忽略具体问题之间及具体问题与重大问题之间的内在关联。选取府县这样一个适中层面进行历史文化研究，一定程度上有助于上述问题的解决。

（二）从社会运行机制的视角而言，是把致思之焦聚于中间行政机构和行政力量作用于文化活动的具体方式。府县是介于国家和社会之间的中间行政机构和行政力量，它在国家主流文化和主导价值的生成及其作用方式方面起着十分重要的整合与引导作用。通过考察府县行政力量对民间文化的干预和作用方式，可以深入了解主流文化在民间发生作用的机制，从而更为准确地把握中华文化的特质及其发展变化规律。

（三）从文化纵向构成和互动路径而言，是把府县文化视为国家主流文化、社会民间文化和边缘支系文化的中间环节和调适力量。在文化构成的纵向链条上，府县层级的文化上承国家主流文化，下启下层大众文化，在上下两个层级的文化之间起着融通和调适作用。所以，通过府县文化研究来认识和把握中华整体文化，是一条值得探索的研究路径。

（四）从地域文化覆盖的特定空间范围而言，是把不同府县辖区内的文化，视为相对独立的、中等规模的、更易操作的研究样本。以往的区域文化研究，一般沿用传统的区域文化概念，如燕赵文化、齐鲁文化、湖湘文化和岭南文化等,以这一层级规模的空间范围来界定具有一定共同特征的区域文化,并将其作为相对独立的研究样本,其意义是不言而喻的。然而,它也存在着可以进一步完善的空间:一是这些较为广袤的区域内部的文化差异难以呈现;二是在对这些区域文化进行具体的研究时,尚需从具有典型意义的较小区域文化单元切入。因此,开展府县层级规模的文化研究,有望找到一系列更能充分呈现文化特征和意义的空间范围和叙事单元,使今后的区域文化研究具有更强的可操作性,从而更易于趋向深化,并取得更为实质性的进展。

二、府县视角下国家治理透视

所谓中观史观视角下的明清国家治理研究,概而言之就是试图在府县层级的低层视角下,具象观察当时中央和地方互动层面的行政运作实态,从而呈现和构架更为立体、更为活化、更为真实,乃至全息综合的历史进程。

习近平总书记在此番教育实践活动中谈到,"县一级治理在国家治理中居于重要地位。郡县治,天下安。我国自秦汉确立郡县制后,无论行政区划怎么调整,县一级都是最稳定的,历朝历代都高度重视县级官员选拔任用。清代,县令由吏部直接任命,是古代的'中管干部',而且赴任前必须到朝廷报到,皇帝亲自看,如发现有不合适或出格之人立即更换"。应该说,这一观察是建立在深入了解中国历史文化演进实际的基础之上的:

一是深刻理解历史上的国家治理。国家治理是指一个政权通过多种途径和形式,对一个国家的政治、经济、文化和社会等事务所实施的实际管理。国家治理所构架的治理体系,首先包括一整套紧密相连、相互协调的国家制度。一个国家的治理能力,或曰制度执行力,正是通过这个体系体现出来的。国家治理体系和治理能力是一个相辅相成的有机整体。一般而言,中国前近代时期国家治理的实现,主要依赖于君权神授、精神控制、官僚体系、宗法体系、乡约礼俗等。而从中观史观的视角观之,府县历史文化研究则恰恰是具体而深入地把握和理解当时国家治理链条的重要环节。

二是理清中央与地方之间的互动关系,重构当时的国家治理观念、设置和运作过程。在中观史观和区域研究视域下,明清时期的府县既是国家治理的对象,也是整个国家治理体系中的有机构成。国家治理体系和治理能力是国家制度及其执行能力的集中体现。从这一体系的纵向结构看,中央通过地方官员的任命、稽核以及舆情监测、事件显露等一系列的手段,实现对府县层级地方政权的有效掌控;而从横向的府县层级的治理实态看,各地基层政权通过司法、教谕、乡贤、礼俗等国家意志或社会文化的有形与无形设施,实施对社会基层"软硬兼施"的治理。在国家治理的垂直链条中,府县无疑承载着无可替代的承上启下功能,既上承政令,又下驭黎庶。其思维与运作方式,既不可能完全上同于中央政权,又不可能完全下化于民间社会。以高度意识形态化的儒学为例,它在本质上应该属于适应农业社会生产和生活的理论观念或官方意识形态。从某种意义上讲,其功能或许有类于宗教,而它所塑造的"朝廷的选民",在通过科场进入官场之后,以合于其学说理论的社会行为治理某一行政区域。中国传统的"知行合一",在很大程度上应该缘此而言。从思想层面看,一定意义上也可以说,正是因为有了基于正统儒学的"诚意、正心、修身、齐家、治国、平天下"的"内圣外王"期许,才使因应于此的对个人、家庭和国家等不同主体的制度强制和道德约束逐步完善。对于升斗小民而言,如果这种思想构架显得过于阳春白雪或曲高和寡,那么府县为因应于此而普遍设立的城隍土地，则无疑显得更为平易或更接地气。从行政运作层面看，诸如皇帝春日躬耕之类的象征性行为，以及各县沿袭的所谓打"土牛"、促春耕等民俗，若能加以系统研究，亦能体味出个中深意。

三是试图在国家治理与社会维系之间寻找中间层面的切入点。传统的视角向上的国家层面的历史研究，存在着一些不容忽略的问题，如在理论和方法上，有时难免陷于机械诠释和简单对应意识形态之窠臼。由于过分关注重大事项的演进，又有意无意地抽掉了中间层次的节点。而视角向下的社会史语境下的历史文化研究，又往往缺乏对历史文化的整体把握和宏观统筹，每每忽略具体问题之间及具体问题与重大问题之间最为关键的中间节点及其对应于此的内在关联。而中观史观下的府县视角，一定程度上有助于上述问题的解决。

四是通过研究对应于国家治理的社会运行机制，探索中层行政机构作用于文化、社会活动的具体方式。府县是介于国家和社会之间的中间行政机构和行政力量，从国家治理的角度而言，其在国家主流文化和主导价值的生成及其作用方式方面起着十分重要的整合与引导作用。通过考察府县行政力量对民间文化的干预和作用方式，可以深入了解主流文化在民间发生作用的机制，从而更为准确地把握中华文化的特质及其发展变化规律。

五是探索不同层级社会历史文化的纵向构成和互动路径。府县文化介于中华文化纵向结构的中间层次，对国家主流文化、社会民间文化和边缘支系文化起着至关重要的调适作用。府县文化本身及其运行机制，就是国家治理的重要组成部分。总之，在文化构成的纵向链条上，府县层级的文化上承国家主流文化，下启下层大众文化，发挥着上下融通、居间调适的重要作用。

六是从经济运行的视角而言,在中国前近代经济进程以及近代经济转轨,乃至今天的社会主义市场经济运行中,县域经济都在宏观经济发展中占有十分重要的地位。在前近代社会,小区域经济是最能反映其社会形态经济属性的研究领域。然而,关于近代经济转轨历程中的区域差别及其对整个社会的多元影响,始终未能引起学人的足够关注。毋庸置疑,小区域内的经济发展对社会生活和环境变迁的影响是复杂而多面的,而在中观史观的视域内,这种影响可以更为充分地显现出来。由此可见,明清府县经济相对良性的运行,正是前近代国家经济稳定和社会有序的物质基础,彰显了前近代经济所独有的国家经济管理理念和管理模式。

七是通过对知府和县官历史的深入考察,勾勒出较为完整的中央与地方治理的历史轨迹。习近平总书记曾言:"历史上许多名人志士为官从政也是从县一级起步的。我一直讲'宰相必起于州部,猛将必发于卒伍'。"他还引经据典并列举实例指出,举凡北宋政治家王安石、明代文学家冯梦龙、清代画家和文学家郑板桥,以及陶渊明、狄仁杰、包拯、海瑞等诸多历史名人,都曾充任过为官一任、造福一方的知县。

综上所述,中观史观视角下基于府县层级的明清国家治理研究,或可在历史研究理论、方法、范式的探索,历史研究的广度拓展和深度掘进,以及传统文化传承和现代文化建设等方面,展现出一派令人心仪的利好前景。

三、府县历史文化研究的愿景

以中观层级规模的府县行政区域作为叙事单元来开展历史文化研究,可以充分借鉴区域社会史与历史人类学领域的理论、方法和经验,既符合史学理论、方法演进的内在逻辑,又可以为历史文化的实证研究提供一系列的具体研究样本,其可预期的学术价值主要表现在以下几个方面：

(一)促进不同学科专业学术群体间的深度合作

杨念群在论及其提出中层理论的初衷时说："我在史学界提出中层理论，就是为了呼唤在国内应不断出现一些这样的概念，这些概念是对某种集团性或者地区性事物的描述。而且这种可操作性概念具有一种'一般性'。在不同的现象、维度里面，其解释的范围既可能是经济史现象，也可能是社会史现象，或者是文化史现象。它可能是一个地区的，一个社团的，也可能是一个人群的。总之是某种集束类型的现象。"①所谓"对某种集团性或者地区性事物的描述"，所谓解释一定空间范围内的"集束类型的现象"，如果在学科交叉融合的平台上来实现，无疑会大大提高研究工作的效率，解决分科治学背景下许多难以解决的问题，取得事半功倍的功效。中观历史理论视域下的府县历史文化研究，在府县这样一个空间范围内，把不同时期的历史文化作为一个整体来研究，广泛涉及历史学、考古学、经济学、政治学、建筑学、数学、计算机、艺术、宗教学、民俗学等诸多学科。所以，具有不同学科专业知识背景的研究人员的协同攻关，是顺利开展课题研究的必要条件。这种探索，可以激发不同学科专业学术群体间深度合作的自觉，一定程度上消除分科治学所造成的弊端，有可能将历史文化的特质和演进规律更为准确地呈现出来。

(二)带动新材料和新问题的发现

陈寅恪先生曾如此论述学术趋向："一时代之学术，必有其新材料与新问题。取用此材料，以研求问题，则为此时代学术之新潮流。治学之士，得预于此潮流者，谓之预流(借用佛教初果之名)。其未得预者，谓之未入流。此古今学术史之通义，非彼闭门造车之

---

① 杨念群：《中层理论与新社会史观的兴起》，《开放时代》2002年第2期。

徒,所能同喻者也。"① 我们虽不敢妄言该项探索即可收到"预流"之效,但我们期望在这一探索过程中发现一些新材料和新问题。由于学界对府县层面的历史文化研究的学术与社会价值未予足够的重视,致使很多相关资料被视为难登大雅之堂的无用或辅助材料,从而未被纳入搜集、整理和使用的范围。在进行中观史学理论视域下的府县历史文化研究过程中,随着研究视角的转换,以往那些视而不见或鲜为人知的历史文化资料将会日益引起研究人员的高度关注和全新阐释。与之相应,一些历史文化现象之间的关联性就可以被建立起来,传统视域和方法之下的一些悬而未决的问题就可能迎刃而解,而随着新材料的使用,新的问题意识就可能不断涌现,新的研究领域就可能被相继开拓。

(三) 益于比较研究法的充分使用

历史比较研究法是历史文化研究过程中常用且行之有效的研究方法,晚近以来,它得到了愈益广泛的运用。中观史学视域下的府县历史文化研究,可以为历史比较研究方法的运用提供更为广阔的空间:从时间角度看,历时与共时之间可以进行比较;从空间角度而言,不同府县之间可以进行比较。而府县这一层级规模的设定,可以为历史文化现象的比较研究提供一系列理想的比较对象。将不同区域内的不同府县的历史文化事项进行比较研究,必将有益于准确阐释一定区域内历史文化的本质特征。

(四) 直接助力地方社会文化、经济发展

目前我国经济社会发展的重要问题之一在于经济发展与社会发展不平衡,而真正的社会进步既要有经济发展的支持,更需要社会文化的全面进步。中观视角下的府县文化研究对于目前社

---

① 《陈垣敦煌劫余录序》,见《金明馆丛稿二编》,上海古籍出版社1980年,第236页。

会对于文化发展的需求恰是对症良药。首先,中观的视角摆脱了过去文化研究大而空、无抓手、远离实际的弊端。其次,中观层面的府县文化其数量本身就是文化创新的基础。第三,府县文化研究对于地方经济文化发展可有直接的助力,如非物质文化遗产的保护,地方文化旅游资源的深度挖掘,当地文化产品的设计与开发等等。

总之,中观史学理论视域下的府县历史文化研究,或可在一定程度上矫治历史文化研究领域存在的偏失,为充满变革张力的人文社会科学研究领域开辟出新的学术境界。

为此河北师范大学成立了县域历史文化中心,进行学术研究。

戴建兵　武吉庆

前　言

大麓、大陆、泰陆、大鹿、钜鏕、钜鹿泽、钜鹿邑、钜鹿郡、钜鹿县、钜鹿坞、南钜鹿郡、邢州钜鹿郡、巨鹿县、巨鹿镇、巨鹿乡、巨鹿村、巨鹿路等，以巨鹿命名的地名层次较多、字体不同、演变复杂。巨鹿王、巨鹿郡王、巨鹿公、巨鹿郡公、巨鹿郡开国公、巨鹿侯、巨鹿县侯、巨鹿县开国伯、巨鹿子、巨鹿男、巨鹿县开国男等，以巨鹿为封爵名号者等级齐全、人数众多。巨鹿之围、巨鹿之战等，在巨鹿发生的事件影响中国。巨鹿张角、巨鹿时苗、巨鹿魏收、巨鹿魏徵等，巨鹿历史人物名扬天下。巨鹿魏氏、巨鹿索氏、巨鹿堂、巨鹿家谱等，以巨鹿为郡望者遍布五湖四海。巨鹿公主曲、巨鹿公主歌辞，巨鹿道教音乐、巨鹿锣鼓乐等，以巨鹿为名的歌曲音乐源远流长、蓬勃旺盛。巨鹿血杞、巨鹿串枝红杏、巨鹿金银花等，巨鹿特色物产名声远播。诸如此类，不胜枚举。仅从上述来看，便可知巨鹿是个古老而内涵丰富、底蕴深厚的名称，包含着多方面的文化意义，凝聚了众多的历史记忆，具有独特的人文精神，值得学者们下工夫深入研究。

2011年6月10日至12日，由河北省历史学会、邢台学院主办，巨鹿县委、县政府大力支持，中共巨鹿县委宣传部、巨鹿县文广新体局具体承办的"千年古郡——巨鹿历史文化研讨会"在巨鹿县巨鹿镇华丰宾馆举行。巨鹿县县长孙保祥主持开幕式，巨鹿县委书记王素平致欢迎词，河北省历史学会会长孙继民、邢台学院副院长高庆刚等先后讲话。闭幕式由河北省历史学会副会长兼秘书长秦进才主持，邢台学院副院长傅恒杰致辞，孙继民作总结报告。会议期间，来自河北各地与北京、河南、陕西、山东等地的专家学者六十余人提交了五十二篇论文。与会学者围绕着巨鹿历史文化主题进行了严肃、认真的探索，深入、热烈的讨论，在学术交锋中碰撞出创新的火花，在相互批评中激发出思想的灵感。

与会学者考察先秦时期巨鹿之地的沿革，探索秦汉至唐中叶巨鹿郡行政区划的变迁，辨析巨鹿名称演变的历史语境，分析影响巨鹿行政区划变迁的因素，追溯西汉巨鹿郡的侯国兴衰，推进了巨鹿政区沿革诸问题的研究。对于巨鹿之战探微索隐，以《孙子兵法》审视、思考巨鹿之战，探究巨鹿之战中秦军失败的原因，考察巨鹿之战与汉初赵国、常山国政权的演变，分析巨鹿之战前后的张耳、陈馀等人的命运，深化了巨鹿之战的研究。考察魏徵的史学思想，探索魏徵的文学成就，探讨魏哲家世，研究墓志所见唐代巨鹿魏氏，分析巨鹿郡望姓氏，细化了魏徵与魏氏的研究。评论项羽，述评两汉巨鹿郡人物，考究曹操与黄巾军，考察魏晋隋唐之际的巨鹿封爵，考辨巨鹿魏澹，探索张遂、郭守敬的科学贡献，探索了巨鹿历史人物的诸多问题。考证与巨鹿郡相关的汉简，考察隋唐宋元明时期的巨鹿墓志碑刻，考究新发现的汉东光侯耿纯牌位，研究巨鹿广泽书院新定条规与《治河论》，为巨鹿历史文化研究发掘了简牍、碑刻、规章、著述等新资料。注意巨鹿人文精神的发掘，探究先秦燕齐神仙方士到巨鹿太平道的演变，讨论张角太平道的思想来源和历史价值，发掘巨鹿文化中的廉政思想及价值，探索巨鹿历史文化与巨鹿传统产业融合的思路。研究北宋大观二年黄河巨鹿决口相关问题，考察巨鹿宋城的发现与研究，探讨明清时期大陆泽、宁晋泊湖区的垦殖及其影响等，探究了巨鹿思想文化、科学技术等领域。综上所述，这是学术界首次对于巨鹿历史文化进行比较全面的专门研讨，既有新资料的发掘，新方法的运用，新领域的开拓，也有老问题的深化进展，旧课题的细化推进，取得了可喜的成绩。

"千年古郡——巨鹿历史文化研讨会"召开四年之后，得到新任河北省历史学会会长、河北师范大学副校长戴建兵教授的支持，会议论文集纳入他所主编的"华北府县历史文化研究丛书"。我们选择会议论文中的部分稿件，编成了这部《巨鹿历史文化研究》书稿，由天津古籍出版社公开出版。限于篇幅，有些大作不得不忍痛割爱，只得请作者谅解。书稿编辑难免存在这样那样的问题，请大家批评指正，以便再版时改进。

秦进才
2015年7月4日

目　录

先秦时期巨鹿之地沿革试析　　何艳杰 1
释《禹贡》"恒卫既从,大陆既作"　陈隆文 9
西汉巨鹿郡侯国考　　李建军 12
汉唐时期的巨鹿
　　——以行政区划为中心　　侯纪润 18
浅析巨鹿名称演变的历史语境　　刘麦田 21
影响巨鹿行政区划变迁的因素分析　　程动田 28

巨鹿之战探微　　董寅生 37
关于巨鹿之战的几个问题　　王文涛 46
从《孙子兵法》审视巨鹿之战的制胜因素　　阎盛国 55
巨鹿之战再思考
　　——以《孙子兵法》为视角　　鲍家树 66
巨鹿之战中秦军失败的原因浅析　　王志松 74
巨鹿之战与汉初赵、常山国政权的演变　　郝良真 81
巨鹿之战前后张耳、陈馀略析　　李智文 86
巨鹿之战前后张耳的人生选择　　薛志清 94

取鉴·资治·反思:魏徵的史学思想
　　——以唐初官修五史为中心的考察　　张春兰 104
魏徵之史学新探　　时培磊 109
魏徵文学成就综述　　胡　蓉 118

魏哲家世考　　赵生泉 123
墓志所见唐代巨鹿魏氏
　　——以新出《魏珏墓志》为中心　　冯金忠 128
巨鹿郡望姓氏浅谈　　宋　坤 140
魏晋隋唐之际的巨鹿封爵　　杜立晖 153
巨鹿魏澹考　　薄　嘉 163
僧一行望贯之辨及其方伎成就成因新探　　顾乃武 169
从张遂、郭守敬的历法成就看古巨鹿郡自唐至元
　　在天文学领域的领先地位　　王俊才 176
历史名人与人文精神建设
　　——从魏徵和张遂谈起　　杨润平 187

与巨鹿郡相关的三枚汉简试释　　孙晓丹 194
《隋平远大将军成洪显墓志铭》考释　　毛永娟 205
魏徵《砥柱山铭》略考　　彭文峰 211
《大唐故使持节泗州诸军事泗州刺史魏府君墓志铭》考释　　郭兆斌 215
巨鹿县元代庙学碑考释　　葛仁考 221
光绪《钜鹿县志》所载县尹宋公功德碑铭考释　　白宁宁 230
《明故文林郎钜鹿知县阎公达川先生墓志铭》小考　　孙建刚　董林亭 238
由新发现汉东光侯耿纯牌位说开去　　陈　静 244
巨鹿广泽书院管理制度小考　　刘广瑞 251
《治河论》浅谈　　张重艳 256

巨鹿人文精神：从历史走向未来的胜选基因　　傅恒杰 260
先秦燕齐神仙方士到巨鹿太平道的演变　　张润泽 266
论张角太平道的思想来源和历史价值　　吕庙军 273
巨鹿文化中的廉政思想及其现代价值　　曹迎春　李奎良 280
巨鹿历史文化与巨鹿传统产业融合的构想　　杨英法 286
北宋大观二年黄河巨鹿决口相关问题研究　　陈瑞青 298

巨鹿宋城的发现与研究　　朱建路 307
明清时期巨鹿自然灾害初探　　姚东旭　王文涛 312

编后记　　秦进才 323

先秦时期巨鹿之地沿革试析

何艳杰

巨鹿作为泽名,据文献记载,至迟在战国时期已经出现。《吕氏春秋》记载:"地有九泽。越之具区,楚之云梦,赵之钜鹿。"而巨鹿作为郡县之名,一般认为是始于战国赵国,赵修筑有巨鹿邑,秦并赵后,沿用此名,秦设三十六郡,其中之一即为巨鹿郡,郡下亦设有巨鹿县[1]。汉因之。本文所研究之巨鹿之地,即相当于秦汉巨鹿郡之范围,主要包括今邢台市所辖地区。先秦巨鹿之地的情况,稀见于文献,因此不甚明了。本文拟以文献、考古资料相结合,探讨先秦时期巨鹿之地的沿革,以抛砖引玉,就教于方家。

一 巨鹿之名的由来

巨鹿,即文献中的"钜鹿",二者通用。考"钜鹿"之名的来源,当甚早。史家主要有两种观点:

第一,源于大陆泽之名。《后汉书·郡国志》载:"钜鹿,故大鹿,有大陆泽。"大陆泽又名广阿泽,《太平寰宇记·邢州·钜鹿县》释云:"广阿泽一名大陆,一名

【作者简介】何艳杰(1971年—),女,河北师范大学历史文化学院副教授,主要从事先秦史研究。

① 今巨鹿县,本为汉南䜌县、巨鹿县二县地,北魏改置巨鹿县,北齐废,隋复置,历代因之。隋代大业初此地改名巨鹿县,是据《太平寰宇记》载"遥取汉县钜鹿以名也"。原秦巨鹿县,为巨鹿之战之地,北魏时改名平乡,代有兴废,其地今属河北平乡县。本文中所研究的对象"巨鹿之地",为广义上的巨鹿之地,基本是指秦巨鹿郡所辖地区。秦设巨鹿郡,汉因之。隋改置邢州,元为顺德府,其地屡有变迁,大致相当于今河北省南自平乡、任县北到晋县、藁城一带地区。其地不仅包括今之巨鹿县、平乡县、邢台市,而且包括大陆泽一带地区。

钜鹿,一名大麓,一名沃川……郑康成注云:大陆泽在钜鹿北……《尔雅》曰:晋有大陆。《吕氏春秋》曰:晋之大陆。赵之钜鹿是也。《十三州志》云:赵有钜鹿。今其地即广阿泽也。"

第二,因古代其地多林木而得名。此说见于《汉书·地理志上》"钜鹿郡"条下注:"应邵曰'鹿,林之大者也'。臣瓒曰'山足曰麓'。师古曰:'应说是。'"

细考这两种说法,第二种说法仅是对"鹿"字的解释,巨鹿郡本位于平原地区,因此巨鹿之鹿应不是"山足"之鹿。所据文献年代较近,且仅为一家之言,其说不足据。还应以第一种观点为是。

巨鹿之地,既得名于大陆泽,可知其地原本为大陆泽的一部分,后因气候干旱、河流改道等原因,湖面缩小,陆地出现,巨鹿之地才得以聚集民生,建立城邑。

二 商代及其以前的巨鹿之地

商代之前,巨鹿之地曾是一个巨大的湖泊沼泽。《辞源》"钜鹿"条下载:泽名。即唐虞时大麓地,东西广二十里,南北三十里。亦名大陆,亦名广阿泽。故址在今河北巨鹿县北。《汉书·地理志上》"钜鹿郡"条下载:"《禹贡》大陆泽在北。"《尚书·禹贡》载:"恒卫既从,大陆既作。"此条在《史记·夏本纪》《汉书·地理志上》中均有引用。《史记·夏本纪》记载:禹"道河积石,至于龙门,南至华阴,东至砥柱……北过降水,至于大陆,北播为九河,同为逆河,入于海。"据《尚书·禹贡》《左传》《史记》等史志记载,早在唐虞时期,大陆泽的面积非常广阔,是黄河下游最大的湖泊,众多发源于太行山脉的河流汇入此湖,黄河从大陆泽向北分为九条河,分流入海。

商代早期,巨鹿泽附近已经开始成为商代井方之领地,商人开始在此建立定居点。井方是商代一个重要的方国,在甲骨文中,"井方"两字在卜辞中凡三见[1],这三条卜辞是目前学界基本认同的。还有一些与"井"相关的卜辞,这些卜辞中显示了井方与商人有着密切的联系,甚至曾经与商王联姻。关于其地望,

---

[1] 《甲骨文合集》1339 图 2.5,6796 图 2.6,33044 图 2.7。

庞小霞结合甲骨文、考古资料和文献三方面的资料,充分考证了卜辞中商代的"井方"就在今邢台一带①。邢台及其周围县市密集的商文化遗存,也证实了早在商代巨鹿泽一带已经是人类生存繁衍之地。这些商代的考古遗存中较著名的有藁城台西遗址,藁城北龙宫遗址②、隆尧东疙瘩村、邱底村、双碑遗址等③。在这些著名的商代遗址中出土了众多的房屋、墓葬和大量精美的器物。这些遗址反映了早在商代,巨鹿泽周围一带就是商文化的分布区,商人已经在此定居,并创造了灿烂的文化。

商代中期,祖乙曾经迁都至邢地。上述考古遗存中,较引人注目的是商代中期的邢台附近的曹演庄遗址。此遗址面积较大,内涵丰富,不仅出土大量的陶器、石器和骨器,并且出土了带有族徽的青铜兵器。还有葛家庄遗址,不仅出土大型仿铜陶礼品、冶铜器皿、卜骨卜甲等,还有祭祀坑和大面积的夯土遗迹。邹衡等学者研究认为,以曹演庄遗址、葛家庄遗址为中心,商代中期的邢地已经形成了聚落集群分布的形态。目前,祖乙迁邢之邢的地望虽然尚有争议,但以邹衡为首的越来越多的学者开始认为,邢应该就是现在的邢台一带。邢既可作为几代商王的都城,表明此地应该已经具有相当雄厚的经济基础。在商代中期,邢地已经是商代的重要经济文化中心,那么包括邢地在内的巨鹿之地应该已经有众多的商人居住繁衍。

商代晚期,商纣王在此地建立了沙丘台,这表明商代晚期的巨鹿之地渐渐成为一处人烟密集的文化中心。沙丘台在众多文献中留下了踪迹。《史记·货殖列传》中记载了汉代的赵、中山之地犹有"纣沙丘遗民"。《汉书·地理志上》"钜鹿郡"条下载:"纣所作沙丘台在东北七十里。"商代晚期,因为巨鹿之地山水风光秀丽,植物生长繁茂,动物众多,是理想的狩猎游玩之地;再者此地距商代晚期的都城殷墟(即今河南安阳小屯)相当近,交通便利,因此巨鹿之地成为商纣

---

① 庞小霞《商周时期邢都邢国邢地综合研究》,郑州大学 2007 年博士论文,第 24—31 页。

② 河北省文物研究所《藁城台西商代遗址》,文物出版社 1985 年;河北省文物研究所《藁城北龙宫商代遗址的调查》,《文物》1985 年第 10 期。

③ 唐云明《隆尧、内邱古遗址调查》,《文物参考资料》1958 年第 6 期;河北省文物研究所、隆尧县文物保管所《隆尧县双碑遗址发掘报告》,《河北省考古文集》(一),东方出版社 1998 年,第 133—153 页。

王经常游玩的别宫苑囿,大量从事戏乐之人聚集于该地,使得巨鹿之地人烟辐辏,经济繁盛,文化发达。

三 西周时期巨鹿之地概况

商代的井方和西周邢国地域应均位于秦汉巨鹿郡之地。西周初期,周公之子被封于邢。此事见于诸多文献记载,如《左传》僖公二十四年载:"昔周公吊二叔之不咸,故封建亲戚以蕃屏周。……凡蒋刑(邢)茅胙祭,周公之胤也。"《汉书》、金文中亦有证据,西周邢国受封之记载屡见于《邢侯簋》《麦尊》《臣谏簋》等西周青铜器铭文。如《麦尊》铭文曰:"王令井(邢)侯出玠(坯),侯于井。"此器铭文记录了邢侯被封,到宗周谒见周王,受到异常优渥的礼遇赏赐的情况。金文中"井"即是"邢"字,这也证实了西周邢国即封于商井方旧地之史实。文献和金文中所记载的周初受封之邢国即地处今邢台①,后世文献多有记载。如《汉书·地理志下》襄国县班固自注曰:"故邢国。"《左传》隐公五年:"曲沃庄伯以郑人、邢人伐翼。"晋杜预注:"邢国,在广平襄国县。"唐李泰《括地志》邢州龙岗县条云:"邢州城本汉襄国县,秦置三十六郡,于此置信都县,属钜鹿郡。项王改曰襄国……《史记》云:周武王封周公旦子为邢侯,都此。"唐李吉甫《元和郡县图志》记曰:"邢州,禹贡冀州之域。亦古邢侯之国,邢侯为纣三公,以忠谏被诛。周成王封周公旦子为邢侯,后为狄所灭。齐桓公迁邢于夷仪。按,故邢国今州城内西南隅小城是也。夷仪,今龙岗县界夷仪城是也。春秋时属晋,后三家分晋属赵,秦兼天下于此置信都县,属钜鹿郡,项羽改曰襄国,盖以赵襄子谥名也。"宋人乐史撰《太平寰宇记》中也有相关记载,与《括地志》《元和郡县图志》略同,并且在《太平寰宇记·河北道八·邢州》龙岗县下邢侯夫人冢条记载:"《北史》云:'齐武平初,有掘古冢得铜鼎,受五六升,腹有铭作科斗书,字云邢侯夫人姜氏。'"更为此地即为邢国之封地增加了实物证据。此外,宋代及以后的史籍中

---

① 关于邢国封地,史学界约有四种看法,即襄国说、邢丘说、成皋大伾说、二次迁封说。以李学勤为首的诸多学者多持襄国说。

多有相关记载①。所有这些文献和金文资料，都显示出西周时期的巨鹿之地，属邢国所有，并且与商井方的居地有着承袭关系。

近年来的考古发现，既为邢国始封襄国说提供了新的证据，也有助于我们了解西周巨鹿之地的基本情况。据考古调查，邢台县及周围其他县市内发现了众多的西周遗址。如邢台县西黄村西北、西先贤村西南、固坊村、中留村及临城县山南头村村南遗址、西双井遗址，内丘县小里村北遗址，柏乡县小里铺村遗址，隆尧县双碑遗址等②。可见，西周时期巨鹿之地广布着聚落，众多百姓依然在此地聚居，繁衍生息。20世纪70年代以来，元氏西周墓出土了带有"井侯"铭文的臣谏簋等西周铜器③。近十几年来，邢台市区又发现了一批重要的西周遗址，如南小汪、葛家庄、西先贤、东先贤等，占地约有十余万平方米，其中南小汪西周甲骨的出现及葛家庄西周贵族墓葬的发掘都相当重要④。甲骨文出现于巨鹿之地，意味着西周时期此地不同寻常的历史地位。西周甲骨的发现地相当有限，目前主要集中在陕西长安丰镐遗址及岐山、扶风周原遗址、北京昌平白浮和房山琉璃河、山西洪洞坊堆等地。这些地点在西周时期都是极其重要的都邑。如周原为周人故地、周公封地，丰镐为西周都城，北京为燕国都邑，洪洞为赵城，均有着重要的历史背景。而邢台能出土甲骨，说明邢地在当时的重要历史地位。葛家庄西周贵族墓地发现大型墓五座、中型墓三十一座，加上小型墓，共约五百座。大型墓有中字形墓一座、甲字形墓四座，均带有墓道。随葬品以青铜礼品为主，残存的青铜器、原始瓷器、玉器制作精美。且墓中有车马坑随葬，有一车六马之相当于天子规格的随葬车马，墓葬规格相当于诸侯等级。这些情

---

① （宋）欧阳忞撰《舆地广记》龙岗县条；（宋）潘自牧撰《记纂渊海》巨鹿襄国郡条；（清）顾栋高撰《春秋大事表》五《列国爵姓及存灭表》；（清）高士奇撰《春秋地名考略》；光绪《畿辅通志》；（清）顾祖禹撰《读史方舆纪要》卷一五邢台县条。

② 高建强等《泜河流域考古调查简报》，《文物春秋》1992年第1期。

③ 河北省文物管理处《河北元氏西张村的西周遗址和墓葬》，《考古》1979年第1期。

④ 唐云明《邢台西关外遗址试掘》，《文物》1960年第7期；河北省文物研究所、邢台市文物管理处《邢台南小汪周代遗址西周遗存的发掘》，《文物春秋》1992年增刊；任亚珊等《1993—1997年邢台葛家庄先商遗址、两周贵族墓地考古工作的主要收获》，《三代文明研究（一）——1998年河北邢台中国商周文明国际学术研讨会论文集》，科学出版社1999年，第7—25页。

况反映出,西周时期此地曾居住着大量百姓,聚族而居,经济文化非常发达,并且其社会有着明显的贵贱等级差别;而且此地是西周时期的重要都邑,是其经济文化中心之一。

西周时期,邢国统辖的巨鹿之地为南北交通要冲,抵御戎狄的重要战略基地,西依太行山,东临古黄河,今之广宗、巨鹿、清河、任县均为古黄河河道或其支流所汇集而成的大陆泽。邢国之境北为燕国,境南则为卫国,地处北接燕、南联卫的交通要道,无论南下北上,邢国乃是必经之地。因此,邢国既是周王室和北方诸侯、边远民族进行政治、经济、文化交往的咽喉之地,也是协助卫国统治商遗民的重要方国。此外,邢国还是抵御戎狄的前沿阵地。西周青铜器《臣谏簋》载:"隹戎大出于軧,邢侯搏戎。"《后汉书·西羌传》亦载:"邢侯大破北戎。"可知,西周时期巨鹿之地除分布着邢国外,还有一些小国如軧国等,这些封国地边戎狄,是遏制戎狄入侵,保卫周朝疆土的战略堡垒。

四 东周时期的巨鹿之地

春秋初年,巨鹿之地先属邢国,后为狄人占有。巨鹿之地本属邢国所有,但从公元前662年始,此地不断受到狄人的侵略,至公元前660年,邢国为狄所逼迁都,过黄河,居于夷仪①,原黄河东岸之邢国之地尽属狄人所有,此事见于《春秋·庄公三十二年》(前662年)、《左传·闵公元年》(前661年)。从公元前659年至前589年,大约七十年时间内,原来邢国之地大部分被狄人占领,后来晋国驱逐了狄人,并据有了此地。有学者认为此期间卫曾占领邢地,此说不确②。

春秋时期,晋国统属的巨鹿之地先后由巫臣、赵氏进行统治。《左传·成公二年》(前589年)记载,楚国的贵族申公巫臣出奔晋国,"遂奔晋,而因郤至。以臣于晋,晋人使为邢大夫"。杜注:"邢,晋邑。"巫臣奔晋之事亦见于《史记·晋世家》。顾栋高《春秋大事表》卷六中认为:"今邢台县西南为邢国,后入晋为邢邑。

---

① 夷仪之地望,史学界亦有歧见,大致有三种说法:温县邢丘说(今河南温县北平皋);襄国县西说(今河北邢台西);山东聊城夷仪聚说(今山东聊城市)。学界多持山东说。

② 详细论证见庞小霞《商周时期邢都邢国邢地综合研究》,郑州大学2007年博士论文,第123页。

晋以申公巫臣为邢大夫,哀四年齐国夏伐晋取邢,即此。"①《春秋》襄公二十六年亦载:"子灵(巫臣)奔晋,晋人与之邢,以为谋主。扞御北狄,通吴于晋,教吴叛楚。"可知,此时邢邑属晋,并且北边狄。巫臣及其子在邢邑经营多年,邢邑及其周边地区均属其管辖之地。

其后,齐国曾从晋国手中夺取并占领巨鹿之地一段时间。《左传》哀公四年载:"国夏伐晋,取邢、任、栾、鄗、逆畤、阴人、盂、壶口。会鲜虞,纳荀寅于柏人。"邢,杨伯峻注:"即今河北邢台市。任,在今河北任县东南;栾,据江永《考实》,今河北栾城县及赵县北境皆古栾邑地。"可知其中的邢、任、栾都属汉巨鹿郡之地。

但此后第二年和第三年,即前490年和前489年,《左传》哀公五年、六年载晋赵氏先南伐卫,后北伐鲜虞。这表明,晋国赵氏重新将巨鹿之地夺回,并加以经营。齐人夺取邢及其周边之地,只是为了支援中行氏和范氏,但不久齐国被晋国赵氏打败,赵氏联合韩、魏、智氏灭掉了范氏和中行氏,又夺回了包括巨鹿之地在内的邢、柏人、邯郸等地。可知,此后巨鹿之地属晋国赵氏所有。

春秋末期至秦并赵之前,巨鹿之地一直属于赵地,人口众多,经济繁荣。巨鹿之地的邢邑在战国早期曾一度成为赵国的都城。有学者考证,前453年至前424年,赵襄子曾都于此②。是邢曾是赵国的政治中心。此后邢邑及其周边的巨鹿一带一直是赵国的领土。邢台市区及邢台县附近的考古调查表明,东周时期此地存在约十七处考古遗址。其中东董村墓地规模巨大,面积至少七万平方米,估计有上千座墓葬,已发掘的有一百三十一座。葛家庄十七座东周墓中,最为突出的M10有墓道,一椁三棺,并残存铜器、玉器等精美随葬品,显然是高级贵族之墓。从这些考古资料可知,巨鹿之地在春秋战国之时经济继续发展,城邑众多,居住着大量的百姓。

综上所述,商代之前,巨鹿之地遍布湖泊沼泽。商代井方之人世代居于巨鹿之地,自商代中期始,此地地位渐渐重要,商王祖乙曾迁都于巨鹿所属的邢,

---

① 关于巫臣所处之邢的地望,学界有两种观点,一为今河北邢台,一为河内邢丘(今河南温县平皋古城)。江永《春秋地理考实》、李贻德《春秋贾服注辑述》、近人赵福寿《邢台通史》均持河北邢台说,此处从之。

② 孙继民《战国赵都迁耿管见》,《邢台历史文化论丛》,河北人民出版社1989年。

巨鹿之地一度为商朝的政治中心；至商代晚期犹是商王畿所属之地，并为商纣王的离宫，是商晚期的文化艺术中心。西周时期，巨鹿之地为周朝的重要封国邢国之属地，是交通南北的要地，防范商人的基地，抗击戎狄的前沿。东周时期可分春秋、战国两段。春秋时期巨鹿之地先属邢，再沦入狄人之手，后为晋所据。春秋末期至秦并赵之前，巨鹿之地城邑众多，一直是赵国的重要领地，其中邢邑更是赵国重要的政治、经济中心。

释《禹贡》"恒卫既从,大陆既作"

陈隆文

《禹贡》是中国古代最早的地理文献,同时也是中国古代最富于科学性的地理记载,它是以证实为目的而用了分区的方法来说明各区的地理情况的。它的分区标准,是名山大川的自然界划[①]。《禹贡》中所载名山大川甚多,对今河北省的地区范围内的山河记载也颇为详尽,这些记载对我们今天研究此区域内的地理环境有着十分重要的价值。《禹贡》冀州中就有"恒卫既从,大陆既作",如何理解两句的价值,本文试做抛砖引玉之说。

首先,"恒卫既从"。胡渭《禹贡锥指》说:上曲,上曲阳今为曲阳县,属直隶真定府之定州,其故城在县西。灵寿县今属真定府,其故城在县西北。恒即滱水,卫即滹沱也,古今异名耳[②]。顾颉刚先生也说:"恒、卫是两水名,从来有二说,一是《汉书·地理志》说:常山郡上曲阳,恒山北谷在西北,《禹贡》恒水所出,东入滱。灵寿,《禹贡》卫水出东北,东入虖池。又《汉志》说:'代郡灵邱'。滱河东至文安入大河。卤城,虖池河东至参合入虖池[河]。"恒、卫及滱水、虖池四水。皆各有源流,不相通假。二是《水经·滱水注》说:"滱水东过上曲阳北,恒水自西来注之,自下滱水兼纳恒川之通称,此即《禹贡》所谓'恒、卫既从'也"。滹沱水注已迭,郦道元既以恒入滱得相通称,那么滹沱受卫之后,也可通称卫水。王鸣盛《尚书后案》、成蓉镜《禹贡班义述》等均主第一说。胡渭《禹贡锥指》根据《水经注》,证明直隶(今河北)曲阳以下的滱水(今唐河)即恒水,灵寿以下的滹沱

【作者简介】陈隆文(1969年—),男,郑州大学历史学院副教授,博士后,主要从事历史地理学研究。

① 中国科学院地理所编辑《中国古代地理名著选读》(第一辑),学苑出版社2005年,第1页。
② (清)胡渭著,邹逸麟整理《禹贡锥指》,上海古籍出版社2006年,第50页。

即卫水。如这里说的"恒、卫既从",是九河既导以后,恒、卫两水从河以入海,那么《水经注》合流通称的说法还讲得过去,所以齐召南《尚书注疏考证》、徐文靖《禹贡会笺》、钱坫《地理志斠注》皆从《水经注》①。因此,按胡、顾二位之说,这里的恒、卫即指滱水和滹沱水而言。滹沱水即今天滹沱河。而滱水今名唐河,东流经白洋淀注入大清河。滱水在《水经注》中载之甚详,而《禹贡》中恒水的变迁胡渭《禹贡锥指》中也有详尽的记载,胡渭说:"恒水之源所谓恒阳溪者,亦改流南向,合于漳水,而曲阳以下,渎同而源则非矣。"②按照胡渭之说,在《禹贡》时代,恒水即漳水的支流。

其次,"大陆既作"。大陆,按顾颉刚先生所说:"大陆,泽名,在今河北任县东北,与钜鹿、隆尧二县接界,古有广阿、钜鹿、泰陆、大麓、沃川等名称,又呼为张家泊。旧时泽地甚广,跨有今河北束鹿、隆尧、宁晋诸县,后世淤断,遂分为二,一般叫宁晋泊为北泊,大陆为南泊,今皆淤成平地。据《尔雅》,广平的地方叫陆,大陆是说有很大的一片平原,大陆地平近河,河水已治,水患既除,河北平原可以耕种了。"③而胡渭《禹贡锥指》也说:"大陆,大陆在钜鹿县北。《释地》十薮云:'晋有大陆'。孙炎等皆云今钜鹿县广阿泽也。广平曰陆,泽虽卑下,旁带广平之地,故统名焉。曾氏曰:恒、卫二水在帝都之北而且远,大陆地最卑,而河所经,故其成功在田赋之后。林氏曰:恒、卫、大陆成功在田赋既定之后,故不与覃怀、衡漳文势相属。黄氏曰:河未入海,则恒、卫合而为弥漫之势,大陆沦焉。自河北流不壅,恒、卫皆顺从,大陆于是可耕作矣。东阳陈氏曰:谓大陆为地者,盖以陆名地也;谓大陆为泽者,盖大陆之旁有泽,而因地以名泽也。今《经》言'大陆既作',则是其地已可耕作,而泽则非可以言作矣。故孔说为当。"

在这里,《禹贡》的作者明确指出,恒水(即漳河)、卫水(即滹沱水)从河入海,是大陆泽周边地区广平之地变为可耕之田的重要条件。从地理上来看,大陆泽、大野泽位于新生代以来差异性断陷下沉所形成的冀中坳陷与济宁—成武断陷之中。进入第四纪以后,由于黄河冲积扇、漳河冲积扇与滹沱河冲积扇

---

① 《中国古代地理名著选读》(第一辑),第10页。
② 《禹贡锥指》,第54页。
③ 《中国古代地理名著选读》(第一辑),第10页。

的相继形成,使冲积扇与冲积扇之间以及冲积扇的前缘低洼地区沥水停积,遂潴成泽。黄河冲积扇向北、向南、向东微微倾斜。向北倾斜,同漳河、滹沱河的冲积扇共同作用,在扇前的低洼地区形成了大陆泽①。也就是说,大陆泽实际是黄河冲积扇、漳河冲积扇和滹沱河冲积扇前缘之间的一片洼地,因受东面黄河故道的阻挡,水流在此潴聚而成湖泊②。所以,"恒卫既从"是讲大陆泽形成的原因与条件。而全新世以来,东亚大陆经历了三次气候波动,无论是对黄河冲积扇还是对湖泊的发育均产生了重要的影响。按照张义丰先生的研究,全新世晚期气温开始下降,并向干冷发展。孢粉组合以木本松属占优势,栎属、柳属、木樨等次之;草木有麻黄、菊科、十字花科、藜属、蓼科、禾本科、莎草科、泽泻属、狐尾藻属、眼子草属、天南星、玄参科、车前科等;蕨类孢子有石松属、凤尾蕨属、水龙骨科、黑白科、阴地蕨属和马蕨等。此时,雨量变小,而多集中在7月到9月,以暴雨为主。黄土高原水土流失严重,河流洪水和片状洪水的作用形成了近代的冲积扇。黄河的泛滥改道,淤积又使冲积扇不断加高,不断地向外扩展,从而影响到大陆泽、大野泽由扩张转向收缩③。而大禹治水之举正是发生在这一期间之内,由于黄河、漳河、滹沱河的共同塑造,特别是干冷气候条件下,黄河、漳河、滹沱河泥沙的淤积作用,直接促使太行山东扇前低洼地区潴水逐渐趋向收缩,再加上这一时期人们开始在大陆泽周边地区垦殖,故其周边垦田活动不断增多,因此在大陆泽周边地区出现了大量的围田,也即所谓《禹贡》中所说"恒卫既从,大陆既作"。而这一说法,正从两个方面印证了湖泊既是自然的产物,同时也受到人类活动的影响。

---

① 张义丰《黄河下游大陆泽和大野泽的变迁初探》,《河南师范大学学报》1984年第1期,第79页。
② 《黄河下游大陆泽和大野泽的变迁初探》,《河南师范大学学报》1984年第1期,第80页。
③ 《黄河下游大陆泽和大野泽的变迁初探》,《河南师范大学学报》1984年第1期,第80页。

西汉巨鹿郡侯国考

李建军

关于巨鹿郡政治区划的研究,前人多有研究,但大多集中于对郡一级单位的沿革。对于县一级政区的研究还有待深入,本文拟在前人成果基础上,对巨鹿郡政区进行考察。在西汉时代,大量的封侯使政区沿革变得错综复杂,所以研究侯国的置废情况是考证政区沿革的必要步骤。

一 西汉初年巨鹿地域范围

关于巨鹿郡的设置年代,《汉书·地理志上》(以下简称《志》):"钜鹿郡,秦置。"按谭其骧《秦郡新考》认为,邯郸、巨鹿二郡当置于秦始皇十九年(前228年),秦尽定赵地时[1]。其在《秦郡界址考》一文中认为,秦分太行山以东赵地为二郡,邯郸当有西部山丘地带,巨鹿当有东部平原地带,即《汉书·地理志》所载之钜鹿、广平、清河、信都、河间地,及勃海郡的东平舒以南和大河以北的滨海数县[2]。《汉书·地理志》载:"赵地……东有广平、钜鹿、清河、河间,又得勃海郡之东平舒、中邑、文安、束州、成平、章武,河以北也。"再加上《汉书》涿郡之南部高阳、武垣、中水、饶阳、蠡吾、安平等县,大致为汉初巨鹿郡的地域范围。

汉初巨鹿郡地域应当与秦代相同。按周振鹤《西汉政区地理》,巨鹿郡最晚于高祖九年(前198年)析置清河、河间两郡。文帝十五年,河间国除后,分为河

【作者简介】李建军(1984年—),男,河北师范大学历史文化学院硕士研究生,主要从事秦汉史研究。

[1] 谭其骧著《长水集》(上),人民出版社1987年,第3页。
[2] 《长水集》(上),第19页。

间、广川、勃海三郡。故高祖九年之后巨鹿郡只有巨鹿、广平。武帝元朔、元狩间，分巨鹿郡置广平郡。

二　高祖九年(前198年)之前巨鹿郡所置侯国

清河(《史记·高祖功臣侯者年表》作清阳)王吸。高祖六年(前201年)十二月甲申封。元光二年(前133年)，无后，国除。六十八年。《志》清河。案：清阳当是，清河为郡名，不当封。

曲周郦商。高祖六年(前201年)正月丙午封。景帝中元二年(前148年)，有罪，国除。五十三年。《志》广平，武帝建元四年(前137年)置曲周县。

贳傅胡害。高祖六年(前201年)三月庚子封。元鼎元年(前116年)，侯傅猜坐杀人，弃市。八十五年。《志》巨鹿。

任张越。高祖六年(前201年)封，高后三年(前185年)，坐匿死罪，国除。十六年。《志》广平。案：封年任当属巨鹿。

乐成丁礼。高祖六年(前201年)八月甲子封。元鼎二年(前115年)，元鼎五年，侯丁义坐言五利侯不道，弃市，国除。《志》河间。

辟阳审食其。高祖六年(前201年)八月甲子封，汉景帝二年(前155年)，侯审平坐谋反，自杀，国除。四十六年。《志》信都。

复阳陈胥。高祖七年(前200年)十月甲子封。元狩二年(前121年)，陈强坐父康侯陈拾非陈嘉子，国除。七十九年。《志》南阳，非是。《河北通志稿》载治在枣强西南。《水经注》载："清河又东北迳复阳县故城西，汉高祖七年封右司马陈胥为侯国，王莽更名之曰乐岁。"①

历程黑。高祖八年(前199年)十月癸酉封。汉景帝中元年(前149年)，侯程灶有罪，国除。五十年。《志》信都。

宋子许瘝。高祖八年(前199年)二月丁卯封。孝景中二年(前148年)，侯许九坐寄使匈奴买塞外禁物，国除。五十一年。《志》巨鹿。

强留肹。高祖八年(前199年)三月丙戌封。文帝五年(前175年)，侯留复

---

① (北魏)郦道元著，陈桥驿校证《水经注校证》卷九《淇水注》，中华书局2007年，第240页。

有罪,国除。二十四年。《河北通志稿》载治枣强。

建成吕释之。高祖六年(前201年)四月丙戌封。汉惠帝二年(前193年),嗣,高后二年(前186年),侯吕则有罪,国除。十五年。《志》有三个建成县分属勃海、沛郡、豫章。《大清一统志》在沛郡与《畿辅通志》在勃海互异。存疑。

三 高祖十年(前197年)至武帝元朔元狩间 (即巨鹿郡分广平郡之前)所置侯国

堂阳孙赤。高祖十一年(前196年)正月己未封。汉景帝中六年(前144年),侯孙德有罪,国除。五十二年。《志》巨鹿。

禾成公孙昔。高祖十一年(前196年)正月己未封,文帝十四年(前166年)国除。三十年。《志》鄡,莽曰禾成亭。《水经注》卷十《浊漳水注》载:"东分为二水,枝津右出焉,东南流,谓之百尺沟,又东南迳和城北,世谓之初丘城,非也。汉高帝十一年,封郎中公孙昔为侯国。"和城即禾成,属巨鹿,在敬武县与贳县之间①。

广阿任敖。高祖十一年(前196年)二月丁亥封。汉文帝三年(前177年),元鼎二年(前115年),侯任越人坐为太常庙酒酸,国除。八十一年。《志》巨鹿。

新市王弃之。汉景帝六年(前151年)四月乙巳封。元光四年(前131年)侯王始昌为人所贼杀。二十年。《志》巨鹿。

平棘薛泽。汉景帝中五年(前145年)封。元狩元年(前122年),侯薛穰坐受淮南贿赂称臣,在赦前,国除。二十三年。《汉书·高惠高后文功臣表》标为平棘,《志》在常山。案:汉景帝中五年以常山郡封王子刘舜为常山国,故平棘初封时当属巨鹿。

四 元鼎之后巨鹿郡所置侯国

题张富昌。延和二年(前92年)九月封,后元二年(前87年)四月甲戌,为人所贼杀。国除。五年。《汉书·景武昭宣元成功臣表》标在巨鹿。案:《志》清河

---

① 《水经注校证》,第266—267页。

有芯题。

襄嚵刘建。赵敬肃王子。元朔元年(前128年)六月甲午封,元鼎五年(前112年),坐酎金免,国除。十六年。《汉书·王子侯表上》标为广平,《志》无。案:疑始封属巨鹿郡,后属广平,省并。

封斯刘胡伤。赵敬肃王子。元朔元年(前128年)六月甲午封,除年不详。《志》常山。案:元朔元年,常山郡为国,不当封,初封应属巨鹿。

朝刘义。赵敬肃王子。元朔元年(前128年)六月甲午封,五凤四年(前54年),坐酎金少四两免,国除。七十四年。《志》广平有朝平。案:朝平在广平郡北部,始封当属巨鹿。

易安刘平。赵敬肃王子。元朔三年(前126年)四月甲辰封,始元元年(前86年),侯刘德坐杀人免。四十年。《汉书·王子侯表上》鄗,《志》在常山。案:始封当属巨鹿郡,易安当为鄗县一部分,后属常山郡。

象氏刘贺。赵敬肃王子。元朔三年(前126年)四月甲辰封,王莽篡位绝。一百三十四年。《志》巨鹿。

歇刘延年。赵敬肃王子。元朔五年(前124年)十一月辛酉封,元鼎五年(前112年),坐酎金免,国除。十二年。《汉书·王子侯表上》、《志》缺。《史记·建元以来王子侯者年表》作鄗属常山。案:元朔五年,常山郡尚为常山国,故始封当属巨鹿。

甘井刘光。广川缪王子。元鼎元年(前116年)七月乙酉封,征和二年(前91年),坐杀人弃市,国除。二十五年。《汉书·王子侯表上》标在巨鹿,《志》无。

襄堤刘圣。广川缪王子。元鼎元年(前116年)七月辛卯封,地节四年(前66年),坐奉酎金斤八两少四两,国除。五十年。《汉书·王子侯表上》标在巨鹿,《志》无,盖已省并。案:信都有高堤、平堤。

昆渠复絫。元鼎五年(前112年)五月戊戌封,地节四年(前66年)薨,无后,国除。《汉书·景武昭宣元成功臣表》标在巨鹿。

南䜌刘佗。赵敬肃王子。不得封年,征和二年(前91年),坐酎金免,国除。《汉书·王子侯表上》、《志》巨鹿。

鄗刘舟。赵敬肃王子。不得封年,征和四年(前89年),坐祝诅上,要斩,国除。《汉书·王子侯表上》常山。案:初封时常山为国,当属巨鹿郡。

南曲刘迁。清河纲王子。始元六年(前81年)五月乙卯封,三十年薨。甘露三年(前51年),节侯江嗣。侯尊嗣,免。《志》广平。案:南曲侯国初封时,广平郡为平干国,不当属,按《中国历史地图集》当属巨鹿或魏郡。

新市刘吉。广川缪王子。元凤五年(前76年)十一月庚子封,传三世,除年不详。《汉书·王子侯表下》堂阳,《志》巨鹿。案:新市当为析堂阳县而置。

安定刘贤。燕剌王子。本始元年(前73年)七月壬子封,传三世,除年不详。《汉书·王子侯表下》、《志》巨鹿。

乐乡刘佟。河间献王子。地节二年(前67年)四月癸卯封,传四世,除年不详。《汉书·王子侯表下》巨鹿,《志》信都。案:应当是初封属巨鹿,后属信都。

平堤刘招。河间献王子。地节二年(前67年)四月癸卯封,传四世,除年不详。《汉书·王子侯表下》巨鹿,《志》信都。案:平堤初封属巨鹿,信都为郡,属信都。

昌成刘元。广川缪王子。神爵三年(前59年)四月戊戌封,建平三年(前4年)质侯刘江薨,无后,国除。《汉书·王子侯表下》、《志》信都。案:应当是初封属巨鹿,后回归信都。

乐信刘强。广川缪王子。神爵三年(前59年)四月戊戌封。历四世,王莽篡位,国除。《汉书·王子侯表下》、《志》巨鹿。

广乡刘明。平干顷王子。神爵三年(前59年)七月壬申封。传四世,除年不详。《汉书·王子侯表下》巨鹿,《志》广平。案:应当是初封属巨鹿,后回归广平。

西梁刘辟兵。广川戴王子。神爵四年(前58年)三月乙亥封,传四世,除年不详。《汉书·王子侯表下》巨鹿,《志》信都。案:应当是初封属巨鹿,后回归信都。

成陵刘充。平干顷王子。神爵四年(前58年)三月癸丑封。鸿嘉三年(前18年),侯刘德坐弟与后母乱伦,共同杀害兄长,刘德知情不举,大逆不道,下狱瘐死。四十年。《汉书·王子侯表下》广平,《志》无。案:《志》无,当为后省并。

历乡刘必胜。广川缪王子。神爵四年(前58年)七月壬子封,传四世,王莽篡位,国除。《汉书·王子侯表下》、《志》巨鹿。

柞阳刘仁。平干顷王子。五凤元年(前57年)四月乙未封,初元五年(前44年),侯刘仁坐擅兴繇赋,削爵,为关内侯。十三年。《汉书·王子侯表下》广平,

《志》无。

武陶刘朝。广川缪王子。五凤元年(前57年)七月壬午封。王莽篡位,国除。《汉书·王子侯表下》、《志》巨鹿。

桃刘良。广川缪王子。初元元年(前48年)三月封。传三世,除年不详。《汉书·王子侯表下》巨鹿,《志》信都。案:应当是初封属巨鹿,后回归信都。

贳乡刘平。梁敬王子。建昭元年(前38年)正月封,建昭四年(前35年),病狂自杀,国除。案:《志》巨鹿有贳县,当为先设侯国,后国废置县。

安乡刘喜。赵哀王子。竟宁元年(前33年)四月丁卯封。王莽篡位,国除。《志》巨鹿。

柏乡刘买。赵哀王子。竟宁元年(前33年)四月丁卯封。王莽篡位,国除。《志》巨鹿。

五 结 语

综上所考,从巨鹿郡所置侯国的范围可以看出,巨鹿郡的范围在西汉时代不是一成不变的,它是一个变化的过程。以巨鹿郡分置河间、清河二郡为限,可分为大巨鹿郡和小巨鹿郡。其中大巨鹿郡时间较短,小巨鹿郡时间较长。小巨鹿郡侯国置废情况在一定程度上反映了巨鹿郡与赵国、巨鹿郡与信都(广川)国、巨鹿郡与广平(平干)国边界变化情况。对上述变化情况的考察,为确定西汉不同时期巨鹿郡边界伸缩,提供了可能。

汉唐时期的巨鹿
——以行政区划为中心

侯纪润

巨鹿这个地名古已有之,最早出现应是在秦朝。秦始皇统一六国,将天下分为三十六郡,其中之一就被命名为巨鹿郡。

汉承秦制,巨鹿在西汉时代依然沿袭了秦代的名称,由二十个县组成,分别是巨鹿、南䜌、广阿、象氏、廮陶、宋子、杨氏、临平、下曲阳、贳、鄡、新市、堂阳、安定、敬武、历乡、乐信、武陶、柏乡和安乡。首先就是巨鹿县,先秦的地理书《禹贡》就曾记载,这块地方很早就有人类活动。商朝末代王纣贪图享乐,就曾在今巨鹿东北方七十里的沙丘建立了一个离宫别馆,命名为沙丘台。秦始皇出巡时,不仅路宿沙丘台,最终还病死于此处。巨鹿郡下的很多地方除了是县行政区划外,很多同时还是侯国。汉朝取秦朝而代之,汉高祖吸取了秦代的经验教训,政治上不仅采用了中央集权,地方上设立郡县,还分封子弟和功臣,建立了众多的王国和侯国,分封建卫,以巩固政权。巨鹿郡下的很多县同时也是侯国,据《汉书·地理志上》记载有象氏、新市、安定、历乡、乐信、武陶、柏乡、安乡八个侯国。

东汉时代,巨鹿郡依然存在。汉光武帝建武十三年(37年),广平侯国被取消,变成一个县,隶属巨鹿。这时,巨鹿郡所属县的数目减少,由西汉时期的二十个县减为十五个,分别是廮陶、巨鹿、杨氏、鄡、下曲阳、任、南和、广平、斥章、广宗、曲周、列人、广年、平乡、南䜌[①]。时代进入晋朝,"州"取代"郡"成为地方上

【作者简介】侯纪润(1977年—),女,西安碑林博物馆馆员,主要从事历史文献研究。

① (宋)范晔撰《后汉书》志二十《郡国二》,中华书局1965年,第3433页。

最高的行政区划。"州"最早是作为监察行政区域的名称,是用来监察郡县的官员的。汉武帝把全国分为十三个州,官员称刺史。后来刺史权力越来越大,积久成制,变为地方行政长官。到了东汉末年,州刺史拥兵自重,相继成为割据一方的势力。为了防止外重内轻,限制地方势力的膨胀,魏晋南北朝时不断分州析郡,州的数目逐渐增多,成为该时期的地方最高一级行政机构,置于郡、县之上。东晋时代,巨鹿属于冀州。《晋书》冀州条下记州统郡国十三,县八十三,其中有巨鹿国,下统县二,户一万四十。这两个县是瘿陶、巨鹿[1]。相比东汉时代,杨氏、鄡、下曲阳、任、南和、广平、斥章、广宗、曲周、列人、广年、平乡、南䜌都不在其下。鄡、下曲阳、平乡都在赵国属下。广宗属安平国。

　　西晋末年发生"八王之乱",永嘉南渡,北地尽失。随东晋皇室渡江者有数万之众,其后还陆陆续续有很多人从胡人统治下逃至江南。当时北方人民与士族大量南迁,多相聚而居。为妥善安置流民,东晋南朝政府在其管辖地区内用北方地名设立了大量侨州、侨郡、侨县安置北方士族,以维持其郡望,保持其特权,同时借以缓和南北士族的矛盾,以巩固统治。太清二年(548年)在江南设立了巨鹿郡,并下辖六县置。从地域上说,这跟秦和汉时代的巨鹿郡没有多少关系。

　　而同一时期原来巨鹿郡的这片土地上,却发生了多次政权更替。永嘉二年(308年),石勒占领巨鹿及周边地区,部队人数增加到十多万。此时,石勒网罗了众多的"衣冠人物集为君子营。乃引张宾为谋主。始署军功曹,以刁膺、张敬为股肱,夔安、孔苌为爪牙,支雄、呼延莫、王阳、桃豹、逯明、吴豫等为将率"[2],吸收汉族地主中的才智之士为其出谋划策,真正拥有一支多谋善战的军事力量,并在东晋太兴二年(319年)建立赵国,史称后赵。后来巨鹿被慕容儁、苻坚等占领,先后成为前燕和前秦的国土。晋孝武太元八年(383年),苻坚在攻打东晋的淝水之战中大败,慕容垂趁机占领此地,建立了中山国,史称后燕。鲜卑族在北方兴起,建立北魏,灭后燕,又在巨鹿之地建立了两个郡,魏郡和广平郡[3]。

---

[1] (唐)房玄龄等撰《晋书》卷十四《地理上》,中华书局1974年,第423页。

[2] 《晋书》卷一〇四《石勒载记上》,第2711页。

[3] (北齐)魏收撰《魏书》卷一〇六上《地形志上》,中华书局1974年,第2456页。

隋开皇十六年(596年),在此设置邢州,巨鹿成为其中一个县,巨鹿故城设置平乡县。后来把南䜌县的地域划入巨鹿县。唐代邢州继续存在。《旧唐书》和《元和郡县图志》都记载,武德元年(618年),邢州改为邢州总管府,管邢、温、和、封、蓬、东龙六州。邢州领龙冈、尧山、内丘三县。武德四年(622年),讨平窦建德,罢总管府。割内丘属赵州,仍省和、温、封三州,以其所领南和、沙河、平乡三县来属。又立任县。武德五年(623年),割赵州之内丘、柏仁来属。天宝元年(742年),改邢州为巨鹿郡。乾元元年(758年),复为邢州。唐代还曾在秦汉时代巨鹿郡的旧城上设置了巨鹿县,并把原属赵州的白起县并入巨鹿县。唐代的巨鹿县建立在西汉南䜌侯国的基础上,地理范围与汉南䜌的原址一样大①。

  从汉到唐,随着政权的改变和具体政治体制的变更,可以清晰地看到巨鹿由最高一级行政区划逐步变成县一级的行政区划,地域范围也同时逐步缩小。

---

① (后晋)刘昫等撰《旧唐书》卷三九《地理志二》,中华书局1975年,第1499—1500页;李吉甫撰《元和郡县图志》卷一五《河东道四》,中华书局1983年,第428页。

浅析巨鹿名称演变的历史语境

刘麦田

时空之中,世间万物均在变化,概莫能外。地名属于其一。现今之"巨鹿"县县名历经更改,几多反复,由一湖泊的地理名字逐步演绎为行政区划称谓,其在历史地理学界是一典型案例,意义极为重要。然相关研究较为罕见,未曾寻见深度探讨之文登载于世,故拟以其名称演绎轨迹为经,以汉语言文字学等知识为纬,循其历史脉络,考查其变化之理据,以期推动研究工作的进一步开展。

一 名称演变之轨迹

在中国历史上,巨鹿是由湖泊的地理名称演绎为行政区划名称的典型案例。据史料观察,这期间大致经历了四个阶段:

一是滥觞于普通地理名称"大麓"。大麓始为地名,后演化为湖泽名称。有文献记载的最早的文字是《尚书·舜典》记载:"纳于大麓,烈风雷雨弗迷。"意思是"他(指舜)还到深山老林中去经受风雨考验,即使在狂风暴雨和电闪雷鸣时也不迷失方向。"显然"大麓"是一地名,指"深山老林"。《说文解字》六篇上《林部》曰:"麓,守山林吏也,从林鹿声;一曰林属于山为麓,《春秋传》曰:'沙麓崩'。"段玉裁注曰:"林属于山为麓。……郑云:山木生于平地曰林,生于山足曰麓。《诗·大雅·旱麓》毛注曰:'麓,山足也。'盖凡山足皆得称麓也。"[①]又《尚

【作者简介】刘麦田(1977年—),女,汉语言文字学硕士,邢台金华中学教师,主要从事训诂学、词汇学研究。

① (清)段玉裁注《说文解字注》,上海古籍出版社1988年,第272页。

书古文疏证》曰:"抑思钜鹿自地名,非泽名。应劭曰:'鹿者林之大者也。'汉以此氏其县。"①据文献之义可知:巨鹿一名可能源于地名,汉代人采用这种说法。

二是确立于术语专名"大陆"。史有大陆泽,《尔雅·释地》曰:"鲁有大野,晋有大陆,秦有杨陓,宋有孟诸,楚有云梦,吴越之间有具区,齐有海隅,燕有昭余祁,郑有圃田,周有焦护,十薮。"又《说文解字》一篇下《艸部》中有"薮:大泽也。"《毛诗传》曰:"薮、泽,此统言则不别也。"②由此,我们可以知道,"晋之大陆"是一泽名;从统言的角度来看,泽和薮是不做区别的。后代的史书也有确凿的记载,《后汉书》记有:"钜鹿郡有大陆泽。"③

通过史料的整理,我们发现两说都有道理。无论是地名还是湖泽之名,大致上说,大麓和大陆所指相当,差别有二:一是时间有先后,大麓在前,大陆继后。《资治通鉴》卷八秦二世二年后九月:"章邯已破项梁,以为楚地兵不足忧,乃度河北击赵,大破之,引兵至邯郸,皆徙其民河内,夷其城郭。张耳与赵王歇走入钜鹿城。"《汉书·地理志上》载:"钜鹿县属钜鹿郡。"北魏地理学家阚骃撰《十三州志》曰:"钜鹿,尧时大麓之地,禹为大陆之野。"即先有大麓,后有大陆。二是两者最后合流,都成为专门术语,所指单一,属于同地异名。《尔雅·释地·十薮》云:"晋有大陆。"④《禹贡长笺》卷二说:"孙炎等皆云:今钜鹿县广河泽也。"《太平寰宇记》云:"广阿泽一名大陆,一名钜鹿,一名大麓,一名沃川,在县西北五里。其泽东西二十里,南北三十里。"⑤由此,我们知道:大麓、大陆、广阿泽、巨鹿等名称实指一地。

三是发展于行政区划专名"钜鹿"。钜鹿由地理名称演绎为行政区划名称,其间名称历经变化,根据该县地方志相关资料,可以大致划分为四个时期:秦以前,钜鹿名称稳定。战国时期,先后属于邢国属地和卫国属地;后为钜鹿邑,隶属赵国;秦统天下,正式设置钜鹿郡,巨鹿从此开始成为郡的首府,所在钜鹿县。自汉至隋,钜鹿名称变化较多,行政名称频繁变化,依次经历过刘邦的南蛮

---

① (清)阎若璩撰《尚书古文疏证》卷六下,《景印文渊阁四库全书》本。
② 《说文解字注》,第41页。
③ (清)何文焕辑《历代诗话》卷七八,《景印文渊阁四库全书》本。
④ 《尔雅·释地·十薮》,《景印文渊阁四库全书》本。
⑤ (清)史乐撰《太平寰宇记》,《景印文渊阁四库全书》本。

县(属钜鹿郡)、王莽新政时的和戎郡、三国的钜鹿郡、晋时的钜鹿国、北魏的钜鹿县等;其中南䜌县作为一级行政单位,自汉刘邦设立到隋炀帝杨广废制,历经四设四废,变化频仍,这与当时政权更迭频繁有直接关系。唐至民国初,名称稳定,行政名称稳定,隶属地变化较大:始终称作"钜鹿",一直是县一级行政单位;只是归属的上一级行政单位一直在变,依次隶属于赵州、信德府、顺德路、北平布政使司、顺德府等。新中国成立初至今,名称、行政单位、隶属地及其名称都较稳定:1949年12月,建立钜鹿县人民政府,隶属邢台地区专员公署。1958年12月21日,将平乡、南和、广宗、任县,划归钜鹿县。到1961年7月,又将前四县划出,钜鹿县政区至今未变。

四是定格于现有地理专名"巨鹿"。1980年,正式改"钜鹿县"为"巨鹿县"。我们的论文从其演绎的整体出发,循着"大麓—大陆—钜鹿—巨鹿"主线来论述,舍弃了和戎、南䜌短暂性更迭名称的探究。

在此需要说明的是,在历史发展过程中,"钜鹿"和"巨鹿"有过一段同时存在的时期。宋夏僎撰写的《尚书详解》卷八:"大陆,故曰至于大陆,大陆即巨鹿也。"[1]可以看出,至少在宋代就出现了作为地名的"巨鹿"二字,以后一直沿袭下来。如清代钱唐倪涛撰写的《六艺之一录》[2]:"卷首有子昂赵氏印及云房清玩印,尾有巨鹿郡图书印"等字样。人们在两者之间为什么选择了后者"巨鹿",在下面阐述命名理据时会涉及。

二 名称变化之理据

事物名称的演变属于名物演变的范围,传统训诂学特别注重这方面的研究,尤其在名称"得名之由"方面取得了引人瞩目的成就。下面我们是从训诂学的层面,考释大麓、大陆、钜鹿、巨鹿演变之痕迹,从中既可以发现巨鹿名称形成之缘由,又可以窥视音韵、字形、词义等演绎走势之奇伟。

首先,我们应该先明确名物的含义。所谓名物,有狭义和广义之分。前者属

---

[1] (宋)夏僎撰《尚书详解》,《景印文渊阁四库全书》本。

[2] (清)倪涛撰《六艺之一录》卷一四五,《景印文渊阁四库全书》本。

于早期的概念,一般是指草木鸟虫鱼等自然界的生物名称;后者所指范围发生了变化,它不再单指生物学意义上的名称,而是涉及天文学、地理学、民俗学等多方面的内容。

从训诂学的角度来看,名物一般讲的都是一些专名的词义,而专名的词义应当有其命名的由来。从目前的情况来看,训诂学家们普遍认同此种说法,因为人们为一事物定名时,一定是经过对其观察、认识,借助于已有的全民语言的生活用语对其指称的,在一定程度上可以说明事物的命名是有源可循的。所以,我们认为巨鹿一名的称谓演变也是有理据的。本文拟以陆宗达、王宁的理论阐释巨鹿一名的演变脉络之理据,从而探寻其在音韵、字形、词义等演绎走势。

陆宗达、王宁两位先生在其《训诂与训诂学》一书中指出:推求名物的方法可以归纳为三种:

(一)名物的来源从它的形状、用途、生活和繁殖特点等方面推寻;

(二)专名的由来往往与非术语的一般词语有关;

(三)声音是探求名物来源的重要线索。所谓"贯以声音,求其条例",即是此意。①

第一种方法适用于名物的狭义概念,我们舍弃不用。现就后两种方法来阐释巨鹿一名演变的理据。

首先,因声求义之法能探求巨鹿一名演变的理据(即方法三)。所谓因声求义,即通过字、词的声音线索(主要指古音)来探求其意义(主要指古义)。它主要有两种途径:一是以反切、直音等注音方法为切入点来探求,二是以同族词系同源、明假借等方法来探求。

通过查阅《广韵》等古代工具书,我们知道:钜是"其吕切",巨也是"其吕切","其"属于次浊音"群"母,"吕"属于上声韵"语"韵,即两字都是"群母语韵",读音完全相同。又《广韵》"巨:大也。""钜"又属于主族字"巨"下面的同族字之一,所以"巨、钜"两字词义在"大"这一义项是相通的,进而推出"大—钜—巨"三字属于同义词。同理,我们也可以用同样的方法来证明"簏—陆—鹿"三

---

① 陆宗达、王宁《训诂与训诂学》,山西教育出版社 2005 年,第 71—72 页。

字有意义上的内在联系。由《广韵》可知,"麓""鹿"两字的反切注音都是"卢谷切","陆"是"力竹切"。其中反切上字"卢""力"属于次浊音"来"母,反切下字属于入声"屋韵",即三个字都是"来母屋韵",读音完全相同。又清代段玉裁《说文解字注》(以下称《段注》)"麓"下有"鹿者,麓之假借"①和麓"亦假借作鹿"②等文字,由此可得"麓"和"鹿"是假借关系;又《释名》中"麓"的注释有"麓,陆也"的直音解释。据此,"麓—陆—鹿"三字音同义近。

系联同族词探求其语源是因声求义的重要方法之一。有时为了弄清某些训诂学上的疑难问题,需要从语源上求得彻底的解决,这就是探求语源法。它可以说明某事物的"得名之由",即它们得名之理据。古人缘何称"钜鹿"为"钜",现在难谋先人之面,似乎无以回答。但是,从语源学的角度加以探讨,此问题即可解决。由沈兼士著的《广韵声系》一书,汇集"巨"字词族"拒""柜""炬""粔""苣""苣""躆""柜"等加以考察,就会发现它们都隐含有"大"义,而"钜"又是其同族词之一,所以有理由推断"钜"得名于"大"义。所以,"大—钜—巨"同义。又《吕氏春秋》中记有"九薮",赵之"钜鹿"居在其一;再加前之论证,从而知道"钜鹿"即是"大麓泽"(或"大陆泽")。

其次,专名的由来往往与非术语的一般词语有关。最初,非术语词所指范围比较宽泛,外延大内涵小,是生活中的常用语。随着认识的加深,人们可能对其进行了较为细致的观察,抓住了非术语词所指事物的某一特征或其作为标志作为理据,进而用它来命名事物,使其概念外延变小内涵加大,所指逐渐变得明确而单一。我们认为巨鹿一名的演变也经历了这样一个过程:由非术语词演变成地理术语的专名。大麓,最早见于文献资料《尚书》,其中《舜典》记载:"纳于大麓。"在此,"大麓"意指深山老林。《说文解字》六篇上《林部》释义:"一曰林属于山为麓。《春秋传》曰:'沙麓崩。'"③段注引郑玄注曰:"山木生平地曰林,生山足曰麓。"④据此,"大麓"一词最初只是一普通词汇,所指不固定。后来,

---

① 《说文解字注》,第271页。

② 《说文解字注》,第272页。

③ (汉)许慎撰《说文解字》,中华书局1963年,第126页。

④ 《说文解字注》,第272页。

因命名一泽名,才抓住其旁有一大片山林的特点,进而定名为"大麓泽",后改为"大陆泽"。《禹贡长笺》卷二载:"《释地·十薮》云:'晋有大陆。'孙炎等皆云:'今钜鹿县广河泽也。'广平曰陆,泽虽卑下,旁带广平之地,故统名焉。"①意思是说,"大陆泽"命名的原因是泽旁有"大陆",又"陆""麓"为一义,只是时代不同名称各异,属同地异名。所以可推知"大麓"之命名是因为泽旁有"麓",故名"大麓"。之所以又名为"泽",是因为"麓"(或"陆")旁有"泽"。《禹贡长笺》卷二又云:"东阳陈氏曰:'谓大陆为地者,盖以陆名地也;谓大陆为泽者,盖大陆之旁有泽,而因地以名泽也。今经言大陆既作,则是其地已可耕作,而泽则非可以言作矣。'"②由此可知,大麓泽和大陆泽的命名有这样的规律:以麓(或陆)名地,故有"大麓"和"大陆";因地以名泽,故有"大麓泽"和"大陆泽"之名。

最后,值得一说的是:从词义内部的运动变化中,我们也可以窥见巨鹿一名的演变脉络。

一是"大—钜—巨"的词义引申都有"大"义。《说文解字》十篇下《大部》:"天大,地大,人亦大……凡大之属皆从大。"③"大"在造字之初所指具体,意是"天、地、人"三者为大,但随着语言词汇的丰富,所指范围扩大,不仅仅局限于指前三者了,它还可以指其他的具体事物或抽象事物,比如:《老子》曰:"道大。"所指抽象。《说文解字》十四篇上《金部》:"钜,大刚也。从金巨声。"其本义为硬钢,从造字法上说,它是一形声字,"从金"说明其义属于"金"这个表义范围,"巨声"表明它的读音;又由前文可知"巨"有"大"义,循声知义,即"钜"也有"大"义。所以,段玉裁曰:"徐广云:'大刚曰钜。'按:引申为钜大字。"④如《礼记·三年问》:"创钜乾其日久。"其"钜"为"大"义。《说文解字》五篇上《工部》:"巨,规巨也。"段注:"凡识其广长曰矩。……后人分别:巨:大也;矩:法也,常也。……《大学》:'絜矩之道。'注云:矩或作巨。"⑤从中可知"巨""矩"两字为异文,由"凡识其广长曰矩"引申出"大"义。后人为明确词义,约定俗成"巨"表

---

① (清)朱鹤龄撰《禹贡长笺》卷二,《景印文渊阁四库全书》本。
② 《禹贡长笺》卷二,《景印文渊阁四库全书》本。
③ 《说文解字》,第213页。
④ 《说文解字注》,第714页。
⑤ 《说文解字注》,第201页。

"大"义,"矩"表"法度,规矩"等义。

同理,"麓—陆—鹿"也存在词义相同的地方。先说"麓"和"鹿"。《说文解字》六篇上《木部》:"麓,守山林吏也。从林鹿声。一曰林属于山为麓。"分析而明,该字有两义:一是指人,一是指地。段注:"《左传》:'山林之木,衡鹿守之。'杜曰:'衡鹿,官名也。'按:鹿者,麓之假借也。"①这是对"麓"指人的注释;又段注:"《诗·大雅·旱麓》毛曰:'麓,山足也。盖凡山足皆得称麓也。亦假借作鹿。'《易》:'即鹿无虞。'虞翻曰:'山足称鹿。'鹿,林也。"②这是对"麓"指地的注释。观察而知,无论指人还是指地,"鹿"都是"麓"的假借字,即两者都是一词两义。又《说文解字》十篇上《鹿部》:"鹿,兽也。象头角四足之形。……凡鹿之属皆从鹿。"③这里我们知道,"鹿"字只有一义,即动物义,舍弃了指地一义;指地一义则由"麓"独自承担。这样,词义通过自身内部的运动调整,从而使词义日趋明确化、精细化。再来看"麓"和"陆"。《说文解字》十四篇下《阜部》:"陆,高平地也。"④说明该字表较高之义,这与前文"麓,山足也"有相通之处,两者均含"高"意。又《释名·释山》:"麓,陆也,言水流顺陆,燥也。"两字音同义近,前有论述不再赘述。

综上所述,地名变化,就依据观之,其演绎受具体实物、历史传说、民族语言文字等因素的影响;就其本身而言,其走势受汉语言文字特点及演变规律的选择因素、思想文化因素、传统思维方式中诱因(或是基因)等方面的影响。具体来说,巨鹿一地称谓的确立是对汉语词语的选择应用及变化的结果;同时,也是对传统文化及其思维方式的再现。在这些诱因或基因的共同作用下,古人对给其命名时情不自禁地从当时的"大麓"之山、"大陆"之地、"湖泊"之水出发,按照特有的具象思维方式先后转化其为一行政区划名称:钜鹿和巨鹿。从其变化痕迹中,我们在一定程度上辨析了巨鹿一名的渊源,了解了古人对一些事物命名的思维特点,进而探究出一些词义引申发展的轨迹和规律,从而明了了汉语言文字在音韵、字形、词义等演绎的奇伟走势。

---

① 《说文解字注》,第 271 页。

② 《说文解字注》,第 271—271 页。

③ 《说文解字》,第 202 页。

④ 《说文解字》,第 304 页。

影响巨鹿行政区划变迁的因素分析

程动田

巨鹿，作为历史名城，历来以源远流长的历史文化闻名于世。从行政区划变迁的角度来看，它经历了一级政区（郡）到基层政区（县）的演变与反复。研究其政区发生变迁背后的深层原因，不仅有助于对这一变迁形成的原因和机理进行合理的解释，而且借此研究，还可以"探究（其）变迁的规律，并推测行政区演变的趋势"①，从而为当今的科学决策提供参考依据。为此，笔者不揣冒昧，就这一问题，谈一些自己的看法，以就教于方家。

一 对行政区划及其变迁的界定

关于行政区划，周振鹤认为："行政区划（或称行政区，简称为政区），正是国家用以划分国民以便进行行政管理的地区。"②范金朝认为："行政区划是国家行政管理制度的空间安排，是国家权益的地方配置。"③满志敏认为："行政区划是政权对地方统治的基本管理制度。"④因此，概括来讲，行政区划就是国家为了进行分级管理而实行的国土和政治、行政权力的划分。只不过，这里的国

【作者简介】程动田（1966年—），男，邯郸学院历史系副教授，主要从事中国历史地理与地方文化研究。

① 周振鹤《行政区划史研究的重要意义》，《上海行政学院学报》2001年第2期，第47—48页。
② 《行政区划史研究的重要意义》，《上海行政学院学报》2001年第2期，第44页。
③ 范金朝《1979年以来浙江省行政区划调整变更的过程及作用——兼论中国未来行政区划改革走向》，《经济地理》2004年第4期，第449页。
④ 满志敏《行政区划范围和界线》，《江汉论坛》2006年第1期，第85页。

家一般是已处于中央集权阶段的国家。因为真正意义上的行政区划的产生,是以中央集权国家的出现为前提的。只有在这种国家形态下,才有明确的中央与地方对立概念,才有了中央与地方的行政关系,也才需要通过行政区划来进行行政管理。从这种意义上讲,行政区划是一个历史范畴,是社会历史发展到一定阶段后的产物。

从政区地理的角度上讲,行政区划主要有四个要素:层级,即中央到地方分几个层次进行管理,这是一项基本要素;幅员,即政区统辖范围;边界,即政区与政区之间的界线;行政中心,行政管理机构所在地。行政中心位置的确定和变化,与政治形势、政区幅员或者自然环境有很大关系①。正是基于行政区划随时事移易而发生变迁,进而直接造成行政区划各项要素的改变,因此,范金朝便把行政区划调整变更的内容按具体情况分为六类:建置变更、行政区域界线变更、行政机关驻地迁移、隶属关系变更、行政等级变更、更名和命名②。一般情况下,一个地方一次行政区划变更,可能只涉及上述六类中的一项或几项,但如果就某一行政区划单位(个体)纵向的历史变迁过程来看,这几项都会有可能先后涉及。

巨鹿的行政区划变迁就是如此。如其中政区层级的变更,是中国历代行政区划变迁的核心,而这种层级的变化则直接影响到了巨鹿之为一级政区的郡,抑或是基层政区的县,而且从某种意义上讲,这一变化集中体现了中央与地方权力之间的彼此消长过程。

二 历史时期巨鹿行政区划变迁

如上所述,严格意义上的行政区划作为一个历史范畴,其产生是以中央集权国家的出现为前提条件的,而在此之前则属于行政区划的萌芽期。因此为了

---

① 李晓杰《从历史的角度看当代行政区划层级与幅员改革之必行》,《江汉论坛》2006年第1期,第91页。

② 《1979年以来浙江省行政区划调整变更的过程及作用——兼论中国未来行政区划改革走向》,《经济地理》2004年第4期,第449页。

尊重历史发展的完整性，同时也是为了体现行政区划的承继性及可变性的特点，这里将行政区划变迁暂划为两个阶段。

（一）巨鹿地名的由来

巨鹿原作钜鹿，近代巨、钜混用，到1980年地名普查后，才统一为巨鹿。关于巨鹿之语源可谓众说纷纭，笔者将其概括，大致有二：一是巨鹿原本为大麓，名字最早见于《尚书·舜典》："纳于百揆，百揆时叙；宾于四门，四门穆穆；纳于大麓，烈风雷雨弗迷。"是说当年尧在欲禅位于舜之前，曾采用交办百官之事、迎接宾客、置于密林深处等种种方式进行考验，舜可以说历试诸难，顺利通过。于是唐尧便在此处正式禅位于舜虞，这是大约五千年前的事了。此地之所以称大麓，按许慎《说文解字》及段玉裁注解释，林属于山为麓。而"大"概因当地林深且茂密之故。古时候，"大""巨"二字相通，"麓""鹿"二字意近。战国末年，吕不韦组织人编著《吕氏春秋》，把"大麓"写作"巨鹿"，就此流传下来；二是巨鹿因大陆泽而得以命名之。《尔雅·释地》曰："晋有大陆。"《吕氏春秋·有始》曰："晋之大陆，梁之圃田，宋之孟诸，齐之海隅，赵之钜鹿，燕之大昭。"《后汉书·郡国志》曰："钜鹿故大鹿，有大陆泽。"《太平寰宇记·河北道八·邢州》释云："广阿泽一名大陆，一名巨鹿，一名大麓，一名沃川。"《十三洲志》云：赵有钜鹿，今其地即广阿泽也。因此，《辞海》对大陆泽的解释也是："古泽薮名，又名巨鹿泽，广阿泽。"①

（二）巨鹿行政区划变迁

作为严格意义上讲的行政区划，其发展的第一阶段是作为两级制的郡县制。一般来讲，最先出现的地方行政区划是县，最先设县的是楚国，时间是公元前八世纪晚期至公元前七世纪早期，郡的设置较晚于县，最早见于记载的是公元前七世纪中期的晋国②。"县"一般设在内地，"郡"则设置在偏远地区，而且最初二者也没有直接隶属关系，直到战国中期才形成郡辖县的关系，并且逐步在各诸侯国领地上推广开来。正因如此，"至少在两千五百年前，中国已经逐渐形

---

① 《辞海·历史地理》，上海辞书出版社1982年，第15页。
② 蓝勇《中国历史地理学》，高等教育出版社2002年，第69—70页。

成中央集权制的国家形态,出现了中央与地方的行政关系,开始有意识地划分行政区域"①。

公元前十一世纪西周时,巨鹿是邢国的属地。公元前635年,卫文公攻灭邢侯,巨鹿成为卫国属地。战国时期该地为赵国属邑,并在此筑有巨鹿邑,派兵守卫。秦国在灭山东六国、统一天下的过程中,于秦王政二十三年(前224年)设置了巨鹿郡②。

秦在置巨鹿郡的同时,还设有巨鹿县(郡治设于巨鹿县),只不过巨鹿县治所不在今巨鹿县内,而在今平乡县境。西汉刘邦时(前204年)始于今巨鹿境内置南䜌县(故城在今县城北),属巨鹿郡。后汉因之。三国魏黄初七年(226年),巨鹿郡封为巨鹿国,仍辖南䜌县。北魏初,南䜌县属巨鹿郡,太平真君六年(445年),南䜌县省入柏人县(今隆尧西)。太和二十一年(497年),复设置南䜌县,改隶南赵郡。北齐时,该县省入任县。隋代开皇六年(586年),复置南䜌县,属赵州,十六年更隶邢州。大业初,南䜌县改称巨鹿县。大业三年(607年),属襄国郡。唐代武德元年(618年),析巨鹿县增置白起县(故城在今县西南),两县皆属同年置之起州,巨鹿且为州治。武德四年,白起县省入巨鹿县。同年废起州,巨鹿县改隶赵州。贞观元年(627年)更属邢州。嗣圣、垂拱间巨鹿城因漳水为患,徙治于县东东府亭城,天宝元年(742年)罢州,巨鹿县改隶巨鹿郡。至德二年(757年)罢郡复为邢州,仍辖巨鹿县。五代时巨鹿县仍属邢州。宋代熙宁六年(1073年),平乡县省入巨鹿县。元祐六年(1091年),复析置平乡县,巨鹿县仍属邢州。宣和元年(1119年)升邢州为信德府,仍辖巨鹿县。金代,天会七年(1129年),降信德府复为邢州,巨鹿县仍属之。元初,巨鹿县仍属邢州。中统三年(1262年)升邢州为顺德府,仍辖巨鹿县。至元二年(1265年)顺德府改名顺德路,巨鹿县仍属之。明初,巨鹿县属顺德府,洪武十年(1377年),广宗县省入巨鹿及平乡县,十三年复析置广宗县。清代,巨鹿县属直隶省顺德府。民国二年(1913年)属直隶省冀南道(治所驻大名)。民国三年,冀南道改名大名道,仍辖巨鹿县。1928年废除道级行政区,巨鹿县直属河北省。1937年巨鹿县属河北

---

① 周振鹤《行政区划史研究的重要意义》,《上海行政学院学报》2001年第2期,第47页。
② 顾颉刚、史念海《中国疆域沿革史》,商务印书馆1999年,第63页。

省第十三督查区。抗战爆发后,巨鹿县抗日民主政府属冀南区,1945年抗战胜利后属冀南区四专区。1949年8月1日,河北省政府成立,巨鹿县遂属河北省邢台专区。一直到1958年4月28日,撤销邢台专区,巨鹿县划归邯郸专区,同年12月撤销南和、广宗、平乡、任县四县,并入巨鹿县。1960年5月,撤销邯郸专区后,巨鹿县改属邯郸市(省辖市),1961年5月,巨鹿县改属复置后的邢台专区。同年7月,在析出广宗(含原平乡县地)、任县(含原南和县地)之后,巨鹿县复为原建制。1970年邢台专区改地区,仍辖巨鹿县。1993年,巨鹿县划入地市合并后的邢台市至今。

梳理巨鹿行政区划变迁的大致过程,会发现:第一,除了秦时巨鹿县不在今巨鹿境内外,其余均在今巨鹿县境之内;第二,除了自西汉至隋文帝时巨鹿称南䜌外,其他时间一直沿用了巨鹿的名字;第三,历史上,一般唐宋(包括唐代)以前属于巨鹿郡(国)与县同时存在(或称南䜌县,或称巨鹿县),在元朝之后,只有巨鹿县而没有巨鹿郡,也就是再没有称巨鹿的统县政区存在了。这在一定意义上可看作巨鹿地位的下降。第四,历史上,巨鹿、任县、南和、广宗、平乡、柏人(今隆尧)各县之间,虽有互相省入兼并情况发生,但其他县省入巨鹿县的时间更长,次数更频繁,体现了巨鹿后期地位虽低于统县政区,但又高于一般的县级政区;第五,作为巨鹿县级行政区以上的统县政区,巨鹿除了隶属于今天的邢台之外,还不止一次地归属于冀南的统县政区。如冀南道、邯郸专区或邯郸市等,一定意义上体现了巨鹿在经济上对于冀南经济圈的认可与靠拢。这些现象发生背后,肯定有着许多因素在起作用。

三 影响巨鹿行政区划变迁的诸多因素

(一)政治制度及政治需求

1.由于行政区划的作用是统治和管理土地和人民,因此其划分和管理的决定性因素是政治。这也是首要因素。比如作为行政区划四要素的区划层级、面积大小、界线的划定、行政中心的选择,无一不需要从政治制度及政治安全角度去考量。比如秦统一后实行中央集权下的郡县制,才有了邯郸郡、巨鹿郡的设立。

2.元代以后,划分政区不依"山川形便"为原则,而改依"犬牙相入"的原则划分政区,实际就完全是以政治因素来作为考量取舍标准的。

3.行政区划变迁中的层级变化呈现由高降低规律(即高层政区幅员渐减,数目次第增多,级别逐渐下降)。《汉书》曰:"汉兴,以其(指秦)郡太大,稍复开置,又立诸侯王国。"[1]开置就是将一郡分成数郡,所以到了汉末,郡级单位增加到了一百零三个,才使得巨鹿郡在秦初为三十六郡之一,到西汉,就变成一百零三郡国之一了。何故如此?当然是借降低级别及减小辖区范围,来实现中央集权对地方分权步步强化的抑制,减少地方(尤其是一级政区)与中央对抗的可能性,消除危害中央安全的隐患的目的(汉时的推恩令及削藩亦是如此)。因此说,行政区划"有些是为了促进社会的发展,有些却只是为了强化中央集权。……无论是在一定的层级设置、幅员确定、边界划分方面都有一定之规,可循之章,都反映了一定的政治思想",因此,"政区的变迁体现了制度的变化"[2]。巨鹿就这样由一级政区的郡级单位,逐步降为二级政区的郡(辖县由约为二十个减为四至五个),乃至于最终仅为基层的县级行政区了。

4.社会的稳定与动荡直接影响到行政区划的变迁。一般来讲,社会稳定、安定期政区变化较少,而社会动荡的混乱时期则政区变化相对较多,基本上每一次改朝换代都意味着行政区划的变迁。巨鹿行政区划变迁也体现了这一点。

(二)自然地理环境因素

1.大麓(巨鹿)地名的由来,表明先秦时期黄河下游地区是属于森林茂密、广布的植被状况。而作为古代九薮之一的大陆泽也为巨鹿之命名提供了合理的解释。此可称为依山川、地势、地貌而设置政区。

2.河流、湖泊众多(大陆泽、漳河、滏阳河等),表明附近地区地势低下。自古流传"久淹燕赵归巨鹿"之说,水大时易涝,干涸时沙地及盐碱,影响了当地农业经济发展和人口增加,进而影响了巨鹿在区域经济中的地位,才有了后期

---

[1] (汉)班固撰《汉书》卷二八下《地理志下》,中华书局1962年,第414页。
[2] 《行政区划史研究的重要意义》,《上海行政学院学报》2001年第2期,第44—45页。

的由郡降为县级政区。

3.同样因地势低洼,造成公元684至685年的漳水为患,治所南迁于今址东南,宋大观三年(1180年),黄河决口,全境陷没于地下三四米深处①。迁移方向的东南趋势,也是因为巨鹿地势由北向南渐高。同时,正是由于大陆泽及相关水灾,才造成了巨鹿县级治所的不断迁移,甚至有时干脆被省并入邻县。但周围县区互相省并的过程中,除短暂的是与柏人县之间进行外,大多数时候是巨鹿与同样位于大陆泽以南的任县、南和、广宗、平乡四县之间的省并。这里无疑是有大陆泽本身存在而跨水省并不易为缘故的。可见,自然区与行政区的关系,是政区设置的基本要素。

(三)经济发展因素(含人口数量)

行政区划之于经济方面有两大功能:替中央或上级行政单位在一定区域内组织经济生产;完成国家在本行政区内的赋税征收任务。基于此,政区划分必然要考虑经济发展的因素,巨鹿亦然。

1.区域经济开发程度如何,直接关系到一个地区人口数量和赋税的多寡,进而影响到了当地所在政区的幅员大小及层级高低。实际上,元代以前以"山川形便"原则划分政区的目的,不仅是为方便区别与划分,同时也是为了促进区域内的经济发展。

《礼记·王制》曰:"凡居民,量地以制邑,度地以居民,地邑民居,必参相得也。"这可以说是对于政区必须有一定的幅员,以及幅员与人口数量关系的较早论述,虽然这里的邑与后期的县的概念不同,但无疑同样是指一定的行政区域。比如作为县级政区幅员多少为宜呢?当然,要考虑不同地区经济开发与发展程度,因此秦汉时期制定了一个基本原则:"县大率方百里,其民稠则减,稀则旷。"②而且在行政长官的名称和官级上也有所区别,所谓超过万户以上的县设县令,万户以下的县称县长。唐朝甚至将州根据户数的多寡分为上中下三级,县也分赤县、畿县不同等级。应该说,正是在这种背景下,巨鹿郡就成为了

---

① 张晓华《巨鹿镇古战场今昔》,《河北日报》2005年7月15日。
② 《汉书》卷一九上《百官公卿表上》,第140页。

秦初的三十六郡之一，它体现了巨鹿当时的经济发展程度及区域经济发展中心的地位。

2.唐宋以前(含唐宋)有巨鹿作为郡一级的行政区划存在,而元代以后就只有巨鹿作为县一级政区存在了。这实际上反映了中国历史时期经济重心东移南迁变化的影响。巨鹿之为郡,恰好代表的是早期黄河流域经济中心的地位,由巨鹿郡变成只有巨鹿县政区存在,反映了经济重心在社会发展后期已转移到长江流域的发展事实,而这种转移的过程,正是在唐宋阶段完成的,而元代则是经济总量及人口南重北轻发展的顶峰。所以秦代四十多郡,南方只有十二郡,宋代二十三路中,淮河、汉水以南占了十五路,人口占全国三分之二强①。

3.在巨鹿与任县、南和、广宗、平乡各县的相互省入、兼并的过程中,更多时候是他县被省入巨鹿县之中,这体现了巨鹿在经济重心发生转移的背景下,虽未能保有郡的政区地位,却存在或形成了高于一般县域经济的地位,因此也就保持了对于周边区域经济范围内的相对经济中心地位。

(四)文化因素对政区划分的影响

1.《汉书》曰:"圣王序天文,定地理,因山川民俗以制州界。"②可见,作为文化重要载体的民俗是中国古代行政区划的一个重要原则。划定政区范围之时,是否具有共同的文化认同感,是必须要加以考虑的,不仅要因地制宜,还要根据人群而设置政区,而且相对来讲,"……县级行政区在中国的政区体系中具有核心和基础的地位,是各地方特色、文化遗产形成的主要依托"③。巨鹿县政区设置之得以保留下来,正是由于尧禅位给舜于大麓等方面的原因。

2.中国传统文化对地方行政制度的影响还表现在中国传统崇尚"十""九""十二"等数,所以才有九州、十二州、十道的划分。秦始皇尚六和六的倍数,因此才有巨鹿成为秦统一之初三十六郡之一的幸运了。

3.巨鹿之地名沿用至今,恐怕还受到历史因素的影响。所谓历史沿革,正

---

① 《中国历史地理学》,第222页。
② 《汉书》卷九九上《王莽传上》,第1368页。
③ 史卫东《当前我国县级政区归属问题探究》,《理论与现代化》2010年第5期,第5页。

是基于对历史习惯的尊重和历史的自然传承。行政区划的承继性与可变性的特点,才构成了巨鹿行政区划的沿革与变迁。

至于其他因素,诸如历史上围绕在兵家必争之巨鹿附近发生的巨鹿之战、张角起义、刘秀灭铜马于巨鹿等事件所构成的军事因素,应该说,也是构成巨鹿行政区划变迁的影响因素之一,至少是背景因素。

结　语

一般来说,高层政区(尤其一级政区)需要主要甚至首先考虑政治因素,而基层政区更多地要考虑经济发展因素,尤其是县级政区往往与经济区吻合。这也是长期以来行政区划中高层政区变化大,基层县级政区(如巨鹿县)相对稳定的主要原因。而且一般早期政区设置受政治因素影响明显,愈到后期,经济发展因素所占比重越来越大,影响作用也愈加强化。中国当前政区调整或改革的主要出发点,恐怕正在于要更多考虑如何促进全国及各区域经济发展,改善民生这一根本目标的实现。

对于类似巨鹿这样的基层政区来说,行政中心、幅员形态、行政建制以及层级幅度等政区要素的演变往往错综复杂,不宜简单地归因于政治过程或经济过程的作用[①]。也就是说,影响历史时期巨鹿行政区划变迁的因素是多方面的。有政治、经济、民族、历史和文化、社会以及自然因素等,其发生作用也可能是直接的,也可能是间接的,但绝不可能仅仅是某一种因素,而是相互影响的多种因素综合发生作用的结果。

笔者撰写此文,分析总结影响行政区划变迁的诸多因素及发挥作用的过程,深入了解巨鹿行政区划变迁背后的深层原因,就是冀望能为今人进行政区改革和经济发展提供些许的参考。

---

① 林拓、张修桂《环境变迁、经济开发与政区演变的相关研究——以上海浦东为例》,《地理学与国土研究》2001年第4期,第68页。

巨鹿之战探微

董寅生

战国及秦末,在今邯郸、平乡两地,先后上演过两幕过程相类的战争壮剧,两次大战均以城市保卫战始,以最终解围终,两次作战均创造了在平原地区坚守城池,固守待援,最终战胜强敌的战争奇迹。

今邯郸市之地势自西向东呈阶梯状下降,以京广铁路为界,西部大致为中、低山丘陵地貌,东部为浩瀚无垠的华北平原。若细分,则全市自西向东还大致可分五级阶梯:西北部中山区、西部低山区、中部低山丘陵区、中部盆地区、东部冲积平原。战国及秦汉之交的邯郸城即建于此中部盆地区与东部冲积平原一带,如此地形虽便于出击,但一旦遭敌军攻击,就地势而言,并不利于做长期的坚守。

公元前207年巨鹿之战的发生地为秦巨鹿郡,但当时郡治并不在今巨鹿县内,而是在今平乡县境。就平乡的地形而言,该县位于古黄河冲积平原,土层深厚、地势平坦。《读史方舆纪要》谓平乡"盖邑之为地,外高中卑,浸淫所不能免也"[①],同样是一个无险可守的城市。

然而,正如孟子所谓"天时不如地利,地利不如人和",尽管按军事常识,像邯郸、平乡这样兀立于平旷之地的城市不利于长期坚守,可是这两地却都创造过在中国战争史上颇为著名的城市防卫战的胜利。

邯郸之战,起自长平之败。秦昭襄王四十七年(前260年),赵孝成王以纸上谈兵的赵括取代宿将廉颇,结果导致四十五万赵军覆没。秦昭襄王四十八年

【作者简介】董寅生(1967年—),男,邯郸学院历史系副教授,主要从事中国古代思想文化研究。

① (清)顾祖禹《读史方舆纪要》卷一五《北直六·平乡县》,中华书局2005年,第668页。

(前 259 年)十月,秦军大举攻赵,秦昭襄王四十九年(前 258 年)十月,秦军进抵邯郸城下。赵国军民依托城垣,顽强抵抗,平原君赵胜散家财供养士卒,将妻妾编入军伍,举国上下同仇敌忾,令不可一世的秦军一筹莫展;在紧守城垣的同时,赵人还选出三千敢死之士,主动出击秦军,尽管这些壮士大多牺牲,却也给秦军造成了一定的伤亡。战至次年,秦军仍然难以破城,士气因而日渐低落。秦昭襄王欲命白起前往邯郸,而白起竟称病推辞,后被逼自杀。秦王此后又令王龁接替王陵,增兵邯郸,但依然不能取胜。秦相范雎乃举荐故友郑安平率军支援,但也仍然无法破城。在这样胶着的形势下,平原君赵胜出使楚国,依靠毛遂的雄辩说服楚考烈王同意出兵救赵。同时,与赵唇齿相依的魏国也派晋鄙率军十万救赵。因晋鄙徘徊避战,魏国的信陵君击杀晋鄙,夺其兵权,选八万精兵进击秦军。楚春申君黄歇亦率军救赵。秦昭襄王五十年(前 257 年)十二月,魏、楚两军在邯郸城郊,痛击秦军,赵国守军也相机反击,在三国军队的夹击之下,师老兵疲的秦军损失惨重,被迫撤围,来不及逃走的郑安平以所部两万余人降赵,此一事件直接导致秦相范雎的下台[①]。

尽管邯郸之战并未能够改变秦国最终统一六国的大趋势,但仅就战役过程来看,这次战役和其后五十余年发生在公元前 207 年的巨鹿之战其实有许多类似之处,都是由新败的哀兵来守兀立于平原地区的城垣,都是在不利的地形下,万众一心,同仇敌忾,结果以微弱之师顶住了优势敌军的凶猛攻击,都能很好地利用其他国家与秦国的矛盾,争取到有力的外援,最终都依靠多方的合力,内外夹击,取得了胜利。

区别当然也很明显,如邯郸之战尽管消耗了秦国的军力,但自身伤亡也极惨烈,故在秦军撤围之后,赵国无力做大规模的反击,而楚军、魏军虽然取得一些胜利,但也并未由此产生乘胜追击、彻底击灭秦国的雄心,反而在邯郸解围后,即相继撤回了国内,故总体而言,这一胜仗虽暂时延缓了赵国的灭亡,推迟了秦统一的步伐,但并不能算是一个具有战略意义的转折点。

相比而言,巨鹿之战不仅重挫了秦军的主力,而且最终改变了双方的军力

---

① (汉)司马迁撰《史记》卷七九《范雎列传》载:"秦之法,任人而所任不善者,各以其罪罪之,于是应侯罪当收三族。"中华书局 1959 年,第 2417 页。

对比，从而基本动摇了秦王朝的统治基础，导致了秦朝的最后崩溃。

巨鹿之战，自然以项羽及其麾下的楚军为首功，但其他参战方也为这一辉煌胜利创造了有利的基础，准备了必要的条件，但他们的贡献却似乎总被人们有意无意地轻视乃至忽略了。据《秦楚之际月表》的记载，二世三年（前207年）十二月，项羽大破秦军于巨鹿下。端月，虏王离。二月，破章邯。四月再破章邯。但直到七月，章邯才在自以为见疑朝廷的情况下与项羽洽降①，此时距项羽在巨鹿开战已过去了近八月之久，由此可知秦军即使在屡败之后，实力也依然不可小觑。在这样长期的战斗中，除了楚军，其他各诸侯军也当有不同程度的贡献。

一

司马迁在《项羽本纪》中，以浓墨重彩着力渲染项羽及楚军的奋勇，他首先陈述当时的局势："章邯已破项梁军，则以为楚地兵不足忧，乃渡河击赵，大破之。当此时，赵歇为王，陈馀为将，张耳为相，皆走入钜鹿城。章邯令王离、涉间围钜鹿，章邯军其南，筑甬道而输之粟。陈馀为将，将卒数万人而军钜鹿之北，此所谓河北之军也。"②

章邯何以敢在楚军并未彻底失败的情况下就挥师北上攻击赵国？我以为这一方面固然是因为定陶一战，秦军不仅重创了楚军，且又击杀了楚军的统帅项梁，而此时不过一偏将的项羽，其能力尚未得到充分的展现，章邯对他自不可能予以充分重视，因此才会做出项梁既死，楚地之兵暂不足忧的判断；其次，秦赵历史上嫌隙甚深，长平之战以后，彼此更视对方为势不两立的死敌，而恰在此时，赵国发生内讧，大将李良袭击邯郸，弑赵王武臣，张耳、陈馀仓皇逃脱，收兵得数万人，另立赵氏后人赵歇为王，北居信都。李良进兵攻击陈馀，被陈馀击败，穷途末路，于是走归章邯愿为接应。有此里应外合，扑灭赵国的良机，章邯自然以为机不可失，于是急忙挥师北上，意欲先定河北，以绝秦之大患，从一

---

① 《史记》卷一六《秦楚之际月表》，第770—772页。

② 《史记》卷七《项羽本纪》，第304页。

般常识看,这也是题中应有之义。

因为有李良的接应,秦二世三年(前207年)十月,北上的秦军击破邯郸大败赵军,将邯郸之民徙于河内,并平毁其城郭。张耳与赵王歇见秦军势大,遂放弃信都,入巨鹿城坚守,而秦军很快杀到,开始攻城。所幸的是,赵之君臣没有把所有鸡蛋放在一个筐里,丞相张耳奉赵王坚守城垣,而大将军陈馀则北收常山之兵数万人,驻军巨鹿之北,与城中形成掎角之势,遥相呼应。此时,章邯以一部驻扎巨鹿南的棘原,另自漳河筑甬道直抵巨鹿城下接济王离所部。王离兵食多,急攻巨鹿,而巨鹿城中食尽兵少,危如累卵,倘使不是赵国军民拼死抵抗了近三个月,也许城池早已被秦军攻陷了。

在此危急时刻,赵国向各诸侯求援,诸侯担心唇亡齿寒,自然各派援军救赵,但由于自揣实力不济,且又震于章邯连战连胜之威,故多逡巡不前,不敢率先向秦军发动攻击。此时,身在安阳(今山东曹县)的项羽不忍其忿,击杀宋义,自领楚军,于秦二世三年(前207年)十二月,先"遣当阳君、蒲将军将卒二万渡河,救钜鹿。战少利,陈馀复请兵。项羽乃悉引兵渡河,皆沈船,破釜甑,烧庐舍,持三日粮,以示士卒必死,无一还心。于是至则围王离,与秦军遇,九战,绝其甬道,大破之,杀苏角,虏王离。涉间不降楚,自烧杀。当是时,楚兵冠诸侯。诸侯军救钜鹿下者十余,莫敢纵兵。及楚击秦,诸将皆从壁上观。楚战士无不一以当十,楚兵呼声动天,诸侯军无不人人惴恐。于是已破秦军,项羽召见诸侯将,入辕门,无不膝行而前,莫敢仰视。项羽由是始为诸侯上将军,诸侯皆属焉"①。

如只看这段文字,似乎攻击秦军的只有项羽所部,但当时的形势是,燕、齐、楚等国闻赵急,皆来救援。张耳之子张敖亦北收代兵,得万余人,这几支援军皆驻扎于陈馀军旁,虽然互不统属,有兵合力不齐的通病,但依照常理,在楚军攻击秦军时,陈馀、张敖自然会首先响应,而诸侯军在双方你来我往,彼此已呈胶着态势的情况下,即使为了自己的安全,也不会毫无动作。在秦军与楚赵军双方均已竭尽全力的形势下,任何一方能再有一支生力军加入战场,都有可能在瞬间改变战场的态势。

我们可以自《史记·张耳陈馀列传》里发现部分证据:"张耳与赵王歇走入

---

① 《史记》卷七《项羽本纪》,第307页。

钜鹿城,王离围之。陈馀北收常山兵,得数万人,军钜鹿北。章邯军钜鹿南棘原,筑甬道属河,饷王离。王离兵食多,急攻钜鹿。钜鹿城中食尽兵少,张耳数使人召前陈馀,陈馀自度兵少,不敌秦,不敢前。数月,张耳大怒,怨陈馀……(陈馀)乃使五千人令张黡、陈泽先尝秦军,至皆没。"

在楚军未到之前,陈馀虽拥兵数万,但自揣不足以破秦,故隐忍不发,迫于张耳的催逼,他曾不得已先用五千人发起攻击,结果这五千军兵基本覆灭,但这次自杀式的攻击也一定给秦军造成了相当的损失,使正在攻城的秦军有芒刺在背之忧,不得不提高对巨鹿外围各路援军的警戒水平,这在一定程度上也会分散秦军的兵力,减轻巨鹿城内的防守压力。

在当阳君英布与蒲将军将卒二万渡河,救巨鹿,战少利之后(《史记·黥布列传》则记录为:"项籍使布先渡河击秦,布数有利,籍乃悉引兵涉河从之,遂破秦军,降章邯等。"但无论是战少利还是数有利,当是都取得一些有限的战术胜利),陈馀感到战机将至,于是敦请项羽从速以主力渡河,项羽根据自己对战场形势的判断,果断地接受了这一请求,于是才率全部楚军渡河来战。从这条记载来看,陈馀对巨鹿之战的全面展开,也还是有一定的建议之功的,而他自己既向楚军提出这样的建议,那在楚军奋击秦军的时候,赵军各部守土有责,想来也绝不会袖手旁观。

> 当是时,燕、齐、楚闻赵急,皆来救。张敖亦北收代兵,得万余人,来,皆壁馀旁,未敢击秦。项羽兵数绝章邯甬道,王离军乏食,项羽悉引兵渡河,遂破章邯。章邯引兵解,诸侯军乃敢击围钜鹿秦军,遂虏王离。涉间自杀。卒存钜鹿者,楚力也。[①]

卒存巨鹿,多赖楚力,这一论断自然不错,但从这段文字我们也可以清楚地发现,至少在项羽攻击王离大军的时候,诸侯军已纷纷出动,加入了战团,有力地促成了这一支秦军的彻底覆亡。

以秦兵的顽强,项羽只携三日之粮,奋击其军,在兵法虽有置之死地而后

---

① 《史记》卷八九《张耳陈馀列传》,第2579页。

生的说法,可一旦秦军顶住了楚军凶猛的攻势,仅携三日粮的楚军则很有可能陷入进退维谷的窘境,那样一来,巨鹿难保不成为第二个长平。

项羽之所以胆敢如此冒险,一定程度上是建立在巨鹿外围至少还有十多万各路援赵军的基础上的。正是由于这些援军的存在,当楚军奋击秦军时,秦将因有后顾之忧,必不能如长平之战的白起那样以全力来对付楚军。一旦彼此形成胶着之势,其他援军见有机可乘,也自然会在秦军侧后发起攻击,如此多方夹击,则秦军有可能不支,而事实也果然证明了他这样的预判。

此战的凶险程度、激烈程度是秦汉之交历次战役所罕见的,按《史记·项羽本纪》的记载,楚军围王离,"与秦军遇,九战,绝其甬道,大破之,杀苏角,虏王离。涉间不降楚,自烧杀"。围绕甬道的争夺,秦楚大军即九度苦战,而三位秦将,一战死,一自焚,一被虏,也可见当时的秦军的顽强。

汉文帝曾曰:"吾居代时,吾尚食监高袪数为我言赵将李齐之贤,战于钜鹿下。今吾每饭,意未尝不在钜鹿也。父知之乎?"唐对曰:"尚不如廉颇、李牧之为将也。"上曰:"何以?"唐曰:"臣大父在赵时,为官率将,善李牧。臣父故为代相,善赵将李齐,知其为人也。"①

这段文字,至少透露出两条信息,其一,赵将李齐贤,战于巨鹿下,既曰"下",则此人之成名便不是因为守城而是因为野战;其二,在项羽、英布、蒲将军等一干名将在巨鹿之下大放异彩的同时,此人仍能脱颖而出,令后人对其称赞不已,使汉文帝对其每饭不忘,则其人当时的表现将是何等地突出?

相比于真实的历史,有限的文字记录总难免挂一漏万,于是后人不能不千方百计地寻找某些蛛丝马迹以窥堂奥,即如这位在巨鹿成名的赵将李齐,在与其同时代人的纪传里,何尝有一言涉及?如果不是冯唐在极偶然的情况下得一机缘与文帝晤谈,如果不是汉文帝当初做代王,而代在战国时又恰是赵的北边,如果汉文帝不是因此而从其尚食监高袪那里听到过赵将李齐战于巨鹿城下的英雄事迹,那今天我们还会得知这样一条可佐证赵军也曾奋击秦军的旁证吗?

吕思勉先生在其《三国史话》的楔子中讲:"历史上的事实,所传的,总不过

---

① 《史记》卷一〇二《冯唐列传》,第 2757 页。

一个外形,有时连外形都靠不住,全靠我们根据事理去推测他、考证他、解释他。"有关巨鹿之战中赵军及诸侯军作用的真相,在有关史料缺乏的情况下,是不是也可以调动一下合理的想象力,根据事理来做一点的推测、判断、阐释呢?

我以为是可以的。

二

秦二世三年(前207年)十二月,项羽在巨鹿被困,危如累卵,诸侯胆战,逡巡不前的情势下,毅然破釜沉舟,引军北渡,以必死之心,奋勇击破秦军,从而一举改变了义军与秦军的力量对比,大大加速了秦王朝的覆亡,这样决定性的贡献无疑是足以彪炳千秋的。

但建立这一不世之功的前提是,赵国军民必须能够守住巨鹿;倘若在项羽北上的同时,巨鹿失陷,秦军即会如此前的临济之战那样迅速集中兵力轻松击破各路援军,此时纵有十个项羽前来,也将无济于事。

因此,巨鹿之战之能够实现,赵国军民数月的坚守,是一基础。有了这一基础,项羽北来才得施展;无此基础,那也无此战场供其驰骋了。

巨鹿即今平乡,依地形看,实在无险要可凭,但赵国军民在邯郸失陷、信都不守,河水以北似乎大势已去的形势下,能毅然决然死守巨鹿,并以新败之师,顶住了秦军最精锐的王离部的围攻,在食少兵弱的劣势下,竟能坚持数月之久,终于等到了最后的解围,究其原因,或许部分当拜长平之赐。

就守纪律、耐苦战的素养看,战国至秦汉时期,赵人虽为六国军人之翘楚,但比之秦军,似尚有不足;不过,一旦赵人被逼到退无可退的绝境,面临生死存亡的最后关头,他们却往往能迸发出超强的勇气,激荡起坚忍的意志,表现出罕见的顽强,创造出少有的奇迹。邯郸、巨鹿两次防守作战,赵人均能在新败之余,收拾余烬,同仇敌忾,使绝对优势的秦军遭受重创,堪称不畏强敌、共赴国难的经典战例。

在前209年到前202年的这段历史中,赵人与其他方面的军队周旋,并无特别抢眼的表现,可是在与章邯秦军的较量中,他们的牺牲精神、英雄气概确实令人惊叹。正是因为赵军的拼死抵抗,才使出关以来几乎战无不胜的章邯大军顿兵巨鹿城下,历时数月无大进展,即使在获得包括最精锐的北边秦军在内的增援下,也依然不得不陷入再而衰三而竭的尴尬状态。

秦军久攻不下,一面可能使这支军队渐呈师老兵疲的颓势,另一面,数十万大军久住此地,粮秣、柴草、被服诸方面的供应也必日趋紧张。按照《史记·秦楚之际月表》的记载,秦军约在十月围城,至正月王离被俘,前后约三月,时值隆冬时节,秦军所面临的困难必更加严重。

为了解决这些问题,章邯不得不分兵,不得不逐步拉长自己的补给线,为防范赵军及诸侯军的袭扰,又不得不构筑甬道来接济王离,这不仅分散了其军力,也使得这条狭窄的甬道成为了秦军的软肋之一。

富于经验也勇于冒险的项羽,在渡河之后,即发觉了秦军的这一弱点,并迅疾将其确定为楚军主要的攻击点,他集中力量攻击秦军的甬道,终于能九战绝其甬道,大破秦军,杀死苏角,生擒王离,逼使走投无路的涉间自烧杀。

从"自烧杀"这三字推想,时值隆冬,天干物燥,项羽所部很有可能对秦军采取了火攻。《孙子兵法·火攻篇》里讲:"凡火攻有五,一曰火人,二曰火积,三曰火辎,四曰火库,五曰火队。行火必有因,烟火必素具。发火有时,起火有日。时者,天之燥也;日者,月在箕、壁、翼、轸也。"从当时的形势看,应该正是用火的最好时机。

一般而言,弱势的一方对强势敌军发动火攻,往往能够极大地弥补自己人数上的不足,此前如田单即墨之战,此后如曹操官渡之战、周瑜赤壁之战、陆逊夷陵之战都是类似的典型战例。巨鹿之战,楚军是否也靠火攻取胜,因资料有限,未便确认,但从秦将涉间不是横剑自刎,却要烧杀自己的记录看,起码当时战场的有些地方是正在燃烧的。我冒昧地揣想,那已经"沈船,破釜甑,烧庐舍,持三日粮,以示士卒必死"的楚军,在目睹自己的庐舍被大火烧毁的同时,不只会激起满腔的怒火,同时也可能触景生情,由此产生火攻秦军的念头。

事实证明,一旦楚军击破甬道,切断了攻城秦军的补给,战场的形势即随之改观,胜负谁属也就趋于明朗,但这一切的前提是巨鹿能够坚守。没有他们的坚守,秦军不会陷入四面受敌的境遇;没有他们的坚守,秦军的战斗力也不会有那么大的损耗;故此,我以为,巨鹿之战的最后胜果固是楚军摘得,但其根本则在赵国军民坚守数月,为这场大战赢得了时间,预备了战场;而在楚军率先向秦军发起总攻时,假如没有赵国外围部队与其他诸侯援军的适时配合,楚军也未必会取得那么干净彻底的胜利。

宋人司马光等修《资治通鉴》,大概也注意到了这个问题,故《资治通鉴》综合各方材料,如此表述:"乃遣当阳君、蒲将军将卒二万渡河救钜鹿。战少利,绝章邯甬道,王离军乏食。陈馀复请兵。项羽乃悉引兵渡河,皆沈船,破釜、甑,烧庐舍,持三日粮,以示士卒必死,无一还心。于是至则围王离,与秦军遇,九战,大破之,章邯引兵却。诸侯兵乃敢进击秦军,遂杀苏角,虏王离;涉间不降,自烧杀。"①

我以为这样的描述既讲到了陈馀反复请项羽出兵,又提到了诸侯军的参战,细读这段文字,也许比单看《项羽本纪》更容易接近历史的真相,惜乎这一记述因晚出之故,历来较少被研究巨鹿之战的人们引用。今乃再做此画蛇添足之举,以博一哂。

---

① (宋)司马光编著《资治通鉴》卷八,中华书局1956年,第285页。

关于巨鹿之战的几个问题

王文涛

巨鹿之战是中国古代战争史上以少胜多、以弱胜强的著名战役,也是推翻秦王朝的关键之战,历来备受人们关注,研究者甚多,成果颇丰,但是,由于记载简略,有几个问题仍有必要进一步讨论。

一 陈馀是否退入了巨鹿城?

这场战役的交战双方,主要是秦和楚、赵两国,战役历时十一个月,从秦二世二年(前208年)九月至秦二世三年七月。

秦二世二年九月,章邯在定陶袭杀项梁,认为楚地的军事力量已经不值得担忧,于是兵渡黄河击赵,大破之。《史记·项羽本纪》云:

> 当此时,赵歇为王,陈馀为将,张耳为相,皆走入钜鹿城。章邯令王离、涉间围钜鹿,章邯军其南,筑甬道而输之粟。陈馀为将,将卒数万人而军钜鹿之北。

这段史料有两个问题要讨论:1.陈馀是否退入了巨鹿城。2.章邯是否有权令王离围巨鹿。

先谈第一个问题。秦二世二年十一月(秦以十月为岁首),赵将李良袭击邯郸,杀死赵王武臣、左丞相邵骚。右丞相张耳、大将军陈馀逃出邯郸,收集散兵

【作者简介】王文涛(1956年—)男,河南潢川人,河北师范大学历史文化学院教授,历史学博士,主要从事战国秦汉史、社会史研究。

数万人。二年端月（正月，秦避始皇讳，改正月为端月），张耳、陈馀立赵王歇，居信都（今邢台）。秦军击破项梁后，进入赵地，大破赵军，赵王君臣由信都退守巨鹿。据《史记·张耳陈馀列传》：

> 张耳与赵王歇走入钜鹿城，王离围之，陈馀北收常山兵[①]，得数万人，军钜鹿北。

《项羽本纪》先言陈馀随同赵王和张耳退入巨鹿城中，复云陈馀率数万人驻守于巨鹿城北。而《张耳陈馀列传》则未言陈馀入城。两处记载不一。《汉书·项籍传》与《史记·项羽本纪》基本相同，但删去了"皆"字，"当此之时，赵歇为王，陈馀为将，张耳为相，走入钜鹿城"[②]。可见班固不认为"陈馀为将"四字有误。颜师古未作深究，以《张耳陈馀列传》为是，其注曰："赵歇、张耳共入钜鹿也。"后人多有附和颜氏之说者，如梁玉绳云："陈馀是时将兵在钜鹿北，未入钜鹿城。此'陈馀为将'四字，因下文有之而重出者，当衍去。"[③]

是《项羽本纪》记载有误，还是陈馀入巨鹿城而复出呢？

笔者以为，陈馀应是随同赵王歇入城之后又出城北收常山兵。理由有二：第一，陈馀作为赵军主将，首要任务是保护赵国君臣撤退，他在赵军未撤至巨鹿前离去，不合军事常情。巨鹿在信都东，两地相距63.4公里（今324省道），昼夜兼行，一日可到，主将陈馀没有理由不率军保护赵王入城。《史记·秦楚之际月表》明确记载：秦二世二年后九月，"秦军围歇钜鹿，陈馀出收兵"[④]。这条史料中的"出"字很少有人关注，结合《项羽本纪》中的"赵歇为王，陈馀为将，张耳

---

① 巨鹿属巨鹿郡，常山郡在巨鹿郡北，故云"北收常山兵"。

② （汉）班固撰《汉书》卷三一《项籍传》，中华书局1962年，第1801页。

③ 张照不同意梁氏之说，他认为"赵王将相皆入钜鹿城，故章邯令王离、涉间围钜鹿。陈馀为将，故北收常山兵数万，军钜鹿北。围固非项刻可合也；馀之得出而收兵固也。叙王与将相，固不得独舍将不言。而馀之军钜鹿北，以为将故，则又不得不重叙也。"梁、张之语，转引自施之勉《汉书集释》，三民书局2003年，第4754页。

④ （汉）司马迁撰《史记》卷一六《秦楚之际月表》，中华书局1982年，第769页。梁玉绳等撰《史记汉书诸表订补十种（上）》云"秦兵围歇钜鹿，陈馀出收兵。"中华书局1982年，第96页。

为相,皆走入钜鹿城",此处的"出"字,当指"出钜鹿城"无疑,如以"出围"解之,亦指出巨鹿城之围。第二,秦将王离、涉间不可能在顷刻之间将巨鹿包围得水泄不通,陈馀完全可以在秦军合围之前出城"北收常山兵"。《张耳陈馀列传》说,在秦军急攻巨鹿之时,张耳几次派人出城,避开秦军去见陈馀,催促他出兵救援。在秦军重重包围之下,赵人尚且可以出城,陈馀在秦军合围之前出城就更没问题了。

陈馀出城之后,负责守卫巨鹿的将领是李齐,《史记》记载:

> 文帝曰:"吾居代时,吾尚食监高袪数为我言赵将李齐之贤,战于钜鹿下。今吾每饭,意未尝不在钜鹿也。父知之乎?"①

李齐坚守巨鹿,功不可没,但他不是当时的著名将领,除此事外,无别的记载,所以冯唐回答文帝:李齐"不如廉颇、李牧之为将也"。陈馀应当是在安排了巨鹿的防卫之后才去"北收常山兵"。在当时,坚守巨鹿比"北收常山兵"更重要,如巨鹿失守,到常山寻求援兵又有何用?主将陈馀不会不懂得这个道理。因此,笔者认为《项羽本纪》记载可信。

二 章邯是否有权令王离围巨鹿?

下面讨论第二个问题:章邯是否有权令王离围巨鹿?

反对者的主要理由是:王离是秦朝名将王翦之孙,爵位高于章邯。秦始皇二十八年(前219年),王离为武城侯,列侯是二十爵的最高一级,金银,紫绶,位上卿。而章邯不是名门之后,行迹在始皇时未见记载,秦二世元年始见,为少府,九卿之一,银印,青绶。所以,章邯不可能命令爵位比他高的王离。

《史记·秦始皇本纪》曰:

> (二世)二年冬,陈涉所遣周章(周章字文)等将西至戏,兵数十万。二

---

① 《史记》卷一〇二《张释之冯唐列传》,第2757页。这条史料常被忽略,李齐坚守巨鹿城,功不可没。

世大惊,与群臣谋曰:"奈何?"少府章邯曰:"盗已至,众强,今发近县不及矣。郦山徒多,请赦之,授兵以击之。"二世乃大赦天下,使章邯将。

"二年冬"误,当为元年九月。

据《史记·秦楚之际月表》,秦二世元年"九月,周文兵至戏,败"。"十一月,周文死。"《史记·陈涉世家》:"(周文)西击秦。行收兵至关,车千乘,卒数十万,至戏,军焉。……二三月。章邯追败之,复走次渑池。十余日。章邯击,大破之,周文自刭。"《集解》徐广曰:"十一月也。"①《汉书》记载此事的时间从《秦楚之际月表》,"是月(秦二世元年九月)……陈涉之将周章西入关,至戏,秦将章邯距破之"②。司马光亦将周文军至戏之事系于秦二世元年③。

"章邯令王离围钜鹿",仅见于《项羽本纪》,《汉书·项籍传》改为"秦将王离、涉间围钜鹿",删除了"章邯令"三字。《资治通鉴》从《汉书》。

笔者以为,《项羽本纪》的记载不宜轻易否定,战功显赫的章邯奉命指挥败军之将王离的可能性很大。

章邯是秦末镇压反秦义军最重要的将领,从秦二世元年九月至三年七月,独力支撑摇摇欲坠的秦朝三年,可谓战功赫赫。他率领由骊山刑徒组成的秦军,出潼关,破周章,败田臧,杀陈胜,破齐王田儋,灭魏王魏咎,杀项梁,当时的主要反秦力量都遭到章邯的沉重打击。秦二世二年,章邯也吃过几次败仗,在东阿、濮阳、定陶、雍丘先后败于项梁、项羽和刘邦,但很快就得到增援,秦二世"悉起兵益章邯,击楚军"④。此前,秦廷以"关中卒"和新征"秦人"补给章邯,史书明载第一批补充章邯的秦军由长史司马欣和都尉董翳率领,二人此后一直是章邯的主要下属。此时,关中有战斗力的兵力已经不多,"悉起兵"意为调动一切可以调动的兵力,作为秦朝的另一主力军——守长城的王离军这时也出现在赵地,应当是奉命协助章邯作战,也就是说,"悉起兵"中包括王离军。九月,章邯袭杀项梁于定陶,大破楚军。接着,又攻破邯郸。

---

① 《汉书》卷三一《陈胜传》文字同《史记》,第1790页。
② 《汉书》卷一上《高帝纪上》,第9—11页。
③ 《资治通鉴》卷七《秦纪二》,上海古籍出版社影印本1987年,第49—51页。
④ 《史记》卷七《项羽本纪》,第303页。

再说王离,他在蒙恬死后成为秦帝国最精锐的长城边防军团的统帅,爵位可能高于章邯。我们不知道王离奉命东向镇压人民起义的确切时间,史籍中只有他在秦二世二年的活动。《史记·王翦列传》说:"陈胜之反秦,秦使王翦之孙王离击赵,围赵王及张耳钜鹿城。"文献中不见有他的战功,只有他打败仗的记录,这可能与他在反秦起义初起时未参战有关。王离军围巨鹿是在秦二世二年后九月,即项梁被杀的下一个月。王离军迫近信都时,张耳与赵王歇放弃信都而东逃至巨鹿。秦二世二年十月,刘邦军"攻破东郡尉及王离军于成武南"①。《高祖本纪》说:"楚军出兵击王离,大破之。"②曹参随刘邦"击王离军成阳南,复攻之杠里,大破之"③。巨鹿与成武相距348公里(今106国道),成阳在今山东菏泽东北,杠里在成阳附近,三地与巨鹿均相距数百公里,其时王离正兵围巨鹿,不可能在此时分兵。最大的可能是王离奉命北上攻赵时,没有将属下的军队全部带走,而是留下了部分协助章邯作战的兵力,随其北攻巨鹿的只是主力。定陶与成武相距约40公里(今905省道33.6公里,今348省道44公里),章邯在定陶与项梁作战,王离军的一部在成武败于刘邦,可为王离增援章邯的证明。上文言及,章邯在东阿兵败后,"二世悉起兵益章邯",王离军应是最主要的援军。因此,我们才看到秦二世二年十月王离军在相距数百公里的巨鹿、成武、成阳和杠里等几个地点作战的情况。

章邯在定陶杀项梁之后的一个多月,又破邯郸。在赵王歇居信都后的一段时间里,武臣时期的赵将李良曾出兵攻打陈馀,为陈馀所败,李良遂投奔章邯。秦二世三年十月,在李良的引导下,章邯北入邯郸,"皆徙其民河内,夷其城郭"④。王、章二军,一大胜,一大败。我认为,秦二世在章邯破楚之后、王离兵发巨鹿之前,将攻打赵国的指挥权交给章邯是完全可能的。也就是说,此时章邯因战功而提升的军事地位已高于王离,具备了全权指挥攻赵、命令王离的条件。秦军攻赵之战,按军事常识应统一部署,统一指挥,王、章二军不应各行

---

① 《史记》卷一六《秦楚之际月表》,第769页。
② 《史记》卷八《高祖本纪》《集解》徐广曰:"表云三年十月,攻破东郡尉及王离军于成武南。"第356页。
③ 《史记》卷五四《曹相国世家》,第2023页。
④ 《史记》卷八九《张耳陈馀列传》,第2578页。

其是,此时有权命令王离、章邯的人只有赵高,赵高不懂军事,我们也找不到赵高指挥攻赵的资料。如果没有地位更高的人协调指挥王、章二军,那么王、章二人就必须分出主次,就当时的情势而论,章邯刚刚击杀项梁,秦廷任命他为攻赵的总指挥可谓顺理成章。王离可能不愿听命于章邯,但他在攻赵之战中未建尺寸之功,没有资本与章邯相争。再者,章邯的军事能力在他击败周文后即因屡立战功而得到秦廷的认可,此后镇压反秦力量的主要军事行动都是由章邯指挥的。而王离则不然,他奉命击赵,有人认为他将马到成功,"王离,秦之名将也,今将强秦之兵,攻新造之赵,举之必矣"。有人反对说:"不然。夫为将三世者必败。必败者何也?以其所杀伐多矣,其后受其不祥。今王离已三世将矣。"①反对意见虽然讲得委婉,但不认可"将三代"王离的态度却很鲜明。巨鹿之战的结果也证明了将门之后王离名不符实,不堪大用。

我们可以认为,在攻赵之前,王离军不隶属于章邯,但不等于在攻赵之战中章邯不能命令王离。虽然我们找不到秦二世提拔章邯的诏命,但从"悉起兵益章邯"可见秦廷对他的倚重。所以,"章邯令王离围钜鹿"是可以成立的。

三 巨鹿之战进程辨疑

巨鹿之战的进程在《史记·项羽本纪》中是这样记载的:

> (项羽)乃遣当阳君、蒲将军将卒二万渡河②,救钜鹿。战少利,陈馀复请兵。项羽乃悉引兵渡河……于是至则围王离,与秦军遇,九战,绝其甬道,大破之,杀苏角,虏王离。涉间不降楚,自烧杀。当是时,楚兵冠诸侯。诸侯军救钜鹿下者十余壁,莫敢纵兵。及楚击秦,诸将皆从壁上观。楚战士无不一以当十,楚兵呼声动天,诸侯军无不人人惴恐。于是已破秦军,项羽召见诸侯将,入辕门,无不膝行而前,莫敢仰视。项羽由是始为诸侯上将

---

① 《史记》卷七三《王翦列传》,第2341—2342页。
② 《史记正义》认为此"河"为漳水,见《史记》卷七《项羽本纪》,第307页。王先谦《汉书补注》赞同此说,中华书局1983年影印本,第913页。

军,诸侯皆属焉。①

同书《黥布列传》云:

> 项籍使布先渡河击秦,布数有利,籍乃悉引兵涉河从之,遂破秦军,降章邯等。楚兵常胜,功冠诸侯。诸侯兵皆以服属楚者,以布数以少败众也。

数十万大军云集巨鹿,巨鹿附近的粮食很快就消耗一空。秦军必须依赖后方的补给,章邯建筑连接黄河的甬道,补给王离的围城部队。为了保护甬道的安全,章邯在整条甬道上都设置了警戒,主力部署在棘原。项羽派遣当阳君英布、蒲将军率军两万渡河,进行试探性进攻,多次袭击章邯的甬道,打击秦军补给线。当阳君英布、蒲将军袭扰秦军补给线的行动获得了显著的效果——"数有利","以少败众","王离军乏食"。

关于项羽的下一步行动,史料记载就有出入了。《史记》这样写道:

> 当是时,燕、齐、楚闻赵急,皆来救。张敖亦北收代兵,得万余人,来,皆壁徐旁,未敢击秦。项羽兵数绝章邯甬道,王离军乏食,项羽悉引兵渡河,遂破章邯。章邯引兵解,诸侯军乃敢击围钜鹿秦军,遂虏王离。涉间自杀。卒存钜鹿者,楚力也。②

《项羽本纪》未明写楚军击破章邯。二世三年十一月,项羽"将其兵渡河救钜鹿"③。"至则围王离,与秦军遇,九战,绝其甬道,大破之,杀苏角,虏王离"。就这段文字来看,"绝其甬道"中的"其"和"大破之"中的"之"解作指代"王离"是

---

① 《史记》卷七《项羽本纪》,第307页。《汉书》卷三一《项籍传》文字与《史记·项羽本纪》基本相同,《史记》用了三个"无不","楚战士无不一以当十","诸侯军无不人人惴恐",诸侯将"无不膝行而前",以排比句式增强文势和韵味,将诸侯敬畏项羽的情状描写得淋漓尽致;班固务求简严,一味删削,删掉两个"无不",气势大减。

② 《史记》卷八九《张耳陈馀列传》,第2579页。

③ 《史记》卷一六《秦楚之际月表》,第770页。

没有问题的。可是,《张耳陈馀列传》却说:"项羽悉引兵渡河,遂破章邯①。章邯引兵解,诸侯军乃敢击围钜鹿秦军。"项羽渡河打败章邯,章邯引兵撤退之后,诸侯兵出击秦军,方才俘虏王离,迫使涉间自杀。《汉书·张耳陈馀传》文字和《史记·张耳陈馀列传》基本相同:"项羽兵数绝章邯甬道,王离军乏食。项羽悉引兵渡河,破章邯军。诸侯军乃敢击秦军,遂虏王离。"

笔者认为,项羽的作战步骤应以《张耳陈馀列传》为是,项羽救赵是分两步进行的,首先隔绝章、王军的联系,然后再实施攻击王离军;只有先击败外围的章邯,才能去围攻王离,否则,楚军就会受到章、王二军的夹攻,处于两面作战的不利境地。

两处记载不同,大史学家司马光综合以上记述,将这场激战的情形改写为:

> 于是至则围王离,与秦军遇,九战,大破之;章邯引兵却。诸侯兵乃敢进击秦军,遂杀苏角,虏王离;涉间不降,自烧杀。当是时,楚兵冠诸侯;军救钜鹿者十余壁,莫敢纵兵。及楚击秦,诸侯将从壁上观。楚战士无不一当十,呼声动天地,诸侯军无不人人惴恐。②

改写之后,并没有解决《项羽本纪》和《张耳陈馀列传》记载不同的问题,还令人产生以下疑问:

1.既云"诸侯兵乃敢进击秦军",后文又说"及楚击秦,诸侯将皆从壁上观",前后矛盾。

2.既然诸侯兵"莫敢纵兵",又怎能说诸侯兵斩杀苏角,俘虏王离,迫使涉间自杀呢?

3.如果诸侯兵斩杀苏角,俘虏王离,迫使涉间自杀,定然士气大振,对项羽不应是"无不人人惴恐"。

要解决上述疑问,正确解读"及楚击秦"四字是关键,这里的"秦",不是王

---

① 项羽击破章邯的时间是二世三年十二月。《史记集解》引徐广曰"三年十二月也"。见《史记》卷八九《张耳陈馀列传》注,第2579页。

② 《资治通鉴》卷八《秦纪三》秦二世三年,第56—57页。

离军,应是章邯率领的秦军。当阳君英布多次切断章邯补给王离的甬道,但未能击溃保护甬道的秦军。项羽渡河后首先遭遇的秦军,就是护卫甬道的章邯军。王离军围巨鹿,章邯军在王离军的外围,所以,项羽独力战者,是章邯军,诸侯袖手旁观之战,亦为项羽和章邯的战事。因此,《项羽本纪》"至则围王离,与秦军遇,九战,绝其甬道,大破之,杀苏角,虏王离"一句中的"其"和"之"应解作指代"章邯"。《史记会注考证》引中井积德曰:"是谓章邯军也,非王离。"①所论是。司马迁在这里使用了倒叙法,"及楚击秦",应为"及楚击秦章邯"。

后面这句话也易引起误解,"诸侯兵乃敢进击秦军,遂杀苏角,虏王离;涉閒不降,自烧杀。"很多史料都明确记载,王离为项羽所虏。例如:

《史记·秦始皇本纪》曰:"项羽急击秦军,虏王离,邯等遂以兵降诸侯。"

同书《高祖本纪》:"及项羽杀宋义代为上将军,诸将黥布皆属,破秦将王离军,降章邯,诸侯皆附。"

"项羽救赵,击秦军,果虏王离,王离军遂降诸侯。"

《白起王翦列传》:"及孙王离为项羽所虏,不亦宜乎?"

《汉书·高帝纪上》亦云:"羽大破秦军钜鹿下,虏王离,走章邯。"

解救巨鹿之围的功劳,主要在项羽的楚军。三年十二月,项羽军"大破秦军钜鹿下,将皆属项羽"②。楚军击破秦军之后,诸侯军无不佩服,一致拥戴项羽为诸侯上将军,统一指挥所有的军队。于是,陈馀、张敖、田都、臧荼等"诸侯军乃敢击围钜鹿秦军",诸侯军是在项羽的统率下击围秦军,在这个前提下说诸侯兵"遂杀苏角,虏王离",是没有问题的。端月,项羽军"虏秦将王离"。二月,"攻破章邯,章邯军却"③。七月,内外交困的章邯率二十余万秦军投降。"项羽与章邯期殷虚,章邯等已降,与盟,以邯为雍王"④。所以,司马迁说:"卒存钜鹿者,楚力也。"巨鹿之战,歼灭了秦军的主力,秦朝名存实亡。

---

① (日)泷川资言《史记会注考证》,文学古籍刊行社1955年,第21页。
② 《史记》卷一六《秦楚之际月表》,第770页。
③ 《史记》卷一六《秦楚之际月表》,第770—771页。
④ 《史记》卷一六《秦楚之际月表》,第772页。

从《孙子兵法》审视巨鹿之战的制胜因素

阎盛国

项羽年青的时候,追随叔父项梁避难于江淮地区。这一期间,项羽曾经在项梁的指导下学习研究过兵法。司马迁《史记》记载:"项籍少时,学书不成,去学剑,又不成。项梁怒之。籍曰:'书足以记名姓而已。剑一人敌,不足学,学万人敌。'于是项梁乃教籍兵法,籍大喜,略知其意,又不肯竟学。"[①]此处重点关注的信息是"项梁乃教籍兵法",项梁所教项羽的"兵法"是指《孙子兵法》。主要推断证据有三:其一,战国时代,《孙子兵法》已经广泛传播。《韩非子》云:"境内皆言兵,藏孙、吴之书者家有之。"[②]孙之书就是孙子的《孙子兵法》,吴之书就是吴起的《吴子》。《孙子兵法》对军事将领的吸引力很大,司马迁这样评述,"世俗所称师旅,皆道《孙子》十三篇"[③]。出身于军事世家的项梁,拥有和通晓《孙子兵法》,自然是合乎情理的。项梁本人深谙兵法,"每吴中有大徭役及丧,项梁尝为主办,阴以兵法布勒宾客及子弟,以是知其能"。其中"阴以兵法布勒"[④],就是项梁通晓兵法最有力的证明。其二,"项羽年轻时就学习过'兵法'。古人多称《孙

【作者简介】阎盛国(1972年—),男,河南师范大学社会发展学院副教授,主要从事秦汉史与《孙子兵法》研究。

① (汉)司马迁撰《史记》卷七《项羽本纪》,中华书局1959年,第295—296页。
② (清)王先慎撰,钟哲点校《韩非子集解》卷一九《五蠹》,中华书局1998年,第452页。
③ 《史记》卷六五《孙子吴起列传》,第2168页。
④ 《史记》卷七《项羽本纪》,第296页。

子兵法》为'兵法'"①。其三,项羽用兵之法可以佐证他学习的是《孙子兵法》。学者陈业新评价项羽"用兵神速、以少击众和布阵严整、长于力战"②,同《孙子兵法》追求"兵之情主速"③"以少合众"④"堂堂之阵"⑤"侵掠如火"⑥各种战术动作是相一致的,这些都极其符合项羽用兵的特点。

对于项羽学习《孙子兵法》的效果,历来多有褒贬。有人批评项羽学习《孙子兵法》不用力。有人赞扬项羽学习《孙子兵法》的效果好。如明人何孟春曾这样认为:"项籍喜兵法,略知其意而不肯竟学,是真能学兵法者。"⑦但这一说法自然难以令人信服,笔者认为,项羽学习《孙子兵法》自然是有所得,亦有所失。"得"是说项羽"略知其意",大体粗略明白《孙子兵法》,具体主要体现在项羽重点学习了《孙子兵法》战术思想,领会了孙子的战术思维,因此"身七十余战,所当者破,所击者服,未尝败北"⑧,这也说明项羽战术水平一流。"失"是说项羽"不肯竟学",浅尝辄止,没有把《孙子兵法》战略核心思想学到家。由此可见,项羽学了《孙子兵法》,战略思想虽学而不精,战术思想却炉火纯青。做一个优秀的战术家要比做一个优秀的战略家要容易得多,项羽仅仅停留在一个战术家的水平层次上。这为他赢得杰出战术家的桂冠的同时,也最终让他失去执掌天下的权杖。众所周知,项羽一生当中最辉煌的战绩就是巨鹿之战,因为他在这一战役当中把战术水平发挥到极致。本文旨在从《孙子兵法》的视角来审视巨鹿之战制胜的主要因素,水平有限,敬请方家指正。

---

① 于汝波《孙子兵法研究史》,军事科学出版社2001年,第59页。《史记·项羽本纪》记载,项羽年轻时就学习过"兵法"。古人多称《孙子兵法》为"兵法"。如《尉缭子》《鹖冠子》《黄帝内经》等都是如此,《史记》《汉书》记载秦汉时人对《孙子兵法》的称谓也多简称为"兵法"。即使当时人所言"兵法"不是专指《孙子兵法》者,其泛指的"兵法"一般也都应包括《孙子兵法》在内。所以,项羽所学兵法应有《孙子兵法》,当是不成问题的。

② 陈业新《试论项羽兵法》,《浙江学刊》2000年第2期。

③ 杨丙安校理《十一家注孙子校理》卷下《九地篇》,中华书局1999年,第245页。

④ 《十一家注孙子校理》卷下《地形篇》,第224页。

⑤ 《十一家注孙子校理》卷中《军争篇》,第152页。

⑥ 《十一家注孙子校理》卷中《军争篇》,第143页。

⑦ (明)凌稚隆辑校、李光缙增补《史记评林》,天津古籍出版社1998年,第2册第2页。

⑧ 《史记》卷七《项羽本纪》,第334页。

一 从《孙子兵法》审视巨鹿之战的地理因素

地理因素是影响战争的重要因素之一。《孙子兵法》清晰地指出地理环境一定程度上影响到作战行动,孙子的《地形篇》做了具体的论述。孙子把常见的地理环境分为六种:"地形:有通者,有挂者,有支者,有隘者,有险者,有远者。"① 通形是指"我可以往,彼可以来"的这种地理环境。在这种环境下,要事先占据高处向阳有利于生存的地势,保持粮道畅通,作战就会有利。"挂形"是指"可以往,难以返"的这种地理环境,在挂形环境下,当敌人没有防备的情况下,可以"出而胜之",当敌人有了防备的情况下,出击敌人就不能取胜。这种地理环境难以返回,对作战行动不利。"支形"是指"我出而不利,彼出而不利"这种地理环境,在支形地理环境下,敌方的行动虽然有利于我方,我方也不能前出。要让敌人离开这种地理环境,让敌人出到一半时攻击敌人是有利的。对于"隘形"这种地理环境,当我们事先占据的情况下,一定要兵力充足等待敌人前来进攻。当敌人事先占据的情况下,如果敌人兵力充足就不要攻击。如果敌人的兵力不足,可以进攻。对于"险形"的地理环境,在我方事先占据的情况下,一定要占据高处向阳有利于生存的地方等待伏击敌人;如果敌人事先占据,要"引而去之",不要进行攻击。对于"远形"这种地理环境,双方势均力敌的情况下是很难进行挑战的,在远形的地理环境下作战是不利的。总之,孙子阐明了一个重要道理:不同的地理环境,采取的作战行动不一样。同样一种地理环境,当面临的实际情况不一样时,采取的行动也应当是不一样的。关键的一点是要做到"因地而变",就是因环境而变。这是孙子关于地理环境影响人的行为活动的科学性论述。

巨鹿之战的地理因素有些不同寻常之处。巨鹿之战这一战役名称显而易见是从地名上命名的,在一定程度上,也说明巨鹿之战的地理环境有一定的特殊性。对于巨鹿之战发生地的周边地理环境,在一些史籍当中有一些具体的描绘。《吕氏春秋》云:"何谓九薮?吴之具区,楚之云梦,秦之阳华,晋之大陆,梁之

---

① 《十一家注孙子校理》卷下《地形篇》,第 217—218 页。

圃田,宋之孟诸,齐之海隅,赵之钜鹿,燕之大昭。"高诱注"赵之钜鹿":"广阿泽也。"①顾祖禹《读史方舆纪要》详细说明广阿泽的情况:"广阿泽,县北五里。亦曰大陆,亦曰钜鹿,接赵州隆平县界。《吕氏春秋》:晋之大陆,赵之钜鹿也。《十三州志》:广阿泽,即唐、虞时大麓地,东西广二十里,南北三十里。葭苇鱼蟹之利,充牣其中。"②由此可知,古时巨鹿的北面是广阔的湖泽。关于古代巨鹿的行政区划设置的情况,班固《汉书·地理志上》云:"钜鹿郡,秦置。属冀州。户十五万五千九百五十一,口八十二万七千一百七十七。县二十;钜鹿,《禹贡》大陆泽在北。纣所做沙丘台在东北七十里。"这里得到一个重要的信息:除了大湖泽之外,就是东北七十里曾建有沙丘台,地势比较险要。关于《汉书·地理志上》"钜鹿"之"鹿"的注解云:"应劭曰:'鹿,林之大者也。'臣瓒曰:'山足曰鹿。'师古曰:'应说是。'"③大致可以说明巨鹿周边曾有大片森林。因而,臣瓒的说法也不是没有一定的道理。由此可见,古代巨鹿的地理环境大致情况,北边有大湖泽,旁边有大森林。另外,《读史方舆纪要》云:"故钜鹿县城,即平乡县治也。"顾祖禹引《括地志》"县境左舒而右缩,洺河在境上,沙河在境外。"④同治《平乡县志》对巨鹿的军事战略要地的价值有深刻地认识:"东控堂阳钜鹿,西连冰井三台,为天雄信都之孔道,山左右之通衢。"⑤因此,巨鹿之战的主战场的地理环境很特殊,不是一般常见的地理环境。

孙子指出:"夫地形者,兵之助也。"⑥尽管地理因素很重要,但孙子明确指出地理环境对于作战只是起辅助作用,孙子彻底否定了"地理环境决定论"的思想。虽然有时地理环境不利,但"人"具有主观能动性,可以主动地选择地理环境,使之有利于自己的行动。巨鹿之战的周边地理环境是非常特殊的,这样

---

① (汉)高诱注《吕氏春秋》卷一三《有始览》,上海书店1985年,第125页。
② (清)顾祖禹撰,贺次君、施和金点校《读史方舆纪要》卷一五《北直》,中华书局2005年,第668页。
③ (汉)班固撰《汉书》卷二八上《地理志上》,中华书局1962年,第1575页。
④ 《读史方舆纪要》卷一五《北直》,第668页。
⑤ 同治《平乡县志》卷二《地理上·形胜》,《中国地方志集成·河北府县志辑》,上海书店出版社2006年,第72册第332页。
⑥ 《十一家注孙子校理》卷下《地形篇》,第226页。

特殊的地理环境优势最初既不属于项羽军队,也不属于诸侯军,而是被章邯、王离的军队所占据。"章邯引兵至邯郸,皆徙其民河内,夷其城郭。张耳与赵王歇走入钜鹿城,王离围之。"①当时陈馀北收常山之兵数万人,驻军巨鹿北面。"章邯军钜鹿南棘原,筑甬道属河,饷王离。王离兵食多,急攻钜鹿。"②面对秦军占据的地理环境有利条件,项羽采用了孙子"夺其所爱"③的战术思想,"兵数绝章邯甬道,王离军乏食,项羽悉引兵渡河"④。至此,项羽完成了由作战被动向作战主动的根本性转变。

二 从《孙子兵法》审视项羽部下的心理因素

《孙子兵法》关注人的心理对于军事作战的影响,孙子特别强调"人情之理,不可不察"⑤,要求统帅一定时时刻刻关注部下的心理活动,不可忽视部下心理状态的剧烈变化。

巨鹿之战的前夕,诸侯军以及项羽军队本身所处的地理和作战环境极为不利,章邯凌厉攻势让诸侯军畏敌如虎。更为严重的是,面对咄咄逼人的秦军攻势,恐惧心理笼罩着诸侯军全体上下。当时的情况可以见诸于史书的记载:巨鹿城中兵少食尽,张耳多次派人向陈馀求助,陈馀考虑兵少,"不敢秦,不敢前"⑥。当时,燕军、齐军、楚军听说赵国危急,都来救援。张敖北收代地之兵,有万余人,"来,皆壁(陈)馀旁,未敢击秦"⑦。另外,刘邦、项羽的军队也不例外,恐惧心理十分严重,这可从刘邦与项羽对话当中见其分晓。刘邦、项羽相互商议:"今项梁军破,士卒恐。"⑧一个"恐"字,生动形象地表明刘邦、项羽军队人人心

---

① 《史记》卷八九《张耳陈馀列传》,第 2578 页。
② 《史记》卷八九《张耳陈馀列传》,第 2579 页。
③ 《十一家注孙子校理》卷下《九地篇》,第 245 页。
④ 《史记》卷八九《张耳陈馀列传》,第 2579 页。
⑤ 《十一家注孙子校理》卷下《九地篇》,第 254 页。
⑥ 《史记》卷八九《张耳陈馀列传》,第 2579 页。
⑦ 《史记》卷八九《张耳陈馀列传》,第 2579 页。
⑧ 《史记》卷七《项羽本纪》,第 303 页。

里充满了恐惧感。

　　此时项羽军队的恐惧心理主要来自于三个方面的影响：一是受楚军大战严重失利的影响。事情要追溯到项梁从东阿起往西到定陶的进兵，一路上可谓屡战屡胜，大破秦军，项羽也是战绩不同凡响，"斩李由（李斯之子）"，由于接连不断的胜利，冲昏了项梁的头脑，项梁便产生轻视秦军的心理。其时，秦廷动员大量军队补充章邯，秦军"夜衔枚"，突然袭击楚军，"大破之定陶，项梁死"①。主帅战死，楚军元气大伤。二是受胜利前景十分渺茫的影响。刘邦与项羽的联军"去外黄攻陈留，陈留坚守不能下"②。本来刘邦和项羽想通过打个小胜仗提高一下部下的士气，结果却不能达到目的，反而更挫伤部下的作战士气，更增加了将士们对秦军的恐惧感。三是受各诸侯军畏惧秦军的恐惧心理的感染。章邯军队屡挫诸侯军，"破项梁军"，"渡河击赵，大破之"③。陈馀曾经做出有限的努力，"使五千人令张黡、陈泽先尝秦军，至皆没"④。结果使其他的诸侯军也不敢贸然主动进攻秦军，因此带来的畏惧心理进一步感染了楚军将士。于是包括项羽在内的整个河北之军，都是畏缩不前。

　　可见，包括项羽在内的军队都是异常的恐惧。从心理学的角度观察，恐惧是一种人类及生物心理活动的状态，通常被称为情绪的一种。恐惧是因为周围有不可预料和不可确定的因素而导致的无所适从的心理或生理的一种强烈性的反应，它是只有人与生物才出现的一种特有的心理现象。不克服恐惧的心理，将会可能一无所有，或者失去所有。恐惧会导致人的精神高度紧张，表现出遇事善惊、胆怯等症状。法国米歇尔·沃维尔在《死亡文化史》中指出："瘟疫与死亡，曾会引发人性的危机、偏见以及毫无理性的恐惧。"⑤如果恐惧心理不能有效地消解，必然会产生消极的影响。成语"草木皆兵""风声鹤唳"，最经典地说明人的心理如果恐惧到极点，就会产生不良的幻觉，最终转变为一种消极的活动行为。对于一支军队来说，就面临着逃跑或者投降的两种前景。巨鹿之战

---

① 《史记》卷七《项羽本纪》，第303页。
② 《史记》卷七《项羽本纪》，第303页。
③ 《史记》卷七《项羽本纪》，第304页。
④ 《史记》卷八九《张耳陈馀列传》，第2579页。
⑤ 林天宏《当死亡恐惧袭来时》，《中国青年报》2009年2月11日。

前夕,项羽对部下的"恐惧"心理因素还是把握得十分准确到位,因为史实记载:"沛公、项羽相与谋曰:'今项梁军破,士卒恐。'"[1]在当时情况下,首先是如何消除自己军队内心的恐惧心理,这显然是摆在项羽面前的一个最为重大的挑战。项羽显然也是看到了这一点,他也进行过努力尝试,但效果不佳,恐惧心理依然支配着项羽军队。

三 从《孙子兵法》审视项羽的战术思维因素

《孙子兵法》特别指出将士们的心理还受特定环境的影响,这种表述就是"投之无所往,死且不北;死焉不得,士人尽力。兵士甚陷则不惧,无所往则固,深入则拘,不得已则斗。是故,其兵不修而戒,不求而得,不约而亲,不令而信。"[2]这里需要重点提示的是孙子所说的"甚陷则不惧",意思是说如果周围环境危险到极点的时候,这时人的心理反而不惧怕了。这样的环境用《孙子兵法》固定的术语来讲,那就是"死地"。孙子认为:当人完全明白自己处于"死地"环境的时候,那么他就变得无所畏惧了。巨鹿之战的前夕,项羽一是认识到当时面临的作战周边环境对楚军非常不利,二是洞察到诸侯军及自己的军队充满了恐惧心理。对于项羽来说,这些都是极其危险的信号,如果不能及时迅速采取有效的措施,自己的军队就会被秦军打败或者彻底消灭,其他的诸侯军也是前景黯淡渺茫。在这种情况下,项羽又是如何摆脱这种困境的呢?项羽巧妙地借助了巨鹿这一特殊地理环境,应用《孙子兵法》的战术思维,成功地创造出《孙子兵法》所说的"死地"环境。而且,正如孙子所说:"夫众陷于害,然后能为胜败。"[3]当把许多人放在极度危险的环境下,反而有时能转败为胜。

项羽下定决心创造"死地"环境,就是这样拉开了巨鹿之战的序幕。项羽创造"死地"环境主要是通过三个步骤来实现的。第一步是"遣当阳君、蒲将军将卒二万渡河"[4]。这一举动是项羽创造"死地"的前奏曲,蒲将军英勇作战,"战少

---

[1] 《史记》卷七《项羽本纪》,第 303 页。
[2] 《十一家注孙子校理》卷下《九地篇》,第 247—248 页。
[3] 《十一家注孙子校理》卷下《九地篇》,第 263 页。
[4] 《史记》卷七《项羽本纪》,第 307 页。

利",为项羽全军渡河创造了安全条件。没有先遣队"渡河"这一步,就不能顺利在对岸建立接应"渡河"部队的立足点。而且,很容易使后来军队在"渡河"过程中遭遇秦军的攻击。第二步是"乃悉引兵渡河"①。这里值得特别注意的是,项羽"渡河"这一不同寻常的举动,已经差不多就把军队置于"死地"的环境下了。孙子说"无所往者,死地也"②。现在项羽军队的背后就是大河阻隔。这种做法也是汉代历史上创造"死地"环境的经典实例,我们同时也可以联想到后来汉军统帅韩信的"背水阵",也是军队背后有大河阻挡。但我们要注意的是,大河背后阻隔,这仅仅具备"死地"环境所需要的客观地理条件。但"死地"这种环境还有人为因素作用其中。因而,《孙子兵法》特意辟有《九地篇》,指明"用兵之法,有散地,有轻地,有争地,有交地,有衢地,有重地,有圮地,有围地,有死地"③,重点讲解人为创造和界定的各种地理环境,孙子以此强调不能仅仅单纯考察客观地理环境,还要联系人们的心理去研究作战的周边环境。所以,"死地"这种环境是叠加人的心理因素在里面,才能完全营造出来。第三步是采用"破釜沉舟"的办法。项羽"皆沈船,破釜甑,烧庐舍,持三日粮"④,把全部的渡船沉到河中,把所有的炊具打碎,把军队的驻舍焚毁,只带三天的干粮。船毁意味着项羽的军队再也不能幻想坐船渡河逃跑了,炊具破坏了意味着不能再生火做饭了,驻舍烧毁掉了意味着已经没有容身的地方了,三天干粮意味着三天以后要想生存,那么就必须自己想办法了。到了这一步完成的时候,可以说项羽把真正的"死地"环境给创造出来了。而且,值得注意的是,《孙子兵法》中恰好也有这样的话:"焚舟破釜,若驱群羊,驱而往,驱而来,莫知所之。"⑤似乎就是在为项羽的这种做法做恰当的注脚一样。

既然"死地"环境已经显现,那么项羽下一步应该采取如何行动。孙子指出:"死地,吾将示之以不活。"⑥意思是说当一支军队处于"死地"环境下,统帅

---

① 《史记》卷七《项羽本纪》,第307页。
② 《十一家注孙子校理》卷下《九地篇》,第256页。
③ 《十一家注孙子校理》卷下《九地篇》,第234页。
④ 《史记》卷七《项羽本纪》,第307页。
⑤ 《十一家注孙子校理》卷下《九地篇》,第254页。
⑥ 《十一家注孙子校理》卷下《九地篇》,第258页。

必须指明这种环境是一种不能侥幸生存的环境。从这一点来看,项羽确实是这样做的,而且做得非常正确及时。在"死地"出现了的时候,项羽"以示士卒必死,无一还心"[1],清楚地告诉部下当前他们正面临着极度危险和死亡之神降临,只有拼死一战,再也没有第二条路可以选择了。在"死地"环境下,如何才能生存下来?孙子讲得十分清楚:"疾战则存,不疾战则亡"[2],只有迅速猛烈作战才能生存,不然就会灭亡。我们再来考察项羽的做法,也是如出一辙。项羽于是"至则围王离,与秦军遇,九战,绝其甬道,大破之,杀苏角,虏王离"[3]。项羽军队九次与秦军展开连续性的激战,制造出一连串的战争胜利的奇迹。为什么会出现这种出人意料的结局?是因为处于"死地"环境下,人的心理会发生根本的转化。正如《孙子兵法》所描述的一样:"投之无所往,死且不北;死焉不得,士人尽力。兵士甚陷则不惧,无所往则固,深入则拘,不得已则斗。是故,其兵不修而戒,不求而得,不约而亲,不令而信。"意思是说,在"死地"环境下作战,由于极度危险,生死悬于一线。但越是到了最危险的时候,反而却不害怕。这时候的军队心理反而由恐惧走向了团结一致,这是为了每个个体的生存的目标。这样环境下的军队反而能自己管理自己,作战时人人发挥出最大的潜力。孙子指出"投之无所往者,诸、刿之勇也"[4]。当一支军队处于"无所往"的死地环境下,就会爆发出像古代勇士专诸、曹刿一样的勇敢士气。试看项羽率领下的"楚战士无不一以当十,楚兵呼声动天,诸侯军无不人人慑恐",正是反映了孙子所说这种情况,结果自然就出现了《孙子兵法》所讲的"投之亡地然后存,陷之死地然后生"[5]的结局。清人郑板桥栩栩如生地刻画了巨鹿之战:"项羽提戈来救赵,暴雷惊电连天扫。臣报君仇子报父,杀尽秦兵如杀草。战酣气盛声喧呼,诸侯壁上惊魂逋。项王何必为天子?只此快战千古无!"[6]与楚军形成鲜明对比的是,巨鹿之战时,诸侯军的表现实在令人不齿,"诸侯军救钜鹿下者十余壁,莫敢纵

---

[1] 《史记》卷七《项羽本纪》,第 307 页。
[2] 《十一家注孙子校理》卷下《九地篇》,第 239 页。
[3] 《史记》卷七《项羽本纪》,第 307 页。
[4] 《十一家注孙子校理》卷下《九地篇》,第 250 页。
[5] 《十一家注孙子校理》卷下《九地篇》,第 261 页。
[6] 王锡荣注《郑板桥集详注·诗钞·巨鹿之战》,吉林文史出版社 1986 年,第 19 页。

兵。及楚击秦，诸将皆从壁上观"①。只有章邯引兵撤退的时候，诸侯军队才"敢击围钜鹿秦军，遂虏王离。涉间自杀"。司马迁认为"卒存钜鹿者，楚力也"②。如果没有项羽带头发起的巨鹿之战，那么巨鹿之围就将成为绞杀赵军的无形绞索。然而，巨鹿之战的意义何止于此，顾祖禹所评更为精准："秦之季也，章邯去楚而攻赵，钜鹿一败，秦不复振。"③有一点值得不容忽视：当时"杀卿子冠军，威震楚国，名闻诸侯"的项羽已是楚军心目中的偶像，尽管项羽的军队最初存有心理恐惧，但对项羽敬畏三分，唯命是从。这是巨鹿之战主角项羽得以逐步成功创造"死地"的外在重要条件。由此可见，巨鹿之战项羽正是按照《孙子兵法》战术思维实施的，巨鹿之战显示了项羽善于利用巨鹿这一特殊的战场地理环境的不利因素，紧紧把握孙子"以患为利"④的战术思维，通过"破釜沉舟"的方式，创造"死地"环境，将自己军队的恐惧心理转化为誓死作战的心理，最终追求"投之亡地然后存，陷之死地然后生"的作战效果。由此可知，《孙子兵法》中的战术思维对项羽赫赫武功产生了不同寻常的影响。

四　结　语

总而言之，巨鹿之战是项羽运用《孙子兵法》战术思想最为精彩的华章。项羽紧紧把握孙子"以患为利"的战术思维，既有效利用巨鹿这一特殊的战场地理环境的不利因素，又充分考虑到自己部下将士恐惧心理因素的有效转变和利用。项羽通过"破釜沉舟"的方式，成功地创造了"死地"这种环境，最终达到了孙子"投之亡地然后存，陷之死地然后生"的战术效果。这是巨鹿之战取得成功的最根本因素。另外，唐代诗人孟郊《和令狐侍郎郭郎中题项羽庙》有"碧草凌古庙，清尘锁秋窗。当时独宰割，猛志谁能降。鼓气雷作敌，剑光电为双。新悲徒自起，旧恨空浮江"⑤。诗人杜牧《洛中送冀处士东游》诗中有"武事何骏壮，

---

① 《史记》卷七《项羽本纪》，第 307 页。
② 《史记》卷八九《张耳陈馀列传》，第 2579 页。
③ 《读史方舆纪要》卷一五《北直》，第 658 页。
④ 《十一家注孙子校理》卷中《军争篇》，第 135 页。
⑤ （清）彭定求编《全唐诗》卷三八〇《孟郊》，中华书局1960年，第 4261 页。

文理何优柔。颜回捧俎豆,项羽横戈矛"①。项羽在这些诗人眼里始终是一个冲锋陷阵的勇将形象。美国战略家马汉曾援引小哈里·萨默斯的话说:"战术水平救不了一个战略思想错误而身居险境的将军。"②知晓此理,自然多少明白为什么战术一流的项羽最终失败覆亡。值得关注的一点是,战术是项羽的强项,战略是项羽的弱项。尽管如此,巨鹿之战却依然值得大书特书,因为它是项羽应用《孙子兵法》战术思维最经典、最精彩的战例。

(本文承蒙秦进才老师提供有关材料及其指导,在此深表感谢之意。)

---

① 《全唐诗》卷五二〇《杜牧》,第5943页。
② 永华编《名家论兵·军事战略》,海潮出版社2002年,第75页。

巨鹿之战再思考
——以《孙子兵法》为视角

鲍家树

秦分天下为三十六郡，巨鹿郡（治所在巨鹿，今河北平乡西南）是其一。在政治运行上，巨鹿是一方的治所；在军事地位上，巨鹿又具有相当重要的战略意义，是兵家必争之地。秦末的巨鹿之战，可谓秦军与义军之间的决定性较量，义军破釜沉舟，取得了战争的胜利，加速了秦王朝的灭亡。本文拟以《孙子兵法》为视角来看待这场战争，或可提供一个更为开阔的视野，从而进一步认识这场扭转战局的关键之役。

一 巨鹿之战概述

司马迁在《史记》中有多篇提及巨鹿之战[①]。

秦二世二年（公元前208年），定陶（今山东定陶西北）之战中，楚地的反秦义军首领项梁与秦朝上将军章邯交战，兵败战死。为避免义军被秦军各个击破，项羽、刘邦与吕臣等主动率部退守彭城（今江苏徐州）一带。

章邯在大胜之后，认为"楚地兵不足忧"[②]，于是率军渡河北上，配合由上郡（今陕西榆林东南）急调至河北的秦将王离，攻击邯郸义军，大破之。赵王歇、赵相张耳等被迫退守于巨鹿，赵将陈馀收集常山（治今河北石家庄东古城）的残

【作者简介】鲍家树（1987年—），男，中国人民大学历史学院硕士，主要从事中国古代史研究。

① 包括《秦始皇本纪》《项羽本纪》《高祖本纪》《白起王翦列传》《张耳陈馀列传》《黥布列传》《田儋列传》。

② （汉）司马迁撰《史记》卷七《项羽本纪》，中华书局1982年，第304页。

余部队几万人,驻扎在巨鹿以北。秦将王离、涉间包围了巨鹿,章邯将自己的军队驻扎在巨鹿西南的棘原,"筑甬道而输之粟"①,保证王离军队的粮草供应。两部打援兼顾,形成掎角之势,合围巨鹿。巨鹿城内日渐"食尽兵少"②,情势岌岌可危。无奈之下,赵王歇遣派使者向楚怀王求援。

期间,因张耳多次催促,陈馀不得已,曾遣兵五千试攻秦军,几乎全部阵亡。齐、燕、魏等援军闻讯救援,在赵军驻地安营扎寨,筑有多座营垒,但却都不敢纵兵迎战。后来,楚怀王任命宋义为上将军,项羽任次将,范增任末将,率军北上,以解巨鹿之困。其他各路将领都隶属于宋义。行至安阳(今山东曹县东),宋义被秦军的气焰所吓,停留了四十六天,逡巡不前,久留而不行,欲坐收渔翁之利,后被主战的项羽怒杀,项羽还追杀了宋义之子,斩草除根。楚怀王遂任项羽为上将军,当阳君黥布、蒲将军都听从项羽指挥。

面对这样的局势,秦二世三年(公元前 207 年),项羽先派遣黥布、蒲将军率领两万人为先锋,渡过漳水,获得些许胜利之后,项羽亲率全军渡过漳河,下令全军将士破釜沉舟,经过数次激战,楚军"绝其甬道,大破之,杀苏角,虏王离。涉间不降楚,自烧杀"③,秦军遭受巨创,巨鹿之困因而得解。

二 《孙子兵法》视角下的巨鹿之战

有论者认为项羽不懂用兵规律,"勿击堂堂之阵"④,"敌则能战之,少则能逃之,不若则能避之。故小敌之坚,大敌之擒也"⑤。项羽的兵力不如秦军强大,却仍然与敌争锋,破釜沉舟是逞匹夫之勇的鲁莽之举,义军之所以没有被俘获,多凭侥幸。实则不然,项羽非但不莽撞,相反,更是颇具智慧,勇毅果敢。尽管其年少时对于"万人敌"的兵法只是"略知其意,又不肯竟学"⑥,但能够得到

---

① 《史记》卷七《项羽本纪》,第304页。

② 《史记》卷八九《张耳陈馀列传》,第2579页。

③ 《史记》卷七《项羽本纪》,307页。

④ (春秋)孙武撰《孙子兵法》第七《军争篇》,上海古籍出版社2006年,第80页。

⑤ 《孙子兵法》第三《谋攻篇》,第27页。

⑥ 《史记》卷七《项羽本纪》,第296页。

兵学熏陶,而又不拘泥教条、不墨守成规,加之其用兵天赋,巧妙应用,似乎更胜一筹。

《史记》对巨鹿之战详细的战斗过程虽然记载甚少,但通过这寥寥数言,也可以从《孙子兵法》的角度仔细挖掘这场大战,之所以能够取胜,以破釜沉舟来激昂斗志确实起了关键的作用,但其中也不乏项羽的战略、战术思想及其对时局的总体把握。

(一)考之以道

"兵者,国之大事,死生之地,存亡之道,不可不察也"①,须"经之以五事"。"五事",即与行军战争相关的五方面的情实,"知之者胜,不知者不胜"②。其中第一事就是"道"。

通过对"道"的综合考量,观察巨鹿之战的背景,也可窥见战争胜利的原因。"道者,令民与上同意也,故可以与之死,可以与之生,而不畏危。"③所谓的"道",就是民心向背的问题,以民为本,民众就会誓死效命而毫无畏惧。当时,秦末暴政,赋役繁重,刑政暴虐,民不聊生,社会矛盾全面激化,"劳罢者不得休息,饥寒者不得衣食,亡罪而死刑者无所告诉,人与之为怨,家与之为仇,故天下坏也"④。因此,陈涉揭竿,天下便群起响应。义军与暴秦政形成了鲜明的对比,得到了民众的支持和拥护。在民众反抗暴秦的情况下,巨鹿之战的民心所向是明显的。这就是当时反秦抗秦的大局势。

单就巨鹿形势而言,宋义的行为也是不得军心。他自己没有与秦军作战的经验,只善坐而运策,畏敌如鼠,不顾"天寒大雨,士卒冻饥"⑤,"饥民贫,士卒食芋菽,军无见粮,(宋义)乃饮酒高会"⑥。正值荒年,而宋义却谋取私利,置备酒

---

① 《孙子兵法》第一《计篇》,第2页。
② 《孙子兵法》第一《计篇》,第3页。
③ 《孙子兵法》第一《计篇》,第3页。
④ (汉)班固撰《汉书》卷五十一《贾邹枚路传》,中华书局1962年,第2332页。
⑤ 《史记》卷七《项羽本纪》,第305页。
⑥ 《史记》卷七《项羽本纪》,第305页。

筵,大会宾客。项羽指责其"不恤士卒而徇其私,非社稷之臣"①,最终取得了部下的支持。

(二)视卒如亲 仁严兼备

据《史记·项羽本纪》的记载,在巨鹿战前,三次提到"士卒","士卒冻饥"、"士卒食芋菽"、"(宋义)不恤士卒而徇其私",足见项羽对士卒的体恤。

项羽要推翻暴秦,唯一可以依靠的就是自己手下齐心攻秦的士卒,故而能够宽待士卒,同甘共苦。"项王见人恭敬慈爱,言语呕呕,人有疾病,涕泣分食饮。"②

"视卒如婴儿,故可以与之赴深溪;视卒如爱子,故可与之俱死。厚而不能使,爱而不能令,乱而不能治,譬若骄子,不可用也。"③项羽视卒如亲,共患难、同生死,同时严明法纪,不溺爱,不骄纵,在奖掖提拔有功士卒的同时,又主张军令严明,"令之以文,齐之以武"④,恩威并施,赏罚分明。

(三)兵情主速而不贵久

在巨鹿之战前,项羽曾劝说"卿子冠军"宋义伐秦救赵,说:"吾闻秦军围赵王钜鹿,疾引兵渡河,楚击其外,赵应其内,破秦军必矣。"⑤这番言语,就表明了项羽希望与赵军里应外合,并力攻秦,快速打垮秦军的态度。但是宋义却以"搏牛之虻不可以破虮虱"⑥为由,断然否定,提出"夫今秦攻赵,战胜则兵罢,我承其敝;不胜,则我引兵鼓行而西,必举秦矣"⑦,欲拖延时间,坐山观虎斗。项羽怒斥:"夫以秦之强,攻新造之赵,其势必举赵。赵举而秦强,何敝之承!且国兵新破,王坐不安席,埽境内而专属于将军,国家安危,在此一举。"⑧项羽认为,承敝

---

① 《史记》卷七《项羽本纪》,第 305 页。
② 《史记》卷九十二《淮阴侯列传》,第 2612 页。
③ 《孙子兵法》第十《地形篇》,第 113 页。
④ 《孙子兵法》第九《行军篇》,第 103 页。
⑤ 《史记》卷七《项羽本纪》,第 305 页。
⑥ 《史记》卷七《项羽本纪》,第 305 页。
⑦ 《史记》卷七《项羽本纪》,第 305页。
⑧ 《史记》卷七《项羽本纪》,第 305 页。

秦军根本就是无稽之谈。后来，项羽忍无可忍，屡次劝说无效，怒斩其首，之后再奏报楚怀王，从而握得军权。

"兵之情主速，乘人之不及，由不虞之道，攻其所不戒也。"①在项羽率军引兵渡河之时，全军"持三日粮"。为何只带三天的粮食？兵贵神速，趁敌人措手不及之时，迅速起动，攻其不备。这是项羽所熟知的。"兵闻拙速，未睹巧之久也。"②用兵作战，计谋不足但靠神速可以取胜，但没有听说讲求计谋而旷日持久、拖延战争时日的。实际上，两军对峙的时间越长，对义军有百害而无一利，毕竟敌强我弱，心理上积聚的不安与胆怯会越来越严重，而且粮草的后勤供给也不占优势，所以，一味的耗时，师老兵疲，义军甚至有可能从内部瓦解。况且，只要秦军稍有喘息，或者有充分的时间请来救兵，巨鹿之战的结果恐将改写。

项羽以迅雷不及掩耳之势，连续的快速突击，动若脱兔，司马迁在《史记》中对巨鹿之战的激烈场面着墨不多，但内容却是异常精彩。使敌人来不及抗拒，进而各个击破，分而歼之。疾速进兵，可以弥补军队数量的不足，是绝佳的制敌之策。而这一决定，又如同刀尖上行走，需要十足的胆略和魄力。项羽的战前谋划由于史料原因已无法得知，但如此一场大决战，无疑也离不开其周密详细的部署规划。

（四）奇正相生 趋其不意

"三军之众，可使必受敌而无败者，奇正是也。"③在巨鹿之战的过程中，可以看出项羽大胆打破常规，他没有选择统帅各路诸侯，集中优势兵力和秦军作战，而是灵活运用了正兵与奇兵的配合。项羽诛杀了宋义之后，先"遣当阳君、蒲将军将卒二万渡河"④，封绝章邯所筑的甬道，中断王离军队的粮草给养，从而阻断了章、王二部的后勤通路。在粮道破坏、"战少利"的情况下，又出奇兵，破釜沉舟，引兵渡河。

---

① 《孙子兵法》第十一《九地篇》，第 121 页。
② 《孙子兵法》第二《作战篇》，第 12 页。
③ 《孙子兵法》第五《势篇》，第 46 页。
④ 《史记》卷七《项羽本纪》，第 307 页。

"凡战者,以正合,以奇胜。"①正兵贵先,奇兵贵后。出正迎敌,出奇制胜。个中变化,只有上将军项羽通晓,分兵合击,各个击破,断其粮道,切断秦军之间的联系。正奇相佐,这样一个战局布置足以混淆秦军的判断,奇中有正,正中有奇,大出秦军意料。

"战势不过奇正,奇正之变,不可胜穷也。"②项羽临机能谋,将破釜的奇兵以正兵为后盾,正兵与奇兵相配合,从而获取巨鹿之战的胜利。这也是项羽用兵的佳妙奥秘。

(五)求之于势 死地后生

项羽在引兵渡河之时,采取了一种非常策略,"皆沈船,破釜甑,烧庐舍,持三日粮,以示士卒必死,无一还心"③。缩食、毁住、阻行,行军作战的后备必需,几乎被项羽自毁得一干二净。然而,就是这般破釜沉舟的精神激励下,不战胜毋宁死,武装成穷寇的士卒,士气大振,"楚战士无不一以当十,楚兵呼声动天"④,个个振奋,杀声震天,分割截击,九战而胜秦军。

所谓"死地",是"示之以不活"的"无所往者",是"疾战则存,不疾战则亡者"⑤。士卒在处于无路可走、不得不战之时,强烈的力战求生意念得以迸发,拼死一搏,殊死奋战而无所畏惧。《孙子兵法·九地篇》中多次提到置之死地的效用,"投之亡地然后存,陷之死地然后生。夫众陷于害,然后能为胜败","投之无所往,死且不北,死焉不得,士人尽力。兵士甚陷则不惧;无所往则固,深入则拘,不得已则斗。是故其兵不修而戒,不求而得,不约而亲,不令而信。……吾士无余财,非恶货也;无余命,非恶寿也。令发之日,士卒坐者涕沾襟,偃卧者涕交颐。投之无所往者,诸、刿之勇也。"陷于危难境地反而军心稳固、听从指挥;进入敌境纵深之地,士卒就会合力抵御而不涣散。这种情况下,不令则行,彼此紧附互助,就会像专诸、曹刿一样勇猛异常。

---

① 《孙子兵法》第五《势篇》,第47页。
② 《孙子兵法》第五《势篇》,第47页。
③ 《史记》卷七《项羽本纪》,第307页。
④ 《史记》卷七《项羽本纪》,第307页。
⑤ 《孙子兵法》第一一《九地篇》,第117页。

"深入则专,主人(按:敌国)不克;掠于饶野,三军足食"①,这是进攻敌国的一般规律;心志专一,夺获敌人的粮草,也是死地之士们求得生存的唯一途径。至此,项羽创造了一种绝佳的态势,"势"出现了转移,原本的"劣势"变成了"优势"。关于"势",《孙子兵法·势篇》中有一段经典的论述,"激水之疾,至于漂石者,势也;鸷鸟之疾,至于毁折者,节也。是故善战者,其势险,其节短。势如彍弩,节如发机。"义军在不得已之时,如湍流急水,奔泻而下,发动短促猛烈的攻势,拉满弓弩,一触即发,秦军便难以招架。

"携手若使一人,不得已也"②,项羽很好地把握了作战过程中的"势"与"节",指挥若定,"求之于势,不责于人"③,"如转圆石于千仞之山"④,一发而不可拾,不仅筹谋排兵布阵,更引导了士卒的抗秦情绪,这表现出了一个善战的将领应有的素质。

三 结 语

《孙子兵法·谋功篇》中关于预知战争胜负有五条箴言,用在巨鹿之战中,再合适不过。"知可以战与不可以战者胜,识众寡之用者胜,上下同欲者胜,以虞待不虞者胜,将能而君不御者胜。"宋义不主张攻秦,但是项羽凭借着对全局的把握,杀宋义,破秦军,获得了巨鹿胜利;相形之下,赵将陈馀没能坚持"战道不胜,主曰必战,无战可也"⑤的原则,"使五千人令张黡、陈泽先尝秦军"⑥,结果却是全军覆没的惨剧。且不论项羽的综合军事才能优秀与否、军事思想浑厚与否,将才也好,帅才也罢,单就巨鹿之战而言,其所表现出的"智、信、仁、勇、

---

① 《孙子兵法》第一一《九地篇》,第122页。
② 《孙子兵法》第一一《九地篇》,第125页。
③ 《孙子兵法》第五《势篇》,第53页。
④ 《孙子兵法》第五《势篇》,第53页。
⑤ 《孙子兵法》第一〇《地形篇》,第112页。
⑥ 《史记》卷八九《张耳陈馀列传》,第2579页。

严"①的用兵之道,"并力、料敌、取人"②的临敌应变能力,都是不容否定的。

巨鹿之战可谓项羽最得意之战,更是其军事生涯的巅峰之作,此役也是中国军事史上以少胜多的经典战役,奠定了反秦斗争胜利的基础。巨鹿之战几乎成了军事史上的神话,至今仍被人广为传诵。尽管时过境迁,如今的巨鹿县并非当年作战之地,但是提起"巨鹿",人们便会自然想起这场见证历史奇迹的关键之战,也给"巨鹿"这片沃土留下了历史永恒的一页。

---

① 《孙子兵法》第一《计篇》,第3页。
② 《孙子兵法》第九《行军篇》,第103页。

巨鹿之战中秦军失败的原因浅析

王志松

一 战争起因

秦二世三年(前207年)十二月,章邯在定陶之役中败项梁军,诛项梁,然后自以为楚军不足虑,故而率秦军主力北上与赵歇、张耳的赵军会战于邯郸。"章邯引兵至邯郸,皆徙其民河内,夷其城郭。耳与赵王歇走入钜鹿城,王离围之。馀北收常山兵。"①所记与《汉书》卷一上《高帝纪》略同,而与《汉书》卷三十一《项籍传》有异。《高帝纪》载"章邯已破项梁,以为楚地兵不足忧,乃渡河北击赵王歇,大破之。歇保钜鹿城,秦将王离围之"。但《项籍传》则记为"章邯已破梁军,则以为楚地兵不足忧,乃渡河北击赵王,大破之。当此之时,赵歇为王,陈馀为将,张耳为相,走入钜鹿城"②。使人初读误以为三人同时入保巨鹿,而与陈馀北借常山兵之史实有冲突。因为王离的"河北之军"为秦军精锐,如对巨鹿合围成功则陈馀很难出城请兵,这可从巨鹿战中陈馀曾发兵数千往救巨鹿而全军尽殁的情况可知。唯一合理的解释,可以认为陈馀等先保赵王歇入城,在秦军尚未完成合围前,陈馀提前出城请兵。《秦楚之际月表》记"(秦二世二年后九月)秦军围歇钜鹿,陈馀出(救)[收]兵"③。邯郸战役实为巨鹿之战前的一场遭

【作者简介】王志松(1985年—),河北师范大学历史文化学院研究生,主要从事秦汉史研究。

① (汉)班固撰《汉书》卷三二《张耳陈馀传》,中华书局1962年,第1836页。
② 《汉书》卷三一《项籍传》,第1801页。
③ (汉)司马迁撰《史记》卷一六《秦楚之际月表》,中华书局1959年,第769页。

遇战。此役过后,赵军处于极为不利的形势,被困于巨鹿孤城,随时有被歼灭的危险。

二 从战争进程看秦军战役指挥上的一些问题

第一,巨鹿之战的爆发主要是由于章邯战略判断失误所致。《汉书》卷一《高帝纪上》:"章邯已破项梁,以为楚地兵不足忧,乃渡河北击赵王歇,大破之。"《汉书》卷三十一《项籍传》以及《汉书》卷三二《张耳陈馀传》与此记载略同。少府章邯为秦末名将,先是击破周文军,进而追围田荣于东阿,又于定陶大破项梁军,诛项梁,军势正盛。但他也犯了与项梁同样的错误,被暂时的胜利冲昏了头脑,骄傲轻敌,没有理性地进行战略思考并制定正确的战略计划。相反,他错误估计了荆楚义军的实力和战斗力,以为既已诛杀项梁,义军群龙无首,又在定陶之役中损失巨大,战斗力必定在短时期内难以恢复,同时也过高估计了自己的实力,没有看到秦军经过长时期作战及远途奔袭,军队消耗巨大,军队减员、疲劳等诸多因素也在导致战斗力急剧下降,虽然获得了王离所率"河北之军"的支援,但仍隐藏着许多严重的问题,例如后勤补给线的不稳定,处于诸侯的打击和威胁下,时刻有断裂的危险。"项氏世世楚将,起江东,渡江西,行收兵而北。其形势,正与吴阖闾、越勾践同。而章邯之兵,久战疲敝;此盖项羽之所以制胜。先是,秦军强,常乘胜逐北,至是大败;秦又内乱,后援绝;关以东遂无能与楚抗者矣。"[①]在有限供给且周围形势不利于己军的情况下,就要求自身能够充分发挥军队的战略优势,并能有效把握战争形势,创造局部有利于自身发展的战争态势,而且要能够灵活地修改战争计划。以秦赵为例,秦军的战略后方远在关中,孤军深入,在巨鹿进行攻坚战和消耗战本身便是错误。秦军既然制定了弃楚击赵的战略计划,就应迅速集中秦军主力,趁有利的战争形势,发挥速度优势迅速歼灭赵军,占据巨鹿及漳水间有利的地理位置,才能始终掌握主动权,进而制形胜之地以当诸侯。这一系列行动和计划的关键是时间和速度。但如上所说,章邯在战略判断上存在失误。他既没有乘势消灭楚地义军的

---

① 吕思勉著《秦汉史》,上海古籍出版社1983年,第34页。

有生力量,在涉河后也未能迅速歼灭赵军主力于巨鹿城外。义军项羽所部的实力不但并未因定陶之役被削弱,反而因及时补充兵员,重新调整了军事部署和军事指挥机构,而逐渐强大,形成了谋臣诸如范增,武将诸如项羽、当阳君英布、蒲将军、龙且等的组织核心。此外,义军中一支不容忽视的力量为刘邦集团,在前期的一些军事斗争如城阳、濮阳、雍丘、外黄等战役中,均和项羽并肩作战,成为当时起义军的两支主力之一,并在巨鹿之战并消灭秦军主力的同时西入关亡秦。

在进行军事领导核心重组的同时,义军在思想动员方面也卓有成效,利用项梁之死进行宣传和动员,使义军在思想上团结一致,斗志旺盛。由此可见,战场形势正在发生的微妙的变化,战争主动权即将易手,而造成这种形势变化的主要是秦军自身的原因。

第二,章邯在对赵军的军事部署上也存在严重问题,他以秦军精锐王离的河北之军围困巨鹿,而己军则负责外围防守并负责向其提供粮草等军事物资,"章邯军钜鹿南棘原,筑甬道属河,饷王离。王离兵食多,急攻钜鹿"①,摆出了一副并不急于攻克巨鹿和试图长期围困的架势。在他看来,削平陈胜的主力,使起义军失去了一个具有号召力的领袖,义军目前的形势是一盘散沙;又东败齐王田荣,困之于东阿,齐鲁之地也不足虑;破魏军于临济,魏王咎自杀,梁地平;至于南方的荆楚,前已提到,在定陶之战中元气大伤,几乎丧失战斗力。他认为只要再平定燕赵以后,其战略任务就可以基本完成,故而并没有加快行军速度,也并没有急于消灭赵歇之属。《史记》记载"章邯引兵至邯郸,皆徙其民河内,夷其城郭"②,可能章邯有自己的考虑,就是彻底孤立巨鹿,同时可能也对燕赵地区的民俗多有考虑,"邯郸北通燕、涿,南有郑、卫,漳、河之间一都会也。其土广俗杂,大率精急,高气势,轻为奸"③。作为秦军"河南之军"的统帅,其思考问题的角度当然比一般人更加周密谨慎,要把诸多方面可能影响作战的因素都考虑进去,尽量把行军阻力减少到最小,而且赵民与秦军历史上便有隔阂,

---

① 《汉书》卷八九《张耳陈馀传》,第 1836 页。
② 《史记》卷八九《张耳陈馀列传》,第 2578 页。
③ 《汉书》卷二八下《地理志下》,第 1656 页。

白起坑马服君所领赵卒四十余万,"后七年,秦破杀赵将扈辄于武遂,斩首十万"①。此次秦军再伐赵,引起赵国民众不满甚至是抵抗都是有可能的。所以为了保证军事行动的顺利进行,也为了保证前方军事补给线的顺利畅通,必须采取有效手段镇压反抗力量。但他却忽略了一点,兵贵神速,争取作战时间对于秦军来说才是最重要的。且不说其采取的这些措施是否有效,单单是徙民或毁城郭其中任何一项便是一项不小的工程,并不是短时间内可以迅速完成的,这样做必然要分散兵力,影响行军进度,使赵军逃入巨鹿城,丧失了歼灭其的最佳时机。巨鹿城易守难攻,城防坚固,"数月,耳大怒"②。在兵力不足,物资缺乏,且面临兵势的秦军的情况下,尚能坚持数月之久,除了巨鹿城防坚固,地势险要外,不能不说章邯自身军事部署失误,分兵他处的方法便是不足取的。其中有一点需要指出的是,章邯的军事物资(包括军粮和武器)的供应主要通过水运从敖仓运至。虽然说便利,但补给线长的弱点很可能被敌军利用。

另外,笔者认为章邯分军棘原的策略也存在失误,既然他认为楚军已不足忧,且自身的军事物资相对有限,并且刚刚又毁邯郸城,迁其居民,不能就近补充兵员和军粮,又时刻处于诸侯国军队的军事包围和封锁的威胁下,只有迅速结束军事行动,调整和补充兵员、装备以及物资,并且及早恢复当地秩序,才有可能再次确立秦政府在这些地区的统治。要实现迅速战胜对方的目标,只有集中兵力,且坚持定陶之战中的作战原则,实行突袭,才能实现出其不意,克敌制胜的效果。但他不仅放慢了行军速度,而且并未与王离的河北之军合兵一处,共同攻打巨鹿,这样一来,就减轻了巨鹿城防压力,使其他诸国军队尤其是项羽所部义军能够及时赶来增援。相反倘若秦军倾全力攻占巨鹿,可以凭借巨鹿坚固的城防以及赵军粮草迅速获得补充,那样的话即使赵军获得了援军的支援,战争形势恐怕也难以逆转。

第三,内外条件不允许秦军在巨鹿实施长期的消耗战,可以说围困巨鹿的消耗战策略也在一定程度上导致了战略决战在巨鹿的爆发。而章邯却并未及时发现正在悄然发生变化的战场形势而做出相应的军事调整。虽然他看到了

---

① 《汉书》卷三二《张耳陈馀传》,第 1836 页。

② 《史记》卷八一《廉颇蔺相如列传》,第 2451 页。

巨鹿赵军粮草和兵员不足的弱点,长期围困可迫其主动投降,减少损失。但形势的发展却不容许他这样做。各路义军正迅速集结,逐步完成对秦军的反包围。可由于一系列的军事胜利以及顺利发展的战场形势,使秦朝军事统帅部产生了轻敌情绪,使其军事思维陷于僵化,这也直接带来了军事指挥者错误的形势判断,延缓乃至改变了战争的进程和结果。

对内,秦朝统治集团内部由于军事斗争的日益复杂开始出现分歧,对战场形势的认识发生动摇,并对章邯产生怀疑。《史记·项羽本纪》记载:"章邯军棘原,项羽军漳南,相持未战。秦军数却,二世使人让章邯……至咸阳,留司马门三日,赵高不见,有不信之心。"对外,由于秦赵双方处于僵持不下的局面,诸侯国的军队正陆续赶来增援,原本一边倒的战场形势正在朝着反秦义军有力的方向发展,"诸侯军救钜鹿下者十余壁"①,不能迅速摆脱困境的秦军正在逐步丧失战场的主动权。双方军事力量的对比也发生了显著的变化。秦军内外围攻巨鹿,既打又围从而迫使对方屈服的战略构想并未能实现,其甬道不仅为项羽断绝,而且由于未能提前防守河津,防备楚军渡河,使楚精锐能够迅速渡过漳河,"羽杀卿子冠军,威震楚国,名闻诸侯。乃遣当阳君、蒲将军将卒二万人渡河救钜鹿。战少利,陈馀复请兵。羽乃悉引兵渡河"②。可以说,秦军暴露的诸多弱点,给反秦义军赢得了时间,创造了围歼秦军于巨鹿的条件。在一定程度上说,巨鹿之战的爆发是由于秦军的自身失误和不足所导致的。换句话说,秦军没有很好地利用定陶之战后所掌控的中原战争的主动权。

第四,从秦军自身的状况分析巨鹿之役的发展状况。从新安坑卒的人数来看,当时秦军的人数不下二十万。就战斗力来看,在之前一系列战役中,秦军屡次获胜,虽然较统一前秦国军队的战斗力尚有一定差距,但比起组织纪律性都较差且武器装备十分落后的义军来说,还是有一定优势差距的。"就客观方面来看,章邯的大军虽然有一部分郦山徒人和奴产子,但大部分仍是关中秦人,这支军队的战斗力是强的"③。朱绍侯先生在《关于秦末三十万戍守北边国防军

---

① 《史记》卷七《项羽本纪》,第307页。
② 《汉书》卷三一《陈胜项籍传》,第1804页。
③ 何兹全《秦汉史略》,上海人民出版社1955年,第29页。

的下落问题》一文中提出了两个重要的观点:一是说:秦之镇压农民起义,主要的不是依靠刑徒、奴产子,而是不顾外患入侵,全盘调回了戍守长城的边防军;另一个是说:刑徒、奴产子并不可靠,大量逃亡,章邯军在秦政权一再发兵补充之下,成分迅速改变。在他与项梁、项羽作战时,他的军队已不是刑徒、奴产子了,而是训练有素的秦兵[①]。人数占优且战斗力偏强,应该说这是一场小规模的短期战争,可随着战况的进一步发展,它却演变为了一场决定双方命运的大规模的主力决战,且战争的时间和结果都远远超过预期。这不能不让我们重新审视这场战争。的确,单单从项羽所率义军的自身来看,其军队成员大部分是来自江东,本身好战且尚武,战斗力本就比一般的农民军要强,这从它能在秦军击破周文,攻杀陈涉,追围田荣于东阿,军势正盛的时候,仍取得定陶战役的胜利,且渡河后"楚战士无不以一当十,呼声动天地"[②]等可见一斑。且其组织较为完备和严密,并非其他涣散的义军可比。又有其他几国军队以及陈馀的河北军援助,实力是非常的强大,但它也存在许多的矛盾和问题。项羽虽然因为项梁被杀,而对秦军心怀怨愤,且杀宋义后迅速带兵扑向巨鹿,且先遣当阳君等率两万人先涉河以当秦军,且取得了一些胜利,但这并未说明项羽便下了同秦军主力进行决战的决心。相反,这是他在以此试探秦军的实力,而他则以义军所部主力进行破坏秦军后勤补给的活动,并未直接和秦军主力正面交锋。如果章邯下定决心迅速完成对巨鹿的占领而专事楚军,楚军可能最终不会贸然渡河。至于其他诸侯国军,虽然人数众多,可都没有勇气救赵。陈馀"自度兵少,不能敌秦,不敢前"[③],而诸侯军表现与其相似,"当是时,燕、齐、楚闻赵急,皆来救。张敖亦北收代,得万余人来,皆壁馀旁"[④]。如果秦军能够很好地利用这些矛盾,孤立和分化其内部力量,相信战争局面会是另外一种状况。

---

① 朱绍侯《关于秦末三十万戍守北边国防军的下落问题》,《史学月刊》1958年第4期。
② 《汉书》卷三一《陈胜项籍传》,第1804页。
③ 《汉书》卷三二《张耳陈馀传》,第1836页。
④ 《汉书》卷三二《张耳陈馀传》,第1837页。

三 结 语

　　章邯此役中僵化的指挥模式,存在严重问题的战略战役部署,导致了战争形势的急剧变化,带来了巨鹿之战的爆发,并逐渐丧失战争的主动权。战争朝着不利于秦军的方向发展,由一场小规模的局部战争,发展为大规模的主力决战,从而也对当时秦末的政局走向产生重大影响,成为扭转时局的一次关键战役。

　　以上论证是建立在章邯为整个秦军统帅的基础之上,而有的学者则认为"这两支军队从组成到巨鹿之战的前夕,虽然有南北呼应的关系,但其基本特点是都直接听命于中央,各自为战,互不统属……王离军击赵,是直接受命于秦朝廷的,而且是击赵的主力"[1],但《史记》确有"章邯令王离、涉间围钜鹿"[2]之语,并不能轻易否定,且在镇压农民军的过程中,几次决定性重要战役都是由章邯指挥下完成的,抗击反秦义军的大部分兵力,这一点毋庸置疑。翦伯赞先生在其所著《秦汉史》中便承认了章邯作为整个秦军军事统帅的事实,"章邯使其将王离围巨鹿,而自以大军殿其后,日夜进攻,巨鹿危在旦夕"[3]。

---

[1] 张传玺《秦汉问题研究》,北京大学出版社1985年,第452页。
[2] 《史记》卷七《项羽本纪》,第304页。
[3] 翦伯赞《秦汉史》,北京大学出版社1983年,第104—105页。

巨鹿之战与汉初赵、常山国政权的演变

郝良真

在秦末汉初的前后几年战乱中,信都、襄国曾几次作为农民起义军所建立政权的政治中心。其中,巨鹿之战的发生就与赵歇所建立的赵国政权有着直接的关系,而且这场战争一举击败了秦军的主力,成为秦楚战争的一个重要转折点,也是汉初赵、常山国政权发生演变的重要潜因。

秦二世元年(公元前209年),陈涉(胜)发动了大规模的秦末农民起义,不久便建立了张楚政权,原魏国的名士旧官吏张耳、陈馀也投奔陈涉加入农民起义军行列。陈涉随"以故所善陈人武臣为将军,邵骚为护军,以张耳、陈馀为左右校尉,予卒三千人,北略赵地"[①]。武臣率领的这支北征军进入赵地后,顺利扩展反秦武装数万人,很快占领了豫北、冀南一带包括邯郸、信都等在内的赵地三十余城。后来,张耳、陈馀因投奔陈涉未被重用,心怀不满,便肆意策动武臣反叛,谋划建立新的地方割据政权。"武臣乃听之,遂立为赵王。以陈馀为大将,张耳为右丞相,邵骚为左丞相"[②],随即便在邯郸建立了武姓赵国政权。武臣在邯郸建立赵国政权不久便发生了内讧而被杀,张耳、陈馀因事先有人通风报信,得以逃脱,随纠集残兵,重整旗鼓,并采纳门客的建议,于秦二世二年(前208年)的端月(也称正月)立战国赵王后裔赵歇为赵王,重新建立了赵国政

【作者简介】郝良真(1954年—),男,河北邯郸县人,邯郸市博物馆馆长、研究馆员,中国先秦史学会理事,河北省博物馆学会副会长。

① (汉)司马迁撰《史记》卷八九《张耳陈馀列传》,中华书局1982年,第2573页;(汉)班固撰《汉书》卷三二《张耳陈馀传》,中华书局1962年,第1831页。

② 《史记》卷八九《张耳陈馀列传》,第2576页;《汉书》卷三二《张耳陈馀传》,第1832页。

权。由于此时叛军李良占据邯郸,赵歇政权只好"居信都"①。关于信都的地望,孙继民先生《赵信宫地望考》认为就是战国时期赵国的信宫,即今邯郸永年县易阳城遗址②。赵歇率赵军又击败前来进犯的李良,李良无奈只好投降了秦将章邯。章邯引兵攻破邯郸,随夷邯郸城郭③,邯郸城因此遭到彻底破坏。

赵歇于信都称王后,秦将章邯即率大军进兵攻赵,赵歇政权因立足未稳而难挡秦军凌厉攻势,随与张耳出奔巨鹿,秦将王离便率军包围了巨鹿,巨鹿危在旦夕。赵歇在刚刚建立的赵国政权之初便遇到了严重的危机,《史记·项羽本纪》称:"章邯已破项梁军,则以为楚地兵不足忧,乃渡河击赵,大破之。当此时,赵歇为王,陈馀为将,张耳为相,皆走入钜鹿城。章邯令王离、涉间围钜鹿,章邯军其南,筑甬道而输之粟。陈馀为将,将卒数万人而军钜鹿之北。"巨鹿城被秦军包围之初,双方在军事上难分胜负,而秦军攻击日急,赵歇、张耳在坚持数月之后,城中的粮草和兵员日渐减少,难以抵抗秦军的进逼攻势,处境十分危急。于是,张耳派人北去常山征调救兵,陈馀所率的数万大军虽屯驻在巨鹿城北,但慑于秦军的强大声威,不敢越雷池一步。赵歇坚持了数月且危机日重。

> 张耳大怒,怨陈馀,使张黡、陈泽往让陈馀曰:"始吾与公为刎颈交,今王与耳旦暮且死,而公拥兵数万,不肯相救,安在其相为死!苟必信,胡不赴秦军俱死?且有十一二相全。"陈馀曰:"吾度前终不能救赵,徒尽亡军。且余所以不惧死,欲为赵王、张君报秦。今必俱死,如以肉委饿虎,何益?"张黡、陈泽曰:"事已急,要以俱死立信,安知后虑!"陈馀曰:"吾死顾以为无益,必如公言"。乃使五千人令张黡、陈泽先尝秦军,至皆没。④

起初,燕、齐、代等诸侯军队,也是为了保存自己的实力而惧畏不前,隔岸观火,见死不救。在巨鹿城万分危急的情况下,"赵数请救,怀王乃以宋义为上

---

① 赵歇初立信都的时间,据《汉书》卷一《高帝纪》,第13页,《史记》卷一六《秦楚之际月表》记同。
② 载《历史地理》第9辑,上海人民出版社1990年;孙继民、郝良真等著《先秦两汉赵文化研究》,方志出版社2003年,第171—175页。
③ 《史记》卷八九《张耳陈馀列传》,第2578页。
④ 《史记》卷八九《张耳陈馀列传》,第2579页;《汉书》卷三二《张耳陈馀传》,第1836页。

将军,项羽为次将,范增为末将,北救赵"①。宋义在救赵问题上,犹豫不决,踯躅不前,项羽为极力救赵,便力杀宋义,为上将军,"乃悉引兵渡河,皆沉船,破釜甑,烧庐舍,持三日粮,以示卒必死,无一还心。于是至则围王离,与秦军遇,九战,绝其甬道,大破之,杀苏角,虏王离"②。此次楚军救赵,项羽不但力杀宋义,而且以背水阵一举击败秦军,使巨鹿转危为安,赵国得救。

巨鹿之战后,"赵王歇、张耳乃得出钜鹿,谢诸侯"③,不久"赵王歇复居信都"④。关于赵王歇复居信都的时间,按《史记·秦楚之际月表》,从秦二世二年(公元前208年)九月秦军进兵攻赵围巨鹿城,到秦二世三年(公元前207年)端月,项羽率楚军"大破秦钜鹿下……虏秦将王离",前后达五月之久。而赵王歇"复居信都",应在秦二世三年(公元前207年)的正月。

经过巨鹿之战,秦军主力遭到重创,赵歇、张耳所拥有的政治、军事势力也进而成为以项羽为首反秦阵营中的一支力量,从此反秦武装取得了战争的主动权。不久,秦将章邯也投降了项羽,项羽在秦楚战争的初期便跃身成为诸侯反秦阵营的盟主。在秦王朝灭亡后,刘邦与项羽围绕着争夺全国最高统治权又展开了持续五年之久的楚汉战争。值此之时,赵王歇统治集团内部也再次发生分裂。这次分裂仍然起因于张耳与陈馀在巨鹿之战中的军事观点之争。对此,《史记》《汉书》在《张耳陈馀传》中均有记载:

> 赵王歇、张耳乃得出钜鹿……张耳与陈馀相见,责让陈馀不肯救赵,乃问张黡、陈泽所在。陈馀怒曰:"张黡、陈泽以必死责陈,臣使将五千人先尝秦军,皆没不出。"张耳不信,以为杀之,数问陈馀。陈馀怒曰:"不意君之望臣深也!岂以臣为重去将哉?"乃脱解印绶,推予张耳。张耳亦愕不受。陈馀起如厕。客有说张耳曰:"臣闻'天与不取,反受其咎'。今陈将军与军印,君不受,反天不祥。急取之!",张耳乃佩其印,收其麾下。而陈馀还,亦望张耳不让,遂趋出。张耳遂收其兵。陈馀独与麾下所善数百人之河上

---

① 《史记》卷八《高祖本纪》,第356页。
② 《史记》卷七《项羽本纪》,第307页。
③ 《史记》卷八九《张耳陈馀列传》,第2580页;《汉书》卷三二《张耳陈馀传》,第1837页。
④ 《史记》卷八九《张耳陈馀列传》,第2580页;《汉书》卷三二《张耳陈馀传》,第1837页。

泽中渔猎。由此陈馀、张耳遂有郤。

此次巨鹿之战，赵歇、张耳被围城中，陈馀率大军在外，在巨鹿危难之时，陈馀没有发兵以死相救，因此，张耳对陈馀不满而结下私仇。战后，围绕巨鹿之战救与不救这个问题，二人争执互不相让。最后，陈馀赌气解下军印，推给张耳。张耳起初不受，后经人进言，才收下军印，并改编了陈馀的军队。陈馀本是赌气，不想张耳认真，为此，陈馀一气之下，愤然出走南皮。张耳、陈馀本为刎颈之交，为此二人却反目为仇，这一事件就为尔后赵、常山政权的演变埋下伏祸潜因，而且也直接影响了二人在楚汉之争中的生死恩怨。

前206年，项羽在秦王朝覆没之后，自号"西楚霸王"，并分封天下诸侯。《史记·张耳陈馀列传》记："汉元年二月，项羽立诸侯王，张耳雅游，人多为之言，项羽亦素数闻张耳贤，乃分赵立张耳为常山王，治信都。信都更名襄国。陈馀客多说项羽曰：'陈馀、张耳一体有功于赵'。项羽以陈馀不从入关，闻其在南皮，即以南皮旁三县以封之，而徙赵王歇王代。"对于汉元年(前206年)初项羽封张耳为常山王都襄国一事，《史记》之《高祖本纪》《陈涉世家》《项羽本纪》《秦楚之际月表》，《汉书》之《陈涉项籍传》《张耳陈馀传》等均有所记。但《汉书·高帝纪》所云，项羽封张耳为常山王是在汉二年(前205年)二月，显然有误。通过这次分封，项羽将赵国故地一分为二，即常山国和代国分治，以原赵王赵歇迁封为代王，以张耳为常山王，而陈馀占封三县，低张耳一等。项羽在分赵、常山、代的同时，又改信都为襄国，襄国又成为常山国的国都治所①。这样分封的结果，显然与巨鹿之战有着直接的关系，历史上的分封一是世袭，二是军功受封。在战前张耳是赵歇割据政权的文臣宰相，巨鹿之战他不仅出了大力，而且又成为项羽反秦武装阵营中的一支重要力量，为他受封奠定了重要的政治基础。项羽在战后的分封中，为权衡赵歇、张耳、陈馀的政治势力在反秦战争及其在未来政治、军事发展中的作用，才将故赵分治为常山国和代国两大政治集团，从一定意义上说它是巨鹿之战的直接后果。

综上所述，巨鹿之战是历史上一场重要的军事战争，成为闻名古今的军事

---

① 相传襄国一名，是由战国赵襄子曾据有此地而来，此即为襄国的始称。

范例。这场战争使秦军的主力受到重创,成为秦楚战争的一个重要转折点,导致当时天下反秦力量由此掌握了战争的主动权,有力地加速了秦王朝的灭亡进程。在这场战争中,围绕救赵的军事战略战术问题之争,引起了赵歇政权宰相张耳与大将军陈馀的政治分裂,最终直接导致了赵国、常山国的分治演变,进而还直接影响了"楚汉之争"的结局,在中国古代军事历史上也产生了极其深远的影响。

巨鹿之战前后张耳、陈馀略析

李智文

巨鹿之战是中国史乃至世界史上的一次大战。巨鹿之战是以弱胜强的典范。巨鹿之战对于扭转当时整个战局,加速反秦斗争的胜利和最后推翻秦的统治起了决定性的作用。巨鹿之战留下"破釜沉舟""以一当十"两个成语。巨鹿之战使项羽闻名天下,成为天下的主宰者。吾师漆侠先生在《秦汉农民战争史》中说:"破釜沉舟的气魄,从此标留史册之上,放射出灿烂的光彩,成为捍卫正义事业人们的一个鼓舞力量。"谈论和研究巨鹿之战的人们往往注重项羽,而忽略了对巨鹿之战有重要影响的张耳、陈馀。巨鹿之战后,张耳、陈馀人生结局不同,值得深思。张耳曾在我村一带屯军,我村故名张耳沟。我同张耳有缘分,是我写这篇论文的原因之一。对曾经在我们邢台生活过的悲剧人物陈馀极为同情,也是我写这篇论文的原因。

一 巨鹿之战前的张耳、陈馀

当陈胜起义军攻占陈地时,张耳、陈馀加入起义队伍。陈曾是楚国后期都城,占领这一战略要地,陈胜决定成立农民政权。三老豪杰也认为陈胜功勋卓著,宜立为王。陈胜征求张耳、陈馀的意见。二人认为刚刚占领陈地就称王,在天下人面前显示自私,劝陈胜不要称王,可向西进军。他们向陈胜提出"遣人立六国后,自为树党,为秦益敌也"①,认为立六国后,可为反秦力量树立党羽,增

【作者简介】李智文(1941年—),男,河北内丘县人,邢台学院法政历史系教授,主要从事中国魏晋南北朝史研究,主攻后赵史。

① (汉)司马迁撰《史记》卷八九《张耳陈馀列传》,岳麓书社1988年,第663页。

加秦朝的敌人,这样帝王大业方可成功。陈胜拒绝他们的意见,自立为王。

张耳、陈馀看到秦灭六国后,六国贵族复仇的怒火在燃烧,并将复仇的欲火变为复仇的行动,是一支不可低估的反秦力量。历史证明,六国贵族在反秦斗争中起了重要作用,项梁、项羽叔侄和张良都是典型。在以阶级斗争为纲的年代里,有人说张耳、陈馀主张"立六国后",是复辟,是反动,这种看法是错误的。因当时天下主要矛盾是广大民众同暴秦的矛盾,推翻暴秦反映了广大民众的愿望和要求,六国贵族也是反秦的重要力量。张耳、陈馀向陈胜提出"立六国后"不久,范增也向项梁提出立楚王后裔为楚王的建议。

陈胜在陈地称王后,陈馀对陈胜说,他曾经到过赵地,对那里的人和地形比较熟悉,希望派他北上经营赵地。"于是陈王以故所善陈人武臣为将军,邵骚为护军,以张耳、陈馀为左右校尉,予卒三千人,徇赵。"①武臣等北上,占领邯郸等地后,在张耳、陈馀的支持下,在邯郸"武信君(武臣)自立为王,以陈馀为大将军,张耳为右丞相,邵骚为左丞相"②。好景不长,秦降将李良袭杀武臣等,张耳、陈馀逃出邯郸,组织反击,打败李良,李良归附秦将章邯。秦二世二年(前208年)"春,正月,耳、余立歇为赵王,居信都"③,然而在信都(今河北邢台市区)脚跟还没站稳,就遭到秦军的攻击。秦军在信都打败赵军后,"张耳与赵王歇走入钜鹿城"④。

在张耳、陈馀"立六国后"这一思想的指导下,二人立赵歇为赵王于信都,才有后来的巨鹿之战。

二 巨鹿之战中的张耳、陈馀

当赵王歇、张耳逃入巨鹿城后,"王离围之,陈馀收常山兵,得数万人,军钜鹿北"⑤。王离包围巨鹿,标志着巨鹿之战的开始。

---

① (宋)司马光撰《资治通鉴》卷七秦二世元年七月,岳麓书社1990年,第78页。
② 《资治通鉴》卷七秦二世元年八月,第78页。
③ 《资治通鉴》卷八秦二世二年正月,第83页。
④ 《资治通鉴》卷八秦二世二年后九月,第87页。
⑤ 《资治通鉴》卷八秦二世二年后九月,第87页。

王离包围巨鹿不久,章邯率二十万大军北抵赵地,然后北进巨鹿南的棘原,下令筑甬道连漳水,通黄河,直达王离军营。王离军得到源源不断的粮草供应,兵多食足,又有章邯作后援,加紧攻巨鹿。赵王歇、张耳在巨鹿城中兵少缺粮,寡不敌众。城北虽有陈馀匆促在常山收来的士兵数万人,但"自度兵少,不敌秦,不敢前"①。赵歇、张耳困守孤城,危在旦夕,只得向各路反秦军求救。楚作为当时反秦的主力军,最具备救赵的条件,因而"赵数请救于楚"②。从当时反秦大局考虑,楚决定救赵,欲合楚、赵之兵,夹击秦军,获得战争的主动权。楚考虑,如不救赵,秦一旦灭赵,必南下击楚,使楚陷于困境。于是楚怀王以宋义为上将军,项羽为次将,范增为末将,率军北上救赵。北上救赵的最高统帅是宋义。

　　楚军救赵并非一帆风顺,这是楚怀王用人不当所造成,上将军宋义既无军事才能,又无胆略气魄,他异想天开,欲使秦、赵相拼,楚得渔翁之利。在这一思想指导下(也畏怕秦军),宋义行至安阳(今山东曹县),停留四十六天。宋义的想法既用心险恶,又愚蠢之极。秦、赵力量悬殊,拖下去秦必灭赵,一旦灭赵,秦军更强大,必南下攻楚。

　　从王离军包围巨鹿,到项羽救巨鹿,数月之内,巨鹿之战为秦赵之战。此阶段,赵方巨鹿保卫战十分艰难。陈馀认为自己力量单薄,不是秦军对手,不敢同秦军作战。经过数月,张耳非常恼怒,埋怨陈馀,派张黡、陈泽责备陈馀说:当初,我们结为生死之交,现在赵王和我死在旦夕,你拥兵数万,不肯相救,同生死的情义何在?陈馀说:我考虑出兵也救不了赵,只有保存力量,才能以后为赵王、张君报复秦,硬要我同归于尽,就如肉送饿虎,有什么用?张黡、陈泽说:现在已到了这步田地,只有同归于尽说明信用,哪里还能考虑以后的事呢?于是陈馀派五千兵交张黡、陈泽,用以攻秦,结果全军覆没。

　　自项羽杀宋义夺军权后,立即派英布、蒲将军率军二万渡过漳河,攻占章邯军的薄弱环节——甬道,切断章邯对王离军的供应,并把章邯、王离二部分开。此时,"陈馀复请兵"③,望项羽加快攻巨鹿的步伐。

---

① 《史记》卷八九《张耳陈馀列传》,第666页。
② 《资治通鉴》卷八秦二世二年后九月,第87页。
③ 《史记》卷七《项羽本纪》,第80页。

项羽攻破巨鹿城后,张耳、陈馀见面,张耳再三严厉指责陈馀见死不救,且怀疑张黡、陈泽为陈馀所害。陈馀也怨气十足,便解下印绶,推给张耳,撂挑子。张耳愕然。陈馀去厕所,听从别人的意见,"张耳乃佩其印,收其麾下。而陈馀还,亦望张耳不让,遂趋出。张耳遂收其兵,陈馀独与麾下所善数百人之河上泽中渔猎。由此陈馀、张耳遂有郤"①。从此,陈馀与张耳分道扬镳。张耳与赵王歇重回襄国。

项羽攻破巨鹿,章邯退到棘原。章邯兵力损失不大,加王离手下的逃兵,秦军仍有二十万人。章邯面临秦政府的指责和粮草供应双重压力。此时,陈馀给章邯写了一封劝降信,信中说:"白起为秦将,南征鄢郢,北坑马服,攻城略地,不可胜计,而竟赐死。蒙恬为秦将,北逐戎人,开榆中地数千里,竟斩于阳周。何者?功多,秦不能尽封,因以法诛之。今将军为秦将三岁矣,所亡失以十万数,而诸侯并起,滋益多。彼赵高素谀日久,今事急,亦恐二世诛之,故欲以法诛将军以塞责,使人更代将军以脱其祸。夫将军居外久,多内郤,有功亦诛,无功亦诛。且天之亡秦,无愚智皆知之。今将军内不能直谏,外为亡国将,孤特独立而欲常存,岂不哀哉!将军何不还兵与诸侯为从,约共攻秦,分王其地,南面称孤。此孰与身伏铁质,妻子为戮乎?"②章邯看到陈馀的信,思想动摇了,派人和项羽议降事未果。项羽又攻章邯军,大破之,章邯无奈,在殷虚降项羽,这标志着巨鹿之战的结束。

在巨鹿之战中,张耳、陈馀的作用是不可低估的。张耳、赵王歇在巨鹿城中,多次派使求救于楚,使巨鹿之战初期的秦赵之战逐渐转化为秦楚之战;在项羽先锋部队渡过漳河,切断章邯给王离的供应后,陈馀再次要求项羽采取更大的行动。陈馀还按项羽的要求,攻王离军,使王离军北移,加快了项羽攻巨鹿的步伐,这也是巨鹿之战中楚赵合力的最佳处;在张耳的强烈要求下,陈馀尽管很不情愿,还是派五千人给张黡、陈泽,这五千兵相当于敢死队,其血不会白流;特别应指出的是,在关键时刻,陈馀给章邯写了一封有理而动情的劝降信,对章邯降项羽起了一定的作用。

---

① 《史记》卷八九《张耳陈馀列传》,第666—667页。
② 《史记》卷七《项羽本纪》,第81页。

三 巨鹿之战后的张耳、陈馀

巨鹿之战后,张耳随项羽入关。汉王元年(前206年)二月,项羽"立耳为常山王,王赵地,治襄国"①。陈馀的宾客多人对项羽说:陈馀和张耳一样对赵国有功。项羽认为陈馀未随他入关,听说陈馀在南皮,就把南皮县附近三个县封给他,改封赵歇为代王。同年四月,当张耳回到封国后,陈馀更加恼怒,对人说:"张耳与馀,功等也,今张耳王,馀独侯,此项羽不平!"②于是陈馀暗派张同、夏说对齐王田荣说:项羽主宰天下,分封不公,把亲近者封到好地,原来国王封到不好的地方,把赵王封到荒凉偏远的代地,请你把南皮作为你的屏障。田荣未封,同陈馀同病相怜,欲树党羽,反对项羽,乐意同陈馀结盟。"陈馀悉三县兵,与齐兵共袭常山,常山王张耳败,走汉。……陈馀迎赵王于代,复为赵王。赵王德陈馀,立以为代王。陈馀为赵国弱,国初定,不之国,留傅赵王;而使夏说以相国守代。"③

当项羽东下攻田荣时,刘邦联络各路诸侯,讨伐项羽。刘邦遣使至赵,陈馀曰:"汉杀张耳,乃从。"④刘邦找了一个很像张耳的人,杀之,将人头送给陈馀。陈馀便派兵助汉。后听说张耳未死,又叛刘邦。

汉王三年(前205年)十月,韩信、张耳率军数万东下攻赵。陈馀、赵王歇聚兵于井陉口,号称大军二十万,欲与汉军决战。当时,从双方军事力量看,汉军寡,赵军众,但决定战争胜负的关键在于决策者的正确与失误。《史记·淮阴侯列传》载广武君李左车对陈馀说:"闻汉将韩信涉西河,虏魏王,禽夏说,新喋血阏与。今乃辅以张耳,议欲以下赵,此乘胜而去国远斗,其锋不可当。臣闻千里馈粮,士有饥色;樵苏后爨,师不宿饱。今井陉之道,车不得方轨,骑不得成列,行数百里,其势粮食必在后。愿足下假臣奇兵三万人,从间路绝其辎重;足下深沟高垒勿与战。彼前不得斗,退不得还,吾奇兵绝其后,野无所掠,不至十日,两

---

① 《资治通鉴》卷九汉高帝元年十月,第96页。
② 《资治通鉴》卷九汉高帝元年四月,第97页。
③ 《资治通鉴》卷九汉高帝二年十月,第99页。
④ 《资治通鉴》卷九汉高帝二年三月,第100页。

将之头可致戏下。愿君留意臣之计。否,必为二子所禽矣。"李左车认为我强敌弱,敌方意在速决战,我方应打持久战,关键是切断其粮草,使其自乱。李左车是一个难得的奇才,按其计策行事,赵军有胜利的把握。

陈馀是一个迂腐的书生,以儒学者自誉,和历史上的笑柄人物宋襄公差不多,说什么战争要讲仁义,不用阴谋诡计。陈馀对李左车说:"吾闻兵法十则围之,倍则战。今韩信兵号数万,其实不过数千。能千里而袭我,亦已罢极。今如此避而不击,后有大者,何以加之!则诸侯谓吾怯,而轻来伐我。"陈馀拒绝了李左车的正确作战方案。

韩信派人侦察知道陈馀不听李左车之高见,就果断大胆采取奇兵作战方案。首先选精骑二千夜潜萆山(今河北鹿泉抱犊寨),令他们在赵军同汉军决战时,迅速占领赵军大本营,拔赵旗,立汉旗,切断赵军退路。次晨,韩信令副将们分头传令小食说:今天攻破赵军后会餐!接着令一万人行至绵蔓水(今泜水),背水布阵,赵军知道这是个无退路的阵势,都大笑起来。天亮,韩信竖起"韩"字帅旗,击鼓出井陉口,陈馀下令赵军迎击,双方激战良久,汉军佯装败退,赵军倾巢而出,追击汉军。汉军后退至与泜水岸军会合。汉军背水布阵,无退路,拼命死战。正当双方在泜水岸血战之际,传来赵军大本营被汉军骑兵攻占的消息,顿时赵军惊乱成一团,丧失斗志,拼命逃奔。陈馀连杀数人,节制不住。兵败如山倒,二十万赵军,顷刻大溃。赵兵多为本地人,他们狂奔向自己的故土。汉军乘胜追击。"斩成安君泜水上,禽赵王歇。"①井陉背水一战,韩信闻名天下,陈馀身败名裂。

井陉之战后,刘邦"立张耳为赵王"②。张耳死后"子敖嗣为王,尚高祖长女女鲁元公主为王后"③。

四 张耳、陈馀结局的启示

张耳、陈馀皆为魏国大梁(今河南开封西)人,秦灭魏,二人以"名士"被悬

---

① 《史记》卷九二《淮阴侯列传》,第681页。
② 《资治通鉴》卷十汉高帝三年十一月,第110页。
③ 《汉书》卷三二《张耳陈馀传》,第809页。

赏通缉,他们改名换姓,一同逃到陈地,充当门卫以谋生,又一起参加了陈胜起义队伍。两人又在邯郸拥武臣为赵王。武臣被杀,二人又立赵歇为赵王于信都,两人先后在武臣和赵歇王赵的政权中为将相。二人有多层的密切关系,故《史记》《汉书》将二人合传。司马迁说:"馀年少,父事张耳,两人相与为刎颈交。"①

张耳、陈馀结怨于巨鹿之战。张耳对陈馀按兵不救,怨气冲天,他对陈馀再三指责,特别是怀疑陈馀杀害张黡、陈泽,使陈馀难以忍受,以撂挑子表示不满。陈馀考虑从厕所回来,张耳会安慰他,让他继续掌兵权。万没想到弄假成真,张耳竟夺其兵权。于是陈馀同张耳分道扬镳。从史书记载来看,二人分裂后,张耳还没有杀害陈馀之心。陈馀把张耳从襄国赶走后,又向刘邦提出以杀张耳为助汉的先决条件,陈馀这种赶尽杀绝显得狠毒。当然张耳在二人分道扬镳中也有过失,他一再批评陈馀,为什么不批评其子张敖呢?张敖也率军万人驻扎在巨鹿城北,张耳怀疑陈馀杀张黡、陈泽也是不应该的。史书说,陈馀被杀于泜水上(今临城县城东南三里处解村西北钓盘山下)。没说谁杀,应是张耳所杀。

史书多次提到张耳、陈馀是"贤人",即有德有才之人。司马迁在《史记·张耳陈馀列传》结尾时说:"张耳、陈馀,世传所称贤者;其宾客厮役,莫非天下俊桀,所居国无不取卿相者。然张耳、陈馀始居约时,相然信以死,岂顾问哉。及据国争权,卒相灭亡,何乡者相慕用之诚,后相倍之戾也!岂非以利哉?"司马迁赞誉以义相交,志同道合,反对以利禄相交,互相仇杀。

张耳一生两次封王,人生是成功的,光彩的。其成功的主要原因有三点:其一,张耳善于处理人际关系,同项羽、刘邦二人关系都不错;其二,张耳善于在关键时刻分析形势,有较强的判断力。他随项羽入关,被封为常山王;其三,张耳善于听取别人的意见,如他被陈馀从襄国赶走后,欲投强大的项羽,听了别人的分析和劝告,投了汉王刘邦,这一步棋走对了。

陈馀是一个悲剧人物,走向悲剧的主要原因也有三个方面:其一,关键时刻不能忍,小不忍则乱大谋,能屈能伸大丈夫。这个缺失,陈馀年轻时就表露出来,张耳曾批评过他,如果陈馀忍受了张耳的指责,不撂挑子,张耳也不会夺其

---

① 《史记》卷八九《张耳陈馀列传》,第662页。

军权,其结局要好。其二,客观地说陈馀比张耳读的书多,从他给章邯的劝降信看,他读的史书不少;在井陉之战中,他对李左车谈《孙子兵法》,说明他也熟读兵书。但他死搬兵书的教条,又空讲什么仁义,是一个典型的书呆子。他提倡仁义战,是他井陉之战败北也是他一生败北的主要原因。其三,陈馀在关键时刻不能听取正确的意见,李左车是上天赐给他一个难得的奇才,他如依李左车的计策行事,井陉之战应是稳操胜券,不听李左车的计策,走向死胡同。

张耳和陈馀的人生经历和是是非非,已过千年,研究和吸取他们的经验教训,对我们是大有补益的。

巨鹿之战前后张耳的人生选择

薛志清

巨鹿原作钜鹿,近代巨、钜混用,到1980年地名普查后,才统一为巨鹿。巨鹿,历史悠久,地灵人杰。这里,是许多对历史产生重要影响的历史人物的诞生地或活动地,这里,也是许多重大历史事件的发生地和兵家必争之地。这些重要人物和重大事件为巨鹿文明史写下光辉灿烂的篇章,使巨鹿文化传承、延续并在中国历史上凸显。

巨鹿与巨鹿之战紧密联系在一起。公元前221年秦始皇完成统一六国大业,分设郡治,巨鹿为其一,作为一郡的治所,在政治上、军事上具有一定的战略意义。然而秦始皇的暴政和秦二世的急政,很快激化了阶级矛盾,秦末起义爆发,而巨鹿则成为赵国故地义军反秦的重要据点。定陶之战后,章邯乘胜率军北击赵地义军,赵王歇与张耳被迫退入巨鹿城,形势岌岌可危。情急之下,项羽率楚军渡河,在破釜沉舟的战斗精神激励下,九战九捷,大败秦军,俘虏秦将王离,遂解巨鹿之围。章邯走投无路,率军投降。自此,秦军主力丧失殆尽,再也无力顽抗。巨鹿之战是秦军与反秦军之间具有决定意义的较量,使双方的力量对比发生了根本变化,战场的主动权转到反秦义军一方,当时被围困在巨鹿城内的就是赵王歇和张耳所率领的赵军。巨鹿之战,不仅使巨鹿这片沃土增添了历史神韵,也影响了张耳的人生。张耳在巨鹿战前和战后的人生选择不仅有助于我们了解战役本身,也有助于了解秦朝末年的社会变迁和特定时代历史人物的个性特征。

【作者简介】薛志清(1972年—),女,河北北方学院法政学院副教授,河北师范大学历史文化学院在读博士,主要从事中国古代史教学和研究。

张耳（？—前202年），大梁（今河南开封西）人，他从魏国信陵君门客到外黄令，之后在陈加盟陈胜的起义军；巨鹿之战后追随项羽，封为常山王，被"刎颈之交"的陈馀追杀后又投奔刘邦，被汉高祖封为赵王，可谓转战河之南北，戎马一生。张耳的一生有过很多次的机会和人生选择，而这些机会和选择恰是在不断的流动中寻觅和进行的。

一 亡命外黄，由此发迹

《史记·张耳陈馀列传》记载："张耳者，大梁人也。其少时，及魏公子毋忌为客。张耳尝亡命游外黄。"年少时是魏国信陵君的门客，后因故亡命至外黄县（治今河南兰考东南）。在外黄，张耳遇到了生命中的"另一半"，"外黄富人女甚美，嫁庸奴，亡其夫，去抵父客。"父客听闻张耳贤良，于是"女听，乃卒为请决，嫁之张耳"。"女家厚奉给张耳，张耳以故致千里客，乃宦魏为外黄令。名由此益贤"，张耳的社会影响力逐步扩大。在外黄，张耳还遇到了后来的"真命天子"刘邦，刘邦"为布衣时，尝数从张耳游，客数月"。从大梁流动到外黄，张耳不仅赢得了爱情成家立业，经济上获得了丰厚的资助，而且政治上也由亡命者转变为外黄县令，并招致吸纳了包括刘邦在内的众多友朋、门客。从"亡命游外黄"而发迹，成为当地名士。

秦始皇统一六国，建立起"海内为郡县，法律由一统"的多民族大一统国家，开创了中国历史的新时代，但给张耳带来的不是幸福，而是灾难。"秦灭魏数岁，已闻此两人（张耳和陈馀）魏之名士也，购求有得张耳千金，陈馀五百金。"张耳、陈馀为了躲避秦朝的追捕，变更名姓，隐居在陈县（治今河南淮阳）等待时机。陈曾是春秋时期陈国都城，战国后期楚曾迁都于此，秦统一全国后为陈郡治所，是秦朝的东方重镇和交通要道。二人隐居于此应该是经过深思熟虑的。在陈县，张耳、陈馀两人"为里监门以自食"以维持生计，隐忍生活，"里吏尝有过笞陈馀，陈馀欲起，张耳蹑之，使受笞。吏去，张耳乃引陈馀之桑下而数之曰：'始吾与公言何如？今见小辱而欲死一吏乎？'"告诫鼓励陈馀为将来的"大谋"而"小忍"当下的侮辱。

二 趁势而起,谋划建赵

秦二世元年(前209年)七月,陈胜占领陈县,隐名匿姓的张耳、陈馀前往拜见陈胜,"涉及左右生平数闻张耳、陈馀贤,未尝见,见即大喜"。然而,传闻中的好感很快被双方政见的不同而冲击得烟消云散。陈县的豪杰纷纷迎合陈胜,劝说陈胜自立为王,张耳、陈馀则认为陈胜刚占领陈县便自立为王,天下百姓就会看到陈王的私心,不会真心归附于他,建议"急引兵而西,遣人立六国后,自为树党,为秦益敌也。敌多则力分,与众则兵强"①,立六国之后以广树党羽,攻陷关中,以号令诸侯。正处于胜利兴奋中的陈胜一意孤行,没有听从张耳、陈馀的意见,坚持自立为王,号曰"张楚"。政见不同,不被重用,二人隐居陈的目的难以达到,再一次面临选择。陈馀"愿请奇兵北略赵地","于是陈王以故所善陈人武臣为将军,邵骚为护军,以张耳、陈馀为左右校尉,予卒三千人,北略赵地"②。张耳随军北上赵地。

武臣奉陈胜之命率部渡过黄河之后,号召各地豪杰反抗暴秦、谋求封侯之业,各地豪杰纷纷前来归附,队伍迅速壮大。后又采纳蒯通建议,招降范阳令,赵地旧秦官吏风闻而降,"不战以城下者三十余城"。可是张耳、陈馀对陈胜不采纳他们的建议,北略赵地的时候也不给以实实在在的兵权的行为心怀不满,"怨陈王不以其策不以为将而以为校尉",于是劝说武臣脱离陈胜,在赵地称王,"陈王起蕲,至陈而王,非必立六国后。将军今以三千人下赵数十城,独介居河北,不王无以填之。且陈王听谗,还报,恐不脱于祸。又不如立其兄弟;不,即立赵后。将军毋失时,时间不容息。"武臣"遂立为赵王。以陈馀为大将军,张耳为右丞相,邵骚为左丞相"。张耳通过为武臣出谋划策,使武臣由陈胜起义军的一支,转化赵国,成为相对独立的政治势力,也由此得以提升了自己的政治地位。得知武臣自立为赵王的消息,陈胜怒火中烧,"欲尽诛武臣等家"。相国房君谏曰:"秦未亡而诛武臣等家,此又生一秦也。不如因而贺之,使急引兵西击

---

① (汉)司马迁撰《史记》卷八九《张耳陈馀列传》,中华书局1982年,第2573页。
② 《史记》卷八九《张耳陈馀列传》,第2573页。

秦。"陈王然之,"令(赵王武臣)趣发兵西入关"①。

然而,张耳、陈馀并不打算按照陈胜的计划出兵伐秦,继续为武臣谋划:"楚已灭秦,必加兵于赵。愿王毋西兵,北徇燕、代,南收河内以自广。赵南据大河,北有燕、代,楚虽胜秦,必不敢制赵",建议武臣借机扩充赵国的实力,这样即使陈胜战胜秦国,也难以战胜赵国。武臣再次听从了张耳、陈馀的意见,他派遣韩广率兵进攻燕地,李良率兵进攻常山,张黡率部进攻上党,积极扩充势力。张耳二人辅佐武臣南据大河,北有燕、代。后来韩广自立为燕王后,俘获了武臣,在燕、赵来往的交涉中,赵军一个名不见经传的"厮养卒"道破了张耳、陈馀的动机与野心。问燕将曰:"君知张耳、陈馀何如人也?""知其志何欲?"并且自答曰:"夫武臣、张耳、陈馀杖马箠下赵数十城,此亦各欲南面而王,岂欲为卿相终己邪?夫臣与主岂可同日而道哉,顾其势初定,未敢参分而王,且以少长先立武臣为王,以持赵心。今赵地已服,此两人亦欲分赵而王,时未可耳。"②根据这个"厮养卒"的分析,张耳绝不会"为卿相终己",应该有更高的目标,现在燕将囚禁武臣恰恰为二人称王提供机会,实际已经被张耳陈馀二人利用,于是燕"乃归赵王"。张耳只好再次等待新的机会。

三 巨鹿之战,艰难困守

秦二世二年十一月,赵将李良攻下常山郡,正在为秦将的劝降"良诚能反赵为秦,赦良罪,贵良"犹豫不决时,途遇武臣的姐姐"出饮,从百余骑。李良望见,以为王,伏谒道旁。王姊醉,不知其将,使骑谢李良。李良素贵,起,惭从其官。从官有一人曰:'天下畔秦,能者先立。且赵王素出将军下,今女儿乃不为将军下车,请追杀之'"。李良也认为所受对待和自己的战功相差悬殊,自尊心受到严重伤害,坚定了反赵决心,"因此怒,遣人追杀王姊道中,乃遂将其兵袭邯郸"③。邯郸毫无防备,赵王武臣、左丞相邵骚死于乱军之中,张耳、陈馀风闻消

---

① 《史记》卷八九《张耳陈馀列传》,第 2576 页。

② 《史记》卷八九《张耳陈馀列传》,第 2577 页。

③ 《史记》卷八九《张耳陈馀列传》,第 2578 页。

息后提前逃出了邯郸城。

此时的张耳再次面临选择,赵王武臣已然被杀,自己将何往?门客认为:"两君羁旅,而欲附赵,难;独立赵后,扶以义,可就功。"于是"求得赵王歇,立为赵王,居信都。李良进兵击陈馀,陈馀败李良,李良走归章邯"。章邯的能征善战令各地的反秦义军相继溃散,只剩下张耳所在的赵地未被占领。所以章邯带领他的军队渡河北上围攻赵地,并急调上郡的王离部秦军南下,"章邯引兵至邯郸,皆徙其民河内,夷其城郭。张耳与赵王歇走入钜鹿城,王离围之"。

关于巨鹿之战,史家一直给以项羽"破釜沉舟"、九战九捷的神武更多的关注,所以关于张耳被困守巨鹿的情况、采取的措施和求救心情很少见到直接的描述,我们只能根据外延的描述做出判断,从张耳和陈馀的对话中进行推断。"钜鹿城中食尽兵少,张耳数使人召前陈馀,陈馀自度兵少,不敌秦,不敢前。数月,张耳大怒,怨陈馀",于是派张黡、陈泽质问陈馀:"始吾与公为刎颈交,今王与耳旦暮且死,而公拥兵数万,不肯相救,安在其相为死!苟必信,胡不赴秦军俱死?且有十一二相全。"在几个月的围困中,士兵饥寒交迫,疲惫不堪,"屋漏偏逢连阴雨",恰逢天寒大雨,张耳几乎濒临绝望,抱有必死的信念,"旦暮且死",而陈馀也认为自己即便派兵应战,也是以卵击石,"吾度前终不能救赵,徒尽亡军","今必俱死,如以肉委饿虎,何益?"①一对曾经患难多年的兄弟都对认为前途黯淡,张耳性命更是危在旦夕,陈馀将卒数万人驻军巨鹿城北,分析当时力量对比,不肯发兵相救,张耳抱着一线希望,试图以"刎颈之交"打动陈馀,陈馀无奈,发五千人击秦,结果全军覆没。"当是时,燕、齐、楚闻赵急,皆来救。张敖亦北收代兵,得万余人,来,皆壁馀旁,未敢击秦",各路救赵军队兼作壁上观。

"山重水复疑无路,柳暗花明又一村",楚怀王运筹帷幄,兵分两路,刘邦率军从南路攻秦,派遣宋义为上将军、项羽为次将、范增为末将从北路攻秦救赵,最后两路大军会兵咸阳。宋义"留四十六日不进",一直裹足不前。项羽痛斥宋

---

① 《史记》卷八九《张耳陈馀列传》,第2579页。

义"今不恤士卒而徇其私,非社稷之臣!"①遂杀宋义,代宋义获取楚军的统帅权后,乃遣当阳君、蒲将军将卒二万渡河,救钜鹿,兵绝章邯甬道,王离军乏食,项羽悉引兵渡河,遂破章邯。章邯引兵解,诸侯军乃敢击围钜鹿秦军,遂虏王离。是时赵王歇、赵相张耳乃得出巨鹿,谢诸侯。所以,"卒存钜鹿者,楚力也"②,项羽以辉煌战果骤然成为各路反秦义军的领袖。当召见诸侯将领时,他们"入辕门,无不膝行而前,莫敢仰视"③。巨鹿之战之后,赵王歇复居信都,张耳不再为赵相,而是追随项羽入关。

四 兵败归汉,受封赵王

巨鹿之战后,项羽被推举为"诸侯上将军",从此成为反秦斗争中叱咤风云的英雄和领袖,不可一世。前207年,项羽在河北消灭秦军主力后,更加狂妄自大,盛气凌人,率领大军,冲破函谷关,进驻鸿门(今陕西临潼东),准备与刘邦决一雌雄。之后进入咸阳,开始发号施令,分割天下,自立为西楚霸王,占梁、楚九郡,都于彭城(今江苏徐州)。封刘邦为汉王,居巴蜀汉中,又封秦将章邯等三人为王牵制刘邦。

对于封张耳为常山王的史实,《史记》和《汉书》记载稍有差别。《史记·张耳陈馀列传》载:"汉元年二月,项羽立诸侯王,张耳雅游,人多为之言,项羽亦素数闻张耳贤,乃分赵立张耳为常山王,治信都。信都更名襄国。"《汉书》卷三十二《张耳陈馀传》则这样记录:"赵王歇复居信都。耳从项羽入关。项羽立诸侯,耳雅游,多为人所称",未见"汉元年二月"。《项羽乎?刘邦乎?——论秦汉之际历史舞台及历史纪年的主角》一文或许可以帮我们理解这一差异,文章认为"公元前206年至公元前203年的楚汉相争时期是以项羽(西楚霸王)为主角的,当时还没有所谓的'汉高祖',作为'汉王'的刘邦那时还不是历史舞台的主角,当时中国历史的纪年尚不能以刘邦为代表,在秦与汉之间是应当有一个以

---

① 《史记》卷七《项羽本纪》,第306页。
② 《史记》卷八九《张耳陈馀列传》,第2579页。
③ 《史记》卷七《项羽本纪》,第307页。

项羽为纪年时期的"①。

　　项羽的分封引起众多握有重兵的将领的不满,尤以刘邦、彭越、田荣和陈馀最为突出。田荣首先在齐地反抗项羽,又遣兵同陈馀一起攻打常山国,昔日好友终于刀兵相见,陈馀大破张耳军。"张耳败走,念诸侯无可归者,曰:'汉王与我有旧故,而项羽又强,立我,我欲之楚。'甘公曰:'汉王之入关,五星聚东井。东井者,秦分也。先至必霸。楚虽强,后必属汉。'故耳走汉。汉王亦还定三秦,方围章邯废丘。张耳谒汉王,汉王厚遇之。"②

　　次年,张耳随韩信出井陉击赵,大败赵军,陈馀及赵王歇被杀。汉高帝四年(前203年),"汉立张耳为赵王"。张耳还与刘邦结为儿女亲家,地位达到了人生的高峰。一年后,张耳薨,谥为景王。

五　巨鹿之战,人生转折

　　张耳生活在纷乱动荡的秦末社会,各派力量竞相粉墨登场,是多方社会力量交错的时代。秦的暴政,赋役繁重,刑政暴虐,使得"劳罢者不得休息,饥寒者不得衣食,亡罪而死刑者无所告诉"③,阶级矛盾迅速激化,引发了秦朝末年陈胜、吴广领导的农民起义,"天下云集响应,赢粮而景从"④,《淮南子·兵略训》言"天下为之糜沸蚁动,云彻席卷方数千里"。在北方地区,局面比较零乱,出现多支互不隶属的地方割据的起义军队,如赵、齐、燕等地的起义力量。南方,项梁、项羽起于吴县(治今江苏苏州市),刘邦起义于沛县(治今江苏沛县东),当时"楚兵数千人为聚者,不可胜数"⑤。在农民反秦斗争的巨大浪潮推动下,一度被秦国军队铁蹄踏平的六国旧贵族、中小官吏,也从各个角落起兵反秦或投奔农

---

①　(汉)班固撰《汉书》卷三二《张耳陈馀传》,中华书局1962年,第1837页。李殿元、何俊华《项羽乎?刘邦乎?——论秦汉之际历史舞台及历史纪年的主角》,《成都大学学报》(社科版)2010年第2期。

②　《史记》卷八九《张耳陈馀列传》,第2581页。

③　《汉书》卷五一《贾邹枚路传》,第2332页。

④　《史记》卷六《秦始皇本纪》,第281—282页。

⑤　《史记》卷四八《陈涉世家》,第1953页。

民军。"而鲁诸儒持孔氏之礼器往归陈王"①,作为当时魏国名士的张耳和陈馀自然不甘寂寞,被时代大潮裹挟着卷入其中。

张耳一生奔波,从大梁到外黄,隐居于陈,加盟陈胜的反秦队伍,北略赵地,巨鹿被围,追随项羽,投奔刘邦;从流浪者到外黄令,从隐者到参军,从左校尉到右丞相,从常山王到赵王,几经努力和选择。纵观他的思想和行为,可以以巨鹿之战为界分为前后两个阶段,战前的张耳在有了妻家的经济支持后,斗志昂扬,雄心勃勃,主动出击,招揽宾客,扩大政治影响,准备在秦末乱世一显身手。加盟陈胜义军后,希望得到重用,可以在义军中占有一席之地,想以自己对时局的洞察劝谏陈胜"缓称王",结果与自己的想法大相径庭,不仅意见不被采纳,更没有得到兵权,"怨陈王不以其策不以为将而以为校尉",只好另作他图"北略赵地"寻找机会。

在邯郸,张耳充分发挥自己的主观能动性,按照自己的目标,精心设计,一再把"陈王以故所善陈人"武臣作傀儡,先是怂恿武臣自立为赵王,自己为右丞相,以引起陈王对武臣的嫉恨,削弱陈胜的力量;接着又建议武臣违反陈胜"发兵西入关"的命令,"北徇燕、代,南收河内以自广",借机扩充自己的力量;之后,在武臣被燕军截获后,希望借燕军之手除掉武臣。《史记·张耳陈馀列传》并没有明确记载武臣被燕军俘虏的经过,只是说"赵王乃与张耳、陈馀北略地燕界。赵王间出,为燕军所得"。武臣被俘是否和张耳有关,我们不得而知。前边提到的"厮养卒"看穿了张耳的企图:"此两人名为求赵王,实欲燕杀之,此两人分赵自立。"武臣的被释放使张耳称王的理想再次破灭。李良反水,杀武臣后,张耳之所以采纳门客的建议而立赵王歇,为的是"独立赵后,扶以义,可就功"。

从外黄起家,张耳延揽宾客,扩大社会影响;隐忍于陈、伺机而动;在邯郸,张耳利用武臣,背叛陈胜,壮大自身;立赵王歇,"以义就功",尚且能够主宰自己的命运,能为自己的理想主动出击,积极争取。巨鹿大战,像一个阶梯,成就了项羽,使项羽一步步走向人生的辉煌;巨鹿大战,更像一声春雷,惊醒了一直努力跋涉的张耳,击碎了他成就大业的理想。巨鹿一战,项羽以"以少胜多"的著名战役而垂于史册。张耳被围巨鹿数月,粮少兵单,史籍未明确记载当时身

---

① 《史记》卷一二一《儒林列传》,第3116页。

为赵相的张耳所率兵力数量,只谈及"陈馀北收常山兵,得数万人,军钜鹿北"。据《史记·项羽本纪》载,"于是楚军夜击坑秦卒二十余万人新安城南",项羽率军行至新安,担心秦朝降军生变,在新安城南(今河南义马市)将二十万降兵全部坑杀。仅投降项羽的秦军便有二十万之多,难怪乎拥兵数万的陈馀"自度兵少,不敌秦,不敢前"。正值天寒大雨,士卒冻饥,经过数月煎熬和折磨的张耳可谓危在旦夕,几近绝望和崩溃,"数月,张耳大怒,怨陈馀",发出"公拥兵数万,不肯相救,安在其相为死!苟必信,胡不赴秦军俱死"的责问也在情理之中,自此和一起患难的陈馀有隙,至死二人关系未得化解,"汉二年,东击楚,使使告赵,欲与俱",陈馀开出的条件是"汉杀张耳乃从"。汉王"求人类张耳者斩之,持其头遗陈馀,陈馀乃遣兵助汉",后来,"陈馀亦复觉张耳不死,即背汉"。陈馀的政治取向完全取决于当年生死与共、结为刎颈的张耳的生死,可见二人仇恨之深。仇恨之始当在巨鹿之战时。后来齐人蒯通劝说韩信与项羽、刘邦三分天下时,韩信认为刘邦待他甚厚,自己"岂可以乡利倍义乎"。蒯通举出张耳和陈馀的例子论证人心难测,不可太相信刘邦,"始常山王、成安君为布衣时,相与为刎颈之交,后争张黡、陈泽之事,而人相怨。常山王背项王,奉项婴头而窜,逃归于汉王。汉王借兵而东下,杀成安君泜水之南,头足异处,卒为天下笑。此二人相与,天下至欢也。然而卒相禽也,何也?患生于多欲而人心难测也。"①可见张耳和陈馀反目的事情在当时也曾为很多人扼腕叹息。二人为了对抗秦国,曾经不惜忍受屈辱数年之久,陈胜首倡义旗,二人也曾一同辅佐缺乏智谋的武臣,以求共图大业;一场大战,竟使朋友从此反目。更重要的是,巨鹿一战,张耳实力大损,锐气尽失。面对章邯的强大攻势,张耳和赵王歇被王离围困巨鹿,当陈馀派的五千人覆没,儿子张敖的万余人"未敢出击"之紧急时刻,"求生"成为张耳的第一要务,谋求发展已然成为奢望和幻想,只有项羽以"力拔山兮气盖世"之英武,挺身而出,力解巨鹿之围。张耳从此不再迷恋"赵王"之位,只有对项羽的崇拜、神往和依赖。

面对时局的突变和巨鹿之战中威名大震、实力骤增的项羽,张耳只有被动追随,借助过去的声望祈求"分得一杯羹"了。世事难料,瞬息万变,张耳被项

---

① 《史记》卷九二《淮阴侯列传》,第 2624 页。

羽封常山王不久,田荣叛楚、陈馀兵袭。史籍对张耳在常山王任内的所为并无只言片语的记载。最后张耳只能被动随时局变换,"念诸侯无可归者",寄希望于"五星聚东井"的"天人感应",背楚归汉,投奔到曾是自己门客的刘邦麾下。

  张耳的机会和选择是他个人谋求生存和发展空间的原动力推动的结果,从大梁到外黄,至陈,至赵,从河南到河北。张耳动荡沉浮的一生又和秦末汉初的时代紧密相连,其主动而为和被动追随投奔的行为随着社会各派力量角逐结果的变化而变化。巨鹿一战,对他的人生和人生选择产生重大影响。当然,张耳的努力也为后代创造了新的机会,那就是在他死后,"子敖嗣立为赵王。高祖长女鲁元公主为赵王敖后"。经过谋杀刘邦事件之后,故张耳门客贯高以"忠"救主,张敖被封宣平侯,并且"上贤张王诸客,以钳奴从张王入关,无不为诸侯相、郡守者。及孝惠、高后、文帝、景帝时,张王客子孙皆得为二千石",不能不说是靠了张耳一路奔波的努力和辛劳了。

取鉴·资治·反思:魏徵的史学思想
——以唐初官修五史为中心的考察

张春兰

魏徵(580—643年),字玄成。唐贞观时名相,以善谏著称。先世是巨鹿下曲阳(今河北晋县西)人,后居相州内黄(今河南内黄西)①。祖父魏彦,在北魏时曾欲删削各家《晋书》,成一家之言,未成。父亲魏长贤,是著名史学家魏收的族叔,博涉经史,北齐时为著作佐郎,欲承其父志,改撰《晋书》,后因讥刺时政,出为上党屯留令,其志未遂。

魏徵"少孤,落魄有大志"。隋末农民起义爆发,诡为道士,以避世乱。大业十三年(617年),随瓦岗军李密,被召为文学参军,掌书记。武德元年(618年),瓦岗军为王世充所败,魏徵随李密投奔李渊,遂为唐臣。二年十月,魏徵在黎阳被窦建德所俘,署为夏政权的中书舍人。四年,窦建德、王世充相继为唐朝所灭,魏徵遂复归长安,任太子洗马。当时秦王李世民为争夺皇位继承权与太子李建成及齐王李元吉明争暗斗,魏徵几次劝李建成尽早除掉李世民,均未被及时采纳。武德九年(626年)六月四日,发生"玄武门之变",建成、元吉被杀。秦王李世民获胜,不久即位,是为唐太宗。太宗素重魏徵之才能,遂化敌为我,引为太子东宫詹事府主簿,拜谏议大夫。以后相继任给事中、尚书右丞,封巨鹿县

【作者简介】张春兰(1980年—),女,河北大学宋史研究中心讲师,主要从事唐宋文书与隋唐五代社会经济史研究。

① (唐)吴兢撰《贞观政要》。《唐京兆开元寺钟铭》碑刻铭文中记载"秘书监检校侍中钜鹿郡魏徵撰"。《旧唐书》魏徵本传中记载"生于周大象庚子,名徵,字玄成,钜鹿人"。《太平寰宇记》中记载"魏徵钜鹿人"。《资治通鉴》也记载魏徵为"钜鹿人"。民国时期邢台巨鹿古城发掘出的唐代时期的魏徵祠堂和魏徵铁像也证明魏徵是邢台巨鹿人。

男,又除秘书监、参预朝政(即宰相)、侍中,进位左光禄大夫,进爵郑国公。晚年曾为太子太师①。

贞观三年(629年),唐廷"于中书置秘书内省、以修五代史"②,组织了一套修撰班子:姚思廉修《梁书》《陈书》,李百药修《北齐书》,令狐德棻修《周书》,魏徵主修《隋书》,并以宰臣尚书左仆射房玄龄总领监修;由秘书监魏徵"总加撰定""详加损益",并对梁、陈、齐史各为总论;秘书丞令狐德棻"总知类会",主管体制、义例等问题,以期整齐划一。

魏徵任秘书监之职,贡献之一是广泛征集、整理了大量图书文献。由于隋末战乱,唐初国家藏书,典章纷杂,许多重要典籍流散到民间。魏徵任职期间,派人深入民间,搜寻失散的文献书籍,并在全国范围内广泛征集,同时组织人力缮写和抄录一些重要文献,数年之间就使秘书府藏书空前丰富。他还很重视私人家传的收集和研究工作,从中也补充了官撰史书的不足。贡献之二是考订和整理了儒家经典。魏徵当时荐举许多知名学者,如虞世南、颜师古、孔颖达、陆德明等人,考订五经,校定经、史、子、集四部图书。贡献之三是考订了梁、陈、周、齐、隋五代史。他组织岑文本、孔颖达、许敬宗、姚思廉、李百药等颇有才气的历史学者,将梁、陈、周、齐、隋这五个历史朝代分别进行编修。他负责总编和审定,并亲自为每部史书撰写序论或总论。

魏徵主持修史,为了"取鉴于亡国",全面、具体、深刻地总结了五代,尤其是亡隋的教训,具有先进的史学观念:

其一,否定前人的"天命论"。魏徵对隋灭陈的分析,认为一是客观形势发展的结果,二是韩擒虎、贺若弼等人的主观努力,即所谓"隋氏自此一戎,威加四海,稽诸天道,或时有兴废;考诸人谋,实二臣之力"③。对炀帝丧国,更以大量事实论证了"吉凶由人"的道理,几乎没有从"天命论"中寻找依据之处。《隋书》五十五卷纪、传中,有二十多卷的史论都是从各个不同角度论述隋亡的种种教训的,其中《高祖纪》《炀帝纪》和卷七十的史论集中论述了有隋一朝兴衰的全

---

① (宋)欧阳修、宋祁撰《新唐书》卷九七《魏徵传》,中华书局1975年,第3867—3881页。
② (宋)王溥撰《唐会要》卷六三《史馆上》,中华书局1955年,第1091页。
③ (唐)魏徵等撰《隋书》卷五二"史臣曰",中华书局1973年,第1346页。

过程和败亡的根本原因。

其二，注重民心向背对历史的影响。五代史中记载民众反抗斗争的篇幅较多，记录农民起义的情况详赡。《隋书》着力考察了高祖开基、炀帝丧国的原因，通过对两代帝王主客观条件的剖析，认为"所为之迹同，所用之心异"：高祖"其动也，思以安之；其劳也，思以逸之"，是故"民致时雍，师无怨讟，诚在于爱利，故其兴也勃"。炀帝则"肆其淫放，虐用其民，视亿兆如草芥，顾群臣如寇雠，劳近以事远，求名而丧实"，结果"自绝民神之望，故其亡也忽"①。

其三，注重君臣关系，强调君臣相辅。调整地主阶级内部错综复杂的关系，以巩固中央集权、稳定统治秩序，唐初这一政治特点在史学中也有明显反映。为了加强李唐皇朝的皇权和新贵的政治地位，五代史把写旧门阀同写新权贵结合起来，"朝廷贵臣，必父祖有传"，如《隋书》为房玄龄之父无甚功德的房彦谦立传，《周书》给杜如晦曾伯父杜杲立传。特别是《周书》的修撰人令狐德棻、岑文本都参加过贞观五年（631年）诏修《氏族志》，贯彻了唐太宗"崇重今朝冠冕"，"不须论数世以前，止取今日官爵高下作等级"②的原则，所以《周书》在为"关右旧族"立传的同时，赞叹"今之称门阀者，咸推八柱国家"③。在如何调整统治集团内部关系方面，魏徵特别注意君臣关系，强调君臣相辅。因此《隋书》提出："大厦云构，非一木之枝；帝王之功，非一士之略。长短殊用，大小异宜，榱桷栋梁，莫可弃也。"④

其四，提倡从亡国取鉴、资治。魏徵指出："鉴国之安危，必取于亡国。……臣愿当今之动静，必思隋氏以为殷鉴，则存亡治乱，可得而知。若能思其所以危，则安矣；思其所以乱，则治矣；思其所以亡，则存矣。"⑤这几句话，将修史与从亡国取鉴、资治更加紧密地结合在一起。史部在《经籍志》中独立地位的巩固及其分类排列，正是史学这一重要发展的直接反映。

唐初，人们对史学社会功能的认识开始发生变化，其先觉者正是魏徵。他

---

① 《隋书》卷七〇"史臣曰"，第1636页。
② （后晋）刘昫撰《旧唐书》卷六五《高士廉传》，中华书局1975年，第2444页。
③ （唐）令狐德棻撰《周书》卷一六附录，中华书局1971年，第272页。
④ 《隋书》卷六六"史臣曰"，第1567页。
⑤ 《论时政第三疏》，见《贞观政要》卷八《刑法》。

对于古代的史官制度、史官地位和作用,均有反思性论述,基本内容是:

第一,史官制度的建立与经籍的兴起。魏徵说:"史官既立,经籍于是兴焉。"①经籍源于史官,这实际上把所有典籍都纳入了史的范围。

第二,古代的史官制度及史学传统。他赞赏殷周时期"史官尤备,纪言书事,靡有阙遗",他称扬古代史书"不虚美,不隐恶,故得有所惩劝,遗文可观"。

第三,儒家经典和诸子之言与史学传统。魏徵认为:"暨夫周室道衰,纪纲散乱,国异政,家殊俗,褒贬失实,隳紊旧章",孔子惜斯文将坠,"乃述《易》道而删《诗》《书》,修《春秋》而正《雅》《颂》。坏礼崩乐,咸得其所。"②但自孔子去世之后,他的弟子分散四方,对孔子的学说各有解释,互有乖违;及至"战国纵横,真伪莫辨",于是"诸子之言,纷然淆乱"。可见,在魏徵看来,"史"先于"经","史"的"不虚美,不隐恶"的优良传统遭到破坏,史书"褒贬失实"的情况下,作为"史"的补充才有"经"。至于诸子之言,则是在孔子学说遭曲解之后才出现的。

第四,古代史官的地位、责任及应具备的条件。魏徵说:古代史官地位崇高,"百官众职,咸所贰焉";责任重大,"内掌八柄,以诏(助也)王治,外执六典,以逆官政",只有"前言往行,无不识也,天文地理,无不察也,人事之纪,无不达也"的人才能充任。

魏徵这种纵横贯通、以史为鉴的治史方法,在他主持编撰的《群书治要》及《自古诸侯王善恶录》中得到更集中反映。这两部书虽然都是奉诏而作,但编撰体例、内容选择、材料取舍都由魏徵裁决,反映的无疑是魏徵的思想。《群书治要》一书,全书共分五十卷,是从大量儒家经典中精选出来的有关安邦治国论述的专题文集。他在《群书治要序》中明白指出,编这书的主旨是"将取鉴乎哲人",而其取材"爰自六经,迄乎诸子,上始古帝,下尽晋年",这表明该书的取鉴是上下相连,诸家相系,纵横贯通的。《自古诸侯王善恶录》也同样,该书主旨为"欲使见善思齐","闻恶能改",而其取材"自轩二十五子,舜举十六族,爰历周汉,以逮陈隋",这也表明是书取鉴是古今上下贯通的。

魏徵以他的理论和实践,将取鉴与纵横贯通反思历史结合起来,新创通鉴

---

① 《隋书》卷三二《经籍一》,第904页。

② 《隋书》卷三二《经籍一》,第904—905页。

反思的治史方法,不仅对唐代,也对后世史学产生了极其深远的影响。在他之后,玄宗时撰《唐六典》,述盛唐职官建制,"其本原设官因革之详,上及唐、虞,以至开元,其文不烦,其实甚备,可谓善述作者"①。显然,这是继承了魏徵的纵贯思想。其后杜佑纂《通典》,自叙其撰著之旨云:"实采群言,徵诸人事,将施有政。"②李吉甫撰《元和郡县图志》是见于古今的数十家地理著作均"莫切根要",尤其对于"丘壤山川,攻守利害,本于地理者,皆略而不书",不足以"佐明王扼天下之吭,制群生之命,收地保势胜之利,示形束壤制之端"③。

司马光撰《资治通鉴》,再三申明,"止欲叙国家之兴衰,著生民之休戚"④,神宗以其"鉴于往事,有资于治道",因此特赐名为《资治通鉴》。

明清史学家倡导"经世致用"。王夫之说:"所贵乎史者,述往以为来者师也。为史者记载徒繁,而经世之大略不著,后人欲得其得失之枢机以效法之,无由也。则恶用史为?"所谓"经世之大略","得失之枢机",就是"于其得也,而必推其所以得,于其失也,而必推其所以失。其得也,必思易其迹而何以亦得;其失也,必思就其偏而何以救失;乃可为治之资"⑤。王夫之论史的取鉴更加深刻透彻,而落脚点亦是"为治之资",与魏徵的"为治之具",一字有别,然意思并无二致。

---

① (宋)王应麟撰《玉海》卷五一《唐六典》,广陵书社2003年,第970页。
② (唐)杜佑撰《通典》卷一《食货一》,中华书局1988年,第1页。
③ (唐)李吉甫撰《元和郡县图志序》,中华书局1983年,第2页。
④ (宋)司马光编著《资治通鉴》卷六九魏纪一"臣光曰",中华书局1956年,第2187页。
⑤ (明)王夫之撰《读通鉴论》卷六,卷末《叙论》,卷四,卷二〇。

魏徵之史学新探

时培磊

魏徵(580—643年),字玄成,巨鹿下曲阳人,唐初著名的政治家和史学家。他不仅在中国历史上以敢于直言进谏著称于世,而且在中国史学史上也做出了突出贡献。关于魏徵的史学地位、历史观和史学思想等问题,学界前辈牛致功、谢保成、卢华语等人已经进行了有益的探索①。本文即在吸收前人研究成果的基础上,对魏徵之史学略述己见,以就教于方家。

一 魏徵的史学贡献

唐代史学在中国史学史上具有重要的地位,二十四史之中有八部完成于此时②。这既跟唐朝官方对编修前代史书的重视有关,也跟魏徵等史臣的修史才能密不可分。魏徵对于梁、陈、北齐、北周、隋等五代史书的编纂贡献最大。

五代史的纂修起因于唐高祖武德五年(622年)起居舍人令狐德棻的奏请,当时下诏纂修梁、陈、北魏、北齐、北周、隋等六代纪传体史书,后因故未能修成。到了贞观三年(629年),唐太宗开始大举修史,并在中书省设秘书内省作为专门机构,这次放弃了北魏史的重修,而全力编纂梁、陈、北齐、北周、隋等

【作者简介】时培磊(1982年—),男,廊坊师范学院社会发展学院讲师,主要从事史学理论及史学史研究。

① 参见牛致功《魏徵的史学地位》,《史学月刊》1988年第2期;谢保成《论魏徵与〈隋书〉的进步历史观》,《华南师范大学学报》1986年第1期;卢华语《论魏徵的史学思想》,《西南师范大学学报》1998年第4期。

② 《梁书》《陈书》《北齐书》《周书》《隋书》《晋书》《南史》《北史》。

五代纪传体史书。在官员组织上,唐太宗任用房玄龄、魏徵为"总监",并由令狐德棻"总知类会",即负责拟定体例,协调内容。其中由魏徵"总加撰定",是实际主持者。

在五代史的纂修中,魏徵不仅起到了很好的组织领导作用,而且亲自握笔撰史。魏徵参加了每一部史书的编纂工作,并且由他亲自动笔撰写了《梁书》《陈书》《北齐书》的总论和《隋书》的序论部分。贞观十年(636年)五代史告成,却皆无典志。唐太宗遂于贞观十五年诏令褚遂良等监修《五代史志》,唐高宗时又由令狐德棻监修,直至高宗显庆元年(656年)告成,长孙无忌奏上。参与人员很多,有于志宁、李淳风、韦安仁、李延寿等,学术各有专长。成书共分十志三十卷,是贯通前五代政权的典章史,后附入《隋书》之中。虽然全书告成之时魏徵已经去世,但是生前却对其中的《经籍志》有删定之功。

另外,根据《旧唐书·经籍志》和《新唐书·艺文志》的著录,魏徵名下的著作尚有以下几种:《次礼记》二十卷、《祥瑞录》十卷、《自古诸侯王善恶录》二卷、《谏事》五卷、《烈女传略》七卷、《魏徵集》二十卷、《群书治要》五十卷、《时务策》五卷、《大唐仪礼》一百卷(与长孙无忌、房玄龄等撰)、《文思博要》一千二百卷(与高士廉等撰)、《目》十二卷(与高士廉等撰)。在这些著作中,由魏徵奉命编纂的《群书治要》影响最大。根据《大唐新语·著述》的记载,此书是为满足唐太宗"欲见前代帝王事以为鉴戒"的需要而作。书中主要采录了经史百家中的嘉言善语和明王暗君之迹,总结历代兴亡的经验教训以资借鉴。书成之后,唐太宗大加赞赏,并引以为统治国家的借鉴。此后不久,此书即传到了日本,并成为日本皇室给天皇讲解经传史鉴的教科书[①]。

魏徵的史学贡献除了表现为编纂了以上所述大量的史学著述之外,还应该包括他进步的历史观和以史为鉴的史学思想等方面内容,这将在后文具体述之。魏徵之所以能够取得如此之大的史学成就,是跟多方面因素相关。第一,家学的影响。魏徵的祖父魏彦和父亲魏长贤都有志于修史,族兄魏收和魏澹都有史书传世。这样的家世出身对于魏徵的史学修养的形成无疑是一种有利条件。第二,阅历的丰富。魏徵亲身经历了隋文帝时期的安定繁荣和隋炀帝时期

---

① 参见张智武《魏徵与〈群书治要〉》,《文博》1990年第3期。

的社会动荡,特别是参加了隋末的起义军。他亲眼目睹了隋炀帝暴虐统治的危害和隋朝兴亡的全过程,这为其后来撰写隋朝历史奠定了基础。第三,唐朝较佳的修史环境。唐初统治者比较重视历史经验的总结,特别是唐太宗对魏徵非常信任和支持,这为其史学撰述的成功提供了最为有力的保障。唐朝秘书省中还收有大量的典籍文献,为魏徵修史提供了便利条件,当然这也是因为魏徵担任秘书监时"奏引学者校定四部书,数年之间,秘府图籍,粲然毕备"[①],也可以看成是魏徵的成就之一。另外,唐初杰出的史家云集,例如姚思廉、令狐德棻等人,史家群体的协助与合作也是促成魏徵史学成功的有利因素。当然除了这些客观因素之外,魏徵本人的史学功力是最重要的主观因素,如果借用后来中唐史家刘知幾的理论来讲,魏徵就是具备"才、学、识"三长的良史之才。

二 魏徵的"殷鉴"史观

魏徵的史观中包含很丰富的内容,以往的研究中多关注于其"重人事,轻天命"的进步历史观。这种历史观是值得肯定的,但是也应该看到魏徵并没有完全否认"天"的作用,比如他在分析北齐灭亡之因时认为:"齐氏之败亡,盖亦由人,匪唯天道也。"[②]在分析隋朝之亡时,魏徵又云:"天夺之魄,人益其灾,群盗并兴,百殃俱起,自绝民神之望,故其亡也忽焉。"[③]魏徵的这些论述中透露出他并未彻底否认"天命"的作用。当然"天"的概念在魏徵的思想中也有不同的所指,有时指客观形势或社会发展的必然趋势,有时也指自然发展的客观必然性,还有时会用来指代神秘的、有意志的"天"。[④]因此,魏徵的历史观中仍然没有完全摆脱唯心主义的倾向,这也是不能将其史学思想过度拔高的原因。而且"重人事,轻天命"的历史观在唐初的史家中并不罕见,《梁书》中分析南齐之亡

---

① (后晋)刘昫等撰《旧唐书》卷七一《魏徵传》,中华书局 1975 年,第 2548 页。

② (唐)李百药撰《北齐书》卷八《帝纪第八》郑文贞公魏徵总而论之曰,中华书局 1972 年,第 117 页。

③ (唐)魏徵等撰《隋书》卷七十《列传第三十五》史臣曰,中华书局 1982 年,第 1636 页。

④ 参见张淑芳《魏徵史论所体现的进步历史观》,《西南民族学院学报》1996 年 S2 期(历史·经济研究专辑)。

时称:"呜呼! 天道何其酷焉。虽历数斯穷,盖亦人事然也。"①这里也可以看出魏徵作为五代史的"总加撰定"者,对于唐初史家之历史观产生了一定的影响。

细检魏徵的谏言和史论中,还体现出鲜明的"殷鉴"史观。"殷鉴"的思想产生于周初统治者对历史的思考和总结中。周人在经过"牧野之战"占领殷商的统治地区以后,仍然要面临着殷顽民的反抗,于是周初统治者不得不思考这样的问题:殷商为何败亡? 周政权如何巩固、如何避免重蹈殷商的覆辙? 这种思索的结果就是要以前朝历史的经验和教训,作为行政的借鉴与警惕。就如《诗经·大雅·荡》中所说:"殷鉴不远,在夏后之世",以及《尚书·召诰》中言:"我不可不监于有夏,亦不可不监于有殷",也就是要将夏、商兴亡的历史引为借鉴。周初统治者产生的"殷鉴"的思想不仅是"中国上古理性思维的第一线曙光"②,而且对后来的政治思想和史学思想都有重要的影响。魏徵继承了"殷鉴"的思想,并发展成为其"殷鉴"史观。

首先,魏徵常在谏言中以"殷鉴"来强调吸取历史经验教训的重要性。在隋末之乱中,魏徵随李密投降李渊,然后以秘书丞的身份出使黎阳,其任务是劝降徐世勣。魏徵在给徐世勣的信中历数当时的政治形势,并称:"殷鉴不远,公所闻见。"③意在使徐世勣不要重蹈前人覆辙,识时务赶快投降为好。魏徵在晚年给唐太宗所上四疏中,首先提到的就是:"臣观自古受图膺运,继体守文,控御英杰,南面临下,皆欲配厚德于天地,齐高明于日月,本枝百代,传祚无穷。然而克终者鲜,败亡相继,其故何哉? 所以求之失其道也。殷鉴不远,可得而言。"④就是用历史上"失道者"终致败亡相继的教训来作为唐太宗统治的"殷鉴"。魏徵的"殷鉴"史观,主要是希望统治者能够从历史中吸取政权败亡的教训,以便于维护统治和治理国家。

其次,魏徵在史论中常以"隋亡"的教训来作为唐朝统治的"殷鉴"。因为隋为唐之胜朝,所以他认为更应该从前代之隋朝的败亡中吸取经验教训。魏徵在

---

① (唐)姚思廉撰《梁书》卷三《武帝本纪下》史臣曰,中华书局 1973 年,第 98 页。

② 乔治忠《中国先秦时期的史学观念》,《中国官方史学与私家史学》,北京图书馆出版社 2008 年,第 337 页。

③ 《旧唐书》卷七一《魏徵传》,第 2546 页。

④ 《旧唐书》卷七一《魏徵传》,第2550 页。

给唐太宗的上疏中分析统一而又强盛的隋朝亡于一旦的原因，并且强调应该以此为鉴，"若能鉴彼之所以亡，念我之所以得，日慎一日，虽休勿休。"①在魏徵晚年所上唐太宗第三疏中，他将此观点总结为：

> 夫鉴形之美恶，必就于止水；鉴国之安危，必取于亡国。《诗》曰："殷鉴不远，在夏后之世。"又曰："伐柯伐柯，其则不远。"臣愿当今之动静，思隋氏以为鉴，则存亡治乱，可得而知。若能思其所以危，则安矣；思其所以乱，则治矣；思其所以亡，则存矣。②

从这里可以看出，魏徵认为国家要想长治久安最重要的是从胜朝中吸取教训。因为时代相隔较近，更便于认清其灭亡的原因，只有深刻认识到这种原因并引以为鉴，才能实现本朝的安定。对于唐朝来说，最重要的就是吸取隋朝灭亡的教训。魏徵的"殷鉴"史观在这里更可以看做一种"隋鉴"观。并且魏徵希望进一步把"隋鉴"观传播下去，以为后世的资鉴。如他在分析隋朝的宗社之乱时写道："自古废嫡立庶，覆族倾宗者多矣，考其乱亡之祸，未若有隋之酷。《诗》曰：'殷鉴不远，在夏后之世。'后之有国有家者，可不深戒哉！"③就是要让后世的国家吸取隋朝的教训，以其为统治的"殷鉴"。

第三，魏徵的"殷鉴"观中体现出鉴戒史学的思想。由于魏徵以"殷鉴"观作为统治者维护政权的参照，所以也就产生了鉴戒史学的思想。就是要用史著来总结前朝统治者的经验教训，发挥史学的鉴戒作用。魏徵主持编纂《隋书》的目的之一就是为唐朝统治者提供借鉴，总结隋朝历史的经验和教训，来为唐朝政权服务。魏徵的鉴戒史学思想对后世产生了深远影响，宋朝司马光编纂的《资治通鉴》就继承了这种思想。在元朝所修的《金史》中更是明确提出了效仿魏徵纂修《隋书》的思想主张："唐太宗即祚，命魏徵以作《隋书》。盖历数归真主之

---

① 《旧唐书》卷七一《魏徵传》，第 2551 页。
② 《旧唐书》卷七一《魏徵传》，第 2554 页。同文尚载于《贞观政要》卷八《刑法》。
③ 《隋书》卷四五《文四子列传》史臣曰，第 1247 页。

朝,而简编载前代之事,国可灭史不可灭,善吾师恶亦吾师。"①不管前朝善恶都为本朝之师,也就是以前朝为鉴的思想。这跟魏徵"殷鉴"史观下的鉴戒史学思想是一脉相承的。

魏徵的"殷鉴"史观已经成为他思想中的重要组成部分。作为史臣,魏徵要为统治者编纂以资借鉴的史书。作为谏臣,魏徵时刻以历史经验教训来规劝统治者的施政行为。所以,魏徵才会在史论中高呼:"呜呼,为人臣者可不殷鉴哉!可不殷鉴哉!"②

三 魏徵的隋史之论

五代史修成之后,唐太宗非常高兴,认为观览前代史书,彰善瘅恶,足为后代之鉴。其中的《隋书》是唐修前五代史中处于时代最后的一部,也是唐朝的前一代政权的历史,所以最为重要,其史论价值最高。由魏徵撰写的史论中总结了隋朝兴起和速亡的经验教训,便于对唐代政治举措提供鉴戒,并确立唐朝官方史学以"鉴戒"为主导的史学思想。所以魏徵对隋朝历史的评论值得重视。

在隋朝兴起的问题上,魏徵不完全否认天道的作用,但十分强调杨坚君臣们的作为。魏徵的思想中对"皇天无亲,唯德是辅"是认可的,所以相信天命转移的道理,隋朝的兴起也是符合天道运转之理。在《隋书》的史论中,魏徵就讲道:"周邦不竞,隋运将隆"③,认为隋朝兴起是合乎天道的。当然在魏徵的史论中,他更加看重的是人事的作用。魏徵认为隋朝取得政权跟杨坚"劬劳日昃,经营四方"的努力奋斗紧密相关。而隋朝能够迅速强盛,主要在于隋文帝"躬节俭,平徭赋,仓廪实,法令行",所以才出现了"君子咸乐其生,小人各安其业,强无陵弱,众不暴寡,人物殷阜,朝野欢娱。二十年间,天下无事,区宇之内晏如也"④的繁荣景象。魏徵重点肯定了隋文帝的功绩,因为其能够躬行节俭,并实行了一系列的安民措施,所以才会出现隋初繁盛的局面。魏徵也由此总结出规

---

① (元)脱脱等撰《金史·附录·进〈金史〉表》,中华书局 1975 年,第 2899 页。
② 《隋书》卷八五《列传第五十》史臣曰,第 1900 页。
③ 《隋书》卷七十《列传第三十五》史臣曰,第 1635 页。
④ 《隋书》卷二《高祖本纪下》史臣曰,第 55 页。

律:"古先帝王之兴也,非夫至德深仁格于天地,有丰功博利,弘济艰难,不然,则其道无由矣。"①帝王成就一番伟业必须具有至高无上的品德,并能兢兢业业致力于政权建设,经历艰难困苦方能实现国家的兴盛。另外,魏徵也比较重视隋朝诸臣的历史作用。比如在攻灭南朝陈政权的战争中,杨坚手下大将贺若弼和韩擒虎就发挥了关键性的作用,经此一战也奠定了隋朝建立的基础。所以魏徵在史论中盛赞曰:"稽诸天道,或时有废兴,考之人谋,实二臣之力。其俶傥英略,贺若居多,武毅威雄,韩擒称重。"②在史论中,魏徵还强调了"循吏"在隋朝统治中的教化作用,也是对隋朝诸臣为国家兴盛所做贡献的肯定。

关于隋朝之亡的问题,魏徵在《隋书》的史论中予以了较多的关注,这也是他鉴戒史学的重要体现。在对隋朝灭亡原因的探讨上,魏徵认为主要有以下几个方面:

第一,隋朝灭亡源于隋文帝。魏徵虽然在隋朝兴起的问题上肯定隋文帝的贡献和作为,但是隋文帝也是隋朝之亡的祸根所在。在《隋书》的史论中,魏徵批评隋文帝:"素无术学,不能尽下,无宽仁之度,有刻薄之资,暨乎暮年,此风逾扇。"③并且接着分析隋文帝晚年在生活上奢侈享乐,滥用民力修建离宫别院,又偏信谗言打击功臣良佐,并造成宫室内部的自相残害。由于隋文帝晚年执政的失误,为隋朝的灭亡埋下了巨大的隐患。

第二,隋炀帝的暴虐统治是隋亡的主要原因。魏徵在《隋书》的史论中,认为隋炀帝亡国的原因在于其"淫荒无度,法令滋章,教绝四维,刑参五虐,锄诛骨肉,屠剿忠良,受赏者莫见其功,为戮者不知其罪。骄怒之兵屡动,土木之功不息"④。魏徵深刻指出了隋炀帝的独断专行和政治昏暗,而且穷兵黩武、大兴土木,最终葬送了隋朝政权。对于隋文帝和隋炀帝的区别,魏徵认为隋文帝能使隋朝兴起根源于懂得劳民与安民的道理,而隋炀帝则视万民为草芥,虐民不止,所以最后导致了隋朝的骤亡。

---

① 《隋书》卷七十《列传第三五》史臣曰,第1634页。
② 《隋书》卷五二《列传第十七》史臣曰,第1346页。
③ 《隋书》卷二《高祖本纪下》史臣曰,第55页。
④ 《隋书》卷四《炀帝本纪下》史臣曰,第95页。

第三,征战四夷也是隋亡的重要原因。魏徵认为隋炀帝在处理与周边国家关系上的措施失当是加速隋亡的重要因素。在隋炀帝征伐东夷的问题上,魏徵认为:"内恃富强,外思广地,以骄取怨,以怒兴师。若此而不亡,自古未之闻也。然则四夷之戒,安可不深念哉!"①隋炀帝的扩张野心虽然达到了一定目的,但是也引起了普遍的反抗,是导致败亡的重要原因。在征战南蛮的问题上,魏徵认为:"虽有荒外之功,无救域中之败。《传》曰:'非圣人,外宁必内忧。'诚哉斯言也!"②隋炀帝虽然取得了外战的胜利,但是变起肘腋,仍然无法挽救内部的统治危机。在处理西域的问题上,魏徵认为隋炀帝逞一时之勇遭受败绩,而遭殃的是老百姓。同样在北狄问题上,也是由于隋炀帝的处理措施不当,而引起周边局势的混乱。最终隋炀帝的滥施武力,征伐四夷,劳民伤财,也导致了隋朝之亡。

魏徵对隋史的评论中包含着隋朝兴起和灭亡的两方面内容,但是他重点关注的还是对隋朝速亡原因的探讨上。其主要目的是为唐朝统治者提供为政的借鉴,这也是魏徵史学思想中鉴戒史学意识的反映。

余 论

以上主要分析了魏徵的史学成就,以及从其史论中所反映出的"殷鉴"史观。对于魏徵在隋朝历史兴亡问题上的讨论,也是史学史中应该关注的问题。另外,还需附带提及的是魏徵对于史学本身也有自己的看法,这些内容主要蕴含在魏徵对史家的评论之中。

一方面,魏徵认为史家应该撰成著述流传后世,以实现"立言"之功。牛弘是隋朝的著名史臣,曾表请广开献书之路。魏徵在《隋书》的史论中认为牛弘:"采百王之损益,成一代之典章,汉之叔孙,不能尚也。"③就是称赞其编成著述的贡献。对于魏澹撰修的《魏书》,魏徵认为其纂修简正,条例详密,足为流传后

---

① 《隋书》卷八一《东夷列传》史臣曰,第1829页。
② 《隋书》卷八二《南蛮列传》史臣曰,第1838—1839页。
③ 《隋书》卷四九《牛弘传》史臣曰,第1310页。

世之作。对于隋朝其他史家,魏徵也评论他们"各有记述,虽道或小大,皆志在立言,美矣"①。魏徵的这种思想也是继承了自司马迁"成一家之言"以来的优良史学传统。

另一方面,魏徵强调史家撰述应该坚持直书实录的原则。魏徵主持了五代史的纂修,并亲自撰写了大量的史论,在他的修史实践中就重视强调秉笔直书的重要性。在《隋书·经籍志》的总序中就极力表彰了春秋时期的晋国董狐、齐国太史和南史等秉笔直书的史官,并要求史官做到"不虚美,不隐恶,故得有所惩劝"②。魏徵还在《隋书》的史论中批评史家之曲笔,比如他对撰修《齐书》的王劭的评论是:"好诡怪之说,尚委巷之谈,文词鄙秽,体统繁杂。直愧南、董,才无迁、固,徒烦翰墨,不足观采。"③认为王劭之流有损史家的操守,其行为不可取。这也反映出魏徵对史家直书实录精神的看重。

总之,魏徵在唐初的政坛上取得了彪炳史册的业绩,在史学上也做出了名垂千古的贡献。魏徵的史学成就使其在当时就赢得了尊重,"时称良史"④,这也是古代对史家的至高评价。魏徵的史学成就也被后世所推重,并且对中国史学史的发展产生了重要影响。研究魏徵之史学,对于全面研究魏徵和深化对唐代乃至中国古代史学的认识都具有重要的学术意义。

---

① 《隋书》卷五八《列传第二三》史臣曰,第1433页。
② 《隋书》卷三二《经籍志》,第904页。
③ 《隋书》卷六九《列传第三四》史臣曰,第1613页。
④ 《旧唐书》卷七一《魏徵传》,第2550页。

魏徵文学成就综述

胡 蓉

初唐百年遵循着开放自由的文艺精神,沿着地域文化整合的方向,吸收儒释道等哲学宗教派别之精髓,博采江左文化、燕赵文化、关陇文化等各地域文化之长,兼容并蓄,不断积淀,士人精神、文学精神、艺术精神与哲学精神交融在一起,形成深厚雄健、壮大自由的盛唐文化精神,在这一过程中,魏徵整合地域文化,引领初唐文艺精神,融合南北诗风,确立唐诗未来发展轮廓。

魏徵(580—643年),字玄成,巨鹿人(今河北巨鹿县,另有晋州、馆陶二说)。唐初著名政治家、文学家。隋末加入李密起义军,掌管文书,兵败随李密降唐,为太子李建成洗马。唐太宗即位,擢为谏议大夫,后迁秘书监参预朝政,代王珪为侍中,加左光禄大夫,进封郑国公,拜太子太师、特进等要职,卒谥文贞。魏徵作为唐初名相,为"贞观之治"做出了不可替代的重大贡献。他一生著述丰,主持修撰《隋书》《梁书》《陈书》《齐书》及《群书治要》等书籍,撰有《谏事》《次礼记》《时务策》等著作,撰文集二十卷,惜已佚。

作为一名学者,魏徵在文化心态上是成熟稳健的,虽身为政治家,他却没有一味强调文学服务于政治,没有忽视文学自身的特性和发展规律。在南北文风的问题上,魏徵于文学史上最早论及南北文学思想的对立。《隋书·文学传序》中论述道:"江左宫商发越,贵于清绮;河朔词义贞刚,重乎气质。气质则理胜其词,清绮则文过其意,理深者便于时用,文华者宜于咏歌。此其南北词人得失之大较也。掇彼清音,简兹累句,各去所短,合其两长,则文质斌斌,尽善尽美矣。"这一论述体现了他通达自信的文学观。

【作者简介】胡蓉(1969年—),邢台学院中文系讲师,主要从事古代文学及文学批评史研究。

刚健有为、自强不息、慷慨悲歌、好侠任气是燕赵文化的精髓,早在战国时期燕赵志士就唱响了慷慨苍凉的燕赵悲歌,"风萧萧兮易水寒,壮士一去兮不复返"。司马迁在《史记》中最早为燕赵精神定格,并且记录了燕赵百姓的生存状态和气质倾向。"中山地薄人众,犹有沙丘纣淫地余民,民俗懁急,仰机利而食,丈夫相聚游戏,悲歌慷慨。""野王好气任侠,卫之风也。"文学即人学,区域的人文气质必然呈现于文学作品中,形成相同的文学风格,如果说,司马迁概括的是燕赵黎民共同的生而有之的自然气质倾向,那么,这一说法随着文学的进一步发展很快被运用到文学评论和作品中,并一直沿用至今。刘勰用"慷慨而任气"形容建安时期文风,韩愈的《送董邵南序》称"燕赵古称多慷慨悲歌之士"。

燕赵地域文化精神为唐诗精神内核注入不可或缺的力量。唐诗正是南北文学合流的产物,南朝注重形式的华美,音律和谐,唐诗汲取了南朝在诗歌形式探索方面所取得的成就,使唐代律诗得到完善。李唐王朝来自北方鲜卑族,在文学上汲取了北方文学词义贞刚、豪迈阔大、情感浓郁等气质风格,便使得唐诗在形式华美的基础上又充实了内容和情感,走上古代诗歌的峰巅。

《全唐诗》存其诗歌三十六首,《全唐诗续拾》补三首,不确。其诗大多是为朝会及宗庙祭祀而作的歌词,在诗歌创作上,魏徵诗风刚健慷慨,集中体现了燕赵文人的贞刚之气,即便是高唱颂歌,也写得大义凛然,一扫柔媚之态。

祭祀活动在古代,是上自天子下至平民,各个阶层都要参与的活动,《礼记·祭统》说:"礼有五经,莫重于祭。"祭祀是礼乐文化的重要组成部分,祭祀文化就成为中国传统文化不可缺少的一部分。春节祭祖等活动在今天的农村依然存在。人们认为,天是万物始祖,掌控生死祸福,甚至国家天子的命运,所以祭天从秦汉就成为皇家最高的礼仪,历代皇帝继位、出征、册封皇后太子,国事昌盛或危亡时刻,又要祭天地。祭祀成为古代政治必备的一部分,是政教合一的体现。在唐代,魏徵参与了朝廷的祭祀活动,用诗歌记录了当时的祭祀文化。据《唐书·乐志》中记载:"贞观中,享太庙乐:迎神用《永和》,九变词同,皇帝行用《太和》,登歌酌鬯用《肃和》,迎俎用《雍和》,献皇祖宣简公、皇祖懿王同用《长发之舞》……送文舞出、迎武舞入用《舒和》,武舞用《凯安》,撤俎用《雍和》,送神用《永和》。"

在唐初,诗歌创作继承了南朝宫体诗的形式,唐太宗喜爱南朝文风,而魏徵则为宫廷文学带来北方质朴慷慨之气,在祭祀歌词中,也富于豪迈大气,如"濬哲惟唐,长发其祥。帝命斯祐,王业克昌。配天载德,就日重光。本枝百代,申锡无疆。"(《享太庙乐章·长发舞》)《礼记》中认为,祭祀在礼中是最重要的,祭祀不是由外而内的,而是由内而外发自内心的,虔诚是祭祀的基础,如孔子所说内在的仁爱是礼乐的基础"人而不仁如礼何?"在迎俎撤俎的过程中,魏徵在诗中记录了当时的肃穆与发自内心的恭敬,"于穆清庙,聿修严祀。四县载陈,三献斯止。笾豆撤荐,人祇介祉。神惟格思,锡祚不已。"(《享太庙乐章·雍和》)"金悬夕肆,玉俎朝陈。飨荐黄道,芬流紫辰。乃诚乃敬,载享载禋。崇荐斯在,惟皇是宾。"(《五郊乐章·雍和》)"千里温风飘降羽,十枝炎景腾朱干。陈觞荐俎歌三献,拊石㧑金会七盘。"(《五郊乐章·舒和》)这种大气磅礴的诗风契合了唐朝蒸蒸日上的国势。这种慷慨凌云之气还表现在对国朝太平盛世的歌颂,如"百灵侍轩后,万国会涂山。岂如今睿哲,迈古独光前。声教溢四海,朝宗引百川。锵洋鸣玉佩,灼烁耀金蝉。淑景辉雕辇,高旌扬翠烟。庭实超王会,广乐盛钧天。既欣东日户,复咏南风篇。愿奉光华庆,从斯亿万年。"(《奉和正日临朝应诏》)

除了朝会与祭祀的歌词外,魏徵还有几首抒情之作,可见其创作功力,如《述怀》抒发其为唐朝建功立业的大志:"请缨系南粤,凭轼下东藩。"沈德潜在《唐诗别裁集》中评价该诗云:"气骨高古,变从前纤靡之习,盛唐风格,发源于此。"[①]《暮秋言怀》,质朴刚健,用语洗练凝重,"首夏别京辅,杪秋滞三河。沉沉蓬莱阁,日夕乡思多。霜剪凉阶蕙,风捎幽渚荷。岁芳坐沦歇,感此式微歌。"

在由南朝而至隋唐的转型期,南朝绮靡文风依然占据主导,众多燕赵诗人在注重婉约绮丽的形式美的同时,以质实豪迈、慷慨昂扬的独特气质,使得稚嫩的、还在襁褓中的唐诗蕴含无限生机。

与诗歌继承南朝诗风的情形相一致,在散文领域,初唐百年是骈文的天下,虽然在理论上唐太宗君臣反对浮华不实的文风,但文体文风的变革是一个渐进的过程,自晋宋以来,华美绮丽的文风又来已久,积习难返,文风的变革难

---

① (清)沈德潜《唐诗别裁集》,中华书局1975年,第83页。

以一蹴而就,另一方面,贞观盛世需要文学家粉饰太平、润色鸿业,骈文节奏铿锵、对仗工整、铺张扬厉的特点恰好迎合了这一需要。欧阳修也认为,贞观时代"独于文章不能少变其体"。上官仪等初唐文人均擅长骈体。

在无体不骈的时代中,魏徵、王绩等文人变革文风,以自己的创作实践,引领骈体文的革新,魏徵散文呈现出初唐骈文向散文过度的趋势。开启散文史上由骈入散的进程,为后来欧阳修、苏轼政论文创作奠定基础。

魏徵的政论文逻辑性强,脉络清晰,切中要害,论述机智灵活,有较强的说服力,其中的《谏太宗十思疏》将太宗前后行为进行对比,有扬有抑,达到劝谏的效果。《十渐不克终疏》情词恳切,文风疏朗,运用排比、对偶等修辞方式,造成强大的文势,具有不可辩驳的说服力。近些年,一些学者注意到了魏徵散文的特点,如高红的《魏徵净谏特点和谏法发微》和王仕伦的《魏徵谏文说理艺术刍议》,都谈到了魏徵政论文的特点是理直词强,采取多种劝谏方法,古今对比法、反衬法、激将法等,并运用排比铺陈、比喻等修辞方法。与六朝骈文相比,魏徵的文章虽然也是骈文,但已不再是四六对而是采用多种句法,很少用典,不受声律之限,用语质朴,平易畅达,内容尚实而深刻。作为唐初直谏文风的代表,魏徵骈文推动了当时文体文风的变革,骈文开始向散文转化。

魏徵文艺思想带有鲜明的道家色彩,魏徵出身道士,深受道家思想的影响,继承了道家崇尚自然,追求本真,与天地精神自然融和的审美思想。在文学思想上,重质轻形,反对浮华雕饰,追求质朴本色。他说"居崇茅宇,乐不般游,黄屋虽贵,天下为忧。人玩其华,我取其实,还淳反本,代文以质,居高思止,持满戒溢,念兹在兹,永保贞吉。"[①]"其语道也,必先淳朴而抑浮华;其论人也,必贵忠良而鄙邪佞;言制度也,则绝奢靡而崇俭约;谈物产也,则重谷帛而贱珍奇。"[②]人与自然和谐统一,宇宙万物自由发展是道的本质,也是美的本质,这是道家审美思想的最高境界。道家主张神高于形,内在美高于形式美,尤其反对人为过分的修饰。源于这种哲学思想,魏徵在政治上无为治国,和在文学思想上的求质实反过分雕饰是一致的。

---

① 《全唐文》卷一四一魏徵《九成宫醴泉碑铭》,中华书局1985年,第1433页。

② 《全唐文》卷一三九魏徵《十渐疏》,第141页。

综述所述,魏徵在文艺思想方面,主张质实求真,反对雕饰浮华,以开放成熟的文化心态整合地域文化,为唐代文学的发展确立正确方向,他的文艺思想带有地域特色,并深受道家思想的影响。

魏哲家世考

赵生泉

南宋陈思《书小史》卷九称唐代书家魏哲"善章草,略无疑滞,功夫越于子潜,而气魄不逮也"①。子潜即盛唐著名书家卢藏用,能与当世名家相提并论,可见其人其书非必寻常。但因史籍缺略,魏哲长期湮没无传,直到由他书丹的《郑齐丘墓志》于 2002 年 7 月在河南偃师邙山南麓出土,并经过赵振华先生等撰文推介后②,始渐为人知。然研究者于魏哲仅引《唐会要》卷六四《集贤院》和《全唐文》卷三〇九孙逖《授魏哲等诸州刺史制》,谓魏哲曾先后任右赞善大夫、歙州刺史等职,并称他在开元初年曾参与整理内府所藏历代法书真迹③,虽下功夫收集资料,罗列事迹甚详,而考辨不足,特别是没有涉及魏哲的家世,不能不说是绝大的遗憾。

解决魏哲的家世问题,要从魏徵说起。《旧唐书》卷七一《魏徵传》说:

> 徵以戴圣《礼记》编次不伦,遂为《类礼》二十卷,以类相从,削其重复,采先儒训注,择善从之,研精覃思,数年而毕。太宗览而善之,赐物一千段,

---

【作者简介】赵生泉(1971 年—),男,河北师范大学美术与设计学院副教授,主要从事金石碑刻与出土文字资料研究。

① (宋)陈思撰《书小史》卷九《魏哲传》,《景印文渊阁四库全书》本。

② 赵振华、何汉儒《唐代崔沔撰文魏哲书丹的郑齐丘墓志》,《河南科技大学学报》(社会科学版)2003 年第 2 期,第 5—8 页。又收入赵振华《洛阳古代铭刻文献研究》,三秦出版社 2009 年,第 336—340 页。

③ 《唐代崔沔撰文魏哲书丹的郑齐丘墓志》,《河南科技大学学报》(社会科学版)2003 年第 2 期,第 8 页。

录数本以赐太子及诸王,仍藏之秘府。

关于《类礼》后来的命运,《旧唐书》卷一〇二《元行冲传》载:

初,有左卫率府长史魏光乘奏请行用魏徵所注《类礼》,上遽令行冲集学者撰《义疏》,将立学官。行冲于是引国子博士范行恭、四门助教施敬本检讨刊削,勒成五十卷,十四年八月奏上之。尚书左丞相张说驳奏曰:"今之《礼记》,是前汉戴德、戴圣所编录,历代传习,已向千年,著为经教,不可刊削。至魏孙炎始改旧本,以类相比,有同抄书,先儒所非,竟不行用。贞观中,魏徵因孙炎所修,更加整比,兼为之注,先朝虽厚加赏锡,其书竟亦不行。今行冲等解徵所注,勒成一家,然与先儒第乖,章句隔绝,若欲行用,窃恐未可。"上然其奏,于是赐行冲等绢二百匹,留其书贮于内府,竟不得立于学官。行冲恚诸儒排己,退而著论以自释,名曰《释疑》。

可见其书虽然先后被太宗、玄宗称赞,却因某种原因未能立于学官,成为官方意识形态的标准读物。

此事亦见于王应麟《玉海》卷六九《礼仪·礼制下》,然谓《类礼》为《礼类》,其注引开元时人崔琳《集贤注记》曰:

左赞善大夫魏哲因入内侍读,奏魏文贞公所编《礼记》,甚有条流,诏行冲修疏。①

按,《新唐书》卷五七《艺文志一》:"魏徵《次礼记》二十卷亦曰《类礼》。"可知魏哲上奏时提到的《礼记》就是《礼类》。既然魏哲和魏光乘都曾为此书上奏,他们就应该是同一个人,即名"哲"而字"光乘"。至于他为什么要奏请行用魏徵的著作,可能性最大的答案就是他是魏徵的后人。

据《新唐书》卷七二《宰相世系表二中》,魏徵有叔玉、叔琬、叔璘、叔瑜等四

---

① (宋)王应麟《玉海》(合璧本)卷六九·五上,(日本京都)中文出版社1977年,第1355页。

子，叔玉生膺，叔瑜生华；又有五世孙名谟，谟之曾祖曰殷，祖曰明，父曰憑（凭），然不详其房支所出。除此之外，并无魏哲、魏光乘之名。既然如此，魏哲与魏徵的血缘关系又从何证明呢？

我们知道，虽然唐代士族的政治地位已经不再像魏晋南北朝时那样优越，但仍然享有极高的社会地位和影响力，以致朝廷勋贵如魏徵、房玄龄、李勣等，也罔顾太宗禁令，竞相与关东士族结亲①。至高宗时，某些关东士族甚至自号"禁婚家"以相高②。追根究底，士族社会的影响力的最终支持因素是门第观念和良好的家风。门第观念属社会价值观，个人难以直接影响，但家风可以通过教育途径逐渐培养和长期延续，在某种程度上可以通过个人努力加以改变。在这种情况下，弘扬先祖的功业和成绩，壮大家族的光荣与名声，对当时的士族子弟来说，绝不仅仅是一种荣耀，而且也是一种责任。魏徵年轻时从学于硕儒王通，具有良好的学术功底，所以在入唐之后，著述不断，堪称一代文宗。除前面提到过的《类礼》外，《旧唐书》卷七一本传还说：

> 贞观三年，迁秘书监，参预朝政。徵以丧乱之后，典章纷杂，奏引学者校定四部书。数年之间，秘府图籍，粲然毕备。

又说：

> 初，有诏遣令狐德棻、岑文本撰《周史》，孔颖达、许敬宗撰《隋史》，姚思廉撰《梁》《陈史》，李百药撰《齐史》。徵受诏总加撰定，多所损益，务存简正。《隋史》序论，皆徵所作，《梁》《陈》《齐》各为总论，时称良史。史成，加左

---

① 《资治通鉴》卷二〇〇显庆四年（659年）十月载："初，太宗疾山东士人自矜门地，昏姻多责资财，命修《氏族志》例降一等；王妃、主婿皆取勋臣家，不议山东之族。而魏徵、房玄龄、李勣家皆盛与为昏，常左右之，由是旧望不减，或一姓之中，更分某房某眷，高下悬隔。"

② 《资治通鉴》卷二〇〇显庆四年（659年）十月载："壬戌，诏后魏陇西李宝、太原王琼、荥阳郑温、范阳卢子迁、卢浑、卢辅、清河崔宗伯、崔元孙、前燕博陵崔懿、晋赵郡李楷等子孙，不得自为昏姻。仍定天下嫁女受财之数，毋得受陪门财。然族望为时俗所尚，终不能禁，或载女窃送夫家，或女老不嫁，终不与异姓为昏。其衰宗落谱，昭穆所不齿者，往往反自称禁婚家，益增厚价。"

光禄大夫,进封郑国公,赐物二千段。

可是,在经历了"仆碑""停婚"风波后,魏家门庭已衰,到开元时期,与权力核心更加疏离。在这种形势下,能够主动为其张目的,除了家人外,只能是所谓"门生故旧"。而从名字来看,魏哲应该是魏徵的家人。

当然,仅凭这一点,尚不足以坐实魏哲与魏徵的血缘关系。而且魏哲以书法名世,但魏徵却无善书之名,二人之间似乎缺乏家风联系。不过,从下列几条史料来看,魏徵于书道并不陌生。

其一,魏徵曾参与鉴定内府书法。《法书要录》卷四收卢元卿《法书录》,谓内府藏王廙书后有魏徵题名曰"特进、郑国公、臣徵",排序在贞观十三年(639年)十二月褚遂良、长孙无忌、房玄龄、高士廉之后,而在侯君集、杨师道、李大亮、唐俭、李孝恭、刘德威、韦挺、冯长命、唐皎之前。

其二,魏徵有识人知书之贤。《旧唐书》卷八〇《褚遂良传》载:

> 太宗尝谓侍中魏徵曰:"虞世南死后,无人可以论书。"徵曰:"褚遂良下笔遒劲,甚得王逸少体。"太宗即日召令侍书。太宗尝出御府金帛购求王羲之书迹,天下争赍古书诣阙以献,当时莫能辩其真伪,遂良备论所出,一无舛误。

据此,贞观时鉴定御府书法由褚遂良具体负责,魏徵等人很可能只是"具衔"。但是,褚遂良是他举荐的。倘若毫不知书,他的眼光岂能能如此精准?

其三,魏家有工书之风。《新唐书》卷九七《魏徵传》说:

> 四子:叔玉、叔琬、叔璘、叔瑜。……叔瑜,豫州刺史,善草隶,以笔意传其子华及甥薛稷。世称善书者"前有虞、褚,后有薛、魏"。华为检校太子左庶子、武阳县男。开元中,寝堂火,子孙哭三日,诏百官赴吊。

魏叔瑜书迹未见著录,但能与薛稷齐名,想必颇有影响。至于魏华,宋敏求《长安志》卷七《从西第一尚书省》称:"省门额,本睿宗书。开元初进入内,今额右庶子魏华所题。"郑樵《通志》卷七三《金石略第一》又载京兆府有魏华所书碑三通:《太子少傅窦希瑊碑》《陇右节度使郭知运碑》《豫州刺史魏叔瑜碑》。又,《墨池编》卷六谓《窦希瑊碑》在咸阳,《魏叔瑜碑》系张说撰。据此可以想见魏氏书风之盛。更重要的是,魏华死于"开元中",与魏哲年代正好衔接,有可能是魏哲之父。

又,《新唐书》卷八一《李宪传》载玄宗善待诸王,人皆称颂,"时有鹡鸰千数集麟德殿廷树,翔栖浃日。左清道率府长史魏光乘作颂,以为天子友悌之祥。帝喜,亦为作颂"。传世玄宗墨迹之《鹡鸰颂》自署"俯同魏光乘作",应该不仅是"俯同"其文,而且也是"俯同"其书。遗憾的是,今天已经看不到他所上之作了。

总之,魏哲字光乘,工书擅文,声名颇巨,甚至为皇帝所知,因而才有机会上奏魏徵著作。此举透露出的行事动机和家风传统,都足以证明魏哲与魏徵之间的血缘关系。而从擅长书法角度来说,他很可能出自魏叔瑜、魏华一支。《新唐书》卷七二《宰相世系表二中》载魏华生驾部郎中魏瞻,而未言他人,据本文当可补其阙。

墓志所见唐代巨鹿魏氏
——以新出《魏珏墓志》为中心

冯金忠

近来笔者得见一帧唐代墓志拓片,长、宽均42厘米,楷书,27行,满行27字,首行题曰:"大燕故朝请大夫守河南府少尹饶阳县开国男赐紫金鱼袋钜鹿魏公墓志铭并序"。墓主魏珏乃是唐睿宗、玄宗时期的名相魏知古之子。《唐代墓志汇编》及《续集》、《全唐文补遗》、《全唐文补编》及余扶危、张剑主编《洛阳出土墓志卒葬地资料汇编》和杨作龙等《洛阳新出土墓志释录》对此志均未著录。为研究方便,今移录文如下:

1.大燕故朝请大夫守河南府少尹饶阳县开国男赐紫金鱼袋钜鹿
2.魏公墓志铭并序　　　　　　从孙监察御史？(凌)撰
3.魏大名也,自锡土姓,世不绝贤,至于忠臣义士、名儒硕德,岂滋他族。继
4.踵于吾门,前史备详矣。公讳珏,字子玉,钜鹿曲阳人也,隋正议大夫淄
5.州刺史孝藏,公之曾祖也。唐朝议大夫瀛州刺史行览,公之大父也。银
6.青光禄大夫守侍中监修国史□柱国、梁国公知古,公之烈考也。联徽
7.袭庆,积德累仁,家传邦伯之□,国□鼎臣之位。公台衮贵绪,儒门大贤
8.才实过庸,智则周□。开元初,以□□□□朝请郎、陕王府西閤祭酒。丁
9.侍中府君忧,服阕除陕王府□□参军,转庆王府文学。方期右职,何乃
10.左迁,既设□以□□□□□而□□□□授婺州金华县令,加朝散大
11.夫。又转太原府□□□令,再绾墨绶,□莅王畿。卓会之政则闻,子男之

【作者简介】冯金忠(1973年—),男,河北省社会科学院历史研究所副研究员,主要从事隋唐史及河北地方史研究。

12. 位犹屈。俄丁□□太夫人忧,□□泣血居丧,柴毁过制。服阕除太子司
13. 议郎摄上党郡大都督府司☒,又试太子洗马,依旧知司马事,仍赐金
14. 鱼袋。朝推端士,☒谓正人。威较定督,奏缄肃清道路恩加拽紫之
15. 荣,任重题舆之美。又迁鸿胪、光禄寺少卿,周掌大宾之礼,汉为郎中之
16. 令。凡莅厥职,实□□属□□大燕勃兴,舍过宥罪,特拜公河南府少
17. 尹。公以辇毂之地,事物殷繁,下车绳绥□不怀惠,何昊天不吊,歼厥良
18. 人,以顺天二年四月十七日遘疾终于仁风里之私第,春秋五十四。公
19. 性广谨量阔达,敏于事,重于言,雅尚琴书,尤薄轩冕,以地高而崇班难
20. 退;以德厚,而雅望自归。尝欲挂冠东山,未毕斯志,骤见神归太素气散
21. 穷泉,痛一贤云亡,岂百身能赎? 以其年七月十四日安厝于洛阳故城
22. 东首阳原,礼也。嗣子通等茕茕在疚,毁不灭身,继之趋丧,遽无凌节,恐
23. 陵谷将变,见命为灾。铭曰:
24. 大名启族,□□钜鹿。钜鹿之贤,梁公有焉。庆钟于后,公乃克□,如王之
25. 贞,如兰之秀,政闻京辇,名播储右。望在台衡,迟回来献。旋惊过隙,骤叹
26. 归真,清洛东注,修邙北邻。萧笳咽兮,白日昏野。莽苍兮黄云,夫千秋
27. 岁兮已矣。德不朽兮,名空存。

墓志题曰"大燕",为安禄山建立的国号。天宝十四载(755年)十一月,唐范阳节度使安禄山起兵叛乱,在攻占东都洛阳后,天宝十五载(756年)正月称帝,国号大燕,建元圣武。后叛军内部分裂,史思明杀死安庆绪,取而代之,仍袭用大燕的国号。墓志中的"顺天"即史思明的年号。顺天二年即唐肃宗上元元年(760年)。

墓志一些地方磨泐严重,特别是中部,许多字模糊不清。撰者为魏珏从孙,其名字右半部为"夌",左半部磨蚀。《唐代墓志汇编续集》收录有一方《唐宁海县令陈府君墓志》,作者魏凌为河南府乡贡进士[①]。由于姓氏相同、名字字形相近,时代和籍贯也相合,疑《魏珏墓志》撰者即魏凌。天宝七载(748年),他在撰写《陈府君墓志》时尚为河南府乡贡进士,还未取得功名,至大燕顺天

---

① 周绍良、赵超《唐代墓志汇编续集》天宝059,上海古籍出版社2001年,第624页。又见于吴纲《全唐文补遗》第三辑,三秦出版社1996年,第85页。

二年(760年)时,已经官拜监察御史。但不是唐朝所授,而是任职于安史叛军建立的大燕。

安、史作为唐王朝的叛逆,《新唐书》将其列入《逆臣传》,其所建立的大燕政权也理所当然地被视为僭伪,历来为正统士大夫所不齿。加之存在时间不过短短八年,以大燕纪年的碑刻全国所存留下来也不过数方。仅从这一点来看,此墓志便是极其珍贵的。从志文来看,魏珏曾祖孝蔿曾任淄州刺史,祖父行览曾任唐瀛州刺史,均不见诸史籍。郁贤皓先生《唐刺史考全编》,对行览未加收录,因此行览的宦历可补郁先生大著之缺。以时间推断,行览任瀛州刺史当在唐初。魏珏之父为睿宗、玄宗时名相魏知古,由于魏知古墓志迄今尚未出土,《旧唐书》和《新唐书》虽然为其列有专传,但其祖上和后嗣世系不详。此墓志最大价值在于为研究唐代名相魏知古所在的鹿城房世系及其仕宦、籍贯迁移情况提供了宝贵资料。

一 唐代巨鹿魏氏鹿城房的世系

魏姓出自姬姓。周文王第十五子姬高,受封于毕,又称毕公高。裔孙毕万任晋献公大夫。后毕万因灭霍、狄、魏三小国有功,受封于魏,以国为氏。毕万即为魏氏始祖。

> 万生芒、季。芒、季生武子犨。犨生悼子。悼子生庄子绛。绛生嬴。嬴生献子舒。舒生襄子曼多。曼多生文子须。须生桓子,桓子孙文侯都。都生武侯击。击生惠王䓨。䓨生襄王嗣。嗣生哀王。哀王生昭王。昭王生公子无忌。孙无知,汉高梁侯。生均。均生恢。恢二子:伯伦、彦。彦字叔纶,张掖太守。生歆,字子胡,钜鹿太守,初居下曲阳,二子:愉、悦。①

魏歆,汉任巨鹿太守、曲阳侯,居巨鹿,此即巨鹿魏氏之所由来。后由于宗族繁衍、迁徙等因素,分为东祖和西祖,形成了馆陶、宋城、鹿城、清河、任城、宜

---

① (宋)欧阳修、宋祁撰《新唐书》卷七二中《宰相世系表二中》,中华书局1975年,第2655页。

阳等几个主要房支①。唐代巨鹿魏氏以馆陶和鹿城两房最为显赫,分别出现了魏徵、魏知古等宰相。鹿城房至魏知古而兴,魏珵即出自鹿城房。以下以此墓志为中心对鹿城房的世系进行一些探讨。

魏知古,新、旧《唐书》有传。据《旧唐书》卷九八《魏知古传》云:"深州陆泽人"。《新唐书》卷一二六《魏知古传》同。唐深州,治于陆泽县。先天二年(713年),分饶阳、鹿城界置陆泽县于古鄡城。鄡城,汉县,属巨鹿郡②。实际上无论是深州陆泽还是巨鹿曲阳,所指是一致的。唐人张说《孔补阙集序》中即说"钜鹿魏知古"③。

魏知古早有才名。弱冠举进士,累授著作郎,兼修国史。长安中,历迁凤阁舍人、卫尉少卿。时睿宗居藩,兼检校相王府司马。神龙初,擢拜吏部侍郎,仍并依旧兼修国史,寻进位银青光禄大夫。明年,丁母忧去职,服阕授晋州刺史。睿宗即位,以故吏召拜黄门侍郎,兼修国史。寻令同中书门下平章事。玄宗在春宫,又兼左庶子。未几,迁户部尚书,余如故。明年,擢拜侍中。寻改紫微令。姚崇深忌惮之,阴加谗毁,乃除工部尚书,罢知政事。三年卒,时年六十九。御史大夫宋璟闻而叹曰:"叔向古之遗直,子产古之遗爱,能兼之者,其在魏公。"赠幽州都督,谥曰忠。

魏知古身为宰辅,位极人臣,而史书中未列父、祖等辈世系,这在门阀观念尚盛,重视尊族敬宗的唐代是比较罕见的。况且他出身巨鹿魏氏,也是当时大姓名门,簪绂不绝,轩冕之贵,有足以傲人者。其中原因,很耐人寻味。而其子魏珵墓志正好弥补了这一缺环,也是其最大价值所在。

根据《魏珵墓志》记载,其祖父行览为朝议大夫、瀛州刺史。雍正《畿辅通志》卷四八《深州》条,云"魏府君墓,在州东南十里。《旧志》魏知古父名行览,赠河阳令,葬于此。知古有志铭"。其中也提到魏知古之父行览,可与墓志相印证。魏知古之父行览,当确有其人。但《魏珵墓志》与雍正《畿辅通志》也多有抵牾不

---

① (宋)邓名世撰,王力平点校《古今姓氏书辩证》卷二九,江西人民出版社2006年,第441页。《新唐书·宰相世系表》只提到了馆陶魏氏、宋城魏氏和鹿城魏氏。唐人林宝《元和姓纂》提到了清河、宜阳、任城、宋城,但未提到鹿城。

② (后晋)刘昫等撰《旧唐书》卷三九《地理志二》,中华书局1975年,第1505页。

③ (清)董诰《全唐文》卷二二五,中华书局1983年。

合之处。新、旧《唐书》和《新唐书·宰相世系表》均未提及其祖、父世系。雍正《畿辅通志》中行览云出自《旧志》的说法并不正确,乃是误植,不知系出自何处。雍正《畿辅通志》云行览,赠河阳令。当是由于魏知古而追赠,以此来看其生前当系白身。而《魏珏墓志》则云行览为朝议大夫、瀛州刺史。身为牧伯,位高权重,如果魏知古之父官位果真如此显赫,其列传断不当缺遗。很可能是后人为显示其门庭隆盛之编造。当然也有一种可能是追赠之官。但不管怎样,魏知古虽然出身巨鹿魏氏,但家道早已沦落不显。

《新唐书·宰相世系表》云:"知古相玄宗。五子:喆,延安太守;惢,阳安太守;林,朔州刺史;珏,鸿胪少卿;曜,赞善大夫。"《古今姓氏书辩证》卷二九记载稍详,云:"鹿城魏氏,亦与馆陶同祖,有知古及盈。知古相明皇,五子:喆,延安太守;惢,阳安太守;林,朔州刺史;珏,鸿胪少卿;曜,赞善大夫。"以下对诸子加以考辨。

魏曜,《旧唐书》卷一九九上《东夷传》有载。唐玄宗天宝二年(743年),新罗王承庆卒,诏遣赞善大夫魏曜往吊祭之。此中的魏曜与《新唐书·宰相世系表》和《古今姓氏书辩证》中所载官位相合,当系一人。

魏林,《旧唐书》卷一〇三《王忠嗣传》、卷一〇六《李林甫传》和《新唐书》卷二二三《李林甫传》也有记载。史称李林甫自以始谋不佐忠王、皇太子李亨,虑为后患,故屡起大狱以危之。天宝六载(747年)十月,李林甫阴令济阳别驾魏林告陇右、河西节度使王忠嗣,称往任朔州刺史,忠嗣为河东节度,云"早与忠王同养宫中,我欲尊奉太子"。其中魏林曾任朔州刺史的经历与《新唐书·宰相世系表》和《古今姓氏书辩证》相合,当为一人。朔州,唐属河东道,魏林先为朔州刺史。王忠嗣节度河东,朔州为其巡属,故李林甫使魏林潜之,以示言有所自。王忠嗣曾两任河东节度使。第一次在开元二十八年(740年),但次年即转任朔方节度使,以田仁琬代之。第二次在天宝四载(745年)二月,以朔方节度使兼任河东。五载四月,即又辞让河东。魏林为朔州刺史当在此前。而且从上揭材料来看,朔州刺史并非其最后官位,后又任济阳别驾,并且党从李林甫。

魏喆,《新唐书·宰相世系表》和《古今姓氏书辩证》并无异词,都云任延安太守。延安郡,即延州,属关内道,天宝元年(742年),改为延安郡,乾元元年(758年),复为延州。而《全唐文补遗》收录有一方墓志,墓主魏处厚,祖先巨鹿曲阳人。曾祖"知南府,皇守侍中、户部尚书、同中书门下三品",即魏知古。祖喆,皇彭原郡太守①。彭原郡,即宁州,本北地郡,天宝元年更名。此墓志云魏喆任彭原郡太守,与《新唐书·宰相世系表》《古今姓氏书辩证》不合,二者必有一误。当然,也不排除魏喆既任过延安太守,也任过彭原太守。到底如何,暂且存疑,以待他证。该墓志还记载墓主魏处厚之父,即魏喆之子坚,曾任郑州新郑县令。

《新唐书》卷一二六《魏知古传》提到魏知古之曾孙处讷。唐文宗大和二年(828年),授湘阳尉,与魏徵、裴冕之后擢任之。在中国古代,承袭父爵,享受门荫,多由嫡长子,魏喆为魏知古长子,其子魏坚。魏处讷既能蒙受祖荫,很可能他是魏坚长子或者长于他的诸子已逝。前揭《魏处厚墓志》中感叹墓主魏处厚"不沾一命",未能享受门荫之利,说明他为幼子或庶出。墓志中还提到他昆仲四人,则除处讷外,尚有二人,名字难以考知。处厚有一子曰住住。

今综合以上记载,魏知古所在的鹿城房世系情况,可表示为:

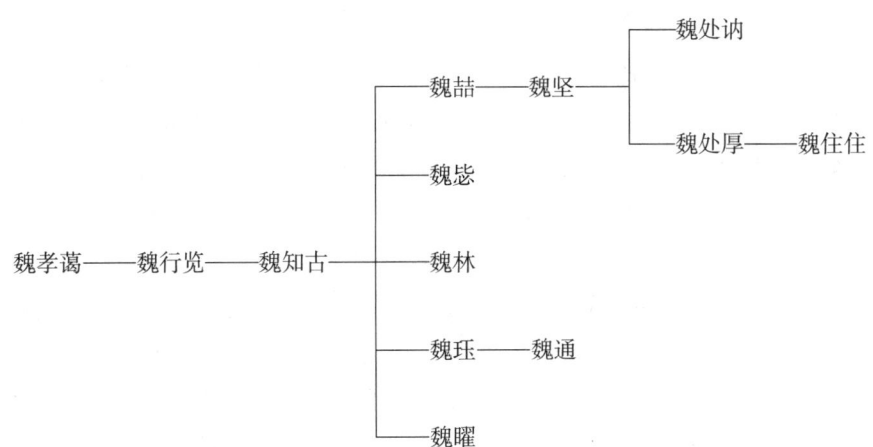

二 唐代巨鹿魏氏鹿城房之仕宦

中古时代,士族十分重视婚、宦二端。婚姻构成士庶之别的重要内容。婚媾

---

① 吴纲《全唐文补遗》(千唐志斋新藏专辑),《唐故钜鹿魏府君(处厚)墓志铭》,三秦出版社2006年,第358页。

失类,历来为士族之大忌。由于材料所限,巨鹿魏氏鹿城一房的婚姻状况难以详述,以下主要对其仕宦情况加以探讨。

前已提到,鹿城房的兴盛始自魏知古,此前仕宦不显。魏知古累任数朝,两度为相。由于魏知古官至相位,显赫一时,从而开启了鹿城房支的隆盛。开元初,在姚崇的影响下,唐玄宗置相尽量不轻易重用功臣[1]。魏知古为相短短一年即遭罢免。虽然罢相,但其政治影响力犹在,特别凭借门荫制度的保障,使诸子可以顺利踏上仕途,并在以后的升迁中相比寒门具有相当大的优势。前引《新唐书·宰相世系表》记载,魏知古诸子喆,延安太守;愍,阳安太守;林,朔州刺史;珏,鸿胪少卿;曜,赞善大夫。唐制,上州刺史从三品,中州,正四品下,下州,正四品下[2]。鸿胪少卿,从四品上。赞善大夫,为太子宫官,正五品上。可以看出,魏知古诸子纡组拖绅,或历台阁,或践藩岳,所任都为四、五品的高官。由此可见他们的仕宦是十分成功的。

《魏珏墓志》提供了墓主魏珏仕途的详细记录,为我们深入研究巨鹿魏氏鹿城房的仕宦情况提供了一个珍贵的个案。

墓志云,"开元初,以□□□□朝请郎、陕王府西阁祭酒。"朝请郎,唐制文散官二十九阶,朝请郎为正七品上。陕王,为玄宗第三子,即以后的肃宗李亨,初名嗣升,景云三年(712年)九月封为陕王。开元十五年(727年)正月,改封忠王。唐制"凡用荫一品子,正七品上,二品子,正七品下;三品子,从七品上"[3]。侍中,秩正三品,大历以后升为正二品。按照门荫制度,魏知古黄门监(即侍中),身居三品,其子应为从七品上。但魏知古先天二年(713年)累封梁国公,为从一品,故用荫为正七品上。魏珏门荫起家为朝请郎,与唐制是完全相合的。但朝请郎为散官,只是表示官阶,而陕王府西阁祭酒才是其实际职任。唐王府东西阁祭酒各一人,从七品上,掌礼贤良、导宾客[4]。

---

① 胡如雷《唐"开元之治"时期宰相政治探微》,《隋唐政治史论集》,河北教育出版社1997年,第297页。

② 《新唐书》卷四九下《百官志下》,第1317页。

③ 《新唐书》卷四五《选举志下》,第1172页。

④ 《新唐书》卷四九下《百官志下》,第1305页。

"丁侍中府君忧,服阕除陕王府□□参军,转庆王府文学。""侍中府君"即其父魏知古。魏知古,太极元年(712年)擢拜侍中,直至开元元年(713年)。开元三年(715年)去世时已罢为工部尚书,墓志所云"侍中"乃书其旧职,也是其所任最高职位。李唐规定为父母服丧者,除皇帝、皇后外,一律实行三年之丧。皇帝对某些官员亦有夺情起复之制,但多限于高官显宦,以魏珏当时地位,不可能享受此优遇。以此推断,他终服应在开元六年(718年)。"庆王"即玄宗长子嗣直。景云元年(710年)九月,封许昌郡王。先天元年(712年)八月,进封郏王。开元十三年(725年)三月,改名潭,徙封庆王,天宝十一载(752年)去世①。唐亲王府置有兵曹、骑曹、法曹、士曹等参军,秩正七品上。文学,从六品上。以此推算,即使魏珏在庆王府初开时就已转任庆王府文学,从开元六年至开元十三年,他担任陕王府□□参军,已达七年之久。以宰相之胄,七年时间,仅仅升了两阶,实在说不上迅捷。但联系到初仕时魏珏不过是一个年仅七岁的孺童,开元十三年时也不过只有十九岁。年未弱冠,便已经官居六品,相比皓首穷经,终老未及一第的寒士来说,又何异天壤?

但不久魏珏仕途遭受了挫折。墓志云"方期右职,何乃左迁",左迁的原因不详。以后魏珏历任婺州金华县令、太原府□□□令、上党郡大都督府司马等职。唐代县令,根据所在县的等级,品级有所不同,其中京县令,正五品上;畿县令,正六品上;上县,从六品上;中县以下县令为七品。婺州,唐属江南东道,金华为其州治,等级为望,其县令不过为六品。所任太原府的县名,由于碑文磨泐,难以识读,但不管何县,至多也不过为六品。正如墓志所云"子男之位犹屈"。上党郡,即潞州,贞观八年(634年),置大都督府。十年,又改为都督府。开元十七年(729年),以玄宗曾历职此州,置大都督府。天宝元年(742年),改为上党郡。唐制,大都督府司马二人,从四品下。

在安史之乱前,魏珏迁鸿胪、光禄寺少卿。鸿胪寺、光禄寺为唐代九寺之一,少卿为诸寺之副贰,均为从四品上。鸿胪少卿,掌宾客及凶仪之事;光禄少卿,掌酒礼膳羞之政。史书中只云魏珏任鸿胪少卿,而墓志中魏珏则提供了其

---

① 《旧唐书》卷八《玄宗纪》;《旧唐书》卷一〇七《玄宗诸子传》。关于徙封庆王的时间,《旧唐书》卷一〇七《玄宗诸子传》云为开元三年,误。

详细的仕历,弥补了史书记载的不足。尤其可贵的是,提供了其在安史之乱中投降叛军,担任伪职的史实。

安史之乱爆发后,唐代官员上至原宰辅(如陈希烈),下至胥吏,担任伪职的并不罕见。碑刻中对此也多有反映,但相当多的碑刻对经历或讳而不书,或隐约其辞,多方回护。而此碑成于安史之乱中,撰者魏凌也任职于燕政权,不仅奉燕之正朔,而且对安史叛军极尽赞美之能事,例如"大燕勃兴",对墓主变节,担任伪职的事迹,并不以为耻,反以为荣,所书甚详。这也正是其独特价值所在。

唐天宝十五载(755年)六月,长安失陷。身为鸿胪少卿的魏珏在城陷后投降了叛军,被任为河南府少尹,并死于任上。魏珏凭借父荫,早早便已踏入仕途,但升迁并不迅速,宦途的迟滞失意,不免使其心存怏怏。墓志中称其"子男之位犹屈","望在台衡,迟回来猷"。这可能是促使他投降叛军的一个重要原因。唐代西都长安、东都洛阳、北都太原等置府尹一人,从三品,同时置少尹二人,从四品下。"掌贰府州之事,岁终则更次入计"①。但令魏珏始料不及的是,投降叛军后,不仅没有升迁,相反由从四品上降为了从四品下,还降了一级。虽然撰者魏凌在碑文中用"舍过宥罪"以讳饰之,但仍难掩魏珏在叛军中不被重视的尴尬处境。

魏珏墓志没有提到其子魏通的官职,很可能是白身。魏喆之子魏坚,所任不过为郑州新郑县令。再到下一代的魏处厚、魏处讷时已经全无冠冕,没有任何官职了。直至唐文宗大和二年(828年),为了不使名臣之后湮没无闻,才追录魏知古之功,授处讷以湘阳尉,也不过为九品之末吏。这说明唐代鹿城房到了第三代,即魏知古的孙辈已经完全沦落了。"君子之泽,三世而斩",在中国古代官僚制社会一般官僚家庭很少能维持三世以上。魏氏家族也不例外。其衰落既有时代原因,也有其自身的原因。

门阀士族经过东晋、南北朝时的全盛时期,到隋唐五代时期已经处于衰落阶段。它们已经不能再像魏晋南北朝时期那样世袭为官,"平流进取,坐至公卿",再不能借助九品中正制,操纵选举,基本上失去了政治上和经济上的特

---

① 《新唐书》卷四九下《百官志四》,第1312页。

权。唐中后期后,科举成为士人晋身之正途,越来越为时人所重。受社会上崇尚科举,尤其是进士科风气的影响,乃至不少人自愿放弃资荫而参加科举。"簪绂望之继世",科举成为延续和繁盛家门的重要手段。破败沦落的旧家亦赖此重振家门。以著名的山东士族而论,经过隋唐之际的沉寂后,借助科举制度的杠杆又迅速跻身于政治舞台,成为政治上一股举足轻重的力量。参以史籍和碑刻材料及清人徐松所辑《登科记考》,魏知古后其子孙,几乎无一人科举及第。仅靠祖宗的余泽,在科举制日益盛行的社会中,维持基业尚有不足,更何谈光大门楣? 其家族衰落也自在情理之中。

另外,魏珏变节降敌,虽然暂时保全了家族,但在道义上为正统士大夫所不齿。按照一般惯例,古人以官位称呼某人时,多以最后或最高职位称之。邓名世之所以不称魏珏河南府少尹,而称唐之所授鸿胪少卿。在宋人眼里,安、史为叛逆,燕政权当然也为僭伪,是不予以承认的。随着叛军的失败,魏氏家族的命运也由此走了下坡路。唐廷在收复两京后,对曾担任伪职者,例从贬降,魏珏虽然死在其前,但变节降敌的污点对其家族不可能不产生影响。

三 唐代巨鹿魏氏鹿城房之迁徙

魏晋以来,门阀士族离开家乡,到中央任职,或任职于郡县,族人仍大量居住在原籍。官员致仕后往往回归故里。毛汉光先生将这种在城市与乡村皆有基业的家族称为"双家形态"。这样的家族地位比较为稳固,有较大的回旋余地,进可发展,退可固守,较少受到改朝换代及时局动荡的影响。隋唐时期,尤其在隋和唐初,门阀士族的"双家形态",仍不同程度的存在。中国作为传统的农业国家素有安土重迁的传统,又有"父母在不远游"的古训。但由于仕宦、战乱、自然灾害等原因,人口仍在不断流动。山东士族在北朝末期已经有许多家族离开原籍,迁徙到外地,形成诸多新贯。隋时海内一统,废除九品中正制,废除了州郡长官自行辟属僚佐的权力,士族失去了在州郡把持僚佐之职的机会。在科举制度下,人口流动更加频繁,"士居乡土,百无一二,因缘官族,所在耕筑,地望系百年之外,而身皆东西南北之人"①。长安和洛阳作为唐代的政治和文化中心,有较多的仕进和受教育机会,很自然地成为众多士子的理想居住之地。刘秩言当时"里闾无豪族,井邑无衣冠,人不土著,萃处京畿"②。李栖筠在一奏文中亦言"豪姓多徙贯京兆、河南"③。大量士族离开原籍,聚集两京,毛汉光先生将其称之为"士族的中央化"。迁徙过程经历了很长的时间,从北朝开始几乎贯穿唐代的始终,但最大的迁徙风潮是在高宗、武后及玄宗时期,到安史之乱前基本完成。

以巨鹿魏氏的鹿城房而论,魏知古的父亲魏行览仍生活在原籍,死后也葬在了那里。雍正《畿辅通志》卷四十八《深州》云"魏府君墓,在州东南十里。《旧志》魏知古父名行览,赠河阳令,葬于此。知古有志铭。"魏知古开元二年(714年)罢为工部尚书,次年去世。从其为父撰写墓志铭来看,其显达后与祖籍仍是有联系的。由于迄今魏知古的墓志铭尚未发现,不知其死后葬于何地。魏珪墓志提供了其由于仕宦因素导致的迁徙记录。

所仕地区大致可以表示为下图:

长安——婺州金华县——太原府□□□——上党郡——长安——河南府

以上地区涉及关内道、河南道、河东道、江南东道,足迹所及,从南到北遍及半个中国。魏珪于大燕顺天二年(760年)去世于洛阳仁风里私第,"安厝于洛阳故城东首阳原,礼也"。"安厝"即停灵或浅埋,等待埋葬。以此来看,似乎洛阳故城东首阳原也并非最终葬地。但根据上揭魏处厚墓志,墓主大和八年(834年)九月卒于履信里私第。按,履信里位于洛阳长夏门之东第四街④。他以其年十一月"归祔偃师县亳邑乡首阳原大父茔之右"。其昆仲四人先他去世,也都"祔葬先茔"。大父,即其祖父魏喆。既然魏喆和魏珪兄弟都葬于洛阳首阳原,很可能其父魏知古也葬于此,此处即为魏氏先茔所在地。故魏珪墓志在叙述其葬于洛阳故城东首阳原时,称其为"礼也",即祔葬于父墓之旁是合乎礼的。如果

---

① 《全唐文》卷三六八贾至《议杨绾条奏贡举疏》,第3736页。
② (唐)杜佑撰《通典》卷一七《选举五》,又见于《全唐文》卷三七二《选举论》,第3786页。
③ 《新唐书》卷一四六《李栖筠传》,第4736页。
④ 余扶危、张剑《洛阳出土墓志卒葬地资料汇编》,北京图书馆出版社2002年。

此推断成立的话,魏知古时卢城魏氏已经由于仕宦的原因,已经由鹿城迁至洛阳,并著籍于此。洛阳成为鹿城魏氏的一个新贯。

鹿城魏氏的籍贯迁徙,是唐代士族门阀"中央化"的一个缩影,在向洛阳迁徙的过程中,由于不再葬于祖茔,从而与原籍逐渐疏离。特别是安史之乱后,河北地区陷入割据,其与原籍的联系更受到影响。以后巨鹿魏氏的郡望虽然仍在使用,但日益成为一个符号。

巨鹿郡望姓氏浅谈

宋　坤

"郡望"是中华姓氏文化的重要内涵,是区分同一姓氏不同地域和识别亲疏的主要依据,也是寻根问祖,追源溯流的基本线索。"郡"为宋之前行政区划单位,"望"指名门望族,"郡望"连用,即表示某一行政区域范围内的名门大族。名门望族以郡望自高现象的出现与始于西汉、盛于魏晋南北朝的门阀制度密切相关。在门阀制度下,不仅士庶界限十分严格,而且不同姓氏也有高低贵贱之分,甚至在同一姓氏的士族集团中不同郡望、堂号的宗族也有贵贱、尊卑之分。唐代柳芳《氏族论》中曾对此作过详细论述:在南北朝时,"过江则为侨姓",王、谢、袁、萧为大;东南则为"吴姓",朱、张、顾、陆为大;山东则为"郡姓",王、崔、卢、李、郑为大;关中亦为"郡姓",韦、裴、柳、薛、杨、杜首之;代北则为"虏姓",元、长孙、宇文、于、陆、源、窦首之。隋唐时期实行开科取士,任选官吏不全论出身,世家大族逐渐失去了政治特权,随之产生了一大批新的宗室亲贵和功臣元勋,即新的士族集团。但长期以来以姓氏、郡望标明出身门第贵贱和社会地位的影响,导致以郡望标注姓氏的习俗,仍然十分盛行。清人王士禛《池北偶谈》云:"唐人好标望族,如王则太原,郑则荥阳,李则陇西、赞皇,杜则京兆,梁则安定,张则河东、清河,崔则博陵之类,虽传志之文亦然。"[①]到宋代,郡的行政区划已经取消,但"郡望"作为专指某些地域某一名门望族的习惯用语,却保留了下来,并在相当长的时间内沿用不衰,例如宋代《百家姓》刻本,在每个姓氏

【作者简介】宋坤(1983年—),男,河北师范大学历史文化学院2007级硕士研究生,主要从事唐宋出土文献研究。

① （清）王士禛《池北偶谈》卷二二《谈异三》,中华书局1982年,第540页。

前面注明了"郡望",宋人刘攽之籍贯在临川新喻(治今江西新余),但其两种著作分别题为《彭城集》和《中山诗话》,这里,彭城和中山均为刘氏郡望。明清时人也不乏标识郡望之例。如明代郑真本是浙江鄞县人,其别集却题为《荥阳外史集》,荥阳者,郑氏郡望也。清代薛雪,苏州人,却自题郡望曰"河东"。可见"郡望"观念影响之深远。本文即拟对以巨鹿为郡望的几个姓氏进行简单梳理,有不妥及疏漏之处,还望各位方家指正。

一

巨鹿之历史沿革,据光绪《钜鹿县志》载:周属邢国,春秋属卫,战国属赵,秦并六国分天下为三十六郡,巨鹿为其一。西汉沿之为巨鹿郡,新莽分一和戎郡,东汉复为巨鹿郡。三国属魏,仍为巨鹿郡。晋初废,石赵复置,北齐废。隋大业初仍改巨鹿,属襄国郡。唐代巨鹿郡即为邢州,天宝元年改邢州为巨鹿郡。宋属信德府,之后未再称郡①。古代曾以"巨鹿"为郡望之姓氏②,主要有以下几个:

1.魏　姓

魏姓姓源主要有四:

其一,出自姬姓,为周文王裔孙毕万之后。据《史记·魏世家》《元和姓纂》《通志·氏族略》等有关资料所载,周文王第十五代孙毕公高受封于毕,其孙毕万在毕国被西戎攻灭后,投奔到晋国,成为大夫。因功,被赐魏地为邑,其后子孙以邑为氏,称为魏氏。此为魏姓最重要一支,史称魏姓正宗。

其二,出自芈姓,为颛顼帝的后裔魏冉之后,后改姓魏。魏冉,亦作魏厓,即穰侯,战国时秦国大臣。据《史记》载:"穰侯魏厓者,秦昭王母宣太后弟也。其先

---

① （清）凌燮修《钜鹿县志》卷一《地舆志》,《中国方志丛书》华北地方,成文出版社有限公司1976年,第516号第82—84页。

② 本文所指之巨鹿,主要是作为"郡"一级行政区划来讲,非指今之巨鹿县。秦始皇二十五年(前222年)置郡,治所在巨鹿(今河北省平乡西南),辖区相当于今河北省白洋淀、文安洼以南,南运河以西,高阳、宁晋任县以东,平乡、威县以北,山东省德州、高唐,河北省馆陶之间地。汉代至北魏因袭沿用。汉后大致相当于今河北省平乡以北及晋县一带。

楚人，姓芈氏。"①后改姓魏。

其三，出自外姓改姓，主要有南宋蒲江人魏了翁，庆元进士，本高氏，后改姓魏；明代昆山人唯校，其先世本李姓，弘治进士，后改姓魏。

其四，出自少数民族改汉姓或为少数民族固有之姓，主要有满族倭彻赫氏、佤族斯内氏及鄂伦春族魏拉依尔氏改汉姓为魏，土家族、蒙古族、彝族、回族、朝鲜族等均有魏姓者。

以巨鹿为郡望之魏姓，出自毕万一支，始祖为西汉曲阳侯、巨鹿太守魏歆。《新唐书·宰相世系表》在简述魏系从毕万至昭王生公子无忌后，接言："孙无知，汉高梁侯。生均。均生恢，恢二子：伯纶、彦。彦字叔纶，张掖太守。生歆，字子胡，巨鹿太守，初居下曲阳。二子：愉、悦。愉字修长，侍中……"②因此，魏歆为巨鹿魏氏之始祖，巨鹿从此发展成魏姓历史上最著名的大郡望地。另据《元和姓纂》载："曲阳侯、汉钜鹿太守魏歆，居钜鹿，五代孙庆，汉封北海公。宣孙纯。纯长子俦为东祖，次子植为西祖也。"③东祖支属传钜鹿县侯魏兰根，而西祖支属传北齐史学家魏收（系魏徵的族兄）。也就是说，唐朝名相魏徵（580—643年）就出于巨鹿魏氏。魏姓郡望因巨鹿为最望，故多以"钜鹿堂"为其堂号。

2.廖　姓

廖姓姓源较多，主要有六：

其一，出自己姓。据《左传》昭公二十九年及《风俗通》所载，颛顼帝后裔叔安夏朝受封于飂（古廖字）国（又作蓼国，今河南唐河县南），故称飂叔安，其子孙以国为氏。

其二，出自姬姓。据《广韵》及《姓氏考略》所载，周文王之子伯廖受封于廖，子孙有以封邑为氏者。

其三，出自偃姓。《潜夫论》云："皋陶庭坚之后，封于蓼（今河南固始县），子孙以国为氏。"皋陶，一作咎繇，传说中东夷族首领，偃姓。

其四，出自张姓。据《廖氏大宗谱》所载，明代福建人张元入赘廖家，改姓

---

① （汉）司马迁撰《史记》卷七二《穰侯列传》，中华书局1959年，第2323页。
② （宋）欧阳修、宋祁撰《新唐书》卷七二《宰相世系表》，中华书局1975年，第2655页。
③ （唐）林宝撰，岑仲勉校记《元和姓纂（附四校记）》卷八《八未》，中华书局1994年，第1191页。

廖，其子孙遂为廖姓。

其五，出自缪、颜二姓。据《小溪廖姓祖祠房谱廖姓考源》载，商末殷纣王执政时，缪、颜二姓有隐居于黄河西北（今陕西与山西交界处黄河段），改姓为廖。

其六，出自赐姓或其他少数民族有廖姓。清乾隆二十三年赐台湾土著七姓，其一为廖。仫佬族、瑶族、水族、苗族等均有廖姓。

廖氏一族最大的郡望为"汝南郡"，因为其早期主要是在今河南南部的蔡、平舆、汝南等县发展繁衍，因这一带西汉初属汝南郡，故廖氏族人皆称"先世居汝南"，并以"汝南"为堂号。秦汉之际，河南廖姓始有迁往周边地区者，此时，廖氏巨鹿郡望兴起。巨鹿廖氏出自伯廖一支，始祖即为伯廖。据《楚西廖氏直系考》载，伯廖后裔世系为：伯廖——廖辰——廖周——廖质——廖华——廖翰震——廖栋梁——廖锦飞——廖高轩——廖济——廖宣犹——廖凯虑——廖敏——廖廷——廖元化——廖海——廖科——廖联——廖礼——廖桂——廖湛——廖斌——廖辅佐——廖霖——廖象——廖英——廖裕——廖鉴——廖级——廖芝兰——廖凤阳——廖渊。伯廖后裔传至第三十一世廖渊，已为西晋晚期（300年前后）。另据扶间《廖氏族谱》载，其先也出自巨鹿，元朝至正年间，衡一公始迁扶间定居，自是子孙繁衍。明清两代，曾考获进士举人多名，并出仕为官。

3. 时　姓

时姓姓源有五：

其一，出自春秋时楚大夫申叔时之后。据《姓氏考略》载：申叔时之后，为别他族，以王父字为氏，并尊申叔时为时姓得姓始祖。

其二，出自子姓，商微子启之后。据《世本》所载，周封微子启于宋，春秋时宋国大夫来，受封于时邑，子孙以邑为氏。

其三，出自嬴姓。据《路史》载，古有时国，灭于楚，子孙以国为氏。

其四，以先人名字为姓。据《通志·氏族略》载，战国时"齐有贤人时子著书，见《孟子》"[1]。其后有以其名中之时为姓。

其五，出自少数民族。满族、苗族等民族均有此姓。

---

[1] （宋）郑樵撰《通志》卷二九《氏族略·平声》，中华书局1987年。

时姓郡望主要有二,一为陇西郡,一为巨鹿郡。陇西郡时氏始祖为时桂,三国时期时桂之十五世孙时浒,从陇西郡洮河之边迁往巨鹿,开创时氏巨鹿郡望及"巨鹿堂"堂号。其子时苗为安徽寿春县令,为官清廉,蒙学类读物《蒙求》《龙文鞭影》《幼学琼林》中均有"时苗留犊"之典故。所以,时苗之后人为了纪念时苗,形成了现在的留牛堂和寿春堂等堂号。唐晚期时苗第二十三世孙时兴邦,从巨鹿迁往江苏徐州彭城,官任江苏徐州牧。时兴邦生有两子:时永待、时永清。时永清生一子名叫时溥(时起达),唐末期出任徐州节度使、封巨鹿郡王。

4.莫 姓

莫姓姓源较杂,主要有六:

其一,出自高阳氏,颛顼之后。据《三郡记》和《姓氏考略》载,颛顼造"鄚阳城",其支庶子孙有定居鄚阳城者,后人去邑为莫,以地名为姓。鄚阳城故地在今河北省任丘县鄚州镇,古巨鹿郡地。

其二,出自芈姓,以官名为姓。据《广韵》载,春秋时,楚国有莫敖之职,其后世子孙以官职命氏,称莫姓。

其三,据《通志·氏族略》文,莫即幕省文,望出巨鹿、江陵。

其四,北魏时蠕蠕族有莫姓,另据《魏书·官氏志》载,南北朝时期,北魏少数民族邢莫氏、莫那娄氏改姓莫。

其五,唐五代时期之党项人,也有姓莫氏者。

其六,少数民族姓氏,壮族、布依族、侗族、瑶族均有以莫为姓者,另北方满族人那莫氏,其汉姓也有改单姓莫为姓的。

由以上所述莫姓姓源可知,莫姓主源两支:一支发源于今河北省任丘、平乡一带,即古巨鹿郡地;一支发源于古时的楚国。魏晋南北朝时,几支来华定居的外族,例如北魏邢莫氏、莫那娄氏改姓莫,使北方莫姓家族日益庞大起来,原本在古巨鹿郡地就已很是兴旺的莫姓家族得此新鲜血液的注入,自然兴盛为莫姓河间郡望、巨鹿郡望。南方的江陵郡古为楚国腹地,一直以来为莫姓世居之地,在此际愈加昌盛,形成莫姓江陵郡望。由此可知,巨鹿莫姓族源有二:一为高阳氏颛顼之后,一为北魏少数民族改姓。史籍中关于莫姓望出巨鹿的记载主要有:《郡望百家姓》云:"莫氏望出钜鹿郡。"《通志·氏族略》云:"望出钜鹿、江陵郡。"

5. 毋 姓

毋姓姓源主要有六：

其一，出自伊祁氏。据《偃师姓氏源流》载尧属下臣子句，善音律，发明乐器"磬"，尧封其于毋邑（今四川蓬安），因称毋句。其后裔子孙中，有以先祖名字为姓氏者，称毋氏、句氏。现今毋氏族人大多尊奉毋句为得姓始祖。

其二，出自田姓。《姓氏考略》云：毋姓源出田氏。《百家姓考略》则云："毋，系出田氏，齐宣王封弟于毋丘（今山东东平一带），以绍胡氏之祀，赐姓胡毋氏，其后分三姓，一曰胡毋，一曰毋丘，一曰毋氏。"后来，胡毋氏、毋丘氏也大多省文简改为单姓毋氏，世代相传至今。

其三，源于姬姓，出自春秋时期鲁国大夫兹毋还。兹毋还，即鲁桓公姬允（姬轨）之孙公孙兹，字毋还，史称兹毋还。其后分三姓：一曰兹氏，一曰兹毋氏，一曰毋氏。后兹毋氏也有省文简改为单姓毋氏者，皆世代相传至今。

其四，源于姚姓，出自战国时期周王室大夫綦毋子。据《元和姓纂》《通志·氏族略》《姓解》等记载，战国时期有綦毋子，其后裔子孙有称綦毋氏者，再后有省文简改为单姓毋氏、綦氏者。

其五，源于复姓，由毋盐、毋车、毋将、毋楼、毋终、毋知等复姓省文简化而成。毋盐氏，即无盐氏，为齐国无盐邑大夫之后。毋车氏，因其无车而为姓。毋楼氏，出自古牟夷国，莒国公子封于无楼而得姓。毋将氏，则取"人臣毋将，将则必诛"之言而为姓。见《广韵》《汉书》《通志·氏族略》《左传》等。另，古代有毋终氏、毋知氏等诸姓氏，其后裔子孙中皆有省文简化为单姓毋氏者。

其六，源于官位，出自新莽时期勇士巨毋霸，属于帝王赐改姓为氏。《汉书》载："有巨毋霸，王莽改为巨毋氏。"其后裔有省文为毋氏者。

以巨鹿为郡望之毋姓世系，史籍未载，在《郡望百家姓》里，毋姓前标郡望"钜鹿"。《通志·氏族略》"毋姓"条云："毋氏，毋邱氏或为毋氏。唐开元补阙毋景，洛阳人，一云吴人。宋朝毋湜，直龙图阁。又毋随，登科。望出平昌、钜鹿。"另，古代毋通"母"，《氏族大全》卷十六载："母，钜鹿母。"

6. 牟 姓

牟姓姓源有四：

其一，以国名为氏。据《姓氏考略》《元和姓纂》及《风俗通》所载，牟国（故城在今山东省莱芜东二十里)为周时子国,相传为祝融之裔,春秋末灭国,其后以国名为姓,称牟氏。

其二,以封地为氏。据《后汉书·儒林列传》所载,牟长其先封牟,牟长以封地为氏。

其三,李姓改随母姓。湖北省公安县牟姓一支本随父姓"李",名李八真,其夫人牟氏育有四子:原诚、原谅、回祖、么祖。为了避祸,除原谅姓李外,其他兄弟三人改姓牟。

其四,少数民族姓氏。彝族、土家族、朝鲜族、哈尼族等均有牟姓。

以巨鹿为郡望之牟姓世系,史籍无载。关于牟姓郡望,宋邓名世《古今姓氏书辩证》只载:"望出荥阳。"而据《郡望百家姓》和《姓氏考略》所载,牟姓郡望有三:巨鹿郡、平阳郡、荥阳郡,这表明至隋唐之际,在今河北巨鹿、山西临汾、河南荥阳一带,牟姓已为当地名门望族,而且人口繁衍兴盛,社会地位尊贵。

7.舒　姓

舒姓姓源有六:

其一,源于姬姓,皋陶之后,以国为氏。周武王分封皋陶后裔于今江淮一带,建有舒、舒庸、舒蓼、舒鸠、舒龙、舒鲍、舒龚等小国,史称"群舒"。群舒后陆续被灭,其公族后代以原国名为姓氏,称舒氏,史称舒氏正宗。舒氏族人大多尊奉皋陶为得姓始祖。

其二,源于己姓,出自春秋战国时期的莒国寿舒,以邑为氏。《史记·楚世家》载:"简王元年,北伐灭莒。"①莒国被灭之后,寿舒及其周边国民有以居邑名称为姓氏者,称寿舒氏、蒲侯氏等,后省文简化为单姓舒氏、寿氏、蒲氏、侯氏等。

其三,出自任姓。《潜夫论》载:"系出任氏,黄帝后。"《左传正义》云:"太昊后,谢、章、薛、舒、吕、祝、佟、泉、毕、过,此十国皆任姓也。"

其四,源于蒙古族,汉化改姓为氏。《清朝通志·氏族略·蒙古八旗姓》载:蒙古族舒穆尔氏、舒穆禄氏,清中叶以后多冠汉姓为舒氏。

其五,源于满族,汉化改姓为氏。《清朝通志·氏族略·满洲八旗姓》《八旗通

---

① 《史记》卷四〇《楚世家》,第1719页。

志》》载:满族秋舒哩氏,清中叶后多冠汉姓为舒氏、秋氏。书玛哩氏,亦称石马拉氏,清中叶后多冠汉姓为舒氏、石氏。舒佳氏,清中叶后多冠汉姓为舒氏。舒禄氏,清中叶后多冠汉姓为舒氏、苏氏、徐氏等。舒尔都氏,清中叶后多冠汉姓为舒氏。

其六,源于其他少数民族,今土家族、彝族、傣族、侗族等少数民族中,均有舒氏。

据《中华民族姓氏渊源略考》载:北方舒姓最先兴起之郡望为京兆郡,北方各地的舒姓大多源自京兆郡。三国时,陈留人舒燮播迁江南。两晋南北朝时,由于社会动荡,避居江南之舒姓渐多,并与原居于南方的舒姓相融合,使舒姓又开始成为南方大姓之一。此际,北方舒姓的巨鹿郡望也已形成。《通志·氏族略》曾载:舒姓"望出钜鹿"。《尚友录》云:舒姓"望出钜鹿、庐江"。《姓氏考略》云:"舒子之后,楚灭之,以国为姓。望出钜鹿。"关于以巨鹿为郡望之舒姓世系则未见记载。

8.毛 姓

毛姓姓源有三:

其一,出自姬姓,以国为氏。据《广韵》载:西周初年,周文王庶子叔郑受封于毛国(在今陕西省岐县、扶风一带),世称毛公,其后有毛氏。

其二,出自姬姓,以邑为氏。据《通志、氏族略》载:周文王之子聃(一作明)受封于毛邑(在今河南省宜阳一带),世称伯聃(一作伯明),其后以邑名"毛"为氏。

其三,少数民族姓氏。南北朝时有代北少数民族,世代为酋长,亦称毛氏。

关于毛姓以巨鹿为郡望之记载见于《姓氏考略》,其书云:毛氏"望出西河、钜鹿郡,共二望。"

9.孟 姓

孟姓源自姬姓,出自两支:

其一,发源于春秋鲁国公族。鲁国开国君主为周武王弟周公旦之长子伯禽,此支孟氏得姓始祖为鲁桓公的庶子庆父,其子孙改称孟孙氏。后来,孟孙氏又简化为孟氏。

其二,发源于春秋卫国公族。卫国开国君主为周武王少弟康叔,此支孟氏得姓始祖为卫灵公之兄孟絷,子孙以王父字为氏。

据《姓源韵谱》所载,孟姓郡望主要有洛阳、平陆县、东海郡、巨鹿郡、武康县、安平县、江夏郡等。

10.波　姓

波姓姓源有七:

其一,源于东夷族,出自夏、商、周王朝时期古河流波水,《水经注》载:"波水,出霍阳西川大岭东谷。"属于以居邑名称为氏。

其二,源于官位,出自西周时期萦雒吏。《周礼·夏官·职方氏》载:"其川萦雒,其浸波溠。"萦雒,即萦雒吏,亦称萦波吏、播吏,掌管水利之职,其后裔子孙中有以先祖官职称谓为姓氏者,称波氏、播氏、萦氏。

其三,源于禽名,出自沸波,《禽经》载:"王雎,鱼鹰也。《诗》谓之雎鸠,《淮南子》谓之沸波。"渔民后代中,有以"沸波"之名为姓氏者,称波氏。

其四,源于西南夷,属于以分宗称谓为氏。商末周初,在原居于四川地区的古蜀国住民中,称年长、辈分高、受民众尊敬者为"波",范成大《吴船录》中载:"蜀中称尊者为波,祖及外祖皆曰波。"因此有长支嫡系宗族或部落者,以"波"为姓氏,以别于庶支宗亲,多为傣族姓氏。

其五,源于官位,出自汉朝水工设施官员陂川吏,属于以官职称谓为氏。古代,"陂"通"波",尤其在水利方面,因此陂川吏,亦称波川吏,其后裔子孙中有以先祖官职称谓为姓氏者,称波氏。

其六,蒙古族改姓。《清朝通志·氏族略·蒙古八旗姓》载:蒙古族博尔济吉特氏,亦称博尔机锦氏、包结虑驼氏,清中叶以后多冠汉姓为波氏、包氏、鲍氏、博氏、李氏、陆氏、王氏、梁氏、尹氏、寇氏、奇氏等。

其七,满族改姓。《清朝通志·氏族略·附载满洲八旗姓》载:满族波罗军氏,亦称博尔津氏,清中叶以后有冠汉姓为波氏、巴氏、博氏、罗氏者。

关于波氏郡望仅见一条记载,《姓谱》注云:"其先事王莽,为波水将军,子孙以为氏。望出钜鹿。"

11.曹　姓

曹姓姓源主要有五:

其一,出自嬴姓,颛顼之后。《元和姓纂》载:"颛顼玄孙陆终第五子安为曹姓,周武王封之于邾,为楚所灭,遂复曹氏。"①

其二,出自姬姓,《元和姓纂》载:"周文王第十三子振铎封曹,亦为曹氏,为宋所灭,子孙以国为氏。"②

其三,胡祖曹姓,主要为匈奴及昭武九姓之曹姓。《晋书》记载有匈奴右贤王曹毂屯马兰山,又有貳城胡曹寅献马三千匹,以寅为镇北将军、并州刺史之记载。另魏晋南北朝时进入中原地区并留居的昭武九姓之曹国人,后依汉族人化习俗,以国名汉化为姓氏称曹氏。

其四,满族改姓。索佳氏改曹氏、索氏,鄂托氏,后改为曹氏。

其五,少数民族曹姓。蒙古族、藏族、瑶族、阿昌族、布朗族有曹姓者。

曹姓郡望主要有:谯郡、陈留郡、巨鹿郡、彭城郡、高平郡、巨野郡等。其中谯郡为曹姓第一郡望。巨鹿郡曹氏为三国时魏太尉曹洪之后。

二

以上十一个姓氏为史籍当中明确记载有以巨鹿为郡望者,另外有些姓氏虽史籍当中未载其"望出钜鹿",但是其中望族却有源出巨鹿者,还有姓氏之起源地为巨鹿者,此类姓氏主要有:

1.索 姓

索姓姓源有三:

其一,出自子姓,汤王之后,商殷七公族之一。据《元和姓纂》载,殷商有七姓公族,西周分封把殷商七族中的六族迁徙到鲁国,这六姓分别为:徐、条、萧、索、长勺和尾勺。

其二,他姓所改。南北朝时期,大批的胡人入居中原,其中昭武九姓中有索氏。清朝满族也有改姓索者。

其三,少数民族姓氏。今满族、藏族等民族均有索姓。

史籍记载索氏郡望有二:武成郡、武威郡。汉晋时期武威郡敦煌索氏家族

---

① 《元和姓纂(附四校记)》卷五《六豪》,第564页。
② 《元和姓纂(附四校记)》卷五《六豪》,第564页。

影响巨大,但其望称巨鹿。而这一时期索氏家族的一些人又西迁至高昌(今新疆吐鲁番盆地),形成一颇有影响之家族,称敦煌索氏高昌分支,在《吐鲁番出土文书》中共出现索氏人物四十五人次①。敦煌索氏高昌分支仍望称巨鹿。敦煌文书 p.2625 号《敦煌名族志》云:"汉武帝时,太中大夫索抚、丞相赵周直谏忤旨,徙边,以元鼎六年从巨鹿南和迁于敦煌。凡有二祖,号南索、北索。初,索抚在东,居巨鹿之北,号为北索。至王莽天凤三年,鸣开都尉索骏马复西敦煌,骏在东,居巨鹿之南,号为南索。莫知其长幼,咸累代官族。"可见敦煌索氏乃源自巨鹿。

2. 耿　姓

耿姓姓源有三:

其一,出自子姓。据《姓氏考略》《史记·殷本纪》等载,商时祖乙迁耿(故城在今河南温县东),盘庚自耿迁亳,留居耿者以邑为氏。

其二,出自姬姓。据《通志·氏族略》载,春秋耿国(一名耿乡城,故城在今山西河津东南),后亡于晋国,耿国子孙奔楚为大夫,以国为氏。

其三,出自他族或他族改姓。清高丽人姓,世居博川郡;清满族人姓,世居沈阳;裕固族各尔格兹氏汉姓为耿;羌族耿家志(房名),后改姓耿;今满族、蒙古族、土家族、锡伯族等均有此姓。

耿姓郡望史记记载有高阳、扶风、河东三郡。其中扶风茂陵耿氏最为显赫,东汉时耿况及其膝下六子:耿弇、耿舒、耿国、耿广、耿举、耿霸,在中兴汉室的战争中,个个军功显赫,而且其子孙后代,亦不遑多让,竟现于史。自光武中兴迄于汉末建安,此支家族出了大将军二人,将军九人,卿十三人,列侯十九人,娶皇家公主三人,嫁于皇家并贵为皇后一人,中郎将、抚羌校尉及刺史二千石数十百人。但是此支耿氏却是汉武帝时,迁徙郡国吏民豪杰到扶风茂陵,由巨鹿耿姓一支以二千石官吏身份迁于该地。因此,最为显赫之扶风茂陵耿氏源自巨鹿。

3. 柴　姓

柴姓姓源主要有四:

其一,源于姜姓,出自春秋齐文公十八世孙高柴,属于以先祖名字为氏。

---

① 郑炳林、杜斗城《高昌王国的民族和人口结构》,《西北民族研究》1988 年第 2 期。

《元和姓纂》记载:"柴,齐文公子高后,高孙奚以父字为氏。十代孙高柴,仲尼弟子,孙举,又以王父名为柴氏。汉有棘侯柴武、柴文,晋末为平阳太守。"①

其二,源于鲜卑族,出自东汉时期鲜卑吐谷浑部,汉化改姓为氏。在融合于汉族的原吐谷浑部族人中,有称阿柴氏、阿赀氏,后省文简化为单姓柴氏、赀氏,是为华北柴氏。

其三,蒙古族改姓。柴尔吉惕氏,明中叶后即冠汉姓为柴氏。

其四,满族改姓。《清朝通志·氏族略·满洲八旗姓》载:满族赛密呼氏,亦称塞蒲里氏,后多冠汉姓为柴氏、赛氏等。

据《郡望百家姓》云:"柴氏望出平阳郡。"又《姓氏考略》云:"望出汝阳。"未见有以巨鹿为郡望之记载,但柴氏"任城堂"一堂始祖柴诞却为巨鹿人。据《平乡县志》记载,柴村是西晋永嘉年间(307—313年)冀州刺史柴诞的故里。柴诞曾封"开国任城侯,随官爵土国,封广平"。死后葬于他的封地(今南和县)西任城村西。

4. 贝　姓

贝姓姓源有二:

其一,出自姬姓,以国命名,文王庶子姬奭之后召公康移封于蓟,其支庶子孙食采于浿水(今巨鹿),建立郥国,为燕国附庸,其子孙遂以国名郥为姓,后去邑为贝氏。

其二,以地名命姓。先秦时期,称贝丘之地,除了今河北省的清河与巨鹿以外,还有今山东省的博兴与临淄、江苏省的镇江、广东省的肇庆等地,皆古称浿水、浿丘等,其地住民多有以居地名称为姓氏者,称浿氏,后省文简化为贝氏。

由其姓源可见巨鹿为贝姓起源地之一,其郡望据《姓氏考略》与《郡望百家姓》载:"望出清河。"

总而言之,所谓"郡望",其最初含义是指一个郡中的望族。这些宗族世代聚族而居,人才辈出,冠盖连绵,门第高贵,家世显赫,为当地郡人所敬重和仰望,亦名闻天下,为世所称颂。魏晋南北朝时期,姓氏郡望为出仕为官之重要条

---

① 《元和姓纂(附四校记)》卷三,第329页。

件,而郡望也成为明贵贱之唯一标准。但是随着科举制的实行,门阀制度逐渐崩溃,以郡望明贵贱这一标准也逐渐被打破,郡望的另一个含义逐渐凸显,即指一个家族的根源和发源地。因此,当宋以后,郡作为一级行政区划已经消失的时候,郡望却能一直留在人们的记忆之中,成为各姓各族寻根的依据。

  现在人们还很重视自己姓氏的来历和郡望,特别是寓居异国他乡的华人,大都把自己的姓氏、郡望、家谱视为根本,常常以同姓、同郡望来联宗认亲。尤其近年来随着全球寻根热的兴起,海外炎黄子孙纷纷归国,寻根问祖。姓氏郡望成为他们追寻家世渊源,谒祖朝宗的重要依据。巨鹿郡为秦始皇所置三十六郡之一,历史悠久,期间名门望族辈出,以巨鹿为郡望之姓氏多达十几个。发掘利用好"姓氏郡望"这一传统的历史文化遗产,使其在弘扬地方文化,加快地方文化建设、团结海内外炎黄子孙,增强中华民族的凝聚力方面发挥巨大作用,具有非常重要的现实意义。

魏晋隋唐之际的巨鹿封爵

杜立晖

历代巨鹿封爵情况,是巨鹿历史文化研究的重要内容之一。我国古代的爵位制度虽然各个朝代略有不同,但基本都有郡级封爵与县级封爵,因此我国古代巨鹿封爵者,往往包括受封巨鹿郡爵位者,也包括受封巨鹿县爵位者,魏晋南北朝隋唐之际巨鹿封爵者尤多,因此笔者试就这段时期的封爵情况略作梳理,以期对巨鹿郡历史文化研究或大巨鹿历史文化研究有所裨益,不当之处敬请大家批评指正。

一 魏晋南北朝时期的巨鹿封爵

在魏晋南北朝时期的西晋、北魏、东魏、西魏、北齐、北周等朝代均有受封巨鹿爵位者,下面即对有关封爵情况略作梳理和考证。

(一)西晋时期

1.钜鹿郡公裴秀

《晋书》卷三五《裴秀传》载:"武帝既即王位,拜尚书令、右光禄大夫,与御史大夫王沉、卫将军贾充俱开府,加给事中。及帝受禅,加左光禄大夫,封钜鹿郡公,邑三千户"。

案:武帝即指西晋武帝司马炎。

【作者简介】杜立晖(1976年—),男,滨州学院黄河三角洲文化研究所讲师,主要从事黑水城文献研究。

2. 巨鹿公裴颁

《晋书》卷三《世祖武帝纪》载：咸宁元年"十二月丁亥,追尊宣帝庙曰高祖,景帝曰世宗,文帝曰太祖。是月大疫,洛阳死者太半。封裴颁为钜鹿公。"

案：裴颁,字逸民,为巨鹿郡公裴秀次子。

(二)北魏时期

1. 巨鹿王元阐

《魏书》卷一二《孝静帝纪》载：武定元年"三月……齐献武王讨黑獭,战于邙山,大破之,擒宝炬兄子临洮王森、蜀郡王荣宗、江夏王升、钜鹿王阐、谯郡王亮、骠骑大将军仪同三司太子詹事赵善、督将参僚等四百余人,俘斩六万余,甲仗、牛马不可胜数。"

案：巨鹿王阐为"宝炬兄子","宝炬"即元宝炬,据《魏书》卷一〇《敬宗孝庄帝纪》载：武泰三年"冬十月癸卯朔,封安南将军、大鸿胪卿元宝炬为南阳王",因此,巨鹿王阐当为"元阐"。

2. 巨鹿王元义兴

《魏书》卷一九下《南安王桢传》载："南安王桢,皇兴二年封,加征南大将军、中都大官,寻迁内都大官……有五子。子英,字虎儿……英五子。攸,字玄兴,东宫洗马。早卒,赠散骑侍郎。攸弟熙,字真兴……熙异母弟义兴……永安中,追封义兴燕郡王,邑五百户,寻改封钜鹿王,又改封武邑王。"

案：巨鹿王义兴为"南安王桢"之孙,因魏孝文帝迁都洛阳后,改本姓拓跋为"元",因此其姓当为"元"。

3. 巨鹿郡开国公于烈

《汉魏南北朝墓志汇编》中《魏故武卫将军正房将军怀荒镇大将恒州大中正于(景)公墓志铭》(孝昌二年十一月十四日)载："祖拔,尚书令新安公。父烈,车骑大将军领军将军太尉公钜鹿郡开国公。"《魏书》卷三一《于栗䃅传》载："于栗䃅,代人也……子洛拔,袭爵……长子烈,善射,少言,有不可犯之色……顺后既立,以世父之重,弥见优礼。八月,暴疾卒,时年六十五。世宗举哀于朝堂,给东园第一秘器,朝服一具,衣一袭,赐钱二百万,布五百匹。赠使持节、侍中、大将军、太尉公、雍州刺史。追封钜鹿郡开国公,增邑五百户,并前千户。"《北史》卷二三《于栗䃅传》载:"于栗䃅,代人也……子洛拔,有姿容,善应对……洛拔有六子……长子烈,善射,少言,有不可犯之色……顺后既立,以世父之重,弥见优礼。及卒,宣武举哀于朝堂,给东园第一秘器,赠太尉,封钜鹿郡公。"

案:据《魏书》《北史》所载,于烈为于栗䃅之孙,《魏书》载其被封为"钜鹿郡开国公",《北史》载其被封为"钜鹿郡公",又据《汉魏南北朝墓志汇编》所载可知,于烈所封爵位应为"钜鹿郡开国公"而非"钜鹿郡公"。

4.巨鹿郡公陆睿

《魏书》卷四〇《陆俟传》载:"陆俟,代人也。……睿字思弼。其母张氏,字黄龙,本恭宗宫人,以赐丽,生睿……(太和)十六年,降五等之爵。以丽勋著前朝,封睿钜鹿郡开国公,食邑三百户。"

案:陆睿为陆俟之后。

5.巨鹿公赵准

《魏书》卷二《太祖道武帝纪》载:天兴二年"三月己未,车驾至自北伐……中山太守仇儒亡匿赵郡,推群盗赵准为主,号使持节征西大将军,冀青二州牧、钜鹿公,仇儒为准长史,聚党扇惑。诏中领军长孙肥讨平之。"

案:据《北史》卷二〇《长孙肥传》载"时中山太守仇儒不乐内徙,亡匿赵郡,推赵准为主。妄造祅言云:'燕东倾,赵当续。欲知其名,淮水不足。'准喜而从之,自号钜鹿公,儒为长史"可知,赵准之"钜鹿公"为自号,非所赐封也。

6.巨鹿公长孙嵩

《魏书》卷二《太祖道武帝纪》载:天兴元年"夏四月壬戌,进遵封常山王,南安公元顺进封毗陵王,征虏将军历阳公穆崇为太尉,安南将军钜鹿公长孙嵩为司徒。"

7.巨鹿公刘洁

《魏书》卷四《世祖太武帝纪》载:"(延和五年)秋七月己巳,车驾至上郡属国城,大飨群臣,讲武马射。壬午,留辎重,分部诸军:抚军大将军、永昌王健,尚书令、钜鹿公刘洁诸军,与常山王素二道并进,为前锋;骠骑大将军、乐平王丕、太宰、阳平王杜超,督平凉、鄜城诸军为后继。"

8.巨鹿公李灵

《魏书》卷四八《高允传》载:"后允以老疾,频上表乞骸骨,诏不许……作

《征士颂》,盖止于应命者,其有命而不至,则阙焉。贤之行,举其梗概矣。今著之于左:中书侍郎、固安范阳伯卢玄子真……太常博士、钜鹿公赵郡李灵虎符。"

9.巨鹿公李恢

《魏书》卷四九《李灵传》载:"李灵,字虎符,赵郡人……子恢,袭子爵。高宗以恢师傅之子,拜员外散骑常侍、安西将军、长安镇副将,进爵为侯,假钜鹿公。皇兴元年,镇军大将军、东平王道符谋反,杀恢及雍州刺史鱼玄明、雍州别驾李允等。恢时年四十八。显祖愍之。追赠恢散骑常侍、镇西将军,定州刺史、钜鹿公,谥曰贞。"

案:李恢所封之"钜鹿公"爵,为其死后的赠封,与其他正常赐封有所不同。

10.巨鹿郡公陆士懋

《魏书》卷四〇《陆俟传》载:"陆俟,代人也……长子馛,多智,有父风……馛有六子,琇、凯知名……睿长子希道,字洪度……希道有六子……士懋,字符伟。天平中,以其曾祖丽有翼戴之勋,诏特复钜鹿郡开国公,邑三百户,令士懋袭。武定中,平东将军、营州刺史。"

案:通过《魏书》可见,陆士懋为"特复钜鹿郡开国公",似其祖陆丽即有此爵位。

11.巨鹿公穆泥干

《魏书》卷二七《穆崇传》载:"穆崇,代人也。其先世效节于神元、桓、穆之时……栗弟泥干,为羽林中郎,赐爵临安男。后稍历显职,除冀州刺史,假安南将军、钜鹿公。卒。"

案:穆泥干为穆崇之后世孙。

12.巨鹿公源贺

《册府元龟》卷一百三十《帝王部·延赏》载:"文成初,以李灵学优选授经及践阼为洛州刺史……钜鹿公源贺长子延,性谨厚,好学,以功臣子拜侍御中散,赐爵武城子,西治都将。"

案:"文成"即指北魏文成帝拓跋浚。

13.巨鹿侯贺悦

《魏书》卷八三《贺讷传》载:"贺讷,代人,太祖之元舅,献明后之兄也……讷从父弟悦。初,太祖之居贺兰部下,人情未甚附,唯悦举部随从。又密为太祖祈祷天神,请成大业,出于诚至。太祖嘉之,甚见宠待。后平中原,以功赐爵钜鹿侯,进爵北新公。卒。"

14.巨鹿子娄大拔

《北史》二〇《娄伏连传》载:"娄伏连,代人也,代为酋帅。伏连忠厚有器量,年十三,袭父位,领部落。道武初,从破贺兰部,又平中山。及征姚平于柴壁,以功赐爵安邑侯。明元时,为晋兵将军、并州刺史。太武即位,封广陵公,再迁光禄勋,进爵为王。后镇统万,薨,谥恭王。子真袭,降爵为公。真弟大拔,封钜鹿子。"

案:"道武"即为北魏道武帝拓跋珪,"明元"为北魏明元帝拓跋嗣,因此可知娄伏连生活于北魏前期,其孙娄大拔当为北魏时期人。

15.巨鹿县开国公孟季

《魏书》卷四四《孟威传》载:"孟威,字能重,河南洛阳人……威弟季,稍迁镇远将军、左中郎将、廷尉监。以本将军除广州刺史。预尔朱荣义举,封钜鹿县开国公,食邑一千户。除抚军将军、廷尉卿,转司农卿。出为平西将军、华州刺史。卒,赠车骑大将军、雍州刺史。"

16.巨鹿县侯魏兰根

《北齐书》卷二三《魏兰根传》:魏兰根"太昌初,除仪同三司,寻加开府,封钜鹿县侯,邑七百户……天平初,以病笃上表求还乡里。魏帝遣舍人石长宣就家劳问,犹以开府仪同,门施行马,归于本乡。二年卒,时年六十一"。

案:据《北齐书》卷二三《魏兰根传》可知,魏兰根受封巨鹿县侯的时间是在太昌初,而"太昌"为北魏孝武帝元修的年号,因此,宜将"钜鹿县侯魏兰根"归入北魏时期的巨鹿封爵。

(三)东魏时期

1.巨鹿县侯魏相如

《北齐书》卷二三《魏兰根传》:"(魏兰根)太昌初,除仪同三司,寻加开府,封钜鹿县侯,邑七百户……天平初,以病笃上表求还乡里。魏帝遣舍人石长宣就家劳问,犹以开府仪同,门施行马,归于本乡。二年卒,时年六十一……长子相如,秘书郎中。以建义勋,寻加将军。袭父爵,迁安东将军、殷州别驾,入为侍御史。武定三年卒。"

案：据《北齐书》可知，魏兰根卒于天平二年，"天平"为东魏孝敬帝元善见的年号，魏兰根其子魏相如当于魏兰根死后袭爵，同时，魏相如死于武定三年，"武定"亦为东魏孝敬帝元善见的年号，因此可见，魏相如获得巨鹿县侯的爵位当在东魏时期。

(四)西魏时期

1.巨鹿公窦照

《旧唐书》卷一八三《窦德明传》载："窦德明，太穆顺圣皇后兄之孙也。祖照，尚后魏文帝女义阳公主，封钜鹿公。"

案：窦德明之祖照，即窦照，曾"尚后魏文帝女义阳公主"，"后魏文帝"当指西魏文帝元宝炬，因此，宜将窦照封爵归入西魏时期。

(五)北齐时期

1.巨鹿郡公斛律光

《北史》卷五四《斛律金传》载："斛律金，字阿六敦，朔州敕勒部人也。高祖倍侯利，魏道武时内附，位大羽真，赐爵孟都公。祖幡地斤，殿中尚书。父那瓌，光禄大夫，赠司空。……金长子光，大将军……齐受禅，别封西安县子。皇建元年，进爵钜鹿郡公。时乐陵王百年为皇太子，求妃。孝昭以光世载醇谨，纳其长女为太子妃。历位太子太保、尚书令、司空、司徒。"

案："皇建"为北齐孝昭帝高演之年号，文中亦有"孝昭以光世载醇谨，纳其长女为太子妃"等语，因此可知，斛律光是在北齐时期受封巨鹿郡公爵位。

(六)北周时期

1.巨鹿郡公魏敷

《唐代墓志汇编续集》中《大唐故使持节泗州诸军事泗州刺史魏府君墓志铭并序》载："君讳伦，字□□。钜鹿鼓城人也。……曾祖荣，梁散骑常侍、黄门侍郎、宕渠太守；祖敷，周骠骑大将军、光禄大夫、仪同三司，荆州总管、钜鹿郡公"①。

案：据墓志所载，墓主人曾祖荣，为"梁散骑常侍"，而其祖敷，为"周骠骑大将军"，因此推测，此处之"周"，当为"北周"。

二 隋唐时期的巨鹿封爵

关于隋唐时期巨鹿封爵情况说明如下。

（一）隋朝时期

1. 巨鹿郡公贺娄子干

《隋书》卷二《高祖纪下》载：开皇十三年"七月戊申，靺鞨遣使贡方物。壬子，左卫大将军、云州总管、钜鹿郡公贺娄子干卒。"

2. 巨鹿公窦彦

《旧唐书》卷一八三《窦德明传》载："窦德明，太穆顺圣皇后兄之孙也。祖照，尚后魏文帝女义阳公主，封钜鹿公。父彦，袭父封，仕隋为西平郡守。"

案：窦照为巨鹿公，窦彦袭父封，即应为巨鹿公，且其仕隋为西平郡守，因此将其归入隋代。

3. 巨鹿郡公魏元凯

《唐代墓志汇编续集》中《大唐故使持节泗州诸军事泗州刺史魏府君墓志铭并序》载："君讳伦，字□□。钜鹿鼓城人也……父元凯，隋仪同、袭钜鹿郡公。"②

案：既然魏府君其父为"隋仪同"，又"袭钜鹿郡公"，因此宜将其父魏元凯归入隋代封爵。

4. 巨鹿郡公柴慎

《旧唐书》卷五八《柴绍传》载："柴绍字嗣昌，晋州临汾人也。祖烈，周骠骑大将军，历遂、梁二州刺史，封冠军县公。父慎，隋太子右内率，封钜鹿郡公。"

---

① 周绍良、赵超主编《唐代墓志汇编续集》，上海古籍出版社2001年，第103页。
② 《唐代墓志汇编续集》，第103页。

案：柴绍之父慎，即为"隋太子右内率"，又被"封钜鹿郡公"，因此推测柴慎所封爵位的时间应在隋朝。

(二)唐朝时期

1.巨鹿王李承义

《旧唐书》卷六四《隐太子建成传》载："建成死时年三十八。长子太原王承宗早卒。次子安陆王承道、河东王承德、武安王承训、汝南王承明、钜鹿王承义并坐诛。"

案：巨鹿王承义为隐太子建成之子，故为李姓。

2.巨鹿郡王时溥

《旧唐书》卷一八二《时溥传》载："时溥，彭城人，徐之牙将……及黄巢攻陈州，秦宗权据蔡州，与贼连结。徐、蔡相近，溥出师讨之，军锋益盛，每占屡捷。黄巢之败也，其将尚让以数千人降溥，后林言又斩黄巢首归徐州，时溥功居第一，诏授检校太尉、中书令、钜鹿郡王。"

3.巨鹿郡开国公魏少游

《全唐文》卷四一二《授京兆尹魏少游加御史大夫制》载："门下：肃清风欲，纠正朝廷，必求謇谔之才，式总纲纪之任。金紫光禄大夫行京兆尹上柱国钜鹿郡开国公魏少游，直方其行，简亮在躬，有玉壶之清澄，兼龙泉之断割。"

4.巨鹿郡公李晃

《旧唐书》卷六四《高祖二十二子传》载："江王元祥，高祖第二十子也……中兴初，元祥子钜鹿郡公晃子饮嗣江王。景龙四年，加银青光禄大夫，娶王仁皎女，至千牛将军，卒。"

5.巨鹿郡公管崇嗣

《唐会要》卷四五《功臣》载："鸿胪卿同正中军都知兵马使管崇嗣。封钜鹿郡公。实封二百户。"《全唐文》卷四十四《收复两京大赦文》亦载："开府仪同三司兼鸿胪卿同正员中军都知兵马副大使管崇嗣，能训戎律，以佐兵权，进封钜鹿郡公，实封二百户。"

6.巨鹿男窦德玄

《旧唐书》卷五《高宗纪上》载：麟德二年"五月辛卯，以秘阁郎中李淳风造历成,名《麟德历》,颁之。以司空、英国公李勣,少师、高阳郡公许敬宗,右相、嘉兴县子陆敦信,左相、钜鹿男窦德玄为检校封禅使"。

案:《唐会要》卷七《封禅》载"钜鹿男窦德元",据其所载:"麟德二年春正月壬午,幸东都。丁酉,幸合璧宫。甲子,以发向泰山,停选。五月,以司空英国公李勣,少师、高阳郡公许敬宗,右相、嘉兴县子陆敦信,左相、钜鹿男窦德元,为检校封禅使。"这段记载除了将"窦德玄"改为"窦德元"外,其他内容与《旧唐书》记载无异。另据《新唐书》卷三《高宗纪》载:"麟德元年……司列太常伯刘祥道兼右相,大司宪窦德玄为司元太常伯、检校左相。"《资治通鉴》卷一百一《唐纪十七》载:麟德元年八月"丁亥,以司列太常伯刘祥道兼右相,大司宪窦德玄为司元太常伯、检校左相"。《册府元龟》卷七十二《帝王部·命相第二》载:"麟德元年八月,以司列太常伯刘祥道为兼右相,大司宪窦德玄兼司元太常伯、检校左相。"可知,《唐会要》所载"钜鹿男窦德元"实为"钜鹿男窦德玄"之讹。

7.巨鹿男魏元同

《全唐文》卷一百六十八载:"魏元同,元同字和初,定州鼓城人。第进士。上元初,累拜吏部侍郎,永淳元年,诏与中书门下同承受进止平章事,封钜鹿男,宏道初,拜文昌左丞鸾台侍郎同凤阁鸾台三品,迁地官尚书检校纳言。河阳令周兴诬元同言太后老宜复皇嗣,后怒,赐死于家,年七十三。"

8.巨鹿县开国公魏知古

《全唐文》卷二百九十五徐锷《大宝积经述》载:"复有银青光禄大夫守侍中兼太子左庶子兼修国史上柱国钜鹿县开国公魏知古、兵部尚书上柱国郭元振、银青光禄大夫检校中书令上柱国范阳县开国男张说、银青光禄大夫行中书侍郎同中书门下三品监修国史上柱国兴平县开国侯陆象先等,朝践琐闼,夕游珠域。"

9.巨鹿县开国伯魏明

《全唐文》卷二百五十二《授魏明彭王府长史制》载:"敕:银青光禄大夫使持节建州诸军事行建州刺史钜鹿县开国伯魏明,才业可称,器能适用,恪勤彰于事任,绥缉着于公方。考绩有成,班资可进,宜从使局之请,俾践藩寮之职。可行彭王府长史,散官勋封如故。"

10.巨鹿县开国子柏贞节

《全唐文》卷四百十三《授柏贞节夔忠等州防御使制》载:"敕:开府仪同三司试太常卿使持节邛州诸军事兼邛州刺史御史中丞剑南防御使及邛南招讨使上柱国钜鹿县开国子柏贞节,雅有器干,深于戎律,蕴三略以经武,秉一心而事君。"

11.巨鹿县开国男魏扶

《旧唐书》卷一八下《宣宗纪下》载:元和三年"四月……正议大夫、行兵部侍郎、判户部事、上柱国、钜鹿县开国男、食邑五百户、赐紫金鱼袋魏扶可本官、平章事。"

12.巨鹿县男魏徵

《旧唐书》卷七一《魏徵传》载:"徵见太宗勋业日隆,每劝建成早为之所。及败,太宗使召之,谓曰:'汝离间我兄弟,何也?'徵曰:'皇太子若从徵言,必无今日之祸。'太宗素器之,引为詹事主簿。及践祚,擢拜谏议大夫,封钜鹿县男。"

(此文在撰拟过程中蒙秦进才师指正疏失,在此深表感谢!)

巨鹿魏澹考

薄 嘉

巨鹿县今属河北省邢台市,古作"钜鹿"。一曰:"钜鹿故大鹿,有大陆泽。"①即巨鹿以有大陆泽而名。另一种说法认为巨鹿名称以林木多而得,二曰:"应劭曰'鹿,林之大者也'。臣瓒曰'山足曰鹿'。师古曰'应说是'。"②今两种说法均流传于世。

在历史上,巨鹿也是著名的古郡,秦始皇设三十六郡里就有巨鹿郡。自古"江、汉英灵,燕、赵奇俊"③,巨鹿自古就名人辈出,汉代名臣路温舒、汉末黄巾军首领张角、唐代谏臣魏徵都是巨鹿人。除此之外,各代均有巨鹿文人见称当世,魏澹就是其中较著名者。

一 巨鹿魏澹

魏澹,字彦深,巨鹿下曲阳人。下曲阳,《后汉书》注曰:"属钜鹿郡。常山郡有上曲阳,故此言下。"④《史记》注曰徐广云:"上曲阳在常山,下曲阳在钜鹿。"⑤又《括地志》云:"上曲阳,定州恒阳县是。下曲阳在定州鼓城县西五里。"⑥两种说

【作者简介】薄嘉(1987年—),女,河北师范大学历史文化学院硕士研究生。

① (宋)范晔撰《后汉书》志二〇《郡国志二》,中华书局1965年,第3433页。
② (汉)班固撰《汉书》卷二八上《地理志上》,中华书局1962年,第1575页。
③ (唐)魏徵撰《隋书》卷七六《潘徽传》,中华书局1973年,第1730页。
④ 《后汉书》卷一上《光武帝纪上》,第14页。
⑤ (汉)司马光撰《史记》卷四十三《赵世家》,中华书局1959年,第1812页。
⑥ 《史记》卷五四《曹相国世家》,第2027页。

法不同，但杜佑的《通典》中明确记述了，定州在秦时为上谷和巨鹿两郡之地①，因此，下曲阳确属巨鹿郡，两种说法并不矛盾。另外，巨鹿下曲阳，治今河北晋州市鼓城村，不属于今巨鹿县。可是，虽然历史上地名和地理位置不断变迁，但其传承关系和血缘联系是不可隔断的。所以我们所讨论的"巨鹿"应包括现在的巨鹿县和历史上的巨鹿郡，两者是不可分割来看的。

有关魏澹其人，史籍所载大多与他所撰书有关。《钜鹿县志》中有关于魏澹的生平，但只是寥寥数语："魏澹，世以文学著，仕周至隋为著作郎，帝以魏收所撰书，褒贬失实，平绘为《中兴书》，事不伦序，诏澹别成《魏史》。澹自道武下及恭帝，为十二纪，七十八传，别史与凡例一卷，为魏书甚简要，大矫收、绘之失，上览而善之。"②《县志》的内容基本照搬了《隋书·魏澹传》中的一小段叙述，主要介绍了魏澹在隋朝做著作郎时修《魏书》的事迹。但其实早在北齐时期魏澹就因博览经史，文采出众，被齐博陵王纳为记室。根据《后汉书》记载，记室令史主要负责上章表、报书记③。后又做过铠曹参军、殿中侍御史、殿中郎中、中书舍人，并且修《五礼》，撰《御览》，写国史，至周武帝时期拜纳言中士。对魏澹撰《御览》，《北齐书》中有记载。北齐后主三年（567 年），祖珽奏立文林馆，并召一些学士入馆撰书，其中就有魏澹："珽等奏追通直散骑侍郎韦道孙、陆乂、太子舍人王邵、卫尉丞李孝基、殿中侍御史魏澹……等入馆撰书，并敕放、慜、之推等同入撰例。"④就是说魏澹在被召撰修《御览》时是在做殿中侍御史，与《隋书》中对其记载相吻合。

到了隋文帝时期，魏澹受散骑常侍并被封为聘陈主使。史籍对于魏澹的记载多有关他所撰书籍，但在《隋书》中却难得地记录了他做聘陈主使时的一件事。隋高祖时以魏澹为聘陈主使，当时潘徽为陈客馆令，《南齐书》云："客馆令，掌四方宾客。"⑤因而陈朝遣潘徽接待魏澹，魏澹要回国复命时，向陈主上启说：

---

① （唐）杜佑撰《通典》卷第一七八《州郡》，中华书局 1988 年，第 4704 页。

② 光绪《钜鹿县志》卷十《人物志》，《中国方志丛书》华北地方，成文出版社有限公司 1976 年，第 516 号第 505 页。

③ 《后汉书》志第二四《百官志一》，第 3559 页。

④ （唐）李百药撰《北齐书》卷四五《文苑》，中华书局 1972 年，第 603 页。

⑤ （梁）萧子显撰《南齐书》卷一六《百官志》，中华书局 1972 年，第 319 页。

"敬奉弘慈,曲垂饯送。"而潘徽认为用"敬奉"与用"伏奉"比显得不庄重,所以将启扣下不奏。于是魏澹辩解,潘徽对曰:"向所论敬字,本不全以为轻,但施用处殊,义成通别。《礼》主于敬,此是通言,犹如男子'冠而字之',注云'成人敬其名也'。《春秋》有冀缺,夫妻亦云'相敬'。既于子则有敬名之义,在夫亦有敬妻之说,此可复并谓极重乎? 至若'谢诸公',固非尊地,'公子敬爱',止施宾友,'敬问''敬报',弥见雷同,'敬听''敬酬',何关贵隔! 当知敬之为义,虽是不轻,但敬之于语,则有时混漫。今云'敬奉',所以成疑。聊举一隅,未为深据。"①魏澹不能对答,于是改掉了"敬"字。

二 魏收及魏澹所著《魏书》

魏澹颇为世人称道的即是作《魏书》。最初修《魏书》的是魏收,据《资治通鉴》:"澹,收之族也。"《北齐书·魏收传》:"魏收,字伯起,小字佛助,钜鹿下曲阳人也。"就是说魏收与魏澹同为巨鹿人,并且应为同族人,但具体关系还不得而知。

魏收著《魏书》的卷数以及体例编排的详细情况,史书中有明确记载:"勒成一代大典:凡十二纪,九十二列传,合一百一十卷。五年三月奏上之。秋,除梁州刺史。收以志未成,奏请终业,许之。十一月,复奏十志:《天象》四卷,《地形》三卷,《律历》二卷,《礼乐》四卷,《食货》一卷,《刑罚》一卷,《灵征》二卷,《官氏》二卷,《释老》一卷,凡二十卷,续于纪传,合一百三十卷,分为十二帙。其史三十五例,二十五序,九十四论,前后二表一启焉。"②

据《北齐书》《史通》《文献通考》等书所说,魏收由于收了杨休、尔朱荣子等人的好处,就为其美言,立传赞扬,且"谄齐毁魏""党北朝,诬江左"③,隋文帝是更是"以魏收所撰书褒贬失实"④,当时的人称其书为"秽史"⑤。故隋文帝命魏澹

---

① 《隋书》卷七六《潘徽传》,第1743页。
② 《北齐书》卷三七《魏收传》,第488页。
③ 张莉《〈魏书〉"秽史"说必须推翻》,《运城学院学报》2006年第1期。
④ 《隋书》卷五八《魏澹传》,第1417页。
⑤ (元)马端临撰《文献通考》卷一九二《经籍考》卷十九,华东师范大学出版社1985年,第465页。

重新修史。而魏收死后数年,还甚至被掘墓弃骨,下场悲惨。但学者对魏收所著《魏书》并不是全部否定,对其"秽史"之说也各有见解,如《四库全书总目提要》中说:"平心而论,人非南董,岂信其一字无私! 但互考诸书,证其所著,亦未甚远于是非,'秽史'之说,无乃已甚之词乎?"①另外,许多学者也结合当时门阀士族强盛的背景,指出"对《魏书》提出种种非议的人,都是《魏书》所记门阀士族的'诸家子孙'。只有他们才如此敏感地把他们先人的家世、郡望跟自己的现实利益联系起来"②。由此可知对魏收之书要辩证来看。

然而魏澹之《魏书》与魏收之《魏书》义例有较大不同。

首先他提出"班固、范晔、陈寿、王隐、沈约参差不同,尊卑失序。至于魏收,讳储君之名,书天子之字,过又甚焉"③。认为这种君臣不分的称谓方式是不正确的,应"讳皇帝名,书太子字"④。并且对敌国君主一样曰卒而不说死。尊君卑臣的思想体现在其中。

其次,魏澹认为只有道武、平文、昭成三世可以称谥,其原因,《隋书·魏澹传》中魏澹自己对此有明确说明:"平文、昭成雄据塞表,英风渐盛,图南之业,基自此始。"还有:"长孙斤之乱也,兵交御坐,太子授命,昭成获免。道武此时,后缗方娠,宗庙复存,社稷有主,大功大孝,实在献明。"⑤

其三,他说道:"杀主害君,莫知名姓,逆臣贼子,何所惧哉!"⑥因此,将太武、献文之被弑直书不讳。据此,在某种程度上可以看出魏澹具有史官"秉笔直书"的良好品质。

其四,魏澹对司马迁所创纪传又有自己的看法,他认为史书中的纪传应做到:"可为劝戒者,论其得失,其无损益者,所不论也。"⑦

其五,其书以西魏为正统,与魏收之书不同。后来魏收与魏澹之书以及《北

---

① (清)永瑢、纪昀撰《四库全书总目提要》卷四五《史部·正史类·魏书》,海南出版社 1999 年。
② 瞿林东《说〈魏书〉非"秽史"》,《江汉论坛》1985 年第 5 期。
③ 《隋书》卷五八《魏澹传》,第 1417 页。
④ 《隋书》卷五八《魏澹传》,第 1417 页。
⑤ 《隋书》卷五八《魏澹传》,第 1418 页。
⑥ 《隋书》卷五八《魏澹传》,第 1418 页。
⑦ 《隋书》卷五八《魏澹传》,第 1419 页。

齐书》等相混乱,不能辨明,但魏澹之《魏书》的这些特点为后世人分辨文章所出提供了很大方便。比如,《魏书·天象志》校勘记说:"盖魏收《志》第三、第四卷亡,后人取他人所撰《志》补足之。魏澹书世已无本,据目录作西魏《帝纪》,而元善见、司马昌明、刘裕、萧道成皆入列传。此《志》主东魏,而晋、宋、齐、梁君皆称帝号,亦非魏澹书明矣。《唐书·经籍志》有张太素《魏书》一百卷,故世人疑此二卷为太素书《志》。"①由魏澹所著书以西魏为正统,很容易可知《魏书》中的两篇《天象志》并非魏澹著,避免了后人的误解。

对于魏澹所著《魏书》的卷数,史籍记载颇有出入。《直斋书录解题》中明确指出:"隋文帝命魏澹等更撰《魏书》九十二卷。"②《新唐书》志曰:"魏澹《后魏书》一百七卷。"③又据《宋史》:"魏澹《后魏书纪》一卷本七卷。"④三书所记都不相同。又据《文献通考》,陈氏曰:"时论言收著史不平,诏与诸家子孙共加讨论……今纪阙二卷,传阙二十二卷,又三卷不全,志阙《天象》二卷……《中兴书目》谓所阙《太宗纪》以澹补之,阙志以太素书补之。"⑤即魏收书中《太宗纪》为魏澹所撰。《崇文总目》云:"然世以收史为主,故澹书亡阙,今才纪一卷存。"⑥于是可以得知《后魏书纪》即为魏收书中魏澹所撰《太宗纪》,也就是《宋书》中所说"一卷本七卷"之书。再有《隋书》和《钜鹿县志》中所提九十二卷的说法,因《崇文总目》和《文献通考》中陈氏等都提到"九十二卷"之说,因此应比较准确。

由上文可知《魏书》中《太宗纪》应为魏澹所作,但其所著其他纪、传等都已亡缺,因而此卷的完整真实性也很值得怀疑。按《魏书》所说,《太宗纪》中有"泰常七年四月,封皇子焘为泰平王"一句,后又有"五月,诏皇太子临朝听政。是月,泰平王摄政"。前称泰平王,后面突然换为皇太子,然后又称泰平王,名称混乱。魏澹著书较为简要严谨,不应有此重复混乱之事,因而《魏书》校勘记云:

---

① (北齐)魏收撰《魏书》卷一〇五《天象志三》校勘记,中华书局1974年,第2419页。
② (南宋)陈振孙《直斋书录解题》卷四,上海古籍出版社1987年,第102页。
③ (宋)欧阳修、宋祁撰《新唐书》卷五八《艺文志二》,中华书局1975年,第1456页。
④ (元)脱脱等撰《宋史》卷二〇三《艺文志二》,中华书局1977年,第5086页。
⑤ (元)马端临撰《文献通考》卷一九二《经籍考十九》,华东师范大学出版社1985年,第465页。
⑥ 《文献通考》卷一九二《经籍考十九》,第466页。

"疑此卷虽存,亦残缺脱误。"①此种说法也极为可能。

综上所述,《隋书·魏澹传》所记魏澹确为巨鹿人,但《隋书》中只有魏澹由北齐至隋历任官职的记载,没有对其做官时事迹的记录,同时对其所撰《魏书》的保存和真实性也没有介绍,本文针对这几个问题进行了考证,但限于笔者水平有限,错误较多,愿求教于方家。

---

① 《魏书》卷三《太宗纪》校勘记,第65页。

僧一行望贯之辨及其方伎成就成因新探

顾乃武

僧一行是唐代著名的天文学家、科学家,是当时社会中的"方伎"名家。学界虽然对一行之研究取得了较为丰硕的成果,吴慧之博士论文《僧一行研究——唐代的天文、佛教与政治》就是对已有研究的全面总结与发展[1],但在某些研究方面仍然存在有待突破之处,一行籍贯的纷争就是其中的问题之一。有关一行籍贯问题的争论主要依据以下两种的史料,并得出两个不同的结论:其一是《旧唐书·一行传》记载僧一行为"魏州昌乐人,襄州都督、郯国公公谨之孙也",故而一行应是魏州昌乐人[2];其二是宋代僧人赞宁《宋高僧传》言"释一行,俗姓张,钜鹿人也,本名遂,则唐初佐命郯国公公谨之支孙也",据此一行应是邢州巨鹿人[3]。地域文化对人的性格行为具有深远的影响,是制约人的价值取向的重要因素。一行之籍贯到底应属何处,本地之地域文化环境对其方伎成就又有何影响?本文即以一行与张公谨之族属关系为着眼点,对一行之籍贯及其方伎成就之成因加以探析。

【作者简介】顾乃武(1971年—),男,河北大学历史学院副教授,主要从事魏晋隋唐史研究。

① 吴慧《僧一行研究——唐代的天文、佛教与政治》,上海交通大学博士学位论文,中国知网博士学位论文库2009年。
② (后晋)刘昫等撰《旧唐书》卷一九一《一行传》,中华书局1975年,第5111页。
③ (宋)赞宁撰,范祥雍点校《宋高僧传》卷五《僧一行传》,中华书局1987年,第91页。

一 一行与公谨族属关系之定位

《旧唐书·一行传》载一行族叔名张洽,从祖名张太(大)素①。首先,什么是族叔呢?它在亲属之中有何标志意义?据贾谊《六术》言:"人有六亲。六亲始曰父,父有二子,二子为昆弟,昆弟又有子,子从父而昆弟,故为从父昆弟,从父昆弟又有子,子从祖而昆弟,故为从祖昆弟,从祖昆弟又有子,子从曾祖而昆弟,故为从曾祖昆弟,曾祖昆弟又有子,子为族兄弟。备于六,此之谓六亲。"②那么,"族叔"应是"族兄弟"之子对年少于己父之长辈的称呼。自西晋定律直至明清的"五服制罪"表明,五服内亲属之关系和五服外差别极大,一行与张洽的亲属关系已是相当疏远。然而,张洽、张大素又是何人,其与公谨又是什么关系呢?

据《旧唐书·张公谨传》及《新唐书·宰相世系表》记载,张公谨有子大象、大素、大安③,张洽为大安之子,官至左金吾将军④。按六亲辈分而论,若张洽是一行的族叔,大素就是一行的从祖⑤。因而,一行传中的族叔张洽、从祖大素就是公谨之子、公谨之孙;而公谨则应是一行的从曾祖,一行六代祖就与公谨曾祖为同一人。如果上述逻辑无误,那么我们就可以断定,一行应是公谨的旁系亲属。在唐代,这种旁系亲属又被称为"支属",如《新唐书》载成德镇节度使王廷凑"本回纥阿布思之族,隶安东都护府,曾祖五哥之,为李宝臣帐下,骁果善斗,王武俊养为子,故冒姓王,世为裨将。"⑥王武俊本是内徙的契丹人⑦,但五代人所作《北梦琐言》则以唐、五代流俗称王廷凑"即王武俊支属也"⑧。王廷凑曾祖

---

① 《旧唐书》卷一九一《一行传》,第5112—5113页。《旧唐书》卷六八《张公谨传》载公谨子大素撰《后魏书》一百卷,第2507页;《新唐书》卷五八《艺文二》亦载张大素《后魏书》一百卷,第1457页。是"张太素"之"太"应为"大"之误,太素及大素,公谨之子。

② (汉)贾谊著、卢文弨校《贾谊新书》卷八《六术》,上海古籍出版社1989年,第60页。

③ 《旧唐书》卷六八《张公谨传》,第2507页。

④ (宋)欧阳修、宋祁撰《新唐书》卷七二下《宰相世系二下》,中华书局1982年,第2720页。

⑤ 《旧唐书》卷一九一《一行传》,第5112页。

⑥ 《新唐书》卷二一一《藩镇镇冀》,第5959页。

⑦ 《新唐书》卷二一一《藩镇镇冀》,第5951页。

⑧ (五代)孙光宪撰《北梦琐言》卷二《王庭凑》,三秦出版社2003年,第21—22页。

为王武俊养子,如果王廷凑为王武俊支属,那么王廷凑即为王武俊之"支孙",一行与公谨关系也当如此。

唐代家族世系中亦见"裔孙""几世孙"之称,并与"支孙"同时出现,如《新唐书·宰相世系表》记载裴氏、来氏宰相世系即言"颛顼裔孙大业生女华","……生大廉,大廉五世孙曰仲衍,仲衍四世孙曰轩……大骆生非子,周孝王使养马汧、渭之间,以马蕃息,封之于秦为附庸,使续嬴氏,号曰秦嬴。非子之支孙封萓乡,因以为氏,今闻喜萓城是也。"① "来氏出自子姓。商之支孙食采于郲,因以为氏,其后避难去'邑'。秦末徙新野。汉……七世孙崱,始徙江都。"② 如果"支孙"是指某一祖的旁系亲属的话,那么"裔孙""几世孙"就应是这一祖的直系血亲。

某祖与其相对的支孙的关系,决定了"支孙"虽属大宗支系,并可将自己的世系与某祖相对照,判定彼此的辈分关系,但却不在某祖世系之内,如《太平广记》卷一五五《韩皋》:"昌黎韩皋,故晋公滉之支孙,博通经史。太和五年,自大理丞调选,平判入第。"③《新唐书·宰相世系表》所载韩滉世系就无名韩皋者④,作为公谨支孙的一行亦不在公谨世系之内⑤。就以上论述,《旧唐书·一行传》"郯国公公谨之孙"应是"郯国公公谨之支孙"之误,言一行为公谨支孙与公谨之孙不同,支孙为泛指之旁系远房亲属之辈,其与大素为一行从祖、张洽为一行族叔并无抵牾之处。相反,《宋高僧传》称一行为公谨支孙则得公谨与一行族属关系之要。

二 一行"魏州昌乐"与"巨鹿"的望贯之别

其实,"族叔""族弟"之称在表明亲属关系相当疏远的同时,在唐代有时并无严格的伦理意义,岑仲勉先生就发现"唐人更有不同姓(氏)而相认为族者,

---

① 《新唐书》卷七一上《宰相世系一上》,第2179—2180页。
② 《新唐书》卷七三上《宰相世系三上》,第2874页。
③ (宋)李昉等编《太平广记》卷一五五《韩皋》,中华书局1961年,第1117页。
④ 《新唐书》卷七三上《宰相世系三上》,第2860—2872页。
⑤ 《新唐书》卷七二下《宰相世系二下》,第2720页。

杜甫称唐使君、刘判官为族弟(《少陵集》二一注),吕温《上族叔齐河南书》,齐河南即齐映,刘、吕两姓,依旧说同出于齐姜,故温称映曰族叔。"①一行对张洽的族叔之称或许只是因为同为河北地域之张氏,由张洽年龄与一行父相仿而作如是称呼。即使不是后一情形,一行族与公谨族的关系也已经相当疏远。

至一行之父时,一行支之张氏已经相当衰落,因而一行幼时贫寒,居邻老妪"周给迭互,绷褓间抱乳汝","及行显遇,常思报之"②。是以当时一行与公谨两族之关系疏远至不及一行之邻里。一行与公谨族关系之改变,是在一行"大知名",避武三思之结交而出家、睿宗礼征不应命之后,"开元五年,玄宗令其族叔礼部郎中洽赍敕书强起之",关系始发展起来③。

唐世流俗仍重门阀,攀附郡望以抬高身价之风盛行:"一姓常不止一望,举其著望,则目为故家,举其不著,则视同寒畯,攀附宗枝之习,于是乎起"。即使是身为宰相之张说、王缙、李敬玄犹"冒认名宗,正所谓势利之见,贤哲不免,又何怪韩愈或称昌黎,或称南阳,致后世考证家聚讼不已耶。质言之,唐人冒宗,乃郡望统一之滥觞,五代再乱,由是李姓唯号陇西,王姓只知太原,同氏者便认同宗,不同氏者便如异宗"④。《旧唐书·一行传》与《宋高僧传·一行传》有关一行"籍贯"之差异其实乃是二者用"郡望"与用"籍贯"之别。

由于一行支张氏家世之衰落,公谨支张氏之兴盛,一行即附公谨之望魏州昌乐(繁水),以抬高自身声价。此或后人为一行所为而非一行自为之。《旧唐书·一行传》将一行为公谨之"支孙"删剪为"孙"虽改变了一行与公谨的世系关系,但却造成公谨与大素、与洽之间的辈分矛盾,这或是《旧唐书·一行传》为一行攀附公谨之望而斧凿不工痕迹的流露。在称一行为公谨之孙后,续以"父擅,武功令"也正合唐人作传先祖后父的习惯,这同样说明《旧唐书·一行传》之一行世系乃有意为之,而不是什么笔误之类,因而魏州昌乐应为一行攀附的公谨

---

① 岑仲勉《隋唐史》,河北教育出版社 2000 年,第 120—121 页。
② 《宋高僧传》卷五《一行传》,第 91、92 页。
③ 《旧唐书》卷一九一《一行传》,第 5112—5113 页。
④ 《隋唐史》,第 120 页。

之郡望。《宋高僧传》史料之采摭、用功之独到,学界共知①,其言"释一行,俗姓张,钜鹿人也"则应指一行之籍贯而已。望与贯之性质、作用不同,言望言贯并无冲突,取舍则多由时尚不同而致——五代承唐之余绪,尚言族望,至宋此俗渐消,则以书贯为习。《旧唐书·一行传》成于五代,以公谨之故而取一行之望或附公谨之望,《宋高僧传》则反其道而著一行之贯,二者皆应时俗使然。

据《新唐书·艺文志》载,僧一行祖辈张大素撰有《敦煌张氏家传》二十卷②。如果公谨与一行有共同祖先,那么公谨支与一行支应都出于敦煌张氏。敦煌张氏本是西北家族,一行六代祖即公谨之祖内迁之后应最初落籍于魏州昌乐并在此后的百余年间,子孙又有迁徙流移至巨鹿者,《宋高僧传》称一行为巨鹿人正是由此而致;而魏州昌乐支则成为这支张氏宗族的本望,其又以公谨之故而成为这支内迁张氏宗族中的望门;一行若以此之故称自己为魏州昌乐人则并无附会之嫌。即使如此,一行望贯之分则仍然无误。

三 巨鹿方伎文化的地理优势

社会个体的文化行为受地域文化的深刻影响。在一定程度上说,一行的天文历法成就与河北地域特殊的方伎文化及巨鹿河北方伎文化中的地理优势密切相关。

中国中古时代之天文、历算、阴阳、占卜、术数皆属方伎之类。陈寅恪先生在《天师道与滨海地域之关系》中言:"自战国驺衍传大九州之说,至秦始皇、汉武帝时方士迂怪之论,据太史公书所载皆出于燕、齐之域。"③至北朝隋唐时期,这一地域仍为方伎文化相当发达之地,方伎之人在相关史传中所占比例较大。如《魏书·术艺传》记载之长于天文、占卜、阴阳、术数者六人,除一人不知何许人之外,其余五人则为辽宁襄平晁崇、长乐殷绍、勃海南皮王早、巨鹿宋子耿玄及燕郡刘灵助等当时的河北人④;《北齐书·方伎传》载有此类才能者七人,河间

---

① (宋)赞宁撰《宋高僧传》前言。
② 《新唐书》卷五八《艺文志》,第1480页。
③ 陈寅恪《金明馆丛稿初编》,生活·读书·新知三联书店2001年,第1页。
④ (北齐)魏收撰《魏书》卷九一《术艺传》,中华书局1974年,第1943—1960页。

信都芳、广宗宋景业、高阳许遵、渤海吴遵世、清都辅和河北五人①;《隋书·艺术传》五人,河间卢太翼、渤海张胄玄等二河北人②;《旧唐书·方伎传》八人,贝州武城人崔善为、卫州汲人尚献甫及巨鹿张遂三河北人③。

在这些方术之士中,亦存在不少知名人物,如《魏书·术艺传》载河间信都芳"好学善天文算数,甚为安丰王延明所知。延明家有群书,欲抄集《五经》算事为《五经宗》及古今乐事为《乐书》;又聚浑天、欹器、地动、铜乌漏刻、候风诸巧事,并图画为《器准》","后亦注重差勾股,复撰《史宗》,仍自注之,合数十卷"。而河北方伎之术亦有世代传习之例,如辽东襄平人晁崇"家世史官。崇善天文术数,知名于时"④,"太史赵胜、赵翼、赵洪庆、胡世荣、胡法通等二族,世业天官者"⑤,或讲究师承传授,如北魏燕郡人刘灵助"师事刘弁"⑥,北齐渤海吴遵世在恒山之中亦受一老翁指点,"遂明占候。后出游京洛,以易筮知名"⑦。隋代河间卢太翼"尤善占候算历之术。隐于白鹿山,数年徙居林虑山茱萸涧,请业者自远而至,初无所拒,后惮其烦,逃于五台山。地多药物,与弟子数人庐于岩下,萧然绝世,以为神仙可致"⑧。

除去这些影响较大者之外,河北还存在不少善天文占候者,如北魏容城令徐路"善占候,恒州民高崇祖善天文"⑨,显祖、高祖时社会明方伎者有勃海高道埏、清河赵法逞,二人"并有名于世"。世宗、肃宗时,奉车都尉清河魏道虔、魏郡太守章武高月光、月光弟明月,长于阴阳卜筮。"故玄于日者之中最为优洽。冠军将军、濮阳贾元绍、章武吕朏、济北冯道安、河内冯怀、海东郡李文殊,并工于法术,而道虔、月光、文殊为优,其余不及。""浮阳孟刚、饶安王领郡善铨录风

---

① (唐)李百药撰《北齐书》卷四九《方伎传》,中华书局1974年,第674—677页。
② (唐)魏徵等撰《隋书》卷七八《艺术传》,第1764—1779页。
③ 《旧唐书》卷一九一《方伎传》,第5088—5113页。
④ 《魏书》卷九一《术艺传》,第1943页。
⑤ 《魏书》卷九一《术艺传》,第1954页。
⑥ 《魏书》卷九一《术艺传》,第1960页。
⑦ 《北齐书》卷四九《方伎传》,第677页。
⑧ 《魏书》卷九一《术艺传》,第1796页。
⑨ 《魏书》卷九一《术艺传》,第1954页。

角,章武颜恶头善卜筮,亦用耿玄林占,当时最知名。范阳人刘弁亦有名于世。"①史载河东人王春"少好易占,明风角,游于赵、魏之间,飞符上天"②。王春东游赵、魏,正是赵、魏之地方伎文化发达的具体表现。

特殊的文化环境往往造就特殊的文化人才。僧一行在方伎方面的巨大成就,虽与其个人资质及时代环境有关,但也是河北发达的方伎文化长期培养的结果。巨鹿大体处于燕齐方伎文化分布的中心地域,在北朝时期就有耿玄、魏宁③等著名的方伎人物。河北巨鹿一行的出现虽是历史的偶然,但河北产生一行之类的方伎人物则是历史的必然。

四 结 语

总之,从一行与公谨的家族关系看,一行应是公谨旁系之支孙,后世书一行为魏州昌乐乃是将一行攀附于公谨之望,书一行为巨鹿则是以一行的籍贯相称,二者于时俗而论皆不可称错。但望为虚而贯为实,一行的籍贯自然当以河北巨鹿为是。中国中古时期的河北是个方伎文化相当发达的地域,巨鹿正处于方技文化的中心地带。河北地域文化环境及巨鹿地域文化方位特点,决定了一行这一方伎人物在巨鹿的出现是一个历史的必然。

---

① 《魏书》卷九一《术艺传》,第1958页。
② 《北齐书》卷四九《方伎传》,第674页。
③ 《北齐书》卷四九《方伎传》,第678页。

从张遂、郭守敬的历法成就看古巨鹿郡自唐至元在天文学领域的领先地位

王俊才

我们在这里把张遂与郭守敬放在一起,可不是再现一个"关公战秦琼"的笑话,而是从同一区域、特定时期、相同学科、共有建树的角度把两位生活时代跨越了五百八十多年的著名学者联系起来,进而期冀从宏观历史的角度展示古巨鹿郡地区曾经在天文历法这一传统社会既尖端又核心且敏感的学科领域中处于领先地位,为中华文明的进步做出了重要贡献。

关于张遂(673—727年)的出生地,我们从《宋高僧传》[①]之说,为巨鹿人[②]。其曾祖张公瑾虽享年不足四十岁,由于才学过人却是唐太宗的爱臣,以二十四功臣之一位列凌烟阁,曾都督襄州。张公瑾知天文、精数算,故对自幼天资聪颖、刻苦好学的张遂有很大影响[③],使之从少年时代起就酷爱天文和数学。到了青年时代,张遂踌躇满腔来到长安拜师求学,悉心研究天文和数学,不久就具备了推步日月、量度山海的本领,还写出了研究天体变化的学术论文《义诀》,

---

【作者简介】王俊才(1959年—),男,河北师范大学历史文化学院教授,主要从事中国古代思想史、史学理论及史学史研究。

① (宋)赞宁撰《宋高僧传》卷五《唐中岳嵩阳寺一行传》,中华书局1987年。

② 当然《旧唐书》卷六八与卷一九一说张公瑾(或谨)与曾孙张遂都是魏州昌乐人,即今魏县、大名一带,亦可谓古巨鹿郡辖内。《新唐书》不立一行本传,南宋沙门祖琇在《隆兴佛教编年通论》中对此有过议论,认为这是《新唐书》的编纂者欧阳修、宋祁所持的排佛立场造成的结果,"欧阳文忠公雅嫉吾释,未始略有假借,独于唐志尊一行《大衍》之作。而宋景文于'方技'篇削一行、玄奘等传,而独著道泓地理之说。或者以为唐浮图行业无足为二公取者,故止于是而已。"

③ 张遂生父张懔(或檩),似乎对他影响甚少。

成了有名的学者。武则天当政后,其侄武三思身居显位,为沽名钓誉,到处拉拢名士以抬高自己,几次欲与张遂结交,但张遂不愿与之为伍,愤然离京,东赴嵩山拜普寂为师,当了和尚,取法名为"一行",故称一行和尚。后来还游学天台寺、国清寺、荆州当阳山诸寺,期间除了学习佛法,还时常向高僧求教历法与数学问题。先天元年(712年),唐玄宗即位,得知一行和尚精通天文和数学而且傲然有气节,就把他召到京都长安,做了朝廷的天文学顾问。张遂在长安生活了十年,由于有皇上的赏识、自己的才学与士绅中的声望,使他有机会从事天文学的观测和历法改革。开元九年(721年),据李淳风的《麟德历》几次预报日食不准,唐玄宗下令让张遂主持修订历法。在修订历法的实践中,为了测量日、月、星辰在其轨道上的位置和掌握其运动规律,张遂与梁令瓒共同制造了观测天象的"浑天铜仪"和"黄道游仪"。浑天铜仪是在汉代张衡的"浑天仪"的基础上做了进一步的改进,上面标有星位,仪器用水力运转,每昼夜运转一周,与天象相符。还装了两个木人,一个每刻敲鼓,一个每辰敲钟,其精密程度远远超过了张衡的"浑天仪"。"黄道游仪"的用处,是观测天象时可以直接测量出日、月、星、辰在轨道上的坐标位置。张遂使用这两个仪器,对天象运行进行了有效的观测和研究,为编制《大衍历》提供了除数学计算之外的一个最重要的依据。经过四年的充分准备,张遂于开元十三年(725年)正式开始编制历法,并于开元十五年(727年)十月逝世前完成草稿。可惜由于过度劳累,张遂只活了五十四岁。玄宗皇帝对他的去世非常悲惜,为了表示对他的哀思,便下令为他建塔,并亲自撰写塔铭,赐"一行法师",谥"大慧禅师"号。《大衍历》于次年颁行。

在张遂以前,天文学家包括像张衡这样的伟大天文学家都认为恒星是不运动的。但是,张遂却用"浑天铜仪""黄道游仪"等仪器,重新测定了一百五十多颗恒星的位置,多次测定了二十八宿距天体北极的度数。从而发现这些恒星在运动。根据这个事实,张遂推断出天体上的其他恒星肯定也是移动的,于是推翻了前人的恒星不动的结论,张遂成了发现恒星运动的第一个中国人。英国天文学家哈雷(1656—1742年)提出恒星自动的观点,比张遂的发现已经晚了一千多年。

张遂是重视实践的科学家,他使用的科学方法,对他取得的成就有决定作用。张遂和南宫说等人一起,用标杆测量日影,推算出太阳位置与节气的关系。

他还设计制造了"复矩图"的天文学仪器,用于测量全国各地北极的高度,并用实地测量计算得出的数据,推翻了"王畿千里,影差一寸"的不准确论断。

张遂编制的《大衍历》是一部具有创新精神和实证依据的历法,它继承了中国古代天文学的优点和长处,对不足之处和缺点作了修正,因此,取得了巨大成就。最突出的表现是它比较正确地掌握了太阳在黄道上运动的速度与变化规律。自汉代以来,历代天文学家都认为太阳在黄道上运行的速度是均匀不变的。张遂采用了"不等间距二次内插法",推算出每两个节气之间黄经差相同,而时间距却不同。这种算法基本符合天体运行的实际,在天文学上是又一个巨大的进步。不仅如此,张遂的《大衍历》应用"内插法"中"三次差"来计算月行黄道的度数,还提出了月行黄道一周并不返回原处,要比原处退回超过一度的科学结论。因为中国的传统历法一向是以日为主而日月兼顾,《大衍历》吸收了黄道日行速度不均和月周差度得最新研究成果,从而使传统历法在精准度方面大有改进。这对中国天文学的影响是很大的,不仅后来的郭守敬接受这一方法,就是直到明末接受了传教士"西学"影响的历法家们也多采用这种计算方法,而且效果很好。

724—725 年,张遂组织在全国设立十三个点,开展关于天体运行实况的大测量。这次测量以天文学家南宫说等人在河南的工作最为杰出。张遂依据南宫说等人测量的数据通过精细计算得出了北极高度相差一度,南北距离就相差三百五十一里八十步(相当于现在 131.3 公里)的结论。这个数据就是地球子午线一度的弧长。这与现在计算北纬 34°5 地方子午线一度弧长 110.6 公里,仅差 20.7 公里。唐朝测出子午线的长度,在当时的世界上还是第一次。《大衍历》结构严谨,计算精细,推演准确,除了上述优点、创新外,在日食的计算上,首次考虑到全国不同地点的见食情况,而突破了一直以京城为中心的偏失与局限。总之,《大衍历》比以往的历法,诸如《大明历》(祖冲之主持)、《皇极历》(刘焯主持)、《麟德历》(李淳风主持)等都要准确得多,是当时世界上非常先进的历法。

张遂在天文学上的成就,不仅在国内闻名,而且影响海外。如日本曾派留学生吉备真备来中国学习天文学,开元二十一年(733 年)回国时带走了《大衍历经》一卷,《大衍历主成》十二卷。于是《大衍历》便在日本广泛流传起来,其影响甚大。

在张遂去世五百零四年之后，古巨鹿郡辖内的邢台出生了另一位伟大的天文学家郭守敬，与张遂不同的是，他不仅是一位伟大的天文学家、数学家，而且在水利工程、营造设计方面同样卓越。

郭守敬，字若思，生于元太宗三年（1231年），从小是由祖父郭荣抚养成人，其生父生平情况由于史书无载而不详。但郭荣是位饱学之士，尤精通数学、水利。在郭荣的教养下，郭守敬从小勤奋好学而且在少年时代就养成了很强的动手能力。不久，忽必烈的重要谋士、著名学者刘秉忠（1216—1274年，字仲晦，邢台人，精通天文、数学、易学，元初著名学者、政治家，紫金山学派领袖）因守父丧，结庐邢台武安的紫金山研学。和刘秉忠交往深熟的郭荣知此消息后，就把少年郭守敬送到刘秉忠门下深造。这一段时间虽然不长，但对郭守敬后来的一生事业却影响深远，元初著名的紫金山学派（刘秉忠、张文谦、王恂、郭守敬、张易等）便从此诞生。由此可推知这一地域当时在天文、数学和水利学等领域是全国的一个中心地区。忽必烈登基后，接受刘秉忠的推荐，任命张文谦（1216—1283年，字仲谦，沙河人，精通天文、数学，元初著名学者、政治家，紫金山学派重要成员）为大名路（治今河北大名）等地宣抚使。张文谦把郭守敬带在身边作协办。郭守敬开始为朝廷服务，这期间做了许多河道水利的调查勘测工作。中统三年（1262年）春，张文谦向忽必烈推荐了郭守敬，从此他凭着自己的学识与才能崭露头角。由于在水利工程方面的杰出成就，至元八年（1271年）郭守敬升任都水监，五年后，都水监并入工部，他被任命为工部郎中。至元十三年（1276年）全国统一，忽必烈决定编制新朝历法，下令设立太史局（后改称太史院），任命张文谦和另一位大臣张易（也是紫金山学派的重要成员之一）主持，责成时任太子赞善的王恂（1235—1281年，字敬甫，唐县人，数学家，精通天文历法）负责具体组织工作（后正式被任他为太史令）。王恂召集了大都、临安等地的天文官和各地著名专家，包括诸如理学家许衡和杨恭懿等。但所有这些人中，他的老同学工部郎中郭守敬则是最重要的一个（后来被任命为同知太史院事）。实际上修编新历法主要就是他们二人总主，王恂负责历法的推算，而郭守敬则负责制作仪器和督导观测。郭守敬凭着厚实的天文学、数学知识背景与超凡的动手能力在这项工作中发挥了惊人的创造力，发明了十多件天文仪器,把我国的天文仪器制造传统推向了新的高峰。郭守敬还组织并亲自进行了大量的天文观测,为新历提供了大量的观测数据。新历于至元十七年(1280年)冬初步告成,被定名为《授时历》,并颁发了次年的历书。大德七年(1303年),元成宗诏令,年满七十岁的官员都得致仕,独对郭守敬破例不准退休。由此形成了一个新例:太史院的天文官不退休。这样,郭守敬就一直工作到元仁宗延祐三年(1316年)去世前,享年八十五岁。概括地讲,郭守敬在天文学方面的主要贡献有:制造仪器、组织观测和整理《授时历》并完成定稿。

一　制造和改进仪器

郭守敬为完成《授时历》,据说创制了十二件天文台上用的固定仪器和四件可野外观测用的便携式仪器。这十六件仪器中,有九件在《元史·天文志》有较详细记载:简仪、候极仪、立运仪、仰仪、浑象、高表、景符、窥几和正方案。其中仅正方案为便携式仪器。

1.简仪,是把传统的浑仪加以简化、改造而成。浑仪经郭守敬的简化,省去了与黄道度数、白道度数有关的圆环,把测读地平方位角的圆环分离出来,形成一架独立的仪器——立运仪;他还改造了浑仪的同心结构,把六合仪和三辰仪中的两个赤道环都移到四游环的南端,用一组云柱架子斜托着它们。四游环转动轴的北端则用另一组云柱结成一个小圆环,让圆环中心套着轴的北端。转动轴安装与天球周日转动轴(也就是地球自转轴)相平行。这样就形成一种新形式的赤道装置。这种装置在现代天文望远镜中得到广泛运用。由于撤去了许多圆环,在四游环的上方一无遮拦,观测范围和效率就有了增加和提高。

2.候极仪,是郭守敬的发明,其主要功用是校正仪器极轴的安装位置。故在简仪中就包容了它。在简仪南北极轴的大小两圆环中都有斜置的正交十字铜条,十字中心就是极轴中心。北极一端的十字上叉处又置一小圆环,圆环中有正置的正十字铜条。十字中心离北极轴中心有个固定的距离甲。简仪南极轴处也有一组斜置的正交十字铜条。其上叉处置一方铜板,板中心开一小圆孔。圆孔中心和南极轴中心的距离也正是甲。因此,从南端的方铜板小孔中心到北端小十字中心的连线正与四游环的转动轴中心线平行。通过南端小方铜板的中心向北观测,应看到北极星在北端的小圆环内。当北极星的轨迹所画出的圆其圆心正好和小十字中心重合时,简仪的极轴就被安装正确了。否则,就应加以调整。

3.立运仪,是把浑仪中的地平环分离出来而构成的一个独立装置。实际上它是简仪的一件附属装置。虽然如此,这件能同时读出地平高度和方位角的仪器,在古代世界还是极其珍贵而很有价值的。直到清初,西方传教士南怀仁在北京制造的六件仪器中有二件是分别测读地平方位角的地平经仪和测读地平高度的地平纬仪。

4.仰仪,是一台铜制的、中空的半球面形仪器,形状像一口仰天放着的锅。半球的口上刻着东南西北四个方向。半球内面刻着与观测地纬度相应的赤道坐标网。半球口上还用一横一竖两根十字交叉的竿子架着一块小板,板心开一小孔,孔的位置正在半球面的球心上。太阳光通过小孔,在球面上投下一个圆形的光影,坐标网上立即可以读出太阳此时在天球上的位置。更妙的是,当发生日、月食时,仰球上的日像或月像也相应地发生亏缺现象。这时,从仰仪上可以观测出日、月食发生的方位、亏缺部分(称为食分)的多少,以及各种食相发生的时刻等。

5.浑象,是一台天球仪,与现代常见的天球仪本质一致,只是安放在一只方柜子中。方柜的顶面相当于地平面,半个天球露在方柜之上。柜内有机轮系统,可以用漏壶流水来推带,使之与实际的天球作同步运转。这是对张衡所创的水运浑象传统的继承。

6.高表,古代有一种测量二十四节气时刻的仪器,叫做圭表。所谓表是一根垂直立在地上高八尺的竿子或铜柱。圭是从表足下往北延伸的一根平放的尺子,大多为石刻。每天正午,太阳投射出表影落在圭面上,测量影子的长度,可以推算出冬至和夏至的时刻等。圭表是件简单而实用的仪器,但由于空气中微粒尘埃的漫射,使表影的顶端界线模糊不清,这就影响了观测精度。郭守敬将圭表加以改造,使之成为原来表高的五倍,故称高表。绝对数据增长到五倍,同样的测量误差,其影响就缩小了五分之四。关于这一点,后世的天文学家也都认识到,因此天文仪器巨型化是趋势。这方面,郭守敬是先行者。

7.景符,是一件与高表相配合使用的仪器。一个座架,斜撑一块宽二寸、长四寸的小铜板。铜板中心开一小孔。利用针孔成像原理,使太阳光在小铜板背后成一光亮的像。把景符放在圭面上合适的地位,当太阳过子午线时太阳光射到表梁在圭面上投出清晰的影子:一个个米粒大小的光点,中间有一条纤细的黑线。测量从表足到那根黑线的距离,这就是高表的影长。由于使用了针孔成像原理,景符到圭面的距离很短,这样,阳光漫射使表影模糊的问题就解决了。而且由于使用了景符,测量的读数精度就可以到分以下的厘,甚至毫。

8.窥几,古代圭表技术只能用于测量太阳影长,月亮和星星的光太暗弱,没有人想过用圭表来对它们进行测量。郭守敬发明窥几就是要解决这一问题。窥几是一张长六尺、宽二尺、高四尺的桌子。桌面上开一道长四尺、宽二寸的缝。缝两旁刻上尺、寸、分的度。把窥几放在圭面上,人蹲在几下进行观测。几面上横放着二根长二尺四寸、宽二寸、厚五分的木条,称为窥限。它们的两头各比窥几长出的二寸处,又各往下增厚二寸。这样它们就可卡紧在窥几边上。观测时,用于挪动南窥限,使其北边沿和高表横梁的下边沿及待测天体的下边相重,然后再挪动北窥限,使其南边沿和横梁上边沿及天体的上边重合。折取二窥限位置的中线所在就可得到天体的表影数。据《元史·天文志》记载,用远隔两地的高表、窥几同日观测,由此可以推算星、月离地面的距离。这是创举。只可惜当时的推算方法和实测事例都没有留传下来,否则,将为中国天文学发展史提供许多重要的证据。

9.正方案,便携式仪器。是一块四尺见方,厚达一寸的板。板四周开水沟,放水,可以调整仪器的水平位置。从板中心画一个十字直达边缘。以十字中心为心,作十九个同心圆,圆的半径从一寸起,每寸增加一个,最外第十九个圆则画成双重的,以便中间画上刻度线。最内层的半径一寸的圆上做成一个高二寸的圆台,中心打洞,洞内立表。表高一尺五寸,冬至时则改为一尺高表;夏至时则改成三尺。改变表高的目的是使一年四季里中午表影一定会落在最内圆之外、最外圆之内。每天从日出开始,监视正方案上表影的移动情况。每当表影正落到一个圆上时,就记下记号。表影从西方进来,到中午时影最短,下午则影从东方出去。一般来说,在一个圆上有两个记号。将这两个记号折取其中,中点和圆心相连就得南北线。如果每个圆上都得到相同的南北线,则这条线就是正确的南北线。

此外，还有诸如"星晷定时仪""证理仪""日月食仪""丸表""座正仪"等仪器，这些都是郭守敬在为编制《授时历》所发明的。综观郭守敬一生制造的天文仪器，大多具有设计科学、结构巧妙、制造精密、使用方便的特点，而且绝大多数都注意到仪器安装的校正装置。他的创作博得同时代和后世的高度赞扬。如高傲的王恂每见到郭守敬的仪器新作，皆为之心服。另据说，三百年后利玛窦在南京看到几件郭守敬的天文仪器存件时亦不禁大加赞赏。

二 天文观测

郭守敬运用他创造、改进的天文仪器，进行了许多严格的观测，从而使《授时历》的编制有了可靠的实测数据。他所从事和领导的观测项目甚多。仅举几例来说明。

1.冬至的测定。郭守敬在大都运用四丈高的木表，每天中午太阳到正南方时观测影长，用九十八组观测数据反复核对，推算出从至元十三年冬至到十六年冬至的时刻及这期间的三个夏至的时刻。他还从八百多年前的祖冲之所做的冬至时刻观测数据开始，选取历史上比较可靠的六次冬至时刻的测定结果，推定出一回归年数值为 365.2425 日，并进一步证实了回归年长度逐渐缩小的规律，为每百年往后减少万分之一日。

2.二十八宿距度和星表测定。二十八宿的距度是中国古代天文学中的基本数据之一。从西汉太初改历时起，到郭守敬为止，中国历史上共进行了六次测定。以郭守敬的测定精确度为最高，其误差的绝对值平均为 $0°.075$。

3.四海测验。中国古代历法都是以首都作为测算基点。这种空间限定直接影响了时间的准确。唐代张遂在编制《大衍历》时就提出应派观测队到全国各地十三个点进行天文观测，以便使新历能适应全国的要求。元朝比唐朝疆域辽阔，因而郭守敬奏请元世祖批准派出十四个观测队，到全国二十七点观测。这次史称"四海测验"的部分结果在《元史·天文志一》有记载。南海、衡岳、岳台、和林、铁勒、北海和大都等七处，各测出当地的北极出地高度（地理纬度）、夏至日中时八尺高表的影子长度，以及这一天的昼、夜漏刻数（昼夜时间长度）。其余二十一个点则只留下一项北极出地高度的数据。据对现今可考的二十点所测北极出地高度测算,平均误差为0°.35。关于检验夏至日正午表影的数据,以大都、和林、岳台三处可考的地点来说只误差几分(现代单位1度=60分),最大也仅十三分。其精确度是比较高的。

5.历元时刻的测定。在现代天文学上,各种天文周期都有自己的起算点,这就是历元。当然,在推定、编排一部天文年历或民用历书时,都只能用一种历元为主,而把其他历元都归算到这个指定的历元时间系统中去。在中国古代,这些归算的目标和方法都比较特殊。实际上是推算出一个理想的历元,这个历元是各种天文周期的共同起点。因此,它一定离现实生活时代很遥远,古人称之为上元。随着天文观测的进步,各种天文周期的数值测定得越来越精确,这个上元离现实应该越来越近,但郭守敬之前却无人能有突破。只有这个时候,郭守敬、王恂等人决定废除上元,改用至元十八年(1281年)天正冬至(即至元十八年开始之前的那个冬至时刻,实际上在至元十七年内)为其主要起算点。其他各种天文周期的历元,均推算出与该冬至时刻的差距,称为相关的"应"。由此形成一个天文常数系统。在这个天文常数系统中,《授时历》提出了"七应"("气应""转应""闰应""交应""周应""合应""历应")。这些"应值"的确定首先必须依赖有大量的天文观测,有的还须经过复杂的计算,但郭守敬及其观测班子的工作则是个基础。

三 《授时历》

在受命编制新历法时,一方面,郭守敬所分工负责的任务一定会吸收别人的智慧和劳动。例如,关于全天恒星星表的测定就不是某个人所能独力完成的。至于在测定"七应"的工作中,也离不开历法的推算和对数据的处理;另一方面,则应该肯定在整个历法的创新和改革中,也凝结着郭守敬的贡献和智慧。在新历颁行后不久主要骨干如王恂等先后去世或致仕,唯剩下郭守敬继续工作,一人整理了《授时历》全部文稿:他整理成《推步》(历法计算的步骤与方法)七卷、《立成》(各种天文计算表)二卷、《历议》(评议历代历法的各种得失及新历的优点所在)三卷等书,从而使《授时历》得以流传后世。至元二十三年(1286年),郭守敬被任命为元朝第二任太史令。于是,他把上述几种书,以及《转神选择》二卷、《上中下三历注式》十二卷等书一并进呈朝廷。其后,他还著有《时候笺注》(研究二十四节气、七十二候的物候现象和人们届时应从事的活动)二卷、《〈授时历〉修改源流》一卷、《仪象法式》二卷、《二至晷景考》(研究历代用圭表测影定冬、夏至时刻的问题)二十卷、《五星细行考》五十卷、《古今交食考》一卷、《新测二十八宿杂坐诸星入宿去极》一卷、《新测无名诸星》一卷、《月离考》一卷等重要著作(可惜这些书籍现都已失传)。因此郭守敬功不可没。这也就是后人把《授时历》的成就都归于郭守敬的重要原因。《授时历》除了在天文数据上的进步之外,在计算方法方面也有重大的创造和革新。主要特点有:

1.废除上元积年,这前面已述。

2.以万分为日法取代古代的以分数形式表示数据的传统。分数方式难以立即比较数值的大小,在历法计算中又需作繁杂的通分运算,很不方便,而且随着天文数据测定的进步,古人实际上已逐渐明白,无法用一个分数来完全准确地表达这个数据的值。因此,从唐代开始就有人企图打破分数表达法的传统。南宫说于唐中宗神龙元年(705年)编的《神龙历》即以百进制为天文数据的基础,但此历未获准颁行。唐德宗建中年间(780—783年)编的《符天历》虽明确提出以万分为日法,可惜此历只行于民间,被官方天文学家视为小历。到《授时历》开始以宏大的革新精神,断然采用以万分为日法的制度,使天文数据的表达方式走上了简洁合理的道路。

3.三次差内插法的确证运用。自隋代刘焯以来,天文学家使用二次差内插法来计算日、月等各种非均速的天体运动。但实际上唐代天文学家已发现,许多运行数据用二次差来计算是不够精确的,必须用到三次差(如张遂),但关于三次差内插公式却一直没有确证,只能用一些近似公式来代替。《授时历》开始用"招差法"的方法,解决了这个三百多年的难题。而且,"招差法"从原理上来说,可以推广到任意高次差的内插法,这在数据处理和计算数学上是个很大的进步。

4.发明弧矢割圆术。天文学上有黄道坐标,赤道坐标、白道坐标等球面坐标系统。现代天文学家运用球面三角学可以很容易地将一个坐标系统中的数据换算到另一个系统中去。中国古代没有球面三角学,古人是采用近似的代数计算方法来解决问题的。《授时历》采用的弧矢割圆术,将各种球面上的弧段投射到某个平面上,利用传统的勾股公式,求解这些投影线段之间的关系。再利用宋代沈括发明的"会圆术"公式,由线段反求出弧段长股关系的方法是完全准确的。它们与现今的球面三角学公式在本质上是一致的。

以上这些计算成就,主要应归功于王恂,当然其他学者也为此付出了劳动,但正是由于郭守敬是《授时历》的最后整理和定稿者,使这些突出的天文学、数学成就得彰后世,故其功不可没。

当我们对张遂、郭守敬在天文历法方面的成就作了如上梳理后,可以这样讲:自汉《三统历》到明《大统历》期间,张遂主持的《大衍历》与郭守敬主持的《授时历》可谓是最著名、最实用、使用时间最长、覆盖范围最广甚至影响世界的历法,尤其是《授时历》的精准在当时绝对处于国际领先地位。寻根究源,自唐朝以来直到元朝,在古巨鹿郡的辖域内或治所附近,虽然似乎少了些唐诗、宋词、元曲的文学浪漫、名家连珠,和名儒、高僧、玄虚道人的宏阔高论、玄远哲理,但这里确曾是那一时期不同王朝尖端、核心、敏感而又实用的学科——天文学与数学的重镇。从唐初的张公瑾到元朝的郭守敬,这里曾经先后出现过中国历史上杰出的精于天文历法、数学水利的著名学者和学派。他们有着务实而精细、严密而创新的传统,既有关于数理、天文的探索,又有制器、实测的实证。这是古巨鹿文化的一大特征。如果我们觉得在张氏祖孙时期还是一种家学源流(其实这种学问一定有代传世累的积淀),在区域文化方面显得单薄,那么到了元朝"紫金山学派"的出现,则标志着精细、严密、务实、创新,既讲高深理论支撑、又重仪器数据实证的巨鹿文化已经跨越了家学的局限,变成了代表特定地域文化的符号。历史上的巨鹿曾经是华夏辉煌文明中璀璨耀眼的一个区域,古巨鹿的精英志士曾经用自己的努力在中华文化的理性性格中熔铸了自己的烙印,并至今让人一睹即明。可惜我们在这些方面的研究还远远不够。抛砖引玉,期冀后生。

历史名人与人文精神建设

——从魏徵和张遂谈起

杨润平

秦统一中国,天下置三十六郡,巨鹿为其中之一。巨鹿郡辖区大体在今河北省白洋淀、文安洼以南,南运河以西、高阳、宁晋任县以东,平乡、威县以北,山东省德州、高唐,河北省馆陶之间地。巨鹿郡行政区划几经变迁,郡名称谓被今巨鹿县所继承。

巨鹿古县,物华天宝,人才辈出。其中最优秀者是唐朝的两个人物,一代谏臣、名相魏徵;超迈时代的智者,天文学家张遂,即僧一行[①]。魏徵与张遂不仅在各自领域里超群拔类贡献突出,而且都有近似现代独立人格的精神品格,胸怀浩然正气为人做官干事业。这是不可多得的宝贵精神遗产。

本文想这一点出发,探寻历史名人对今日人文精神建设的影响。

一 繁盛唐朝的顶尖人物

唐朝繁盛,是中国古代文明发展的高峰时期。回顾历史,风流人物万千,对历史进程有重大影响者不过十数人。唐太宗李世民、唐玄宗李隆基是领导开创

【作者简介】杨润平(1950年—),张家口市第一中学教师,历史特级教师,主要从事中学历史教学研究、河北历史文化研究。

① 1997年,河北人民出版社出版《河北历史名人传》,古代卷仅收一百四十人,巨鹿人有张角、**魏徵和张遂**。评选河北历史名人,总有魏徵与张遂。魏徵祖籍四川剑阁,或说下曲阳(今晋州市)人。据历代祭祀祠庙和现代学者考证,以巨鹿县较为可信。

盛世的杰出君王,在他们身旁,人才济济,将相如云。当人们回首探寻研究伟大时代,不难发现魏徵与张遂的特殊贡献,他们是其中的最杰出人才。

魏徵(580—643年)①,生长于巨鹿。曲折历史和坎坷经历,造就魏徵的许多角色:农民起义领袖人物、唐朝开国功臣、杰出政治家、著名历史学家、才华横溢的文学家、最勇敢有见识的谏臣等。其中任何一个方面都足以名留青史。真实的魏徵却能融会众长于一身,历练成为睿智博学的政治家,唐太宗李世民最信任的股肱之臣,"千古人鉴"与"第一名相"。他为开创"贞观之治"盛世做出特殊贡献,也留下一整套治理国家和规劝君王的政治智慧。魏徵之幸运在于遭遇到开明大唐和太宗李世民,能够施展远大抱负与聪明才智。魏徵不是李世民的故旧和老班底。他参加农民起义时原是李密部下,曾被窦建德俘获"变节"求生,他在太子李建成麾下效力,建议除掉李世民。按照严格的政治审查制度,魏徵其人无论如何也不能被信任获重用。然而,李世民偏偏识得魏徵的忠诚和才智,每每委以重任,一再提拔使用,给以进谏提意见的"特权",视为最可靠的臣佐可比管仲。唐太宗能听得进魏徵的逆耳忠言,把他比为镜鉴,甚至当面"不称朕",不怕丢失皇帝的尊严。为什么?因为魏徵的忠诚、智慧和人格。

张遂(673—727年)②,又称僧一行,祖籍在巨鹿。张遂出身于官宦家庭,自幼博览群书,善于计算与思考,少年大志有才名,人称"颜回再世"。张遂不幸成长于国家政局混乱时期,太后武则天主朝政进而称皇帝,权贵武三思等专权擅政图谋夺位。张遂没有追随潮流考科举中进士,他甚至对武三思辈的结交请求也断然拒绝,这需要有很高明的见识和巨大的勇气。张遂为避祸而隐退深山,出家为僧,法号一行。更可贵的是张遂没有放弃对国家太平的理想,没有停止对数学、天文等科学继续的钻研。后玄宗李隆基做皇帝,结束国家动荡,开创"开元盛世"。"开元中,玄宗强之至京,置于光太殿,数访以安国抚人之道。"唐玄宗派人征召,张遂最终还是来到长安城,既不还俗也不做官,留在光太殿,多次被召见问询国事,实际是皇帝身边的顾问之一。张遂是天文历法领域的一流的科学家,被王朝委以观测天象和重新修订历法的责任。张遂把数学和天文学

---

① 《旧唐书》卷七一《魏徵传》,上海古籍出版社、上海书店1987年,第5册306—308页;《新唐书》卷九七《魏徵传》,第6册392—395页。

② 《旧唐书》卷一九一《一行传》,《二十五史》,第5册614—615页。

结合起来解决观测实际问题,在世界上最早归纳出不等间距二次内插法公式。他组织并领导的在全国的十二个点对北极高度和日影长短的测量,是世界上第一次对子午线的实测。他领导推算天体运行规律,编写出"开元大衍历",后世使用千年,称"历千古而无误差"。张遂还发明或改进一些天文观测仪器,有黄道游仪、浑天仪、复矩等,提升了唐朝乃至古代中国的天文观测与研究水平。张遂研究精通历法理论,编写《历议》十卷、《历立成》十二卷等,发展了中国古代学术,具有跨越时空的影响。张遂与张衡、祖冲之、郭守敬等并列,是对中华民族有重大贡献,产生过世界级影响的科学大家。

张遂有政治见识、社会责任,敢说话。他与唐玄宗谈论安国治邦之道,提出防止腐化和励精图治的建议,令皇帝心悦而诚服。皇帝嫁姑娘,因宠爱有严重违反制度的仪式规格和赠品,张遂直言劝阻,促使唐玄宗立即纠正。张遂胸怀国家和民生,不怕引起皇帝不快,令他人嫉妒或嫉恨。他用行为证实自己的人格。

历史给魏徵和张遂很高礼遇。魏徵生前最得信任,被封为郑国公。死后,唐太宗亲自为他主祭。《旧唐书·魏徵传》赞曰:"智者不谏,谏或不智。尽言国家之利,郑公(魏徵)达节、才周、经济。"人们称他为贞观时代的"第一名相","三代遗直"。张遂是中国古代为数不多的正史上留名的科学家。他进入长安后,主持或参加许多文化活动。编译佛经,宣讲佛法,又为密宗的大师和传人。张遂逝世后,百姓分哀,唐玄宗亲自撰塔铭,谥他"大慧禅师"号。当代,人们公推他为中国古代最杰出的科学家,曾发行过纪念邮票[①]。国际小行星组织将一颗星星命名为"一行小行星",以纪念这位出色的中国古代天文学家。

[①] 1955年8月25日发行了一套《中国古代科学家(第一组)》志号"纪33",全套4枚。同时发行无齿小型张邮票一套四枚,每枚邮票面值均为八分。邮票规格20×38毫米,齿孔十四度。其中,第三枚《僧一行像》,主图案为僧一行的肖像画,设计者孙传哲,原画作者蒋兆和。另,2001年9月江门市邮政局以国家邮政局发行的《牡丹图》普通邮资明信片为载体,发行《江门五邑风光》(第二组)普通邮资风光明信片,图为牡丹花图案,面值均为六十分,其中,第二枚为《古寺茶香》,主图案是茶庵寺及唐僧一行禅师全身站立雕塑像。

二　魏徵与张遂的人格及其力量

人格是"一种具有自我意识和自我控制能力,具有感觉,情感,意志等机能的主体"。据信,它可以离开人的肉体,离开人所处的物质生活条件,而独立存在于人类的精神文化维度里。

人格又是指"人所具有的与他人相区别的独特而稳定的思维方式和行为风格",是指"一个整体的精神面貌,是具有一定倾向性的和比较稳定的心理特征的总和。""人格是法律上做人的资格,是自然人法上的概念。是自然人主体性要素的总称。人格在法律上不得转让和剥夺。"[①]

一般来讲,中国封建社会不承认人的独立人格。皇帝、贵胄享有物质和精神的特权,普通人包括官僚大臣们只能跪拜在其脚下称臣。理学提倡"三纲五常","君为臣纲"是万古不变的规矩。这样,一些做人臣者自觉不自觉地失去做人的自信和尊严,只能蜷缩在规矩礼制的桎梏下。魏徵与张遂似乎是那个时代的"另类",提出"良臣"和"忠臣"不同的思维方式,至少在一些问题上申诉着与最高统治者同样的做人尊严。

魏徵与唐太宗有很多谈话,并且幸运地保留下来。唐太宗李世民即位,魏徵先充谏议大夫,继任中央行政长官之一的侍中。魏徵以性格刚直,才识超卓,竭尽全力地辅佐李世民,经常据理力争,可以说是知无不言,言无不尽。魏徵与唐太宗谈论君臣之道,魏徵说:所谓的明君,就是要听取众多的意见;所谓的暗君,就是只听取片面的意见。并列举秦二世和隋炀帝的历史教训。唐太宗询问良臣与忠臣的区别。魏徵回答说:"良臣使身获美名,君受显号,子孙传世,福禄无疆。忠臣身受诛夷,君陷大恶。家国并丧,独有其名。以此而言,相去远矣。"唐太宗曰:"君但莫违此言,我必不忘社稷之计。"[②]魏徵直言切谏,或许激怒唐太宗,而他神色自若,不稍动摇,一直坚持到唐太宗折服。为了维护和巩固李唐

[①] 见上海辞书出版社《简明社会科学词典》17页"人格"条。"在法律上,指作为权利义务的主体的资格。最早用于《罗马法》。"

[②] (唐)吴兢编著《贞观政要》卷二《直谏》,上海古籍出版社 1978 年,第 69 页。

王朝的封建统治,曾先后陈谏二百多次,劝诫要以历史教训为鉴、励精图治,任贤纳谏,本着"仁义"行事。贞观十三年(639年)所上《十渐不克终疏》,列举唐太宗执政态度的十个变化,并向太宗上书"十思",即"见可欲则思知足以自戒,将有作则思知止以安人,处高危则思谦冲而自牧,惧满溢则思江海下百川,乐盘流则思三驱以为度,忧懈怠则思慎始而敬终,思壅蔽则思虚心以纳下,惧谗邪则思正身以黜恶,思所加则思无恩喜以谬赏,罚所及则思无因怒而滥刑"。

在整个中国古代,魏徵是罕见的个例。他敢于也善于向最高统治者提建议和意见,而且多数被采纳有成效。魏徵的"直谏"和"作为",直接影响了模范皇帝唐太宗,以及繁荣太平的"贞观之治"。

为什么如此?有时代原因,隋亡唐兴,历史呼唤和谐进取的政治局面。有个人因素,唐太宗是历史上最能听取臣下意见,体谅民情的皇帝,当时直谏是一种政治风气。更重要的是魏徵个人风格,他忠贞的对象不仅是皇帝,更是国家与民生。他有治国安邦的正确见解,在开创盛世局面的事业中几乎无人可替代。他敢说话,会说话,有高尚人格做积淀。魏徵的直谏无私,廉洁正己,有理有据等,不能不令唐太宗折服,官宦同僚们钦佩。美德在这里升华为最高政治智慧。

作为僧人和科学家,张遂的历史活动空间比魏徵小得多。历史上没有留下多少的文字记载,只有《旧唐书·方伎传》中百多字的短文。张遂的人格精神表现在出家和进谏两件事。

佛教理论讲"四大皆空"和"众生平等"。受环境的改造,中国佛教不得不承认国家、皇权的权威,但是在内心中,仍旧有平等的期冀。试想当年,凡夫俗子曲意巴结武氏新贵,皆为求得官位和名利。张遂恰相反,武三思以高规格礼遇相邀请,他不买账还逃到深山古刹。而当时出家为僧是仅有的明智选择之一。为什么?鄙视武三思类的为人和处事,看清楚了武周政权没有前途。这确实是一种聪明的自保,保名节保性命。敢于忤逆敢于出逃,何尝不需要一种勇敢独立的人生态度?

唐玄宗李隆基开创了稳定繁荣的时代,他的征召被张遂接受了。张遂不是为地位官职和名利而来,张遂也不会惧怕皇帝的权威。他为什么?应当是找到实现年轻时济世理想的机遇,在不很重要的位置上,发挥了科学家兼政治家的作用。唐玄宗"数就之,访以安国抚人之道"。按照一般僧人的规矩,无非是逢迎龙颜的吉祥话,张遂却能从国家利益出发,"言皆切直,无有所隐"。玄宗皇帝的女儿永穆公主出嫁,"优厚发遣,如太平公主故事"的安排提出批评要求匡正,直到皇帝"遂追敕不行,但依常理"。据说"其谏诤皆此类也"①。在这里,我们看到的是类似魏徵直谏的精神,有孟子"民为上,社稷次之,君为轻"的底蕴。

张遂无愧于伟大的科学家称号。他在国家需要时担负起修订历法的责任,"考前代诸家历法,改撰新历"。张遂是以天文观测和精密计算作为修订的依据。他"率府长史梁令瓒等与工人创造黄道游仪,以考七曜(日、月,五大行星)行度,互相证明"。改进浑天仪,发明复矩等使用仪器,组织从西伯利亚到印度支那半岛南北相距万里的天文大观测,实际上是世界上用科学方法实测地球子午线长度的创始人。这些都大大突破前人的见识,进一步依据实测数据推演编订出更为精确的历法。科学精神就是实事求是,在真理面前人人平等。皇帝神圣,前辈权威,在科学探究问题上都应服从于真实的世界和求实的精神。

三 古人的宝贵精神遗产

魏徵和张遂,留给巨鹿人民很多,最重要的是做人、为人和立人的精神。

首先是做人的尊严,尽管在封建社会中,仍能保留人格气节,在某种意义上以正常人之间的准则面对皇帝,面对习惯势力。比如魏徵的廉洁和敢作为,讲真话不底虚,又如张遂的科学创造精神。

其次,爱国家,为百姓请命。皇帝家天下,国家不过是当权者手中的权杖。中国传统国学,不仅是"仁、义、礼、智、信"和伦理纲常,更有高尚的国家社稷观念。孔子、孟子没有媚骨,敢于伸张肩负社会责任的浩然正气。魏徵继承这种精神,才能以比较平等的姿态对唐太宗李世民直谏,讲出"居安思危,戒贪以俭","水能载舟,亦能覆舟","内外无私,上下相信"的道理,协同皇帝开创政平民和盛世局面。魏徵许多时候是为百姓说话,有时也面临被罢黜、惩处,甚至杀头的危险。他不怕,并用这种精神感动了皇帝。

---

① 《旧唐书》卷一九一《一行传》,《二十五史》,第 5 册第 614—615 页。

第三,实现建设国家造福民生的理想。魏徵和张遂虽与宗教有过联系,骨子里仍是中国儒家知识分子的情怀与风骨。魏徵青年时代几经政治变故,终于在唐朝初年太宗李世民当政期间找到归宿。他所考虑的不再是家的荣华富贵,更多的是千古理想社会的实现。那个时代的"存百姓""薄赋敛,轻租税""无为而理"等治国思路,大半起于魏徵的谋划与实行。张遂劝诫唐玄宗"安国抚民"。他编制《大衍历》,则从另外角度上促进了社会安定和农业发展,有利于民生和国家。这就是儒家"治国平天下"的济世精神。

第四,对事业的坚韧追求,精业钻研精神。魏徵是中国古代最杰出的政治家之一。他才华贯古今,有一整套适合当时发展实际的治国理念。他与唐太宗等人共同创造了实现治国理念的政治局面,兢兢业业地工作与实践。他又是高超的人际关系大师,妥善处理了与皇帝、与臣僚、与百姓的关系,在直谏氛围身后的是和谐的人际关系,建立富强安定国家的基础。魏徵用勤政、执著和廉洁,树立了为官的榜样。张遂仅在世四十五年,少年青年时代的刻苦学习与研读,中年在天文、历法、数学、佛教等方面都有很大的贡献,贯穿一生的该是坚韧追求的科学精神。

最后,学习前人对历史文化的继承。魏徵是有定论的历史学家。唐初修订前朝历史,魏徵是主要负责官员之一。他"受诏总加撰定,多所损益,务存简正。《隋史》序论,皆徵所作,《梁》《陈》《齐》各为总论,时称良史"[1]。魏徵的奏章与言论中,引为例证的是前朝历史、现实社会和人伦道理。历史就是他取之不尽的宝藏。他处于全国敬畏并借鉴历史的时代,并为形成这样的风气的"推手"之一。张遂"博览经史,尤精历象、阴阳、五行之学",曾补修《魏书》的"天文志"[2],实际也是在学史和写史。

今天,我们正在建设繁荣昌盛的伟大国家,"自强不息"的中华民族将为世界做更多贡献。在伟大国家的民族精神中,总是包含各个区域,各类人群的地方文化。巨鹿古县在发展进程中,一定能继承魏徵、张遂等人的美德、智慧和人格精神,创造新一代的巨鹿人精神。

---

[1] 《旧唐书》卷七一《魏徵传》。

[2] 《旧唐书》卷一九一《一行传》。

与巨鹿郡相关的三枚汉简试释

孙晓丹

秦始皇统一六国,废分封制,行郡县制,巨鹿郡即为三十六郡之一。汉代的巨鹿郡,传世古籍内容丰富,出土汉简里也有所载。《居延汉简释文合校》《散见简牍合辑》中有三枚与巨鹿郡相关的汉简,具有很高的史料价值。本文试从戍卒身后事的处理制度,戍卒名籍简的书式,东汉末年刘姓宗室地位下降等方面稍作分析,以求教于大家。

简一①

☐寿王敢言之戍卒巨鹿郡广阿临利里潘甲疾温不幸死谨与
☐☐椟参絜坚约刻书名县爵里椟敦参辨券书其衣器所以收

7·31《合校》

根据裘锡圭先生的考证:椟椟,收殓死者用的小棺椁。参絜坚约:参絜,三束枲,用来捆绑棺木的;坚约,紧紧捆住的意思。两词合并意思是,用三束枲将棺椁紧紧捆绑住。刻书名县爵里椟敦,指的是把死者的名字、爵级、籍贯刻在棺木上。参辨券,可以一分为三的木券②。

由"敢言之",可知简一是一件上行文书。由简牍内容可知,是料理死亡戍卒后事的报告。翻查《居延汉简释文合校》,简一出土地为A33地湾,森鹿三先

【作者简介】孙晓丹(1984年—),河北师范大学历史文化学院2010级研究生,主要从事秦汉史研究。

① 谢桂华、李均明、朱国炤《居延汉简释文合校》,文物出版社1987年,第12页。
② 裘锡圭《汉简零拾》,《古文字论集》,中华书局1992年,第566页。

生推断是肩水候官遗址①,也就是说此简的收文机构是肩水候官,至于发文机构可能是部,也可能是燧②。根据图版,笔迹清楚工整,应该是原件,存根留存于发文机构。简一是文书正文,"参辨券书其衣器",表明文书应该是有附件的,是对死者衣物兵器的记录③。与此相关者如,

　　　　　　　　　　　　　　　官袭一领,钱二百卌
戍卒䣕得安国里毋封建国病死　　官绔一两　　　　　＝
　　　　　　　　　　　　　　　练(袜)一两
初元五年十一月庚午朔庚辰,令史□□□　　287.24

戍卒是守卫边疆的主体人群,人数最多,对其有效的管理是西北军事事务一项重要的内容。戍卒报到,发放粮食、衣物、兵器,检查是否在岗,生病死亡等等,自上至下,都有比较严格的记录、存档,形成一套严密的戍卒人事管理制度。结合《居延汉简释文合校》《居延新简》《疏勒河流域出土汉简》《散见简牍合辑》④,笔者就戍卒死亡后的处理制度略述一二。

其一,对遗体的初步处理。戍卒死后,首先由官方进行初步、暂时性安置,即:被装进"椑椟",用"帛""枲"等布料捆绑,等待下一步程序。简1、2、3(如下)各有说明,简1说明椑椟、枲、帛等物品,是官方常备的基本用品,专门处理此事件。简2中"致",是致物于人所用的文书,表明以上物品的派发是有文字通知的。简3显示,以上物品不但由官方提供,而且受到律令保护。所以,可以确定,在边境地,戍卒死后事宜,由边境官方机构负责,形成规范的程序,并且受到法律保护。

---

①　永田英正《居延汉简研究》,广西师范大学出版社2007年,第163页。永田参照森鹿三《居延汉简——特别是地湾出土的简牍》,《史林》第四十四卷第三号,1961年。

②　汉代居延地区军事事务由居延和肩水两都尉分管,肩水都尉下辖肩水候官,以下分部燧两级编制。

③　裘锡圭认为"应为记死卒衣器的券",据《汉简零拾》,《古文字论集》,中华书局1992年,第566页。

④　以下皆先后依次简称为《合校》《新简》《疏简》《散简》等。

1.☐月簿余椟椟六具帛六匹经枲　　　　　　　　176.54《合校》
2.●甲渠候官五凤四年戍卒病不幸死用椟椟帛枲致　287.24《合校》
3.戊辰朔丙子甲渠塞尉元移南阳新野埠东里瞿诸病死为
椟一椟书到
　☐取如律令　　　　　　　　　　　　　　　　157.20A《合校》

其二，对死者遗体的最终处理。简一"刻书名县爵里"印证了《汉书》记载：

十一月，令士卒从军死者，为椟归其县，县给衣衾棺葬具，祠以少牢，长吏视葬。①

上述史料说明，棺椁被送回原籍后，由所在县负责下葬用的葬具和衣物。表明政府对死者的后事是负责到底的。这也许是戍卒名籍写清原籍爵位的原因之一，也向我们证实了，普通士兵在边疆的悲凉生活，常常生死未卜。

其三，对遗物的处理。简一的"参辨券书其衣器所以收"，表明对死者衣物器具是要记录下来的，笔者认为，这里的"券"有"先令"②的性质，多数死者没有遗嘱留下，券将其遗物记录下来，就有了遗嘱的功能，但不完全等同。简4、5表明死者遗物是详细在案的，是上呈文书的标题，简6是标题下具体内容，也是衣物的具体名称和件数。简7，将遗物要做成爰书③，此类事件已经上升到司法层面，严肃慎重。所以，我们可以看到，对待死者的遗物，官方态度严谨，处理妥善，有记录在案，有司法程序。

4.竟宁元年戍卒病死衣物名籍　　　　　　　　　49.17《合校》
5.甲渠候官五凤二年五月戍卒物故衣名籍　　　EPT59:12《新简》
6.戍卒颍川郡阳翟邑☐翘里輓赤病死 官皂复☐☐　*702《疏简》
7.病死物爰书　　　　　　　　　☐　　　　　145.35《合校》

---

① （汉）班固撰《汉书》卷一下《高帝纪下》，中华书局1962年，第65页。
② "先令券书为临终遗嘱。"李均明《秦汉简牍文书分类辑解》，文物出版社2009年，第438页。
③ 司法案件的供问、记录、报告等。林剑鸣《简牍概要》，陕西人民出版社1984年，第139页。

那么这些遗物将被怎么处理呢？由下面两简,笔者做个大胆的推测:简8"使吏输",应该是在送还棺木的同时,连带将将遗物送还,简9"受佐史物故奉还",会不会是相关机构将将官给的衣物收回了呢。这些需要进一步研究。

  8. 第十七候长使吏输死卒冯未央裘绔练履……☐ EPT2:8《新简》
  9. 出赋钱四百八十受佐史物故奉还☐☐☐前☐廿四日☐ EPT4:64《新简》

  其四,对死者后事处理,官方有严格的文书程序,并且具有司法效力。简一对戍卒后事的记录,表明官方对此事件的重视,有法律程序。如果相关机构对戍卒死亡质疑或是如简一类文书没有及时上呈,会下发文书要求下级解释,如简9(如下)。各级机关要对病死做出详尽的记录在案,称为"爰书",并向上级呈送,具有司法效力,如简10。甚至驿马的死亡也要做成爰书,如简11。西北边境对人事管理的严密程度可见一斑。所以,无论是戍卒死亡、后事处理、遗物处理,都有具体的文书记录,严格的法律程序,具有司法效力。

  9. 及死为解解何具对 /   123.57《合校》
  10. 之谨移戍卒病死爰   198.9《合校》
  11. 始建国四年正月驿马病死爰书   96.1《合校》

简二①

  戍卒钜鹿郡广阿萤里吕 孺本始五年正月庚子朔
      ☐☐   118.29《合校》

  "本始",汉宣帝刘询登基后的第一个年号,本始一共有四个年头,简二显示的本始五年是一种纪年超长现象。李学勤先生以悬泉汉简为对象,查有11支本始五年汉简,未见地节(汉宣帝第二个年号)汉简,月份一到十一月全有,

---

① 谢桂华、李均明、朱国炤《居延汉简释文合校》,文物出版社1987年,第193页。

所以认为,汉宣帝应该是在本始五年的中期甚至后期才决定改年号,以后年号也都以四年为期①。笔者同意李先生的观点,并且认为根据当时的社会历史背景如战乱、动荡导致消息不畅也应该是纪年延长的原因。史书记载:

> 是时,乌孙公主上书言:"匈奴发骑田车师,车师与匈奴为一,共侵乌孙,唯天子救之!"汉养士马,议欲击匈奴。会昭帝崩,宣帝初即位,本始二年,遣常惠使乌孙。公主及昆弥皆遣使,因常惠言:"匈奴连发大兵击乌孙,取车延、恶师地,收其人民去,使使胁求公主,欲隔绝汉。昆弥愿发国半精兵,自给人马五万骑,尽力击匈奴。唯天子出兵以救公主、昆弥!"于是汉大发十五万骑,五将军分道出。②

上述材料表明,元始年间,汉廷在边境发动过大规模的战争,西陲边境的军事基地应该都会为此服务,战乱造成信息不畅,也是不可避免的。所以,笔者认为简二纪年超长与当时战争导致的混乱有关系。

简二是一支名籍简。图版字迹漫漶,但是字体工整,应为原件。因为关键部分残缺,不能准确地推断出是什么性质的名籍简,所以就这支简的来源,笔者认为有两种可能性:

第一种可能,此简是上级机关下发给肩水候官(出土地是地湾)的戍卒名籍册。如果成立,以"戍卒"开头,笔者认为,这应该是新兵名籍,确切说,是上级下发到肩水候官的戍卒名籍后,根据情况所做的名籍。笔者翻阅《居延汉简释文合校》和《居延新简》,找出来以"戍卒"开头的几种名籍书式,如下:

1. 戍卒淮阳郡苦中都里公士薛宽年廿七　　　　65.1《合校》
2. 戍卒魏郡贝丘婴里缴宗,万年燧　　　　EPT53:31《合校》
3. 戍卒济阴郡定陶池上里史国。
   县官帛□袍一□□三斤。县官枲履二两。

---

① 李学勤《论汉简、钱范所见纪年超长现象》,《新华文摘》2006年第3期。
② 《汉书》卷七〇《常惠传》,第3003—3004页。

县官帛衺袭一领，四斤四两。　　　　　县官练二两。

县官帛布二两，一领。　　　　　　　　县官□□二两。

县官帛布绔一两，七斤。　　　　　　　县官革履二两，不阁。

县官衺一领，不阁。

509·26《合校》

4.戍卒淮阳郡城父□上里陈广年　　　　六石具弩一。

禀矢五十。

7·24《合校》

简1和2，是卒名籍简，描述戍卒年龄和分配情况，出土地为地湾、破城子，分别是肩水候官、甲渠候官治所。简3是衣物名籍，出土地为大湾，是肩水都尉府遗址。简4是被兵名籍，出土地为地湾，是肩水候官治所。这四支简均出自候官级别的遗址，应该是新兵名籍册，以及根据名籍所发放的衣服和兵器的汉简。所以，一般认为以"戍卒"开头，记录爵级、乡里、姓名的汉简，是新兵报到名籍和据此制作的发放物品的名籍。

第二种可能，此简是下级呈报到肩水候官的名籍册。起初，笔者认为，如果下级呈报，说明戍卒已经被分配到具体部燧编制，呈报文书的书式应该是以部燧具体名字开头，比如：

5.毋伤燧戍卒居延昌里公乘李乐年册□　　　132.3《合校》

6.第十五燧长☑

□廪三月食名籍一编　　　EPT65:123《新简》

换言之，笔者起初认为简二不是上呈文书中的一部分。直到翻阅《散见汉简合辑》时，发现一枚与简二类似简，重新引发了笔者思考。如下：

7.戍卒济阴郡定陶安定里徐霸　　　元年九月甲戌病死　217《散简》

对比简1和简7，要素几乎一模一样，不同的是简7的时间记载没有年号的具体名字,疑为某年号时期戍卒病死名籍集成,在元年死亡戍卒之一,也就是说,还有二年、三年等名籍。

综上所述,由于简一残缺,不能判断出具体是哪方面的名籍简,这就形成了两种可能,一种是上级派发的新兵名籍简,一种是下级呈送的戍卒病死名籍简。

附带一句,基于第二种可能,李天虹老师所说"以'戍卒'开头的名籍都可能是整批戍卒刚刚到达边塞时编制的,编制单位是候官"①,这句话是值得商榷的。

简三②

　　□广陵令解登钜鹿鄢守长张建广宗长□□福登令曹椽许＝敦门下吏
彤石游傲龙进
　　兵马徐沙福亭长樊赦□令宗室刘江刘俞刘树刘举等著赤＝
　　帻为伍长守街治滞□□□　　　　　　(正面)
第十　　　　　　　　　　　　　　　(背面)　　　　　　37

《散简》编者按:这批汉简 1971 年出土于甘肃省天水市甘谷县渭阳乡十字道大队刘家面的一座东汉墓。简多残损,整理、缀合后共 23 枚。完整者仅 8 枚,简长 23 厘,宽 2.6 厘米。简由松木制成,有三道编绳,隶体书写,正面抄录正文,背面上部署编码"第一"至"第廿三",内容为东汉桓帝刘志延熹元年(159年)宗正府卿刘柜关于宗室事上报皇帝的奏书和皇帝下发的诏书③。

根据张学正先生考释,"解登""张建""马徐""樊赦",皆是人名,都属乡、县官吏。"曹椽""门下吏""游傲""圆""亭长"等,都是县令(长)的从属官名和乡、亭官名。"广陵""钜鹿""鄢""日宗""福登""沙福"等,乃是地名。"刘江""刘瑜""刘树""刘举"等四人名,都是宗室族属。

---

① 李天虹《居延汉简簿籍分类研究》,科学出版社 2003 年,第 10 页。

② 李均明、何双全编《散见简牍合辑》,文物出版社 1990 年,第 6 页。

③ 《散见简牍合辑》,第 5 页。

此简通意是：广陵县令解登、巨鹿郡的鄡和广宗二县长张建与□□，福登令丞曹掾许敦、门下吏彤石、游徼龙进、兵马徐、沙福亭长樊赦等乡、县官吏，令使宗室的刘江、刘瑜、刘树、刘举等人，戴上红色头巾，执事伍家之长，守街纠察，治理不轨。所谓"守街治滞"的差役。依其文意可知：刘江、刘俞、刘树、刘举等宗室族属，居住在广陵、鄡、广宗、福登诸县境内①。

从简三的内容，我们可以看到，东汉后期，刘姓宗室地位下降，皇室式微，地方豪强崛起，社会动荡不定。史书有云：

> 永建元年春正月甲寅，诏曰："先帝圣德，享祚未永，早弃鸿烈。奸慝缘间，人庶怨讟，上干和气，疫疠为灾。朕奉承大业，未能宁济。盖至理之本，稽弘德惠，荡涤宿恶，与人更始。其大赦天下。赐男子爵，人二级；为父后、三老、孝悌、力田，三级；流民欲自占者，一级。鳏、寡、孤、独、笃癃、贫不能自存者粟，人五斛。贞妇帛，人三匹。坐法当徙，勿徙；亡徒当传，勿传。徙囚逃亡，当传捕者，放之勿捕。宗室以罪绝，皆复属籍。其与阎显、江京等交通者，悉勿考。勉修厥职，以康我民。"②

永建是汉顺帝的第一个年号，已是东汉中后期，登基伊始，颁布诏书，宣布国策，唯有"宗室以罪绝，皆复属籍"此诏是依据当时现实情况制定的，可见当时宗室受到了削弱，需要中央直接维护其利益，与"宗室诸刘杂会，万人以上，立西面"这一盛况，无法比拟了。

东汉中后期，如果说地方宗室受到打压，那么，皇室近亲的大宗室，境况也是愈发无奈。史书有两条记载：

> 1.中平元年春二月，钜鹿人张角自称"黄天"，其部师有三十六万，皆着黄巾，同日反叛。安平、甘陵人各执其王以应之。注曰："安平王续、甘陵

---

① 张学正《甘谷汉简考释》，《汉简研究文集》，甘肃人民出版社1984年，第107—108页。
② （宋）范晔撰《后汉书》卷六《孝顺帝纪》，中华书局1975年，第251—252页。

王忠。"①

2.灵帝时,拜安平相,先是安平王续为张角贼所略,国家赎王得还,朝廷议复其国。李燮上奏曰:"续在国无政,为妖贼所虏,守藩不称,损辱圣朝,不宜复国。"②

上述材料显示,安平王被执、被议是否可以复国,也都说明了皇室宗室的地位下降。

是什么导致刘姓宗室受到挤压,中央集权力量受到极大削弱。笔者认为这是当时社会历史合力的结果,具体下来,有以下几个原因:

第一,各地豪强崛起,反叛事件层出不穷。如:

1.九月庚寅,广陵盗贼张婴等寇郡县。③

2.顺帝末,扬、徐盗贼群起,磐牙连岁。建康元年,九江范容、周生等相聚反乱,屯据历阳,为江、淮巨患,遣御史中丞冯绲将兵督扬州刺史尹耀、九江太守邓显讨之。耀、显军败,为贼所杀。又阴陵人徐凤、马勉等复寇郡县,杀略吏人。凤衣绛衣,带黑绶,称"无上将军";勉皮冠黄衣,带玉印,称"黄帝",筑营于当涂山中。乃建年号,置百官,遣别帅黄虎攻没合肥。④

第二,边境少数民族的侵扰,削弱了汉朝的实力。比如:

1.陇西钟羌叛,护羌校尉马贤讨破之。⑤
2.八月丙申朔,日有食之。鲜卑寇代郡,杀长吏。冬十月,鲜卑寇上谷。⑥
3.南匈奴左部句龙大人吾斯、车纽等叛,围美稷。五月,度辽将军马续

---

① 《后汉书》卷八《孝灵帝纪》,第348页。
② 《后汉书》卷六三《李杜列传》,第2091页。
③ 《后汉书》卷六《孝顺帝纪》,第272页。
④ 《后汉书》卷三八《滕抚列传》,第1279页。
⑤ 《后汉书》卷六《孝顺帝纪》,第252页。
⑥ 《后汉书》卷五《孝安帝纪》,第229页。

讨吾斯、车纽,破之。①

第三,外戚专权,宗室受到排挤。

1. 大将军梁冀威震天下,时遣书诣陈蕃,有所请托,不得通,使者诈求谒,陈蕃怒,笞杀之,坐左转脩武令。稍迁,拜尚书。②

2. 时大将军梁冀威权倾朝,遣弟侍中不疑以车马、珍玩致遗于杨厚,欲与相见。杨厚不答,固称病求退。帝许之,赐车马钱帛归家。修黄老,教授门生,上名录事三千余人。太尉李固数荐言之。③

第四,宦官当权,把持朝政。

1. 桓帝延熹二年,诛大将军梁冀,而中常侍单超等五人皆以诛梁冀功并封列侯,专权选举。又立掖庭民女亳氏为皇后,数月间,后家封者四人,赏赐巨万。是时地数震裂,众灾频降。李云素刚,忧国将危,心不能忍,乃露布上书,移副三府,曰:"臣闻皇后天下母,德配坤灵,得其人则五氏来备,不得其人则地动摇宫。"④

2. 中常侍单超兄子匡为济阴太守,负势贪放,第五种欲收举,未知所使。会闻从事卫羽素抗厉,乃召羽具告之,谓曰:"闻公不畏强御,今欲相委以重事,若何?"对曰:"愿庶几于一割。"羽出,遂驰至定陶,闭门收匡宾客亲吏四十余人,六七日中,纠发其赃五六千万。第五种即奏匡,并以劾超。匡窘迫,遣刺客刺羽,羽觉其奸,乃收系客,具得情状。州内震栗,朝廷嗟叹之。⑤

---

① 《后汉书》卷六《孝顺帝纪》,第269页。
② 《后汉书》卷六六《陈蕃列传》,第2160页。
③ 《后汉书》卷三〇上《杨厚列传》,第1049—1050页。
④ 《后汉书》卷五七《李云列传》,第1851—1852页。
⑤ 《后汉书》卷四一《第五伦列传·第五种》,第1404页。

综上所述,简三显示的刘氏宗室地位下降,受到打压这一历史现象。其原因是反叛层出、边境受扰、宦官专权,宦官当政诸多原因导致的。

《居延汉简释文合校》和《散见简牍合辑》所出的三枚关于巨鹿的汉简,包含了重要的汉代边境地区的信息。简一向我们揭示了当时戍卒死后后事的处理制度。简二及相关简印证了戍卒名籍的又一书式,证实以"戍卒"开头的戍卒名籍简,来源应该有两个方面,上呈或是下发。简三再现了东汉中后期,刘姓宗室受到打压这一历史事实。

汉简以其数量庞大、内容丰富、价值高,成为研究秦汉史的重要组成部分。与秦汉史相关之传世古籍研究的空间越来越有限,关注点向出土文献转移,不失为研究秦汉的一个好方向。简牍研究已有百年历史,无论是现在,还是以后,希望更多汉简得以出土,为秦汉史研究带来一个美好的明天。

《隋平远大将军成洪显墓志铭》考释

毛永娟

业师孙继民先生所著《河北新发现石刻题记与隋唐史研究》一书《附录》第九部分"未刊石刻的录文及简介"中收有一通墓志铭,名为《唐平远大将军成洪显墓志铭》。此墓志铭于2005年在河北省邯郸市西北丛台区插箭岭小城南侧出土,私人收藏。墓志长、宽均为四十厘米,志文十六行,行十五字,全文共二百二十八字,盖失,正书。此通墓志铭可作补史的一篇材料,但迄今未见专文研究,故笔者不揣浅陋,试对此通墓志铭作如下考释。为研究方便,现将志文移录如下:

1. 平远将军成洪显墓铭
2. 君讳显,字太明,燕州上谷郡上谷县安
3. 平乡人也。骠骑大将军、益州刺史、东海
4. 公成普定玄孙。夫人曹氏,赵州钜鹿郡
5. 钜鹿县善信乡,平东将军、新安县令曹
6. 建之孙女。夫人少禀庭训,四德备于笄
7. 组;母仪外族,三从减于礼教。宜慈育常
8. 欢膝下,何意秋霜早落,兰桂先凋,春秋
9. 七十八,以大业元年五月廿五日卒于
10. 邯郸城内,大业三年岁在丁卯十一月

【作者简介】毛永娟(1986年—),女,河北师范大学历史文化学院2009级硕士研究生,主要从事唐宋出土文献研究。

11. 丙午朔四日乙酉合葬邯郸城西葛屡
12. 山南一百余步。寒暑递迁,陵谷难固,哀
13. 哉追远,迺为铭曰:岩岩荆岫,参差宝
14. 久。隐隐邓林,扶可寻於。嗟明德,独擅衣
15. 簪。人间世促,泉下年深,唯留慈爱,以
16. 播徽音。千终永久,万古追寻。

墓主成洪显虽贵为平远将军,但正史中没有他的传记,史文中也没有他的名字。其玄祖父成普定为骠骑大将军、益州刺史、东海公,其夫人祖父曹建官至平东将军、新安县令,史籍也未见此二人记载。虽然如此,仍有几点问题值得探究:

首先,关于志文的两处说明。此通墓志形制完整,字体清楚,并无损坏之处。但笔者发现志文中有两处明显存在缺字问题,由于墓志铭保存完好,非后人损坏所致,所以当为刊刻者刊刻时的疏漏。一是,志文首行"平远将军成洪显墓铭"一句最后"墓铭"二字中,当缺一"志"字,应为"平远将军成洪显墓志铭"。二是,志文第4—5行"赵州钜鹿郡钜鹿县善信乡"一句,这句话明显是地理称谓的指代,从志文上下文内容来看应指成洪显夫人曹氏的籍贯所在地,所以"赵州钜鹿郡钜鹿县善信乡"一句语义不完整,句末应缺一"人"字,当为"赵州钜鹿郡钜鹿县善信乡人"。从以上这两点来看,可知成洪显墓志铭的刊刻稍显粗陋,存在缺字现象,但整体内容完整,影响不大。

其次,关于墓主成氏。虽然墓主成洪显不载于史,但通过查找资料可知,成氏为北朝胡姓。姚薇元《北朝胡姓考》外篇第三匈奴诸姓"成氏"条云:"姑藏成氏,出自匈奴介和王成娩之后,以名为氏,屠各族也。……又卢水胡亦有成氏,见常璩《华阳国志》。刘宋世宗时有酉阳蛮成邪财等起义攻郢州。是南蛮亦有成氏。"[①]史籍中,有关成氏家族的人物也不乏记载,例如:《汉书》有开陵侯成娩;《晋书》有屠各胡成七儿,又有成粲;《魏书》有成轨、成淹、成霄、成仲庆,则属上谷居庸一支。西安碑林博物馆编《碑林集刊(十三)》载:"隋志所见成姓者还有

---

① 姚薇元《北朝胡姓考》,科学出版社1958年,第283页。

开皇十八年（598年）《成肆虎志》，属匈奴屠各胡后裔；大业三年《成恶仁墓志》，属幽州涿县一支。大业三年《成洪显墓志》，属上谷郡一支。"①可见，此书将本文研究对象《成洪显墓志》定为上谷郡一支，但并未具体说明原因。笔者认为，原因当出于志文第2行"燕州上谷郡上谷县安平乡人"一句，这句话写明了墓主人成洪显的籍贯所在地。《碑林集刊（十三）》中认为其属于上谷郡一支，应是出自于其籍贯所在地的记载。

再次，关于此通墓志铭的朝代归属问题。此通墓志铭在《河北新发现石刻题记与隋唐史研究》一书刊出时原拟题为《唐平远大将军成洪显墓志铭》，笔者认为不太准确。因为笔者发现志文中存有"大业元年（605年）""大业三年（607年）"两处明显的时间标志，我们知道，大业是隋炀帝时的年号，由此可以判定此通墓志铭应出于隋代，而非唐代。所以，此通墓志铭按照一般的定名方法应改为《隋平远大将军成洪显墓志铭》。但是，这里有一个问题需要注意。如果我们翻看《汉魏南北朝墓志汇编》《唐代墓志汇编》《隋唐五代墓志汇编》等书所收的墓志，不难发现墓志定名的一般规律，即一通墓志的定名应包含哪几个要素。墓志定名主要取决于志文首行的内容，一般包括埋葬死者的朝代、死者的爵位官位、死者名和文种名四个要素。例如：《隋上柱国太子太保雍州牧河间恭王墓志铭》《大唐故护军奉医大夫陆公墓志铭并序》《大元故奉议大夫耀州知州冯公墓志铭》《明故承德郎西域兵马指挥嵇公墓志铭》等。墓志定名所需的四个要素在其志文首行均一一呈现，这几通墓志的定名可见准确、全面。之所以笔者认为此通墓志《隋平远大将军成洪显墓志铭》有一个问题需要注意，就是因为从墓志志文首行内容"平远将军成洪显墓铭"来看，并不包括埋葬死者的时间，这亦是此通墓志铭的一个特别之处。

众所周知，中国古代自唐朝以来的历史分期作法，是将隋朝与元魏、北齐、北周等国一同划作北朝，与南方宋、齐、梁、陈诸国的通称"南朝"相对应。赵万里的著述将书名题作"汉魏南北朝墓志集释"而于书中一并收录有隋朝墓志，应当就是在承续着这一传统。再说按照通行的惯例，墓志的朝代归属，基本上是取决于墓主的卒年或是下葬时间，卒葬于隋朝者即被列为隋代墓志，故《成

---

① 西安碑林博物馆编《碑林集刊（十三）》，陕西人民美术出版社2008年，第194页。

洪显墓志》的朝代归属当为隋代是无疑的。而由于隋朝短促,杨坚父子有国总共不过三十八年时间,有很多隋墓志的主人是由北魏、西魏、东魏、北齐或北周诸国入隋(也另有一小部分是由南方的梁、陈两朝入隋),这些人的墓志会涉及许多隋以前北朝各国的历史问题,将墓志划归于北朝,可以为研究南北朝时期北方诸国的历史问题提供许多便利。此通《成洪显墓志铭》即存在上述这种情况,墓主成洪显虽然卒于隋大业三年(607年),应列为隋代墓志,但是志文首行内容"平远将军成洪显墓铭"前未有"隋"字,可知成洪显"平远将军"这个将军名号肯定不是他在隋朝的官职,应是在隋朝之前所授过的最高官职。正是因为成洪显在隋朝并没有官职,墓志上所刻"平远将军"为其在隋以前某个朝代所授的官职,不便刻上"隋"字,所以志文首行内容前未有"隋"字。

最后,关于志文中所见地理建置问题。志文第2行载墓主成洪显是燕州上谷郡上谷县安平乡人;志文第4行载曹建为赵州巨鹿郡巨鹿县善信乡人。这两处所记详至州郡县乡俱全,于墓志文中少见,皆可裨补上谷郡、巨鹿郡两地下属县乡名称,是此墓志铭一个非常可贵之处。关于此二处行政区划是何时所置,正史典籍记载零散,是一个亟待考察的问题。上文已经论述此通墓志铭的朝代归属当为隋代,以上两处州郡县的设置也应为隋代所设,但是笔者翻查《隋书·地理志》和《钜鹿县志》所记发现并非如此。《隋书·地理志》载:"上谷郡,开皇元年置易州。统县六,户三万八千七百。"上谷郡所统六县分别是:易、涞水、遒、遂城、永乐、飞狐。从隋代上谷郡所辖六县来看,并没有墓志中所记载的"上谷郡上谷县"的设置。另外,笔者查找《隋书·地理志》,发现隋代并没有巨鹿郡的设置。《钜鹿县志·地舆志》载:"隋开皇六年,复置南䜌。大业初,仍改钜鹿,属襄国郡。"①可知在隋大业初,巨鹿县是属襄国郡管辖的,这也符合《隋书·地理志》的记载:"襄国郡,开皇十六年置邢州。统县七,户十万五千八百七十三。龙冈,旧曰襄国,开皇九年改名焉。十六年又置青山县,大业初省入焉。有黑山。有浭水。南和,旧置北广平郡,后齐省入广平郡,后周分置南和郡。开皇初郡废,十六年置任县,大业初废入。平乡、沙河开皇十六年置。有磬山。钜鹿,后齐废,

---

① (清)凌燮修《钜鹿县志》卷一《地舆志》,《中国方志丛书》华北地方,成文出版社有限公司1976年,第516号第85页。

开皇六年置南縫县,后废入焉。内丘,有干言山。柏仁,有鹊山。"可知,襄国郡所辖七县分别是:龙冈、南和、平乡、沙河、巨鹿、内丘、柏仁。巨鹿属于襄国郡管辖,并非墓志中所记载的巨鹿郡,襄国郡上一级是邢州,也并非赵州。

  从以上论述我们可以知道,志文中燕州上谷郡上谷县和赵州巨鹿郡巨鹿县这两处记载绝非隋代的行政区划建置,应是沿用了墓主人出生时所属朝代的行政区划。从志文可知,墓主成洪显卒于大业三年,享年不知,但可根据其夫人的记载略作推测。志文第4—10行载:"夫人曹氏……兰桂先凋,春秋七十八,以大业元年五月廿五日卒于邯郸城内",从这句话可知成洪显夫人曹氏享年七十八岁,下葬时间为大业元年(605年)。由年龄和下葬时间这两点的明确记载,我们可以推测出曹氏出生年代大概在北魏孝庄帝永安二年(529年)。这是成洪显夫人曹氏的大概出生年代,由此亦可判断出成洪显出生年代当与之相差不远,也属北魏时期是无疑的。按我国古代一般的婚姻习俗,丈夫年龄应略大于夫人的年龄,所以成洪显的出生年代应早于曹氏的出生年代永安二年,即此二人都是由北魏时期入隋。通过成氏夫妇的生存年代考察,可知燕州上谷郡上谷县和赵州巨鹿郡巨鹿县这两处地理建置在隋代无考就容易理解了。

  《宋书》《南齐书》州郡志中均无燕州上谷郡的记载,《魏书》载:"东燕州,太和中分恒州东部置燕州,孝昌中陷,天平中领流民置。寄治幽州宜都城。领郡三,县六。……上谷郡,天平中置。领县二,户九百四十二,口三千九十三。平舒,孝昌中陷,天平中置。居庸,孝昌中陷,天平中置。"①可知燕州设置于太和年间(477—500年),上谷郡设置于天平年间(534—538年),所以,志文中燕州上谷郡上谷县的设置当在北魏时期无疑。另,笔者发现一条材料可推前燕州上谷郡的设置时间,《汉魏南北朝墓志汇编·北魏》有一通墓志,名为《魏故步兵校尉千牛备身武卫将军燕州大中正平北将军瀛州刺史寇君墓志铭》载:"君讳猛,字吐陈,燕州上谷郡沮阳县都乡孝里人也。……年卅有七,在正始三年岁次丙戌四月十一日薨于洛阳承华里。"②从上文墓主寇君是燕州上谷郡沮阳县人,卒于正始三年(506年)可知,至迟在正始三年已有燕州上谷郡的设置,《魏书·地形

---

① (北齐)魏收撰《魏书》卷一〇六上《地形志上》,中华书局1974年,第2493页。
② 赵超《汉魏南北朝墓志汇编》,天津古籍出版社2008年,第65页。

志》所记燕州上谷郡置于天平年间(534—538年),当是经过孝昌沦陷后所置。

南北朝时期政局动荡,行政区划经常改动,关于赵州巨鹿郡巨鹿县的记载比较复杂。《魏书》载:"殷州,孝昌二年分定、相二州置,治广阿。领郡三,县十五。……钜鹿郡,永安二年分定州钜鹿置,置旧扬城。……南赵郡,太和十一年为南钜鹿,属定州,十八年属相州,后改。孝昌中属殷州。"①从这段材料可知在北魏时期,巨鹿郡在不同时期分别属于定州、相州和殷州管辖,并不见墓志中所记赵州。但据《北周地理志》载:"后魏置殷州。《魏书地形志》:'殷州孝昌二年,分定、相二州置。治广阿。'《魏书·崔辩传子楷附传》:'孝昌初,分定、相二州四郡置殷州,以楷为刺史。'按《地形志》,殷州领赵、钜鹿、南赵三郡。'北齐改曰赵州。"②可知,北齐时殷州改为赵州,为避太子之讳。在《北史·齐文宣帝纪》有载:"天保二年秋七月辛卯,改殷州为赵州,以避太子之讳。"由上益见,赵州名始于此,州治初在广阿,后移平棘,下辖巨鹿郡。《北周地理志》另载:"按《寰宇记》:'高齐天保二年,改殷州为赵州。七年,州废。然据下所引,则赵州迄周世末未废。故知天保七年废赵州之说,不可据。'北周人赵州刺史者见《隋书·元孝矩传》:'弟褒,仕周官至赵州刺史。'《周书·于谨传》:'子礼,上大将军,赵州刺史。'领郡二。"③可知,北齐改殷州为赵州,至北周末年赵州仍有设置。通过以上论述,我们可以发现志文中所记曹氏及其祖父曹建籍贯"赵州钜鹿郡钜鹿县善信乡"这个行政区划应为北齐时所设,不仅印证了正史典籍的记载,也补充了正史典籍所记不详的地理建置,是这通墓志铭难能可贵之处,有利于巨鹿地区古代地理沿革的研究。

---

① 《魏书》卷一〇六上《地形志上》,第2470—2471页。
② 王仲荦《北周地理志》卷十《河北下》,中华书局1980年,第955页。
③ 《北周地理志》卷十《河北下》,第955页。

魏徵《砥柱山铭》略考

彭文峰

《全唐文》卷一百四十一载有唐代名相魏徵的《砥柱山铭》，但仅余"仰临砥柱，北望龙门。茫茫禹迹，浩浩长春"十六字，殊为可惜。长期流传于民间的北宋著名书法家黄庭坚《砥柱铭卷》所书内容依据的就是魏徵《砥柱山铭》，这为我们还原并研究《砥柱山铭》提供了条件。为行文方便，先将《砥柱铭卷》有关魏徵所撰铭文的内容迻录如下：

> 维十有一年，皇帝御天下之十二载也。道被域中，威加海外，六和同轨，八荒有截，功成名定，时和岁阜。越二月，东巡狩至于洛邑，肆觐礼毕，玉銮旋轸，度崤函之险，践分陕之地，缅惟列圣，降望大河。砥柱之峰桀立，大禹之庙斯在；冕弁端委，远契刘子，禹无间然；玄符仲尼之叹，皇情乃睠，载怀仰止，爰命有司勒铭兹石。祝之，其词曰：大哉伯禹，水土是职。挂冠莫顾，过门不息。让德夔龙，推功益稷。栉风沐雨，卑宫菲食。汤汤方割，襄陵伊始。事极名正，图穷地里。兴利除害，为纲为纪。寝庙为新，盛德必祀。傍临砥柱，北眺龙门。茫茫旧迹，浩浩长源。勒斯铭以纪绩，与山河而永存。

《郑魏公文集》亦载有《砥柱山铭》，其内容与《全唐文》一致，也只有"仰临砥柱，北望龙门。茫茫禹迹，浩浩长春"十六字。《全唐文》《郑魏公文集》有关《砥

【作者简介】彭文峰（1975 年—），男，河北大学宋史研究中心讲师，主要从事隋唐五代史及区域史研究。

柱山铭》的记载都只要简短的十几个字,是不是魏徵所撰原文就只有这些内容?要解决这个问题,先要对黄庭坚《砥柱铭卷》与魏徵《砥柱山铭》的关系进行分析。笔者认为《砥柱铭卷》所书内容即《砥柱山铭》全文,其依据有三:首先,《全唐文》《郑魏公文集》所载《砥柱山铭》的残余内容与《砥柱铭卷》相同部分的内容在行文风格及句式上完全一致,仅存在个别文字上的差异,这种文字上的差异在誊写流传过程极为普遍。其二,黄庭坚是唐宋八大家之一的苏轼的弟子,位列苏门四学士之首,其学识对当时尚能见到的《砥柱山铭》内容十分熟悉自无疑问。更重要的是,黄庭坚十分仰慕魏徵,其所书跋文充分证明了这一点:"魏公有爱君之仁,有责难之义,其智足以经世,平生欣慕焉。时为好学者书之,忘其文之工拙,我但见其妩媚者也。"以黄庭坚的学识及其对魏徵的仰慕,其所书的《砥柱铭卷》应该就是魏徵《砥柱山铭》的全文。第三,《砥柱铭卷》陈述的事实与太宗时期的史实相吻合。《砥柱铭卷》载:"维十有一年……越二月,东巡狩至于洛邑。"《资治通鉴》载:"(二月)甲子,上行幸洛阳宫。"①《新唐书》卷二《太宗本纪》云:"甲子,如洛阳宫。"司马光、欧阳修的记载与《砥柱铭卷》所载史实一致。基于上述三点理解,笔者认为黄庭坚所书《砥柱铭卷》的内容应该就是魏徵的《砥柱山铭》。尽管上述分析仍显证据不足,但就目前所能见到的史料而言认为《砥柱铭卷》所书内容就是《砥柱山铭》当无问题。

贞观元年(627年),鉴于洛阳的重要地位,唐太宗将其冠名为洛阳宫,升格后的洛阳成为太宗重要的巡狩之地。贞观十一年二月,太宗銮舆再次抵达洛阳,《砥柱山铭》"维十有一年,皇帝御天下之十二载也……越二月,东巡狩至于洛邑"记载的就是此事。铭文又曰:"肆觐礼毕,玉銮旋轸。"从这一表述看,似乎太宗在洛阳停留的时间不长,但实际情况并非如此,贞观十一年二月抵达洛阳之后,太宗在洛阳停留的时间上长达一年有余,长期在洛阳及其周边活动。《新唐书》《资治通鉴》等记载了太宗这段时间的活动:"(三月)辛亥,猎于广成泽。癸丑,如洛阳宫。"②"十一月辛卯,如怀州。乙未,猎于济源麦山。丙午,如洛阳

---

① (宋)司马光编著《资治通鉴》卷一九四唐太宗贞观十一年十一月,中华书局1956年,第6127页。
② (宋)欧阳修、宋祁撰《新唐书》卷二《太宗本纪》,中华书局1975年,第37页。

宫。"①直到贞观十二年二月,唐太宗才"车驾西还"②。能够长时间离开政治中心长安而在洛阳及其周边活动,说明唐王朝此时的政治局势、社会环境都十分稳定。这从侧面佐证了《砥柱铭卷》所言"道被域中,威加海外,六和同轨,八荒有截,功成名定,时和岁阜"不虚。

《砥柱铭卷》载太宗"度崤亟之险,践分陕之地,缅惟列圣,降望大河"。这里的"崤亟"很可能是"崤函"的误写。古代经常将崤山与函谷关并称为"崤函",用崤函来指代崤山和函谷关。《砥柱铭卷》之所以将"崤函"写作"崤亟",很可能魏徵的《砥柱山铭》在抄录誊写的过程中,因为"函"与"亟"形近易讹发生了错误。

《砥柱铭卷》曰:"度崤亟之险,践分陕之地,缅惟列圣,降望大河。"大体标明了唐太宗贞观十二年二月自洛阳西返回长安的路线,即自洛阳往西翻崤山,穿函谷关而入关中。《资治通鉴》对唐太宗西返长安的过程记载得更为具体。"癸亥,幸河北,观砥柱。"③古代的河北通常用来泛指黄河中下流地区今河北、山西、内蒙古等地,但这里的"河北"指的是当时的河北县。"自西还,便道幸河北县。河北县,汉、晋属河东郡,后魏置河北郡,隋废郡,复为县,属蒲州。县南河中有砥柱山。贞观元年,以河北县度属陕州。《括地志》曰:陕州河北县,本汉大阳县。"④自河北县观砥柱之后,车驾继续西行,"乙丑,上祀禹庙;丁卯,至柳谷,观盐池。禹都安邑,后人立庙于其地。安邑有盐池,则柳谷亦当在安邑"⑤。唐代的安邑即今山西夏县。"庚午,至蒲州。"⑥蒲州治河东县(今山西省永济县),是唐代西都长安、东都洛阳、北都晋阳的要会之地,战略地位极为重要。此后,太宗一行继续向长安进发,闰二月"丁未,车驾至京师"⑦。

贞观十二年二月辛亥朔,闰二月庚辰朔。自二月乙卯太宗车驾西还至闰二月丁未车驾抵达京师长安,总计时间为五十七天,这是唐代长安、洛阳两地在

---

① 《新唐书》卷二《太宗本纪》,第 37 页。
② 《资治通鉴》卷一九五唐太宗贞观十二年二月,第 6136页。
③ 《资治通鉴》卷一九五唐太宗贞观十二年二月,第6136页。
④ 《资治通鉴》卷一九五唐太宗贞观十二年二月条胡注,第 6136 页。
⑤ 《资治通鉴》卷一九五唐太宗贞观十二年二月条胡注,第 6136—6137 页。
⑥ 《资治通鉴》卷一九五唐太宗贞观十二年二月条胡注,第 6137 页。
⑦ 《资治通鉴》卷一九五唐太宗贞观十二年二月条胡注,第 6137 页。

正常情况下单程所需的时间。对唐代长安与洛阳之间的交通，严耕望先生的《唐代交通图考》考订甚详，其线路与前文司马光所载基本一致，此不赘述。弄清楚了太宗从洛阳返回长安所花的时间，对理解《砥柱山铭》的"越二月，东巡狩至于洛邑，肆觐礼毕，玉銮旋轸"颇有帮助。贞观十一年正月，太宗从长安出发前往洛阳宫（高宗显庆二年洛阳宫才正式称洛阳为东都），历时大约两个月的时间，方抵达目的地，故《资治通鉴》云唐太宗二月甲子行幸洛阳宫，说明二月已经抵达洛阳，《新唐书》"二月甲子，如洛阳宫"的记载也印证了这一点。

《大唐故使持节泗州诸军事泗州刺史魏府君墓志铭》考释

郭兆斌

在《唐代墓志汇编续集》中有一通录自《隋唐五代墓志汇编》(陕西卷第三册)的释文,题为《大唐故使持节泗州诸军事泗州刺史魏府君墓志铭并序》[①]。从释文中可知:墓志有盖,盖上无字;志文二十五行,满行二十四字,共五百六十二字,无缺字,志文第二行有一处空缺应是故意为之,释文中未见墓志铭的撰刻者。由于笔者未见到墓志图版,其他信息暂且不可知,但并不影响下文的展开。由于该墓志涉及唐代的一些郡望及武官入仕的问题,因此,笔者不揣浅陋,拟在前人研究成果之上,结合典籍对墓志进行简单考释,错讹之处,还请方家指正。现将墓志释文迻录如下:

1.大唐故使持节泗州诸军事泗州刺史魏府君墓志铭并序
2.君讳伦,字　　。钜鹿鼓城人也。居隆周以锡茅,因大名而命氏。并
3.光华于史册,此可略而言焉。曾祖荣,梁散骑常侍、黄门侍郎、宕
4.渠太守;祖敷,周骠骑大将军、光禄大夫、仪同三司,荆州总管、钜
5.鹿郡公,或入居近侍,接鹓鹭于凤池;出镇大藩,著讴谣于童骑。
6.父元凯,隋仪同、袭钜鹿郡公;志肃松筠,遗心毁誉之际;虑清水
7.月,澄听节义之间。君禀辰象以降灵,积中和而纳祐。警谈丛于

【作者简介】郭兆斌(1985年—),男,河北师范大学历史文化学院2009级研究生,主要从事唐宋出土文献整理与研究。

① 周绍良、赵超主编《唐代墓志汇编续集》,上海古籍出版社2001年,第103页。

8.萧籁,鉴止水于襟情。武德元年起家左亲卫秦府库真兵
9.曹参军事。贞观元年,诏除扬州大都督府兵曹参军。八年,
10.诏授员外散骑侍郎行谯州司马。十五年,诏又除黔州都
11.督府长史,始韬光于下位,总禁卫于戎机;及展骥于长衢,效诚
12.绩于藩部。既而吴江楚塞,水陆要卫,去彼回耶,实资明略。廿二
13.年,有诏授公使持节泗州诸军事泗州刺史。襄帷千里,威
14.肃百城。风俗可移,曾未期月,谓彼苍之与善,宣政术于遐年;嗟
15.阅水之不留,徒藏舟于夜壑。遘疾终于官第,春秋六十有九。哀
16.切冕旒,废朝三日;所有家口,乘传还京,并给灵舆,送至宅
17.所。惟公含仁恕以御物,怀信义以立身。故能宦历清阶,庶僚禀
18.其模楷;践游胜地,朝野钦其德音。所谓令问遐宣,嘉猷潜远者
19.矣。以显庆三年十一月廿三日葬于长安县西南细柳之原,礼
20.也。有子思行等,并践霜增慕,攀穹靡及。恐竹素之磨灭,思金石
21.之不朽。旌懋德于幽扃,与天地而长久。其词曰:
22.在周锡社,居晋传名,芳流有嗣,弈叶飞英。昂昂器宇,肃肃襟情,
23.如兰之馥,如松之贞。襄帷楚地,播美秦京,俄辞白日,奄閟玄扃。
24.川回广柳,路委飞旌,骏空景落,冒宠烟生。托柔翰于沉础,表遗
25.烈于佳城。

笔者认为,墓志志文可分为以下三部分:

第一,从第1行至第7行中间。其中,第1行为志题,第2行至第7行为魏氏之来源及墓主人曾祖、祖父和父亲的三代履历,这些都是墓志中常见的格式。

第二,从第7行中间至第21行。这一部分是墓志铭的序文,包括了墓主人魏伦的个人履历及其死后安葬之处,是墓志的主体内容。

第三,是第22行至最后,是墓志的铭文。

首先,在第一部分中,首行志题中"使持节泗州诸军事泗州刺史",从墓志下文可知是墓主人魏伦履历中所担任过的最高官职,也是所担任的最后一个官职。"使持节诸军事",《旧唐书》有记载:"上州:刺史一员,从三品。……初,汉

代奉使者皆持节,故刺史临部,皆持节。至魏、晋,刺史任重者,为使持节都督,轻者为持节。后魏、北齐,总管、刺史,则加使持节诸军事,以此为常。隋开皇三年罢郡,以州统县,刺史之名存而职废。而于刺史太守官位中,不落持节之名,至今不改,有名无实也。"①可知,"使持节诸军事"始自后魏、北齐,到了唐代仍有"使持节诸军事"之称,但"有名无实"成为虚衔。所以,"泗州刺史"是墓主人魏伦的实职,"使持节诸军事"是他的虚衔,这种州刺史带有使持节诸军事的称号于史籍中很是常见。到后来,演变为节度使,《旧唐书》中有"至德之后,中原用兵,大将为刺史者,兼治军旅,遂依天宝边将故事,加节度使之号,连制数郡。奉辞之日,赐双旌双节,如后魏、北齐故事"②。

　　志文的第 2 行有墓主人籍贯的记载,是巨鹿鼓城人,即魏伦是巨鹿郡鼓城县人。《元和郡县图志》中有"鼓城县……汉为下曲阳地,属钜鹿郡。隋开皇六年置昔阳县,十八年改为鼓城县,属廉州。大业九年改属高阳郡。贞观元年属定州,大历三年割属恒州。"③又有"魏收墓,在县北七里。后魏、北齐贵族诸魏,皆此邑人也,所云'钜鹿曲阳人'者是矣。"④《旧唐书》中有"唐初,置钜鹿郡,领藁城、桓肆、新丰、宜安四县。武德元年,改为廉州。其年,陷窦建德。四年,贼平,复置廉州,领藁城、鼓城、毋极四县。省桓肆、新丰、宜安,并入藁城。贞观元年,废廉州,以鹿城属深州,鼓城、毋极属定州,藁城属恒州。"⑤这里所说的"唐初"是指隋恭帝义宁年间。可以看出,在唐初鼓城县是隶属于巨鹿郡(后改为廉州),但在贞观元年之后,鼓城县便隶属于定州,廉州同时废除。换句话说,在贞观之后直至魏伦下葬的显庆三年之间是不存在"钜鹿鼓城"这一行政区划的。然而志文中又说魏伦为巨鹿鼓城人,之所以出现这种情况,笔者认为与魏氏的郡望是有关系的,据《新唐书》记载"魏氏出自姬姓……生歆,字子胡,钜鹿太

---

① (后晋)刘昫等撰《旧唐书》卷四四《职官三》,中华书局 1975 年,第 1917 页。

② 《旧唐书》卷四四《职官三》,第 1918 页。

③ (唐)李吉甫撰《元和郡县图志》卷十七《河北道二·恒冀节度使》,中华书局 1983 年,第 482 页。引文据贺次君先生校勘记,有改动。

④ 《元和郡县图志》卷一七《河北道二·恒冀节度使》,第 482 页。据原文,无改动。

⑤ 《旧唐书》卷三九《地理二》,第 1502 页。

守,初居下曲阳。"①此处的下曲阳即为鼓城县。另据《元和姓纂》所记"【钜鹿】曲阳侯、汉钜鹿太守歆,居钜鹿。五代孙庆(应作"宣"),汉封北海公。宣孙统。统长子俦,为'东祖';次子植,为'西祖'也。"②魏氏除巨鹿一支外,在《元和姓纂》记载的还有清河、宜阳、任城和宋城四支,其中宜阳和任城两支在《元和姓纂》成书时已绝。剩下的清河和宋城两支无论从人数还是从名望上都远不及巨鹿,故而很多非巨鹿魏姓之人都以巨鹿为自己郡望,标榜自己为巨鹿人。笔者查阅了史籍及其他金石文献,仅在《资治通鉴》卷一百四有名为魏敷一人,但此人在太元五年就已死,故而不可能是魏伦之祖父,志文中其他人未见记载,因而对其实际的籍贯还难以确定。

从其先人的履历来看,其曾祖、祖父都未曾在巨鹿担任过官职,祖父虽被封为巨鹿郡公,因为当时该地区在北齐境内,所以没有实际的封地,也就不可能在巨鹿安家,父亲袭封钜鹿郡公应该也是没有实际封地的。魏伦也就不可能落籍于巨鹿鼓城(下曲阳),也就只有魏伦将郡望代替了自己籍贯可以解释得通。从其死后安葬于长安县可知,至少在他这一代已经于长安安家或者其父祖已安葬于此,所以其籍贯应该是长安或者相邻州县,这点从志文第16行"所有家口,乘传还京,并给灵舆,送至宅所"亦可以得到证实。

除了魏伦之外,在唐代墓志中还有很多魏姓的人,称自己为巨鹿人。但死后却安葬于他处。如在《唐代墓志汇编续集》编号咸通061志题为《唐故殿前班承务郎行内侍省内府局令员外置同正员上柱国赐绯鱼袋魏府君墓志铭并序》中也称墓主人魏孝本为巨鹿人,其"遘疾终于修德坊之私第","咸通十年龙集乙丑八月十七日壬寅归葬于京兆府长安县龙首乡太夫人茔之原,礼也"③。修德坊在《增订两京城坊考》中有载:本贞安坊,武太后改。从魏孝本死于修德坊之私第及归葬于长安县龙首乡太夫人茔之原,可知他们家族在此之前就已经落籍于长安。同书编号咸通049《唐故钜鹿魏公墓志铭》也是如此,序文最后还提到"安厝于京兆府长安县龙首乡田门村先茔"。先茔,即先人的坟墓。由此三通

---

① (宋)欧阳修、宋祁撰《新唐书》卷七二中《宰相世系表第二中》,中华书局1975年,第2655页。
② (唐)林宝撰,岑仲勉校记《元和姓纂(附四校记)》卷八《八未》,中华书局1994年,第1191页。
③ 周绍良、赵超主编《唐代墓志汇编续集》,上海古籍出版社2001年,第1080页。

志文可见，长安县已经成为魏氏家族的一个大的聚集地，只不过都还沿袭了《元和姓纂》中所记载"后魏、北齐贵族诸魏，皆此邑人也，所云'钜鹿曲阳人'者是矣"，都将自己看做是巨鹿人，以标榜自己的家世。

以上就是对墓主人魏伦的籍贯和标榜自己为"钜鹿人"原因所做的简单探索。可以看出，从汉魏一直到隋唐，巨鹿郡都是作为魏氏一个大的郡望存在着的，无论实际上是否存在着这么一个地理实体。

对于"居隆周以锡茅，因大名而命氏"这一句，是叙述了魏氏的来源。我们知道魏氏出自毕公高之后人——毕万，"锡"同"赐"，所谓的"锡茅"就是指"赐茅封土"。据《康熙字典》所引蔡邕《独断》曰"天子大社，以所封之方色苴以白茅授之，谓之授茅土。"换言之，古代帝王以五色土为太社，分封诸侯时，并包以白茅，使归以立社。这里指的就是周王朝在分封诸侯时对毕公高的封赐。《史记》曰："十六年，晋献公作二军。……毕万为右……赐毕万魏，以为大夫。……卜偃'毕万之后必大。万，盈数也；魏，大名也。以是始赏，天开之矣。天子曰兆民，诸侯曰万民，今命之大，以从盈数，其必有众'。"①由引文可知，魏与大名相通，可以互解。"因大名而命氏"也就是指魏氏始祖毕万封于魏地，因而以魏为氏。用"大名"代替"魏"是为了与前一句的"隆周"相对照，以达到工整、对仗的目的。

其次，墓主人魏伦进入仕途的途径。第8行"武德元年起家左亲卫秦府库真兵曹参军事。"《旧唐书》记载"凡左右卫、亲卫、勋卫、翊卫，及左右率府亲勋翊卫，及诸卫之翊卫，通谓之三卫。择其资荫高者，为亲卫，其次者，为勋卫及率府之亲卫，又次者，为翊卫及率府之勋卫，又次者，为翊卫及率府之翊卫，又次者，为亲王府之执仗执乘。量远迩以定其番第。"②可见，亲卫乃武官靠资荫入仕的一种方式，而且是要求资荫最高的一级，魏伦即靠这种方式进入仕途。陈志学先生研究认为"从三卫任武职者，难以迁至高级武职，一般多授果毅、别将。"③但我们从魏伦的履历中发现并非如此，这应该跟他担任了"秦府库真兵曹参军事"有关。秦府指的是李世民的秦王府。库真，又称库直。关于库真，严耀中先

---

① （汉）司马迁撰《史记》卷三九《晋世家》，中华书局1959年，第1641页。
② 《旧唐书》卷四三《职官二》，第1833页。
③ 陈志学《论唐代武官的入仕途径》，《中华文化论坛》2002年第2期，第60页。

生曾经做过详细的论述,严先生认为"库真系当时皇帝或摄政者之亲卫。仅在诸王府内设库真之制是由隋代方才定下来的","曾任库真者后来一般都位居军政要职,立功封爵,库真之职为他们仕途中重要的一环"①。严先生也将此通墓志作为了材料加以引用,在此就不再赘述。兵曹参军事,据《旧唐书》记载:秦王府、齐王府除府官之外,还设有左右六护军府和左右亲事帐内府,"其左右亲事府统军各一人,正四品下。掌率左右别将、侍卫陪从。长史一人,正八品下。录事参军事各一人。正九品上,有录事及府史,并流外。兵曹参军事各一人,铠曹参军事各一人。并正九品下,各有府史,并流外。左别将各一人,右别将各一人,正五品下。掌率亲事以上侍卫陪从。其帐内府职员品秩,与统军府同。又有库直及驱咥直,库直隶亲事府,驱咥直隶帐内府。各于左右内选才堪者,量事置之。"②虽然在亲事府和帐内府都设有兵曹参军事,但从魏伦担任库真一职来看,其所担任的兵曹参军事应是亲事府兵曹参军事,品秩为正九品下。

　　正因为魏伦李渊起事之初便担任了秦王李世民的库直兵曹参军事,他才能从一名左亲卫一步步升迁为泗州刺史。而且从其死后所享受到"哀切冤骶,废朝三日;所有家口,乘传还京,并给灵舆,送至宅所"的待遇来看,魏伦与李唐皇室的关系非同一般。

　　通过对魏伦墓志的考释,并结合其他魏氏人物墓志可知,从汉魏一直到隋唐,巨鹿都是魏氏的郡望。时至今日,人们一谈到巨鹿名人,往往都会联想到大唐名相魏徵,与这点是分不开的。对魏伦入仕途径的考察,可以看到在唐代进入仕途的第一步是最为重要的一环,这一点往往关系到以后的升迁。

---

① 严耀中《唐初期的库真与察非掾论述》,《史林》2003年第3期,第46—47页。
② 《旧唐书》卷四二《职官志一》,第1810页。

巨鹿县元代庙学碑考释

葛仁考

在中国文化史上,孔子的地位无人能及。对于其地位形成的历史过程,吕大吉先生明确指出:"从两汉以至明清,历时两千余年,历代王朝的姓氏可以不断更换,各种宗教的地位可以升降进退,但儒家的至尊地位却始终稳定如故,孔夫子的爵号更不断飙升。元朝皇帝加封爵位最高:'大成至圣文宣王',对他的思想在中国历史上的作用和地位的评价也最高。"[1]由此可见,元朝对于孔子文化地位的推进之功,实为空前,而元朝对此最为关键的举措为加封诏书,其文本则为大德年间的《加封孔子制》[2]。

关于这一诏书,除了孔子原籍曲阜以外,元朝曾要求各地州县庙学立碑颁布制文,"大德十一年,武宗皇帝嗣祚增封先圣大成至圣文宣王,颁示天下,御史言:'国朝崇秩斯文,近古未有,宜勒石列郡庙学,以永休命。'丞相允其请。"[3]因而,该诏书碑刻甚多,流传至今的也较为可观。学者们从不同角度对其做了一定研究。对留存于北京国子监的碑刻,邢鹏从立碑时间、存放位置与流传经历、碑文内容及相关信息三个方面做了研究[4]。赵文坦先生接连发文研究该问题,

---

【作者简介】葛仁考(1969年—),男,河北内丘人,历史学博士,邢台学院讲师,主要从事元朝史、河北地方史研究。

① 吕大吉《中国传统文化的特质以儒家伦理而不是宗教为准则——关于宗教与文化之关系的若干思考(之五)》,《浙江社会科学》2002年第6期。
② (元)阎复《加封孔子制》,见苏天爵《元文类》卷一一,商务印书馆1936年。
③ (元)张养浩《归田类稿》卷四《长山县庙学碑阴记》,《景印文渊阁四库全书》本。
④ 邢鹏《北京国子监孔庙元代〈加号诏书〉碑考》,《中国文物报》2006年11月15日第5版。

首先提出"始作俑者是武宗朝儒臣、翰林学士阎复"①,后结合"加封孔子圣旨致祭碑",对从朝臣最初奏请到武宗玺书加封的过程,又做了重新认识②。此外,还有元代集宁路庙学碑③等研究。然而,对于巨鹿县所存相关庙学碑④,却没有学者论及。结合前人研究成果,笔者拟对巨鹿庙学碑加以考释,尤其是对碑阴《大元加号大成碑记》的拙见,权避滥竽之嫌。

一 碑文内容

碑文正面:

> 大元加号大成之制
> 上天眷命,皇帝圣旨:盖闻先孔子而圣者,非孔子无以明;后孔子而圣者,非孔子无以法。所谓祖述尧舜,宪章文武,仪范百王,师表万世者也。朕纂承丕绪,敬仰休风,循治古之良规,举追封之盛典,加号大成至圣文宣王,遣使阙里,祀以太牢。於戏,父子之亲,君臣之义,永惟圣教之尊。天地之大,日月之明,奚罄名言之妙。尚资神化,祚我皇元,主者施行。
> 大德十一年七月十九日

碑文正面为抄录元朝加封孔子诏书,各地碑刻记载(另参见下文集宁碑录文)与相关文献大体一致的情况下,存在一些小的出入。为更好地比较其差别,兹录《元文类》所载《加封孔子制》如下:

> 加封孔子制 大德十一年九月
> 盖闻先孔子而圣者,非孔子无以明;后孔子而圣者,非孔子无以法。所谓祖述尧舜,宪章文武,仪范百王,师表万世者也。朕纂承丕绪,敬仰休风,

---

① 赵文坦《元朝封孔子尊号"大成至圣文宣王"的背后》,《文史知识》2008 年第 2 期。
② 赵文坦《元代尊孔"大成至圣文宣王"的由来》,《历史教学》2009 年第 22 期。
③ 李兴盛、张涛《元代集宁路文宣王庙学碑》,《内蒙古文物考古》2007 年第 2 期。
④ 碑文拓片和文字稿由巨鹿县左宝珍先生提供,在此特表谢意。

循治古之良规,举追封之盛典,加号大成至圣文宣王,遣使阙里,祀以太牢。於戏,父子之亲,君臣之义,永惟圣教之尊。天地之大,日月之明,奚罄明言之教。尚资神化,祚我皇元。

比较巨鹿庙学碑(前者)与《元文类》所收加封诏书(后者),主要有以下不同:

1.前者多出"上天眷命""皇帝圣旨""主者施行"三句话。这主要是因为碑刻文书和正式公文文本的差别使然。

2.前者"奚罄名言之妙"中的"名"字,后者为"明"。

3.时间差别,前者为"大德十一年七月十九日",后者为"大德十一年九月"。

碑刻与《元史》记载"(七月)辛巳,加封至圣文宣王为大成至圣文宣王"①相吻合。对于册封的具体情况,至大元年(1308年)"曲阜加封孔子圣旨致祭碑"记载最详:"七月十九日,中书省奏:'孔夫子加封名号,翰林、集贤官人他每的言语是的。一般降与圣旨,差人祭祀去呵,怎生?'奉圣旨,准。钦此。"②

碑文背面:

大元加号大成碑记
赐进士及第奉议大夫□□平□威州事霍希贤撰并书篆额
皇元奄有天下,偃武修文。世皇肇开科举,初未暇行。迨成宗践祚,以十四条诏颁行天下。其一曰:夫□[子]之道③,垂宪万世,有国家者,即当崇奉。制曰:庙学书院者有禁。恩至渥也。及夫武宗为崇儒术为至,尊圣人宜加封事下翰林议,莫大成若。制曰可。厥既以太牢告祀林庙,而复有佥江南浙西道廉访司事吴举言:"理宜檄下府路,敕诸贞珉,昭示将来。"巨鹿监邑塔海公,尹杜忽里罕,簿潘英,尉刘德元,相与协谋,谓:"天子之崇圣人可谓至矣、极矣。吾曹小人敢□挂墙之责。"谨砻巨石大书制语于阳而又进其士类而教之曰:自今伊始,凡为吾民,当子孝其父,父励其子,

---

① (明)宋濂等撰《元史》卷二二《武宗本纪一》,中华书局 1976 年。
② 蔡美彪编著《元代白话碑集录》,科学出版社 1955 年。
③ 参见(元)安熙《默庵集》卷三《石州庙学记》,《元人文集珍本丛刊》本。

兄勉其弟，弟敬其兄。推此而行，弗犯名教，则县官为□罢软示吾民为易教，今而后岂惟知圣天子尊圣人之诚，又有以知扶纲常于千万世不可毁也。士其不勉思。

      泰定四年岁次丁卯七月吉日建　石匠尧峰魏伯谦镌
  乡进士王元亨、许元、□□焕、王士荣、李学古、孙光祖　孟　张庆、李□□、□□□、□□南、孙肃、刘文远、宋秉直
    教谕□希贤
  司吏潘艺、王□彝、潘弘信、窦荣祖、张彦文、刘进通；
    典史张祯
    巨鹿县尉刘德元
    将仕佐郎巨鹿县主簿潘英
    承务郎巨鹿县尹兼管本县诸军奥鲁劝农事杜忽里罕
    进义校尉巨鹿县达鲁化赤兼管本县诸军奥鲁劝农事塔海

巨鹿庙学碑与集宁庙学碑内容分布明显不同。兹录集宁庙学碑全文如下：
碑文正面：

  上天眷命
  皇帝圣旨，盖闻先孔子而圣者，非孔子而无以明；后孔子而圣者，非孔子无以法。所谓祖述尧舜、宪章文武、仪配百王、师表万世者也。朕纂承丕绪，敬仰休风，循治古之良规，举追风之盛典，宜加号大成至圣文宣王，遣使阙里，祀以太牢。於戏，父子之亲，君臣之义，永帷圣教之尊。天地之大，日明之明，奚罄名言之妙，尚资神化。祚我皇元，主者施行。
  元大德十一年七月十九日至大三年正月□日。
  赵王钧旨，出帑币，(谴)〔遣〕侍人，届分邑集宁建立大成至圣文宣王庙学碑，即该钦依已降圣旨事意施行。大德丁未秋，近臣传旨议加至圣文宣王封号。臣复承之，翰林获预其议。窃谓自古称夫子者多矣，而典如孟子。孟子曰："自古有生民以来，未有孔子也。"又曰："伯夷，圣之清者也；伊尹，圣之仁者也；柳下惠，圣之和者也；孔子，圣之时者也。孔子之谓集

大成。集大成也者,金声而玉振之也。"孟言孔子集三圣人之事,而为一大圣人之事,犹作乐者,集五音之小成,而为一大成也。宜加号大成至圣文宣王。奏可。圣书锡命臣复职,当具草即以颁示天下矣。迩者江南浙西道签政廉访司事吴举建言褒封先圣□当今盛典,若不腾芳琬琰,曷以昭示罔极,于是省台檄下诸路,勒石庙学。

自木铎声沉千八百季,有国家追崇圣号非一。至唐玄宗始进爵为"文宣王"。宋真宗复加"至圣"二字,是皆议书一时、笄极徽美之称,孰若我朝取孟子之言为佳,以圣誉圣之,深切著明也。凡在郡邑、长吏,祗若以朝廷尊师重道之意,谨(痒)〔庠〕序之教,申之以孝悌、忠信与兴化善俗为务,顾不韪口。

翰林学士臣承旨荣禄大夫知制诰监修国史并授平章政事致仕臣苟德顿首谨述,王傅文学张益禄、迁议副尉前静路总管府判官裴克钦篆额,徽武校尉前同知静路总管府事王元建、迁(□)〔训〕李德辉、董役、总管府完颜克孝、学正完颜克敬、治中庐(□)训李德辉、董役。宣授集宁等前民臣总管府达鲁花赤、判事刘九、集宁总管府达鲁花赤奥喇但、总管完颜克孝、同知集宁县达鲁花赤王郎黑台、郡尹裴权、教授王叔凯、学禄贾瑞、教谕王光祖等立。

石匠宋德、林中男、宋珏镌。

皇庆元年正月□日云中检司提。

碑文背面：

集宁总管府同治中呈肃判字
农事总管散户农事总管完颜克
集宁县尉刘润
李伯愈字继贤
张革学字有文
高荻字仲礼
李叔义字述卿
田士秋字□□

  黄嗣字□先
  部民复其家以供禾火□□□
  乡党耆艾玉□缙□嗜以增输所有而替戍者
  监造都事尉迟云加
  输□监完颜允①

  如果把庙学碑内容分为三部分,第一部分为诏书,第二部分为碑记,第三部分为立碑人。集宁碑可能由于民国十一年(1922年)当地人重建时调整了顺序,第一部分和第二部分均位于正面,立碑人则分为两部分刻于正反面。巨鹿碑的层次明显清晰,第一部分的诏书正文大字刻于正面,第二部分和第三部分则用小字刻于背面。两通碑刻立碑人的顺序和格式也明显不同。

二　碑文考释

  "□□平□威州事"应为"知广平路威州事"②。广平路,唐代洺州,又为广平郡。元太宗八年(1236年),因丙申分封,置邢洺路总管府,辖邢、磁、威三州。宪宗二年(1252年),因壬子分封,遂为洺磁路,辖磁、威二州。至元十五年(1268年),升广平路总管府。威州,按《元史》卷五十八《地理志一》:"威州,中。旧无此州,金始置。元太宗六年,割隶邢洺路,以洺水县来属。宪宗二年,隶洺磁路,徙州治于洺水。领二县:洺水,中。倚郭。太宗八年,隶洺州。定宗二年,改隶威州。宪宗二年,徙威州治此。井陉。下。威州本治此,宪宗二年,移州治于洺水县,井陉为属县。"

  撰碑人霍希贤,东平路须城县(今山东须城)人③,延祐五年(1318年)"三月戊辰,御试进士,赐忽都达儿、霍希贤以下五十人及第、出身有差"④。元朝科

---

① 转引自李兴盛、张涛《元代集宁路文宣王庙学碑》,《内蒙古文物考古》2007年第2期。
② 《元诗选》记载"霍希贤泰定年间知威州事",与此相一致。
③ 雍正《山东通志》卷一五《选举志》,《景印文渊阁四库全书》本。
④ 《元史》卷二六《仁宗本纪三》。另参见《元史》卷八一《选举志·科目》:"(延祐)五年春三月,廷试进士护都达儿、霍希贤等五十人。"

举制度始于延祐二年(1315年),霍希贤为第二次科举考试中选进士。元朝施行分榜考试,延祐二年的汉人状元为著名文人张起岩,霍希贤则为延祐五年的汉人状元,故此名列于此,一些地方志或称"延祐五年戊午霍希贤榜"①。《元文类》卷十一保存了霍希贤的一篇制文《封周子为道国公制》。《元诗选》留存霍希贤诗歌一首《魏文贞公庙迎神曲》,其内容为:"吹箫兮击鼓,具牲牢兮列樽,徂风飒飒兮降灵,祀我公兮终千古。"我们知道,魏文贞公为魏徵。霍希贤纪念的诗歌写于魏徵庙前,这里虽然没有交代地址,结合墓碑撰文来看,这首诗歌也应是写于巨鹿。

"世皇肇开科举,初未暇行"一语中的世皇为元世祖忽必烈。他在位期间,虽然刘秉忠、许衡等大臣多次倡议科举②,但一直没有得到忽必烈的应诺。

"迨成宗践祚,以十四条诏颁行天下。其一曰:夫子之道,垂宪万世,有国家者,即当崇奉。制曰:庙学书院者有禁。"指至元三十一年(1294年)七月,元成宗登基伊始颁布的"崇奉孔祀教养儒生"③诏书。

元武宗名海山。成宗去世之后,经过宫廷斗争,武宗皇帝于大德十一年(1307年)五月即位于元上都,七月"加封至圣文宣王为大成至圣文宣王"。故此,虽然孔子加封诏书均记载大德十一年,然而实际当时的皇帝确是武宗。为何武宗在即位之初匆忙加封孔子,本文第三部分再做探讨。

元朝要求各地庙学广泛碑刻加号孔子制的建议,前述张养浩文集中只是指出"御史言",但却没有点出"御史"姓名。巨鹿庙学碑明确提出"佥江南浙西道廉访司事吴举言:'理宜檄下府路,敕诸贞珉,昭示将来。'"这一点也记载在集宁路庙学碑。此处有一点需要说明,廉防司是属于御史台系统的地方监察机构,故此称为"御史"。如此一来,对于各地庙学碑的由来更多了认识。

除了石匠以外,立碑人大体分三部分:达鲁花赤、县尹、主簿、县尉等官员,殿史、司吏等吏员,教谕、乡进士等社会贤达。

---

① 雍正《江西通志》卷五十一《选举三》,雍正《浙江通志》卷一百二十九《选举七》,乾隆《福建通志》卷三十五《选举三》,《景印文渊阁四库全书》本。
② 《元史》卷一五七《刘秉忠传》、卷一五八《许衡传》。
③ 王颋点校《庙学典礼》卷四,浙江古籍出版社1992年,第85—86页。

三 其他相关问题

其一,从历史发展长时段认识元朝加封孔子的地位和意义。对于孔子在中国古代封号,明朝的官方认定是"汉晋及隋或称先师,或称先圣、宣尼、宣父。唐谥文宣王,宋加至圣号,元复加号大成"①,清代为"大成至圣文宣先师"。由此,元朝对孔子封号的重要性显而易见。然而,为何少数民族统治时期的元朝如此推崇孔子?为何元朝对孔子加号是由"带有较浓厚的草原贵族的色彩"②的武宗完成?这是一个值得深思的问题。武宗海山"当富有之大业,慨然欲创治改法而有为,故其封爵太盛而遥授之官众,锡赉太隆而泛赏之恩溥,至元、大德之政,于是稍有变"③。武宗"封爵太盛"的个人性格应该是个中原因之一。另一个关键因素或许还与大德末年的皇位争夺紧密相关,武宗登基之后的次月,其弟爱育黎拔力八达因功被封为皇太子。爱育黎拔力八达又深受汉文化影响,赵文坦先生明确指出"王颙奏请元武宗给孔子加封尊号,背后当有雅好儒术、尊崇孔子的爱育黎拔力八达的支持"④。这一点,更值得我们思考。

其二,各地诏书碑刻时间大不相同。由前述可知,大德十一年加封诏书颁布以后,经过金江南浙西道廉访司事吴举建言、"丞相允其请"程序,遂有"(中书)省、(御史)台檄下诸路,勒石庙学"之举。然而现存诏书碑刻时间却颇为相同:集宁碑立于皇庆元年(1312年),巨鹿碑和奉节碑⑤立于泰定四年(1227年),前揭邢鹏文据清代《国子监志》考证大都(今北京市)国子监碑立于至元二年

---

① (清)张廷玉等撰《明史》卷五〇《礼志四》,中华书局1974年。
② 叶新民、宝音德力根等《元代的兴和路和中都》,《文物春秋》1998年第3期。
③ 《元史》卷二三《武宗本纪二》。
④ 赵文坦《元代尊孔"大成至圣文宣王"的由来》,《历史教学》2009年第22期。
⑤ 陈剑《白帝寺始建时代及现存文物概述》(《四川文物》1996年第2期)论述:"《元加号大成碑》,元成宗铁木耳大德十年(1307年)尊孔子为'大成至圣文宣王',并亲撰碑文,令各地孔庙刊刻。……泰定四年(1327年),夔州路总管府(治重庆)知事韩有林到奉节,在拜谒了大成殿后,认为原碑太小,就令人改换成了今之大碑。"因未见此碑,不知内容如何,但作者所言元成宗"亲撰碑文"明显错误,此时皇帝已经是武宗海山,且"大德十年(1307年)"的判断更是常识性错误。

（1336年）十月①。对于吴举其人、丞相为何人以及其相关时间，由于资料有限，难以考证。

其三，元代巨鹿县社会。巨鹿庙学碑既反映了元朝时期巨鹿地方官员营造"子孝其父，父励其子，兄勉其弟，弟敬其兄"的良好社会风尚的协作，也表现了他们维护名教纲常的做法，对我们了解元代巨鹿社会具有重要意义。该碑刻中列举的巨鹿县官吏和社会贤达的情况也有利于我们认识这一时期巨鹿地方政治运作的基本结构。威州知事霍希贤为巨鹿县庙学碑撰额，反映了威州和巨鹿县的交往关系。巨鹿县尹杜忽里罕也是一个值得注意的问题。按照元朝地方官员任职习惯，达鲁花赤由蒙古人或色目人充当，路（府）总管、县尹等由汉人充当，由此，则杜忽里罕应为汉人，其姓名则为典型的汉姓蒙古名，与当时"自行模仿蒙古人常用名字且与原有汉姓相拼合，即名与姓蒙汉合璧的办法，极为风行"②的社会习气极为一致。

---

① 元朝有两个至元年号，一个为元世祖时期，另一个为元顺帝时期，此处明显为后者，也称为后至元。

② 李治安《元代汉人受蒙古文化影响考述》，《历史研究》2009年第1期。

光绪《钜鹿县志》所载县尹宋公功德碑铭考释

白宁宁

清朝光绪年间由凌燮、赫慎同修,夏应麟编纂的《钜鹿县志》,是研究巨鹿历史文化的重要资料。光绪《钜鹿县志》收于《中国地方志集成》的河北府县志辑,和《南宫县志》同属第六十九册。此县志所列纲目共十二卷,涉及政治、经济、文化等方面内容,内容丰富。所载地理志,均详细考其沿革和疆域变迁;所记建置志,尽探其城池、公署、坛庙等建筑特征;所记典礼风土志,详窥其文化轨迹;所记赋役选举志,考其制度的发展演变;所记人物官师志,细载巨鹿历史人物的光辉事迹。更为可赞的是,光绪《钜鹿县志》里还录有列女传、艺文志等,艺文志中还存有功德碑铭、题名记、重修记等碑刻资料。这些为其他正史、笔记、小说等所不载,充分体现了光绪《钜鹿县志》的史料价值,同时为我们研究巨鹿县的历史文化提供了更广阔的线索和材料。在这些碑刻资料中有一件名为"县尹宋公功德碑铭",引起了笔者的注意。此碑铭对研究元代巨鹿的历史具有重要的史料价值。下面对该功德碑铭做粗陋之探讨,错误之处请老师、同学批评指正。

一

为方便说明,现将光绪《钜鹿县志》所载"县尹宋公功德碑铭"的录文移录如下[①]:

【作者简介】白宁宁(1987年—),女,河北师范大学历史文化学院2010级研究生,主要从事唐宋出土文献研究。

① 光绪《钜鹿县志》卷一二《艺文上》,《中国地方志集成·河北府县志辑》,上海书店出版社2006年,第69册第437—438页。

元

县尹宋公功德碑铭

吕巽　沙人

除民害而割已之有,此在昔之罕闻,当世之鲜传也。夫除民害者则当祀,割已有者则当嘉。既祀可嘉可不勒诸石以纪其功德也欤?钜鹿古有漳河,源发紫古二山,经邯郸达广平、曲周,迤逦而北,至钜鹿县东北与葫芦河相合。逮夏越秋,继以霖雨,波涛驾轶,浩浩而来。钜鹿北有村曰腊姑湾,其河渠狭窄雍遏,水势从腊姑湾而南,泛滥漫流数十余寨,漭波民田,不可胜概。朝廷累差官相视,便利疏瀹水势,而所差之官,乾没利欲,漫不省视,故其害自若。至正五年夏六月,宋公来尹兹邑,公正直方,严谨慎乐易,下车之日,首以去邪革奸、兴学息民为务,故滨河之民俱以河害赴告。公携持告民,聿相河势,既毕,戚然语众曰:"民害若兹而不除,岂上委任之意哉?"于是鸠集民夫,疏通河势,浚涤淤塞,去其龃龉,其流既通,水势孔殷而河害恶除。噫,百年之害而一朝去之,非忍者之用心能若是乎?逮至正六年,钜鹿饥荒,阙食之家十有八九,饿莩相望,而朝廷以常平鲜储和籴是县。公星奔上司,诉以民时阙食,非敢遏籴,上司不许其请,公还,亲谒各乡,谕以上意,民感公德,俱以已食之粟应之,其不支者,公以所收俸粟百余石,以充所籴之数。今公割己之有以惠民,其肯嗜苞苴以欺其天乎?是则公满腔子皆恻隐之心也,呜呼,今之莅政者,为民之害者有之矣,其肯除民之害乎?语云:虐政苦于蝗,喻害民者也,今之盗天下有者有之矣,其肯割己之有乎?语云:劝民以自封,喻盗天有者也,夫廉者士之一善也,然澹然无欲者实鲜,故虞朝有饕餮之名,盘庚有货宝之戒,非人其吉,惟货其吉。穆王之所以训择三有事,亶侯多藏周诗之所以讥,则公之捐粟以惠斯民也,岂无所见而然哉,故钜鹿耆老韩克宜等感公功德,状其事,以请余迺编叙其前后以为文,仍系之以诗曰:功加于民,祀典所载,我公之功,百世而在,救民饥荒,曰父曰母,拯民水火,早闻前古,民害既除,击壤而歌,民感公德,其怀如何,我公之德,粟食布衣,无以报德,树石刻辞。

县尹宋公功德碑铭载于光绪《钜鹿县志》第十二卷艺文志的前编，全文共六百八十多字，主要记载了县尹宋公在巨鹿县当任时所做的功绩。元至正五年，因漳河水泛滥多时，宋公视察河道，并带领民众疏通淤塞，打通河道，为巨鹿民众铲除了多年的水患；至正六年，因巨鹿发生饥荒，民无食粮，而恰逢政府和籴，此为巨鹿人民雪上加霜，宋公排忧解难，在其上司不许之情形下，将自己俸禄拿来充籴，以解决民众困难。这两件事是比较详细记载的，此外宋公还有去邪革奸、兴学之事迹。此功德碑铭可以看做是宋公在做巨鹿县尹这段时间的当政记载。

经过笔者观察录文，发现了一些明显的错误。录文第一句"除民害而割巳之有"中的"巳"按上下文内容分析，当为"己"，后文中"割己有者则当嘉""今公割己之有以惠民"可为佐证。录文第二句"此在昔之罕闻"中的"昔"，按内容理解当为"者"较为恰当。因"巳"与"己"书写相似，"昔"与"者"书写相似，所以造成录文出现文字错误的原因，笔者推断，一是功德碑铭在篆刻时出现失误，二是碑铭录文经过转抄时出现了书写的错误。尽管碑铭录文的某些文字存在不足，但是它所记录的宋公于至正五六年间在做巨鹿县尹时的事迹，对于我们认识当时巨鹿县的灾异情况和县尹一职的职能体现具有重要的史料价值。

关于这则功德碑铭，限于笔者能力有限，没有在正史记载中寻到有关的蛛丝马迹。但笔者在雍正《畿辅通志》中发现了一篇名为"大尹宋公功德碑铭"的录文，除了文字数量和个别文字书写有差别之外，其他内容完全一致。为方便说明，现将"大尹宋公功德碑铭"录文移录如下[①]：

元

大尹[②]宋公功德碑铭

吕巽[③]

钜鹿古有漳河，[④]源发紫古二山，经邯郸达广平、曲周，迤逦而北，至钜

---

① 李卫、陈仪《畿辅通志》卷一〇七《艺文》，《景印文渊阁四库全书》本。
② 光绪《钜鹿县志》记载为"县尹"。
③ 光绪《钜鹿县志》写为"巽"，此处为"巺"，是"异"的异体字。
④ 此处要比光绪《钜鹿县志》缺少开篇内容。

鹿县东北与葫芦河相合。逮夏越秋,继以霖雨,波涛驾轶,浩浩而来。钜鹿北有村曰腊姑湾,其河渠狭窄壅遏,水遂①从腊姑湾而南,泛滥漫流数十余寨,湴波民田,不可胜概。朝廷累差官相视,便利疏瀹水势,而所差之官,干没利欲,漫不省视,故其害自若。 至正五年夏六月,宋公来尹兹邑,公正直方,严谨慎乐易,下车之日,首以去邪革奸、兴学息民为务,故滨河之民俱以河害赴告。公携持告民,聿相河势,既毕,戚然语众曰:"民害若兹而不除,岂上委任之意哉?"于是鸠集民夫,疏通河势,浚涤淤塞,去其龃龉,其流既通,水势孔殷而河害恶除。噫,百年之害而一朝去之,非忍者之用心能若是乎?逮至正六年,钜鹿饥荒,阙食之家十有八九,饿殍②相望,而朝廷以常平鲜储和籴是县。公星奔上司,诉以民时阙食,非敢遏籴,上司不许其请,公还,亲谒各乡,谕以上意,民感公德,俱以己食之粟应之,其不支者,公以所收俸粟百余石,以充所籴之数。今公割己之有以惠民,其肯嗜苞苴以欺其天乎?呜呼,今之莅政者,为民之害者有之矣,其肯除民之害乎?语云:虐政苦于蝗,喻害民者也,今之盗天下有者有之矣,其肯割己之有乎?语云:劝民以自封,喻盗天有者也,夫廉者士之一善也,然澹然无欲者实鲜。③故钜鹿耆老韩克宜等感公功德,状其事,以请余迺编叙其前后以为文,仍系之以诗曰:功加于民,祀典所载,我公之功,百世而在,救民饥寒④,曰父曰母,拯溺亨田⑤,卓⑥闻前古,民害既除,击壤而歌,民感公德,其怀如何,我公之德,粟食布衣,无以报德,树石刻辞。

经过对比发现,这两则录文有以下三个方面的不同(具体不同见注释):
(1)在职官称谓上,前者为"县尹",后者为"大尹"。

---

① 光绪《钜鹿县志》写为"势"。
② 光绪《钜鹿县志》写为"莩"。
③ 此处后比光绪《钜鹿县志》缺少引用典故一处。
④ 光绪《钜鹿县志》写为"荒"。
⑤ 光绪《钜鹿县志》记为"民水火"。
⑥ 光绪《钜鹿县志》记为"早"。

(2)在内容完整性上,后者比前者缺失文字。

(3)在文字书写上,有多处不同。

这两则功德碑铭显然是为同一个人而做,同一功德碑铭内容却有很多差异,笔者推断原因,其中不免在抄录时出现书写错误,更重要的原因是《中国地方志集成》的辑录是在现存旧志的基础上经今人择优整理而成,并且其中资料不乏走访所得光绪《钜鹿县志》所载内容资料更为详尽,但从资料的价值角度看,雍正《畿辅通志》的"大尹宋公功德碑铭"更为原始。笔者认为在没有发现宋公功德碑的前提下,两者均可参照利用。

二

在以上说明的基础上,下面对宋公其人和职官的不同称谓做如下分析。

关于宋公。两则录文中均未介绍宋公其名,但在光绪《钜鹿县志》卷三《学校志》"学宫名宦祠"下有载"名宦祠在戟门东,东南门左堂三楹,明万历间知县孔易学建,本朝同治十三年知县英棨周锡璋张春熙重修。所祀十三人"[①]。十三人中有一元代名宦,名为"宋承德"。本志卷八《官师志》"知县"名目下记载元代知县有名为"宋承德"[②],此卷"名宦"下记载"元:宋承德至正间任县令,增修文庙,时漳河为患,承德疏通之,岁饥,劝贷以赈,邑人立碑以祀其绩"[③]。同样在雍正《畿辅通志》第六十九卷"名宦"下有"宋承德。至正间知钜鹿县,增修文庙,漳河为患,承德疏通之,岁饥,劝贷以赈"[④]。宋承德的事迹也与两则功德碑铭内容记载相同,由此断定,宋公当为宋承德。

关于职官。在《钜鹿县志》中,对宋承德的官名有多个称呼,县令、知县、县尹。雍正《畿辅通志》中则称为大尹。下面就这几个不同称呼的官职做下探讨说明。首先是县令。县令是战国时期秦对县的行政长官的称呼,"县令、长,皆秦官,掌治其县。万户以上为令,秩千石至六百石。减万户为长,秩五百石至三百

---

① 光绪《钜鹿县志》卷一二《艺文上》,《中国地方志集成·河北府县志辑》,第69册第238页。

② 光绪《钜鹿县志》卷一二《艺文上》,《中国地方志集成·河北府县志辑》,第69册第357页。

③ 光绪《钜鹿县志》卷一二《艺文上》,《中国地方志集成·河北府县志辑》,第69册第384页。

④ 李卫、陈仪《畿辅通志》卷六九《名宦》,《景印文渊阁四库全书》本。

石。"① 秦、汉的法令规定，人口在万户以上的县，其县的长官称为县令。汉代以后对县的规定放宽，不满万户的也可称为县令，"晋千户以上为令，'晋令云县千户已上，州郡治五百已上，皆为令；不满此为长。'"②在《宋书》中多为"令"，"山阴县令，汉旧县。永兴令，汉旧余暨县，吴更名。上虞令，汉旧县。余姚令，汉旧县。剡令，汉旧县"③，"期思令，汉旧县。弋阳令，汉旧县。安丰令，旧郡，晋安帝并为县。乐安令，新立。茹由令，新立。"④可见，在南朝宋，多称为令。《隋书》中记载陈"不满五千户已下县令、相"⑤的内容，北齐时期，县分为九等，县官一律称作令。隋唐因之，并按县的等第来规定县官的品秩，根据《旧唐书》所记载，万年长安河南洛阳太原晋阳奉先会昌县令品秩为正第五品上阶，太子典膳药藏郎、京兆河南太原府诸县令为正第六品上阶，诸州上县令为从第六品上阶，诸州中县令为正第七品上阶，诸州中下县令从第七品上阶，诸州下县令为从第七品下阶。到宋代，常派朝官为一县的长官，作为一县的行政首脑，称为"知县事"，即知县。元代改县令为县尹。明清时期以知县为正式的官名。这样对于县令、知县和县尹在历史朝代中的发展演变，我们就有一个大致的了解。其次是大尹。这是雍正《畿辅通志》中对宋公宋承德的官名称呼。大尹是春秋战国时期宋国的官名，汉代沿用，到王莽时，称郡太守为大尹，"改郡太守曰大尹"⑥，此时期大尹为郡的行政长官。在唐代亦有大尹一职，"宰相杨炎遇之颇厚，召入左司郎中、京兆少尹，迁大尹"⑦。但是在元代的史籍中并未发现有此称呼，雍正《畿辅通志》为清朝所修，对元代的功德碑铭却没有采用当代的县官名称，而是采用更为原始的一种称呼，笔者认为雍正《畿辅通志》的做法有失妥当。总之不管是知县、县令、县尹或是大尹，其所代表的基本含义不变，即都是对一县的行政长官的称呼。笔者认为与雍正《畿辅通志》相比，光绪《钜鹿通志》采用县尹的称呼

---

① （汉）班固撰《汉书》卷一九上《百官公卿表上》，中华书局1964年，第742页。
② （唐）虞世南《北堂书钞》卷七八《县令》，中华书店1989年，第284页。
③ （梁）沈约撰《宋书》卷三五《州郡志一》，中华书局1974年，第1030—1031页。
④ 《宋书》卷三六《州郡志二》，第1076页。
⑤ （唐）魏徵等撰《隋书》卷二六《百官志上》，中华书局1973年，第746页。
⑥ 《汉书》卷九九中《王莽传中》，第4103页。
⑦ 《旧唐书》卷一二六《卢列传》，第3566页。

更为妥当。

三

光绪《钜鹿县志》所载"县尹宋公功德碑铭"对于证史和补史具有重要的价值。

县尹宋公功德碑铭的证史作用。首先，印证了元代史籍中关于"县尹"这一官职的记载。"杨朴，字文素，河南人。早以文学得推择为吏，任至滁州全椒县尹。"[①]在宋和明清时期，县的长官皆称为知县（上文已经论述），只在有元一代，将县的长官称为县尹，可以说明县尹为一个过渡性质的县长官称呼，由于元朝的特殊性，其在地方上的行政制度也具有特点。元代在县中置达鲁花赤一名，位于县尹之上，作为监县存在。所以元代县尹的独裁性并不能淋漓尽地发挥出来，它时刻受到达鲁花赤的监督。其次，体现了史籍中县尹的某些职能。在"县尹宋公功德碑铭"中，宋公宋承德到任之时即"革奸兴学"道出了县尹的两个职能：兴办学校和司法捕盗。先看兴办学校的职能，李治安先生指出"因忽必烈采用汉法和多数县级官吏均为汉人、南人，元代县官大抵沿用儒家'治国以教化为主，教化以学校为本'的传统，把兴办学校和力行教化当做两项基本职司"[②]。"自国都郡县皆建学，学必有庙，以祀先圣先师，而学所以学其学也。"[③]卢琦"已而讼息民安，乃新学宫，延师儒课子弟，月书季考，文风翕然。"[④]在本县志"名宦"下也记有"增修文庙"，可见其重视当地教育。再看司法捕盗的职能。在一县中，县尹往往与县尉和其他官吏合作，缉捕盗犯，革除奸佞之人，以保障民众的生命财产安全。尚野"二十八年，迁南阳县尹。初至官，狱讼充斥，野裁决无留滞，涉旬，遂无事。改怀孟河渠副使。"[⑤]在功德碑铭中记载较为详细的两件事是宋

---

① （明）宋濂等撰《元史》卷一九四《忠义列传二·杨朴》，中华书局1976年，第4401页。
② 李治安《元代政治制度研究》，人民出版社2003年，第201页。
③ （元）虞集《南康路都昌县重修宣圣庙学记》，李修生主编《全元文》，凤凰出版社2004年，第26册第470页。
④ 《元史》卷一九二《良吏列传二》，第4372页。
⑤ 《元史》卷一六四《尚野列传》，第3861页。

公疏通河道和劝贷以赈的功绩。这也体现了县尹的职能,疏通河道即兴修水利的职能。"修长沟十里,绕枫树,坡叠石以为固""又凿石山数十丈,疏渠以分其势。"①县尹也具有救济灾荒的职能。史传中此类记载颇多。卢琦,"十二年,稍迁至永春县尹。始至,赈饥馑。"②尹邹伯颜"以其公田之租,修平粜之法","致粟且千石",遇灾,"以时粜之,民忘其忧"③。宋承德拿出自己的俸禄在饥荒之年来填补所缺之籴数量,挽救百姓于危难之中,充分显示了县尹对民众的负责和爱护。经过以上分析,县尹宋公功德碑体现了县尹的四种职能,司法捕盗的职能、兴办学校的职能、兴修水利的职能和救济灾荒的职能。印证了史料中的记载。

　　县尹宋公功德碑铭的补史作用。县尹宋公功德碑铭记载宋公在巨鹿县尹时的惠民举措,其中提到"钜鹿古有漳河",并且漳河"逮夏越秋,继以霖雨,波涛驾轶,浩浩而来",因"腊姑湾,其河渠狭窄雍遏,水势从腊姑湾而南",所以"泛滥漫流数十余寨,潏波民田",对巨鹿县民众带来灾害。这种情况持续到"至正五年夏六月,宋公来尹"。宋公帮助民众疏通河道,去除河害。关于此事,只从《元史》找到关于巨鹿灾异情况的记载"戊申,祭社稷。顺德路九县水、旱,赈之"④(巨鹿县属于顺德路)和年代接近的河水泛滥的记载"至正四年夏五月,大雨二十余日,黄河暴溢,水平地深二丈许,北决白茅堤。六月,又北决金堤"⑤,并不见至正五年巨鹿漳河泛滥的记载。另外关于碑铭中的"逮至正六年,钜鹿饥荒",也不见于史籍记载。此功德碑铭记载了至正五六年巨鹿的灾害情况,弥补了史籍中巨鹿在这段时期有关灾害情况记载的缺失。

　　综上,光绪《钜鹿县志》所载"县尹宋公功德碑铭"具有重要的史料价值,其证史和补史的作用是值得肯定的,同时对于研究巨鹿历史也具有重要的价值。

---

① 《建宁路崇安县尹邹君去思碑》,《全元文》,第27册第256页。
② 《元史》卷一九二《良吏列传二》,第4372页。
③ 《建宁路崇安县尹邹君去思碑》,《全元文》,第27册第255页。
④ 《元史》卷二八《英宗本纪二》,第620页。
⑤ 《元史》卷六六《河渠志三》,第1645页。

《明故文林郎巨鹿知县阎公达川先生墓志铭》小考

孙建刚　董林亭

　　2010年，笔者跟随赵文化研究中心主任孙继民先生赴山西考察赵氏先祖遗迹。路过长治市城隍庙，发现此墓志。据当地人讲，此墓志是移置该处，具体出土地、时间不详。当时此墓志志身一断为二，断裂处字迹已然漫没不清。此外，志盖尚存。该墓志为青石质，盖呈长方形，正中篆书六行十八字"明故文林郎巨鹿知县阎公达川先生墓志铭"。志石合体长68厘米，宽52厘米，厚11厘米。志文共计三十八行，行二十九字，共一千一百一十七字。除三十八字缺失外，其余字迹清晰可辨。志文字体以楷行文，劲健端庄，具有较高的艺术价值。

一　阎达川墓志目录文

　　志文记述墓主人阎达川家族、政绩、婚姻等事迹，为研究河北巨鹿与山西长治的历史提供了一定的佐证材料，为研究方便，今将墓志迻录如下：

1.明故文林郎巨鹿知县阎公达川先生墓志铭
2.甲午举人从弟希思撰
3.丁酉举人眷生郭恬书
4.己酉举人眷生贺贡篆
5.嘉靖乙卯春二月十有一日，阎公达川先生以疾卒于官，季弟光第扶

【作者简介】孙建刚(1977年—)，男，邯郸学院历史系讲师，主要从事地方史研究。
　　　　　董林亭(1956年—)，男，邯郸学院历史系教授，主要从事地方史研究。

枢既

6.还,诸孤峒等,以是年五月廿一日奉葬于祖茔龙溪山之原,请予铭。予□先

7.生为再从弟,同寝处砚席者二十余年,受益实多,今则已矣,非予铭其谁。先

8.生讳光祖,字似甫,姓阎氏,达川其号也。曾祖万,祖子升,父滔,俱例授七品散

9.官。母任氏□生,兄聪慧强毅,胆力绝人,虽稍涉崖岸而豪迈义气迥不可及

10.义官。公自幼器之,方俾就学,公乃不禄。孟兄光先,雅承父志,敦礼延师,兄亦

11.刻志向往。越癸卯,举于乡。四试春官,竟弗第。癸丑春,以母老,检选铨曹,遂□

12.钜鹿知县。钜乃畿辅近地,奢悍成俗,豪猾为梗,乐勇斗,善骑射,间多野掠以

13.为常。前令者往往法莫能制,兄至即诚心相与,济以严断,锄强暴,庇善良,禁

14.止令行,风声凛然。钜邑久弊,台郡文移,多至废阁,乃刻期完结,不逾旬,案无

15.留滞。邑素健讼,(许)〔讦〕(谍)〔牒〕旁(干)〔午〕,事无巨细,□譬曲至,群情□服,风亦渐寝。值水灾,

16.岁屡告歉,礼劝诸富义量力,争出私储,得粟若干。除公廪赈济外,赖以全活

17.者君多。盗起邻封,搆结成执,白昼劫掠,猖獗日炽,乃陈方略十余条上之监

18.司。旦欲身任其事,兵宪毛公极为奇重,抚按檄令督兵剿捕,披坚执锐,审势

19.度几,追至南宫,卒如筹画,大获渠魁,余党散去,民赖以宁。都宪父公,监察马

20.□，监法吴公，连章交荐，率多美辞，时方用武，盖阴以边鄙重任期之也。贤志

21.腾沸，委任孔业，夙夜劳瘁，不顾寝食，竟以此致疾云。昔人论：孔明曰食少事

22.烦，诸葛必殆。兄殆蹈是者欤。卒之日，孤儿老母俯仰无依，□□满然几无为，

23.钦幸而受知。当□悯恤保护，存没攸赖烦守李公维持，一无至据。生于正德甲

24.戌十一月十六日，享年四十有二，配郭氏，国子生迁其父也。子男二：曰垌，娶

25.李氏，长治举人宗尧之女，曰□，聘郭氏同邑举人恬之女。女四：一适长治龙

26.山雇□之子应□，一适同邑经历韩璋之子国，一许陵川义门徐□之子，

27.二尚幼。於乎！昔兄就选时，予常极力□止。兄曰：吾志也。意遂决。不二年政果

28.成。方幸柄用有阶，竟乃一疾客死，岂非命□。去冬作书寄予，曰弟少吟少奕，

29.即大事可力致晋，惟目望之耳。嗣乃据有此□□期，岁暮之言遂成永诀也

30.耶。继自今从予有失谁复□之，幸或少进，兄亦不及见矣！痛哉悲哉！兄伟仪

31.修干，方面□髯。见者识不识，咸以远到期□，予亦当曰：大吾家者兄也。乃今

32.至于是而止于是耶。反后追绎不能无惑，岂昔人所谓才之□者人忌之，天

33.亦忌之耶！乃抆泪为之铭。

34. 铭曰

35. 於乎孰□，丰尔之名，乃竟晋尔之□，尔之生也，既哲且□，□

□□□□
36.　不能兴。尔关乎忐情,尔其默佑之,而期底于成,庶几□□□
□□□□
37.　□□已矣止,达川先生!已矣乎,达川先生!
38.　　　　　　　　　　　　　　　　　　　　　　　　石原

今就墓志涉及的两个问题试行考释如下,不当之处敬请方家批评指正。

二　关于明代嘉靖年间巨鹿灾害

志主通过志文可知,名为阎光祖,字似甫,号达川。生于正德甲戌年（1514年）,卒于嘉靖乙卯年（1555年）,享年四十二岁。关于知县阎光祖,光绪《钜鹿县志》有明确记载:

> 阎光祖,山西壶关人,嘉靖三十二年任县令。仁廉有威。岁大饥,人相食,剽窃公行,商贾罢业,人不自保,为倾仓廪劝赢余以赈之,多设粥糜以济饥者,严盗窃之禁,百姓始安堵。次年麦熟,骤得饱食,瘟疟大作,死者枕藉,又捐俸多备药饵,前后全活,不可胜纪。从祀名宦。①

从县志上看,可知阎光祖任职期间（嘉靖三十二年至嘉靖三十四年,即1553年至1555年三年间）,巨鹿发生过两次大的灾害。一次为农业歉收,一次为瘟疫。农业歉收的原因不得而知,而志文"值水灾"可说明灾害发生的原因是洪水所致。而洪水又从何而来呢？县志也有相关记载:

> 明天顺间,钜鹿城东二漳河上流决趋入运河,二河遂湮。②

---

① 光绪《钜鹿县志》卷八,《中国方志丛书》华北地方,成文出版社有限公司1976年,第516号第359页。

② 光绪《钜鹿县志》卷七,《中国方志丛书》华北地方,第516号第324页。

这次洪涝灾害虽然不是嘉靖年间发生的,但两者相距仅有百年,而地理方位变迁是一个长期过程,因而可由此可见,嘉靖年间的水灾与漳河河水泛滥决堤有关。除此之外,县志中还有这样的记载:

> 钜鹿郡属赵,为四战之地,项羽钜鹿之战炳耀史册,千载如生,其余兵燹师旅何代无之,水旱偏灾,史不绝书。①

由此可见,古时巨鹿的自然环境较为恶劣。而灾害过后,常伴有瘟疫的发生,就其县志也提及阎知县捐薪俸,备药饵,救灾民,得到了人民的爱戴和敬仰,位列于名宦之中。而他的死因是否与这场瘟疫有关,以及这场瘟疫的起因是否就是"骤得饱食",因其墓志中未有提及,还有待进一步考证。

三 关于巨鹿民风

巨鹿县,在春秋初为邢地,后为卫地,末期并入晋地。战国时为赵国辖地。关于赵国民风,《史记·货殖列传》写道:

> 中山地薄人众,犹有沙丘纣淫地余民,民俗懁急,仰机利而食。丈夫相聚游戏,悲歌慷慨,起则相随椎剽,休则掘冢作巧奸冶,多美物,为倡优。

《史记·刺客列传》又有记载:

> 荆轲游于邯郸,鲁句践与荆轲博,争道,鲁句践怒而叱之,荆轲嘿而逃去,遂不复会。

以侠勇著称的荆轲如此境遇,从一个侧面也可推知赵地民风之强悍褊急。《汉书·地理志下》对此问题说的更为详尽:

---

① 光绪《钜鹿县志》卷七,《中国方志丛书》华北地方,第516号第317页。

> 邯郸北通燕、涿,南有郑、卫,漳、河之间一都会也。其土广俗杂,大率精急,高气势,轻为奸。太原、上党又多晋公族子孙,以诈力相倾,矜夸功名,报仇过直,嫁娶送死奢靡。汉兴,号为难治,常择严猛之将,或任杀伐为威。父兄被诛,子弟怨愤,至告讦刺史二千石,或报杀其亲属。种、代、石北,迫近胡寇,民俗懻忮,好气为奸,不事农商,自全晋时,已患其剽悍,而武灵王又益厉之。故冀州之部,盗贼常为它州剧。定襄、云中、五原,本戎狄地,颇有赵、齐、卫、楚之徙。其民鄙朴,少礼文,好射猎。

可以看出,赵地民风应以"剽悍、精急、高气势、少礼文"为标志的。而志文中"巨乃畿辅近地,奢悍成俗,豪猾为梗,乐勇斗,善骑射,间多野掠以为常,前令者往往法莫能制"的话语反映出当时巨鹿民风的一大特点。这也从侧面验证了赵地民风的遗存。而巨鹿当时的民风是这样吗?县志记载:

> 按,何公创修县志在前明万历间,其云剽悍任侠,或当日有此风气迄今不知几经变迁矣。①

随着时代的发展,巨鹿的民风也发生了改变。至清光绪年间,

> 大抵俗尚简约,人务质朴;士习诗书,农务耕作,其妇女专以织绩为业,男子无事亦佐理之。每值冬令,机杼之声彻夜不断,虽土瘠民贫而抱市质丝皆足自给。兼之人知廉节耻为人役,此所以务本者多而逐末者少也。②

巨鹿民风从此完成了和传统的剥离,走向了近代。

---

① 光绪《钜鹿县志》卷六,《中国方志丛书》华北地方,第516号第302页。
② 光绪《钜鹿县志》卷六,《中国方志丛书》华北地方,第516号第302页。

由新发现汉东光侯耿纯牌位说开去

陈 静

2008年8月底,河北省石家庄市赵县一户村民家中发现东汉开国功臣、"云台二十八将"之一耿纯的牌位。耿纯(？—37年),字伯山,新莽末巨鹿宋子(治今河北赵县韩村镇宋城村)人。"宋子,县,属钜鹿郡,故城在今赵州平棘县北。"[①]该牌位为木质,高约55厘米,宽约14厘米,厚约3厘米。由于年代久远,正面"汉大将军东光侯耿纯之位"的字迹模糊可见,背面文字已经湮灭。专家初步认定,该牌位至少为唐代遗物,是耿纯籍贯研究的一个佐证,同时对赵县的历史文化研究有很大参考价值。据牌位的保存者耿银怀老人说,这块牌位原来供奉在赵县孝友村耿氏家庙中。四十二年前耿氏家庙被拆毁,牌位被丢弃在劈柴堆里,因为担心被当成劈柴烧掉,他便偷偷把牌位拿回了家。孝友村目前约有近七千人,大部分姓耿,村民一致认为他们是耿纯的后人。

一

巨鹿,古称钜鹿,作为地名最晚在战国时期就已产生。《吕氏春秋》:"地有九泽,越之具区,楚之云梦,赵之钜鹿。"[②]巨鹿之语源有两种说法。一种是巨鹿因大陆泽为名,《后汉书·郡国志》注:"钜鹿故大鹿,有大陆泽。"[③]大陆泽又名广

【作者简介】陈静(1982年—),女,河北省博物馆文博馆员,主要从事唐宋史、墓志、石刻及河北地方史研究。

① (宋)范晔撰《后汉书》卷一《光武帝纪上》注,中华书局1965年,第14页。
② 《吕氏春秋》卷一三,《文津阁四库全书》,商务印书馆2005年。
③ 《后汉书》志一九《郡国志二》,第3433页。

阿泽,《太平寰宇记》释云:"广阿泽一名大陆,一名钜鹿,一名大麓,一名沃川,在县西北五里……郑康成注云:大陆泽在钜鹿北,按汉钜鹿县今平乡,《尔雅》曰:晋有大陆,《吕氏春秋》曰:晋之大陆,赵之钜鹿是以,《十三州志》云:赵有钜鹿,今其地即广阿泽也。"①可见,大陆泽确又名巨鹿,县因此而得名。第二种说法是因为古代多树木繁多而得名。"应劭曰:'鹿,林之大者也'。臣瓒曰:'山足曰鹿'。师古曰:'应说是'。"②

战国时,赵国修筑有巨鹿邑。秦灭六国,废分封而置郡县,巨鹿自此成为天下名郡之一。同时,秦朝在巨鹿郡下设巨鹿县。秦汉时期,巨鹿的辖地大致相当于今河北省平乡县,故城在平乡县城西南的平乡村。两汉、曹魏政权均设巨鹿郡,北魏景明年间,移巨鹿县城于旧城之东三十里,改属平乡县管辖,而弃巨鹿县之制。隋开皇六年(586年),复置南䜌县,属赵州。十六年(596年),更隶邢州。大业初,南䜌县始改称巨鹿县。大业三年(607年),属襄国都。唐武德元年(618年),析巨鹿县增置白起县(故城在县西南),两县皆属同年置之起州,巨鹿且为州治。四年(621年),白起县省入巨鹿县,同年废起州,巨鹿县改隶赵州。贞观元年(627年),更属邢州。天宝元年(742年),罢州,巨鹿县改隶巨鹿郡。至德二年(757年),罢郡复为邢州,仍辖巨鹿县。宋熙宁六年(1073年),平乡县省入巨鹿县。元祐元年(1086年),复析置平乡县,巨鹿县仍属邢州。宣和元年(1119年),升邢州为信德府,仍辖巨鹿县。元初,巨鹿县仍属邢州。中统三年(1262年),升邢州为顺德府,仍辖巨鹿县。至元二年(1265年),顺德府改名顺德路,巨鹿县仍属之。明清时期,巨鹿县属顺德府。民国二年(1913年)属直隶省冀南道,次年冀南道改名大名道,仍辖巨鹿县。十七年(1928年)废道,巨鹿县始直属河北省。新中国成立后,河北省人民政府成立,巨鹿县归邢台市管辖。

邢台市巨鹿县城内有巨鹿故城遗址。城址呈长方形,南北长约712米,东西宽约300米。现城址全部埋于地下,被现代建筑及街道覆盖。城内曾出土碗、

---

① (宋)乐史撰《太平寰宇记》卷五九《河北道》,《文津阁四库全书》,商务印书馆2005年。
② (汉)班固撰《汉书》卷二八上《地理志上》,中华书局1962年,第1575页。

盘、罐、瓶等宋代瓷器。据此推断,巨鹿故城当为宋代城址①。关于故城废弃的原因,《顺德府志》记载:"宋大观二年,黄河决陷没邢州钜鹿。"可见,城址毁于宋代黄河泛滥②。历史上,由于河流改道及行政区划变革等原因,巨鹿郡辖地范围有过较大变化,甚至有过根本的变动。但无论巨鹿郡还是巨鹿县,其境域主要位于今河北省中南部是没有疑问的。

二

关于耿纯,《后汉书》《续汉书》《东观汉记》均有传。耿纯的父亲耿艾,王莽时任济平尹。耿纯游学长安,被任命为纳言士。王莽政权灭亡后,更始帝立,派舞阴王李轶巡行诸郡国。耿艾归降,被任命为济南太守。当时,李轶兄弟把持朝政,专制方面,宾客盈门,游说者众多。耿纯屡次请求拜见,始终没有得到回应。过了好长时间,耿纯终于见到李轶。他对李轶说:"大王以龙虎之姿,遭风云之时,奋迅拔起,期月之间兄弟称王,而德信不闻于士民,功劳未施于百姓,宠禄暴兴,此智者之所忌也。兢兢自危,犹惧不终,而况沛然自足,可以成功者乎?"③李轶听完这句话,非常受用,再加上耿纯是巨鹿大姓子弟,李轶便以皇帝的名义,任命耿纯为骑都尉,授以符节,命他去安定缉睦赵、魏(今邯郸地区)。

此时正赶上刘秀渡河到邯郸,耿纯主动前往拜见,很快得到刘秀的肯定与接纳。耿纯回来后,发现刘秀阵营人才济济,率兵法度也与别的将领不同,便献上马匹和绢帛,从此跟着刘秀打天下。刘秀北进中山时,把耿纯留在邯郸。邯郸王郎起兵造反,刘秀被迫由蓟东南下。耿纯与堂兄弟耿䜣、耿宿、耿植一起率领宗族宾客两千多人,到育迎接刘秀,家族中的老弱病残甚至用车拉着棺材也一起来了。正如《后汉书》记载:"世祖自蓟东南驰,纯与从昆弟䜣、宿、植共率宗族宾客二千余人,老病者皆载木自随,奉迎于育。"④当时王郎势力较大,好多郡国官吏望风归附,降于王郎。耿纯怕自己宗族中有人观望犹豫,专门派耿䜣、耿宿

---

① 《河北省文物保护单位通览》,科学出版社 2003 年,第 223 页。
② 转引自《河北省文物保护单位通览》,第 223 页。
③ 《后汉书》卷二一《耿纯列传》,第 761 页。
④ 《后汉书》卷二一《耿纯列传》,第 762 页。

回乡,烧掉了所有房屋。后来,刘秀问他烧房屋的缘故,他说:"窃见明公单车临河北,非有府臧之蓄,重赏甘饵,可以聚人者也,徒以恩德怀之,是故士众乐附。今邯郸自立,北州疑惑,纯虽举族归命,老弱在行,犹恐宗人宾客半有不同心者,故燔烧屋室,绝其反顾之望。"①听了这些话,刘秀叹息不已,见耿纯忠心一片,便任命他为前将军,封耿乡侯(故城在今河北藁城县西)。他的堂兄弟,也都被任命为偏将军。刘秀让耿纯兄弟一起为前锋攻降宋子,此后,又随军攻下曲阳(今河北晋州西)和中山(治所在今河北定州市区)。

在邓禹、吴汉、刘植、邳彤、耿纯等将领的帮助下,刘秀平邯郸、灭王朗、破铜马,迅速在河北打开了局面。尤其是铜马一战,战果颇丰,迫降了数十万铜马农民军。刘秀将其中的精壮之人编入军中,使自己军队的实力大增,关中的百姓都称刘秀为"铜马帝"。这时,将领们都请刘秀自立为皇帝。然而,刘秀却认为时机未到,没有采纳将领们的意见。当刘秀率兵走到今石家庄赵县时,耿纯力劝刘秀称帝,他提出"天人亦应""时不可留,众不可逆"②的建议。六月,在基本平定河北的情况下,已经是"跨州据土,带甲百万"的刘秀审时度势,在众将拥戴下于鄗县(治今河北省柏乡县固城店镇固城店)的千秋亭即皇帝位。为表重兴汉室之意,建国仍使用"汉"的国号,改年建武,史称东汉。十月,定都洛阳。

建武元年(25年),刘秀封耿纯为高阳侯。建武二年,真定王刘扬派人编造并散布流言,企图造反。耿纯被派前往真定,他用计策诱杀刘扬,迅速平了真定,使这场叛乱未能得逞。随后,耿纯赶回京师,亲自向光武帝请求"试治一郡"。光武帝便任命他为东郡太守。当时,东郡尚未完全平定,时有骚扰动乱。耿纯到任,恩威并施,经过几个月的治理,东郡政治清明,社会安定。建武四年,耿纯奉朝廷命令率兵进击更始帝所立东平太守范荆。范荆投降后,又进击太山、济南和平原地区的乱兵。建武六年,耿纯被封为东光侯(故城在今河北东光县东南二十里)。他主动要求到封国去,并得到了光武帝的同意。耿纯到封国后,吊唁去世的人,看望生病的人,与百姓打成一片,他的亲民行为深得封国百姓拥戴。建武八年,东郡、济阴有人起兵叛乱,朝廷派李通、王常前往征剿。光武

---

① 《后汉书》卷二一《耿纯列传》,第762页。
② 《后汉书》卷一上《光武帝纪上》,第30页。

帝知道耿纯在这些地区的威望很高,便命他为太中大夫参与征剿。东郡造反的人听说耿纯来了,纷纷向他投降,人数多达九千。耿纯的部队兵不血刃、不战而胜。为此,光武帝亲封玺书,再次任命耿纯为东郡太守。在任数年间,官吏百姓无不心悦诚服。建武十三年,耿纯死于任上,谥成侯,其子耿阜嗣侯。

赵县柏林寺内有铭刻"攀龙鳞""附凤翼"的两通石碑,两碑原本竖在城内"望汉台"前。石碑由唐代著名书法家虞世南手书,明代赵州刺史蔡懋昭刻石,碑文的内容就是耿纯在劝刘秀称帝时有"固望其攀龙鳞、附凤翼,以成其所志耳"①之句。遗憾的是,两块石碑均有不同程度的损坏,龙碑的"鳞"字和凤碑的"附凤"二字损毁严重。据说望汉台为耿纯所建,高七寻,基周长二百八十尺。可惜的是,望汉台早已难觅其踪。所幸的是,后人还能得见"龙凤碑"全貌。

三

关于耿纯的家族世系,《后汉书》记载:"植后为辅威将军,封武邑侯。宿至代郡太守,封遂乡侯。䜣为赤眉将军,封著武侯,从邓禹西征,战死云阳。凡宗族封列侯者四人,关内侯者三人,为二千石者九人。阜从封苢乡侯,永平十四年,坐同族耿歙与楚人颜忠辞语相连,国除。建初二年,肃宗追思纯功,绍封阜子盱为高亭侯。盱卒,无嗣,帝复封盱弟腾。卒,子忠嗣。忠卒,孙绪嗣。"②

所以我们可以简略一表如下:

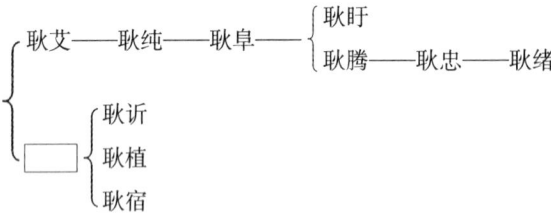

---

① 《后汉书》卷一上《光武帝纪上》,第 30 页。

② 《后汉书》卷二一《耿纯列传》,第 764 页。

以上人物曾封爵位、任官职为：

耿纯：东光侯

耿阜：东光侯；后改封莒乡侯

耿䜣：赤眉将军；著武侯

耿植：辅威将军；武邑侯

耿宿：代郡太守；遂乡侯

耿盱：高亭侯

耿腾：高亭侯

耿忠：高亭侯

耿绪：高亭侯

从以上图表可以看出，耿纯的三个堂弟和儿子都封侯，可谓一门五侯。耿氏家族在东汉的政治舞台上发挥了重要作用。特别是耿纯，帮助光武帝刘秀在平定河北的过程中灭王朗、破铜马，为其称帝扫平了道路。东汉建立后，帮助光武帝歼灭更始、赤眉和陇、蜀等诸多割据势力，又在完成统一大业的过程中立下汗马功劳。总体来看，历史上对耿纯归附刘秀后，破王郎、平真定以及击败铜马、赤眉军的战功是肯定的；对于他诛杀刘扬时所表现出的睿智是认可的；对于他率领宗族宾客归附刘秀的忠心以及燔烧屋室以表忠诚的决心、作战中表现出的沉着镇静的气势、荐举从弟代已任的品格及治理郡县中做出的成绩等更是赞扬的。东汉永平年间，汉平帝把二十八名功臣画像供于尚书省云台，史称"云台二十八将"，耿纯位列第十三位。为纪念耿纯，赵州东二十五里化龙村有耿纯祠，今废。河北邢台市新河县望腾村与护驾村东北一公里处有耿纯墓，明穆宗隆庆元年（1567年）立，碑阳镌文"大汉勒封东光侯耿纯空墓"，现为新河县级文物保护单位。

燕赵自古多慷慨悲歌之士，巨鹿名臣硕儒亦数不胜数。除耿纯外，东汉时期还有战功卓著的刘植，亦跻身于云台二十八将之列；张角、张梁、张宝兄弟则因发动黄巾起义而名垂后世。此外，项羽救赵破釜沉舟，巨鹿之战成就威名；千古名相唐魏徵，明君之镜促繁荣。其他如汉代路温舒，东晋竺道生，北魏王仲兴，北齐魏收、孟业，隋代魏德深，唐代张遂，宋代魏飞卿，元代张毅，明代马骐、王鼎等人亦是青史留名。这些彪炳史册的杰出人物为中华民族历史的发展做出了重要贡献,甚至影响了中国的历史进程。本次历史文化研讨会,必将促进巨鹿历史人物、历史事件、文物古迹、地方特色、生态文化等资源的开发力度,为"千年古郡——巨鹿"文化品牌的打造奠定坚实的基础和有力的文化支撑。

巨鹿广泽书院管理制度小考

刘广瑞

广泽书院(又称南䜌书院)是清朝时期巨鹿县唯一书院,是道光十七年(1837年)知县黄育楩创建,院址在县城北关关帝庙东侧。光绪二年(1876年),知县张春熙因地势低洼狭窄,将书院由北关移建于县城东大街路北(今育红小学处)。光绪十二年(1886年),知县凌燮又在此基础上进行了改扩建。光绪三十二年(1906年),清廷废科举兴学堂,广泽书院始改为巨鹿县第一高级小学堂。从创建到停办,广泽书院前后经历六十八年时间。黄育楩在广泽书院创立之初就订有条规十三条,保存较为完整,实为研究清代书院管理制度一重要资料。为研究方便,现据光绪《钜鹿县志》移录如下:

一、书院新旧成本、地亩、器具、条款,造册二本,送署盖印,一发礼房存案,一交首事人收执,以备兑照。其房屋器具如有损坏,值年首事禀商修补。至院内大小一切什物,另立一簿,交院役存收检视,不得挪借出院,如有短少,禀官究处。

一、书院掌教山长应由绅士延访附近文行兼优之科甲,每年十一月初七日众首事禀商关聘。其远方夙彦不能常在院中主讲者,不得滥充是席,庶免有名无实。

一、书院掌教修金制钱一百吊,按四季致送,出自书院生息。薪水银二十两,关聘银二两,俱由官捐。

一、月课辰刻封门,逾时不到者,虽属高才,不准补进。酉刻交卷,秉烛

【作者简介】刘广瑞(1982年—),男,邯郸学院科研处助教,主要从事黑城学和河北地方史研究。

继晷者,虽有佳构,不列前茅。

一、议定经管书院首事十二人,分为两班,每班管理一年,于正月二十六日算清帐目,交割簿籍。如有余钱过百缗,即行发息。其算帐之日准支制钱二吊,以为首事饭资。其现年经理之人不得推诿,永为定章。倘议定经理之人遇有事故告退,公同择举一人接管。

一、书院本应额设正课、附课生童若干名,按名分给膏火,以助肄业之资。兹因经费不敷,先议每课厚给奖赏,以示鼓励。俟生息加增,再行议定。

一、书院号舍原兼县试而设,如遇临考,前三日值年首事婉商山长,另为赁借公馆暂住,俟考毕搬回。其应用房价等费,出自公项。至住院肄业生童,亦于考试前三日搬出,俟考毕方准进院,以防嫌疑。

一、奖赏钱文向由礼房给发,凡生童应得奖赏钱文,不准礼房折扣分文,庶不至有名无实。

一、月课造册填榜纸张,礼房备办。每课支制钱五百文,以为纸笔之费。无课不准支钱。

一、院役每逢课期前一日,将号房院宇扫除整洁,课日预备生童茶水,每课支制钱三百文,以作水火资费。

一、每年甄别后,山长入馆,着院役于前三日扫除整洁,责成在城首事经理,山长到馆后由官订请筵宴。

一、院役工食,向章每年制钱九千。兹议定每年发给制钱一十五千,按四季具领。

一、院役由众首事公保谨厚之人,常川伺候。倘有错误,按季算明工食,禀官革去另募。

一 书院的内部管理

1.书院的组织结构。广泽书院教职员有两类:一是负责教学的掌教山长;二是负责书院日常事务的人员,如首事十二人,分为二班,每班管理一年。清代的书院还有少量从事杂务的人员,如礼书、伙夫、门役等。结构简单的书院只设一名山长或院长、一名监院;结构较复杂的书院则设有主讲、监院、山长等。

2.山长的选聘与待遇。山长不仅是书院的领导人,而且还是教师,为书院的核心人物,所以书院历来重视山长之选。对于书院山长的要求,必须是德才兼备,有的书院所聘请的山长必须是科甲出身。同时,由于山长要经常在院中主讲,所以必须是当地人。广泽书院"掌教山长应由绅士延访附近文行兼优之科甲,每年十一月初七日众首事禀商关聘。其远方夙彦不能常在院中主讲者,不得滥充是席,庶免有名无实。"清代书院山长的选任,有的由官府决定或推荐,有的是公举聘请。按照清朝的规定,省会书院的山长须由官府聘请,而府州县书院则根据其是官办或民办而有所不同,官办书院的山长一般都由地方官吏任命。到清朝中后期,由于官聘山长的弊端日益暴露,逐渐变为由乡绅公举,并报官审批的方式。如广泽书院的山长即由当地绅士延访,然后"禀商关聘"。清代山长的聘任大多在秋季,有时在冬季,一年一聘。山长每年的薪水根据书院的经费情况而有差异,但大多还是丰厚的。加广泽书院,掌教"修金制钱一百吊,按四季致送,出自书院生息。薪水银二十两,关聘银二两,俱由官捐"。

二 书院学生的管理

在清代入书院学习的士子主要有两类。一类是已经由县学、府学录取的秀才,为准备参加乡试,每月定期来书院听讲,送交课卷、文章,请书院教授批改,编入"文生月课";一类是经县学童试合格的童生或以相当程度入院专攻经史,以备应考的学童,编入"生童常课",常年在书院攻读。广泽书院"生童若干名",属于第二类。

三 书院的经费来源

书院的经费是指办学所需的财力、物力,包括维持正常教学的常年费用和其他基建费用。书院的经费主要包括以下几个部分,一是书院的创办费用;二是书院山长的束脩及生员的廪膳;三是生员的考试费用;四是书院的教学及修理等费用。毋庸置疑,经费是书院赖以生存和发展的基础。清代书院的经费来源可谓多种多样,总的看来有朝廷及地方政府拨款、官民的私人捐助以及士绅合力捐助等形式。

1.朝廷及地方政府拨款。书院经费来自于朝廷及地方政府的拨款。广泽书院掌教"薪水银二十两,关聘银二两,俱由官捐"。雍正十一年(1733年),雍正帝下谕:"督抚驻扎之所,为省会之地,着该督抚商酌奉行,各赐帑金一千两,将来士子群聚读书须预为筹画,资其膏火,以垂永久。其不足者,在于存公银内支用。"据此,济南得"恩赏银一千两"创建了泺源书院。但总的看来,朝廷为书院拨款的数量有限,远远满足不了需要。尤其是书院创办之时,需要购买地基,建造房屋,花费很大。这些开支往往由地方政府拨款扶植,因而地方拨款成为清代书院经费的主要来源之一。不但创建书院经费依赖政府拨款,书院中生员的膏火以及对生员的奖赏有时也要靠政府。

2.官民的捐助。许多书院的修建费用超出官员所能承担的范围,所以官民合资自然成为最普遍的兴学形式。这种方式一般为地方官员捐献若干俸禄作为倡导,带动乡绅百姓一起捐款兴学。如张春熙《广泽书院兼试院碑记》载广泽书院"计其存资生息所入,不足继士子膏,乃慨然有倡捐改作志"。又载"公余偕学博胡、汤公集绅耆议,咸乐从事。余乃捐钱四百千以为倡,乐施者量捐有差,集资七千余缗"。

四 书院的经费管理

书院经费筹集不易,除少数得到朝廷经济保证的省级书院外,其他书院的集资途径是不固定的,而书院的办学则需稳定的经济来源。故这类书院除将一部分资金用于房舍修建等基建外,相当部分须妥为保存,并使之增值。书院一般用其增值部分应付日常支出,而不动用筹集款项,这样才能保证书院经济的稳定。正是从这种思路出发,历代书院往往采用将经费购置学田,以出租学田的租金作为经费的方法。而清代则更多地用发商生息的经费经营方式。这种方式是把经费存于获利较为丰厚的盐商或典当商人,以其利息作为日常经费。较之传统的以学田生息方法,发商生息的收入更稳定,操作更简便。学田的出租、收租等须书院直接经营,有时还会因自然灾害和佃户拖欠等原因,损失田租。

而发商生息则不直接经营产业，书院可以节省人力。且其经费多交殷实商人经营，能旱涝保收，所得租息通常用于为师生提供膏火及做山长的束脩。清代书院除集资发商生息外，主要依靠学田的收入维持。清代书院设置学田非常普遍。一所书院的开办，兴建学舍及其他各种设施并非难事，置办学田往往是更主要的任务。只有学田落实了，书院才会有稳定的收入，才有坚实的经济基础，才能持久地办下去。经过几代人的努力，清代各书院大都拥有一定数量的学田。从广泽书院条规"兹因经费不敷，先议每课厚给奖赏，以示鼓励"中，我们可以看出广泽书院创办初期经费十分紧张。后经历了近四十年的发展，到了光绪二年，知县张春熙嫌地势低洼狭窄，将书院由北关移建于县城东大街路北（今育红小学处）。又过了十年，光绪十二年知县凌燮又在此基础上进行了改扩建。书院的迁址和改扩建反映了广泽书院经历了半个世纪的发展，其经费越来越充足，这一方面得益于巨鹿县政府的支持，另一方面得益于清代发商生息和置办学田的经费经营方式。

通过上述内容我们可以认识到，广泽书院作为一种文化教育组织，前后经历了六十八年时间。书院的规制较为完备，对于山长的选聘、学生的管理都作出了明确的规定，从而保障了教学的顺利进行。书院经费的筹措，或是依靠朝廷及地方政府的拨款，或是来自官民的捐助。而书院经费的经营则采用了发商生息、置办学田等形式。这种依靠社会办学的方法，保证了书院生员在衣食无忧的条件下，从容完成学业。书院的经营者对内部组织机构的设置、运作煞费苦心，积累了极为丰富的经验，具有一定的特色，至今具有一定的借鉴意义。

《治河论》浅谈

张重艳

赫慎修(1826—1887年),字煜斋,清代巨鹿县辛集村人,咸丰六年(1856年)进士。历任刑部主事、翰林院学士,诰授中宪大夫,后与夏应麟等合纂《钜鹿县志》。该县志卷七艺文志中载有其著作《治河论上乔鹤侪河督》①(以下简称《治河论》)、《上任观察筱沅建坝防河说》②、《建坝或问》③、《治河管见上乔鹤侪河督钱调甫中丞任筱沅观察》④。乔鹤侪,即晚清重臣乔松年(1815—1875年),《治河论》即是赫慎修给乔松年的上书,具有很高的史料价值。

一 《治河论》的写作背景

黄河是中国第二大河,自古以来多泥沙,部分泥沙沉积在河床上,河床淤高,每当伏秋大汛,如若防守不力,轻则漫口决溢,重则河道改徙。历史上的黄河曾经多次改道,"百年一改道,三年两决口"是黄河水患史的真实写照,频繁的水患给中国人民带来了巨大的灾难,治理黄河也成为历朝历代统治者的要务。清代黄河史是黄河史上的一个重要阶段。清代统治者对于治理黄河的问

【作者简介】张重艳(1981年—),女,河北省社会科学院历史所研究实习员,主要从事敦煌吐鲁番出土文书、黑城学、河北地方史研究。

① 光绪《钜鹿县志》卷一二《艺文志下》,《中国方志丛书》华北地方,成文出版社有限公司1976年,第516号第831页。
② 光绪《钜鹿县志》卷一二《艺文志下》,第516号第849页。
③ 光绪《钜鹿县志》卷一二《艺文志下》,第516号第854页。
④ 光绪《钜鹿县志》卷一二《艺文志下》,第516号第865页。

题愈加重视,康熙帝登基之初,就以三藩及河务、漕运为三大事,写在宫中柱子上。

咸丰五年(1855年)六月,黄河在河南兰阳铜瓦厢决口,朝东北方向,在山东阳谷张秋镇穿过运河、大清河入渤海,形成了黄河历史上第六次大规模改道,由此引发了清廷内部关于治理黄河的长达三十余年的河政之争,争论的焦点问题是顺水之性筑堤束黄保持北流还是堵铜瓦厢决口让其南流[①]。"改道派"主张让黄河北流,"复旧派"主张恢复黄河故道,让黄河南流,双方各自以理据争。在铜瓦厢决口之初,针对治理黄河的问题,统治者内部进行了论争。同治六年(1868年)七月,黄河在河南荥泽决口南流,又引发了清廷内部的争论。同治十年(1871年)二月,山东侯家林堵塞的时候,河东河道总督乔松年和山东巡抚丁宝桢的治河观点就相左,"十一年二月,侯家林塞,予宝桢优叙。先是同知蒋作锦条上河、运事宜,朝廷颇韪其议,下河、漕、抚臣议奏。未几,侯家林决,松年、宝桢意见龃龉"[②]。同年黄河在侯家林南岸决口,清廷开始考虑如何永久消除潜在的水患问题。乔松年奏言:

> 今日言治河,不外两策:一则堵铜瓦厢决口,复归清江浦故道;一则就黄水见到处筑堤束之,俾不至横流,至利津入海,权衡轻重,以就东境筑堤束黄为顺水之性,事半功倍。前数年大溜全趋张秋,后又决胡堰、洪川口、霍家桥、新兴屯诸地,黄流穿运,节节梗阻。惟有尽堵旁泄之路,自张秋西南,沙河迤北,就旧堤修补,为黄河北堤。又自张志门起,至沈家口、马家口、马山头,筑新堤一百八十余里,为黄河南堤。俾仍全趋张秋,借以济运。[③]

又,"(同治)十一年,河督乔松年请在张秋立闸,借黄济运",丁宝桢则主张"挽复淮、徐故道……宝桢奏运河废坏,莫非黄水之害,治运必先治黄"[④],"同知

---

① 方建春《铜瓦厢改道后的河政之争》,《固原师专学报》1996年第4期。
② 赵尔巽等撰《清史稿》卷一二六《河渠一》,中华书局1976年,第3746页。
③ 《清史稿》卷四二五《乔松年传》,第12231页。
④ 《清史稿》卷一二二《食货三》,第3599页。

蒋作锦则议导卫济运"①。乔松年反对丁宝桢和蒋作锦的主张,"称铜瓦厢决后,旧河身淤垫过高,势不能挽复淮、徐故道。至借黄济运,筑堤束水,与导卫济运之法同一难行"②。从《治河论》中的"乃今之论者,犹欲塞铜瓦镶缺口,使河仍行清江浦故道,由云梯关以入海者,嗟乎!是何言之易易乎?""然黄水入运,淤填立增,导卫济运之策,将来亦在所必用"可以判定,赫慎修是针对乔松年的奏议以及蒋作锦的治河主张,上书一篇《治河论》,提出了自己的治河理念和方法,他反对乔松年堵铜瓦厢缺口的提议,赞同蒋作锦的导卫济运。

《治河论》最后还有蒋作锦③和刘毓楠④读后的高度评价,蒋作锦很认同赫慎修的上书,称其"此论一出,彼聚讼纷纷者可不击而自破矣"。蒋作锦也提出过很多有见地的治河主张,如同治十年(1871年)山东侯家林堵塞的时候,"先是同知蒋作锦条上河、运事宜,朝廷颇韪其议"。在同治十一年(1872年),乔松年请在张秋立闸时,"同知蒋作锦则议导卫济运"⑤。为了平息治河方法的争论,同治十二年(1873年),李鸿章经过五个月的勘察,认为"今即能复故道,亦不能骤复河运,非河一南行,即可侥幸无事。此淮、徐故道势难挽复,且于漕运无益之实在情形也"⑥,认为黄河不能复归故道,应改走新道,同治年间的河政之争也逐渐平息。

---

① 《清史稿》卷一二七《河渠二》,第3790页。

② 《清史稿》卷一二二《食货三》,第3599页。

③ 清朝和治水有关的蒋作锦有两人,一人是指蒋作锦(1817—1864年),字裁庵,号云裳,山东梁山县馆驿乡大渔营村人。三十四岁中咸丰辛亥科举人,四十二岁中咸丰己未科进士。咸丰十年(1860年),由兵部武选司主事简放钦差,任河南黄(河)沁(河)厅同知,加三品衔升用,治理黄河。同治二年(1863年)改任怀庆府知府。同治三年病故任上,终年四十七岁。著有《东原考古录》《星槎记要》《奉使日程记》《砖坝说》等。根据本文的写作时间1871—1872年,本文中蒋作锦和上述所说不是同一人。

④ 刘毓楠,字南卿,开封人。咸丰二年(1852年)进士,授礼部主事,迁郎中。咸丰十一年为江南道御史,上章弹劾河南布政使,由是而有直声。五年间上疏数十次,得罪权贵,出为安徽风颍六泗道,旋即罢官。著作有《淡泊斋谏草》。

⑤ 《清史稿》卷一二七《河渠二》,第3790页。

⑥ 《清史稿》卷一二六《河渠一》,第3748页。

二 《治河论》的主要内容

赫慎修的《治河论》长达三千余字,治河理论贯通古今,构思严谨。

一、回顾黄河改道的历史,自大禹治水至清初"凡五大变",即周定王五年(前602年)、新莽始建国三年(11年)、宋神宗熙宁十年(1077年)、金昌宗明昌五年(1194年)、元世祖至元中,黄河河道发生的五次大变迁。

二、总结了清朝治理黄河的经验教训,有清一代一直非常注意治理水患,但成效不是很明显,"二百年来,溃决频仍,救败不遑者,自靳文襄公而后,司河者不治海口而惟务消涨,不浚河身而惟事增堤",导致河流倒灌,正是这种借黄济运的治河方法导致了铜瓦镶之决,并认为自西汉王景治河以来至唐千余年间无河患的原因是因为遵循自然规律,让河水南流,主张仿效王景治河的办法。

三、驳斥了乔松年等人"堵铜瓦厢决口,复归清江浦故道"的治河主张,认为乔的提议如果实施起来会有五大难处,即工费縻多、工大力艰、工程浩大、治理淮河不易、治理清口不易。如果坚持堵铜瓦镶缺口,则会带来五大隐患,即铜瓦镶缺口很难堵住、不能保证河道南行、新筑两堤不能保证坚固、不能保证黄河不旁灌、经费巨多难酬。

四、提出治理黄河的理念和治河方法,要先挑引河,使河归正道,然后筑隄,这是治河的首要任务。然后以运口建草闸,拦黄越坝,以御黄流,改"丁"字河形为"人"字河形,使运河与黄河相比而不相抵,使黄河水不倒灌,并且认为借黄济运方案行不通,要行导卫济运之策。

总之,赫慎修提出乔松年治理黄河的方法会有五难五患,是整篇文章的亮点,其治河方法虽然最后没有被清廷采纳,但不失为一篇优秀的治河论说。

巨鹿人文精神:从历史走向未来的胜选基因

傅恒杰

一个地方的人文精神,不仅是这个地方历史积淀并延续至今的文化底蕴,更是这个地方正在形成的、时代要求的、引领未来发展的价值取向。巨鹿的历史悠久,文化底蕴深厚。费孝通先生指出,"一个民族文化的复兴,首先就要能保持自己文化里面的健康的基因"。巨鹿人民通过回望历史、分析现实、放眼未来,从浩如烟海的文化图谱里,剔除糟粕、汲取精华,选择"包容诚信,执着担当,务实创新"为巨鹿新时期的人文精神。这样的人文精神既体现了巨鹿的优秀文化传统,又反映了改革开放的时代要求;既与民族精神相统一,又有巨鹿的地方特色。这是巨鹿传统文化中的健康基因。在新的历史条件下,我们必须加强对巨鹿人文精神的研究探讨,培育更具活力、生命力、竞争力的文化基因,熔铸新时期的巨鹿人文精神,形成推进巨鹿科学发展的强大精神动力。

一 巨鹿人文精神的历史源流

关于人文精神的概念,仁者见仁,智者见智,莫衷一是。基本被社会认同的人文精神内涵有三个层次:一是人性,即对人的幸福和尊严的追求,是广义的人道主义精神;二是理性,即对真理的追求,是广义的科学精神;三是超越性,即对生活意义的追求。人文精神源远流长,下面从中西方和巨鹿本土三个视角分别回望。

【作者简介】傅恒杰(1959年—),男,河北巨鹿人,邢台学院教授、副院长,主要从事经济、文化研究。

(一)西方的历史源流

西方的人文精神溯源于欧洲的文艺复兴。文艺复兴对人的感情的解放使人文精神具有了世界意义。可人文精神同时要建立在理性之上。理性的弘扬，渐渐就促进了科学的发展，并使人们越来越重视科学，从而形成了所谓的科学主义。这样导致的结果，就是现代以来科学主义忽视、轻视乃至蔑视人性，以为人只不过是基因的排列组合，想做成什么就做成什么。正是这种科学的傲慢，加上消费主义的物化浪潮，使人文精神这些非经济的文化元素被不断地边缘化。所以，矫正现代进程中的物质消费主义、技术工具主义对人的物化异化，就成为西方脉络人文精神的新使命。

(二)中国的历史源流

"刚柔交错，天文也。文明以止，人文也。观乎天文，以察时变。观乎人文，以化成天下。"①《易经》中的这几句话可以说是中国人文精神的滥觞。中国的人文精神首先是关于"人"的精神，是以人为本。孔子曰："君子务本，本立而道生。"②其次是关于"文"的精神，温良恭俭让，仁义礼智信，是人刻在自己心灵里的"文"。孟子说："人之所以异于禽兽者几希。"③人正因为这一点点"文"才称其为人。如果一味奉行弱肉强食的丛林法则，人就会异化为经济动物、智能强盗。如果没有了由人文所约定的人与人之间的关系，即使在自然科学高度发达的今天，人类社会也有可能立即瓦解崩溃。所以说，中国传统文化中所提倡的人文精神，对于人类社会来说具有永恒的价值。1988年，75位诺贝尔奖获得者在巴黎发表联合宣言，呼吁全世界"21世纪人类要生存，就必须汲取两千年前孔子的智慧"。

(三)巨鹿的历史源流

巨鹿有悠久的历史，丰富的文化。不同的历史时期有不同的文化现象。但

---

① 高亨著《周易大传今注》卷二《贲》，齐鲁书社1979年，第226页。
② (清)刘宝楠撰《论语正义》卷一《学而》，中华书局1990年，第7页。
③ (清)焦循撰《孟子正义》卷一六《离娄下》，中华书局1987年，第567页。

健康文化的精华基因,却是千年文脉,继往开来。如东晋时期的著名僧人——巨鹿的释道生,把佛教、道教、儒教融会贯通,相互包容,有"教"无派,诚信公正,使印度佛教中国化、本地化。虽然他研究信奉的是佛教,但他的名字出自儒教《论语》中"君子务本,本立而道生"。再如我国初唐伟大的政治家、思想家——巨鹿人魏徵。千百年来,他的那种"上不负时主,下不阿权幸,中不佞亲族,外不为朋党,不以逢时改节,不以图位卖忠"[①]的为政处世之道,凸显了巨鹿文化中执着担当的意志品质。还有富于务实创新精神的汉代织女——巨鹿陈宝光的妻子。《西京杂记》记载,汉昭帝末年,她发明一种提花织机,大大提高了纺织能力,而且生产的都是质量精美的上乘产品。两千多年前,巨鹿织女闻名华夏。如今,巨鹿的手工土布延续千年铺就的锦绣华章,继续努力书写新的辉煌。

二 巨鹿人文精神的现实意义

历史与现实息息相关。历史是过去的现实,现实是未来的历史。人类从事每个时段的社会实践,无不需要以已经具备的历史条件作基础,无不需要借鉴有关的历史经验。中国历代史学家和政治家一贯认为历史之用,在于以古鉴今。司马迁著《史记》意在"述往事,思来者"[②],司马光编《资治通鉴》是要"鉴前世之兴衰,考当今之得失"[③],表达的都是历史为现实服务的思想。巨鹿人民从历史中选择"包容诚信,执着担当,务实创新"的人文精神,是对自己所处的这样一个国家级贫困县的清醒认知,或许这是巨鹿人民最缺少最需要最应该具备的精神。

(一)"包容诚信"是理念理想,也是实际行动

古人说:"德随量进,量由识长。故欲厚其德,不可不弘其量;欲弘其量,不

---

① (后晋)刘昫等撰《旧唐书》卷七一《魏徵传》,中华书局1975年,第2562—2563页。
② (汉)司马迁撰《史记》卷一三〇《太史公自序》,中华书局1982年,第3300页。
③ (宋)司马光编著《资治通鉴·进书表》,中华书局1956年,第9608页。

可不大其识。"①在全球化的今天,没有包容全球的战略视野、世界眼光,就会被动落后。千年古郡,大浪淘沙,曾经的辉煌更让今天的巨鹿人民追问自己应该如何继承和弘扬。只有以开放的胸怀包容多样,吸纳全国乃至全球的有志之士来巨鹿投资创业,才能繁荣兴旺。"内诚于心,外信于人"的诚信,本质是公正公平。在市场经济社会中,各类市场主体都应该将对诚信的追求,化为约束自己的行为。诚信是一种比有形的物质资源更重要的无形的精神资源。从这个意义上说诚信是一种宝贵财富、是市场经济的"通行证"。一百多年前严复说,公司是个好东西,但是传到中国就变味了,两个人办公司也互相欺骗。只要对身边的现实稍加分析,就会发现那种狭隘自私、急功近利、浮躁投机的心理在污染着发展环境。诚信实际上是以人的尊严为基础的,而中国传统文化中缺少对个体的尊重。要想开发与发展人的诚信精神资源,前提是要尊重人。

(二)"执着担当"是意志态度,也是习惯养成

水滴石穿正是由于水的执着。执着是意志上的坚持。任何事业上的成功者,都是一样的执着。没有人能够随随便便成功。对巨鹿稍有了解的人,应该记得20世纪70年代的巨鹿水仙花白酒,80年代的巨鹿纺织机械厂,90年代的巨鹿杏茶等等都是闻名全国的知名企业和知名品牌。令人惋惜的是,现在都已失去了昨日的辉煌。反躬自省,执着一词已是不能承受之轻。一事当前,不是勇于担当,而是上推下卸,天塌下来有高个子顶着。持这种想法与做法的人有多少?每一个人都拥有对现实世界的发言权,但如果仅仅停留在高兴赞赏、愤怒悲伤,或者漠视不屑等等情绪层面,就都不是担当。因为它缺少责任的灵魂,没有责任这灵魂,只能是一种发泄和排解。担当是深入沧桑巨变、纷繁复杂的世事之中,并经由理性思考后提出促进经济发展社会进步的措施。"担当"是动词,意思是接受并负起责任。重在强调行动与落实。

(三)"务实创新"是思路方法,也是工作作风

务实就是面对困难矛盾,具体深入研究,提出解决方法。王符说:"大人不

---

① (明)洪应明著,李金秋译注《菜根谭》,中国社会科学出版社2007年,第163页。

华,君子务实。"①体现了中国传统文化求真务实、崇尚实干的精神。真正的务实必然导致方法的创新。创新是人类特有的认识能力和实践能力,是人类主观能动性的高级表现形式,是推动经济发展和社会进步的不竭动力。可现实工作中,依然存在着人浮于事,熬天混日,做一天和尚撞一天钟的现象。一个地方要想发展,就不能没有创新。人类社会从低级到高级、从简单到复杂、从原始到现代的进化历程,就是一个不断创新的过程。不同县域发展的速度有快有慢,发展的水平有高有低,追根究底在创新能力。

三 巨鹿人文精神的指引作用

人文精神既是对历史的记忆,更是对未来的选择。一个地方,有什么样的人文精神,不仅会有什么样的历史,也昭示着会有什么样的未来。我们正站在历史发展的新起点上,面临着工业化、市场化、城镇化、信息化、国际化的难得发展机遇和前所未有的挑战。县域经济之间的发展与竞争,已不再是纯经济层面的比拼,深厚的文化底蕴等软资源已越来越成为县域经济发展的重要支撑。巨鹿人民应自觉以巨鹿人文精神为行动指引,优化发展环境,建设幸福巨鹿。

(一)各级领导干部自觉把巨鹿人文精神,融化于自己的日常工作和言谈举止之中,处理好干群关系

全心全意为人民服务是中国共产党的宗旨。中国共产党自成立以来,就高度重视干群关系,一直把密切联系群众作为党的政治优势和优良传统。解决好、发展好、维护好人民群众的利益,是领导干部对群众讲"诚信"。巨鹿有民本思想的文化传统。巨鹿人魏徵引用荀子的话告诫唐太宗,君主似舟,民心似水,水能载舟,亦能覆舟。在改革开放进行到关键时刻的今天,如果能够理解群众、沟通群众、包容群众、带领群众,一切为了群众,一切依靠群众,从群众中来,到群众中去。那么一切问题和困难都能够迎刃而解。对待群众,诚信包容;对待事业,执着担当;对待工作,务实创新。

---

① (汉)王符著,(清)汪继培笺,彭铎校正《潜夫论笺》卷一〇《叙录》,中华书局1979年,第466页。

(二)各类工商企业要以巨鹿人文精神为底蕴打造企业文化,处理好劳资关系

市场经济中的劳资关系天生是不对称的,雇主以其资本权利处于强势地位。雇主应该对员工包容诚信。按时足额发放工资,改善工作条件,提高福利待遇。这样会出现双赢的效果。合作性的劳资关系,使工人对提高劳动生产率的技术做出积极的贡献。发展中国家的正反两方面经验也说明了劳资关系的重要性。许多发展中国家之所以未能通过提高物质资本积累获得普遍和长期的经济增长,原因在于他们在提高物质资本存量的同时,没有注重提高人力资本水平。而东亚经济之所以创造了"奇迹",很大程度上是由于他们非常重视人力资本积累。百度董事长李彦宏说,企业发展的速度取决于员工的进步速度。员工进步就要靠雇主财力精力的投入。

(三)一般干部群众要以巨鹿人文精神为圭臬,处理好公共利益和私人利益之间的关系

公共利益和私人利益之间的矛盾,是社会生活中的基本矛盾,其他的各种社会矛盾都是在这个矛盾的基础上产生的。公私关系的产生具有必然性,这完全是由人所特有的社会性和相对独立性决定的。作为现代社会成员,应当提高自身素质,增强公民意识,关心公共利益,避免有形和无形的"公地悲剧"。如脏乱差的街道、污染的河流和投机取巧社会风气,都是公地悲剧的典型例子。之所以叫悲剧,是因为每个当事人都知道不应该是那样,但每个人对阻止事态的继续恶化都感到无能为力。而且都抱着"趁机捞一把"或"事不关己,高高挂起"的心态加剧事态的恶化。国家兴亡,匹夫有责。改造社会,从我做起。

在误解往往大于理解的语境下,能够形成共识,找到复兴巨鹿这个千年古郡的健康基因——巨鹿人文精神,实属不易。关键是落实是行动。使包容诚信复制包容诚信,执着担当催生执着担当,务实创新启动务实创新。巨鹿人文精神是胜选的健康文化基因,在建设幸福巨鹿进程中,必将承担起自己的光荣使命。

先秦燕齐神仙方士到巨鹿太平道的演变

张润泽

陈寅恪先生《天师道与滨海地域之关系》一文关于"黄巾米贼之起源"云："自战国邹衍传大九州之说,至秦始皇、汉武帝时方士迂怪之论,据太史公书所载(《秦始皇本纪》《封禅书》《孟子荀卿列传》等),皆出于燕齐之域。盖海滨之地早有海上交通,受外来之影响。以其不易证明,姑且不论。但神仙学说之起源及其道术之传授,必与此海滨地域有连,则无可疑者。故汉末黄巾之乱亦不能与此区域无关。"陈先生提出,琅琊人于吉所得神书,号《太平清领书》,"其言以阴阳五行为家,而多巫觋杂语","后张角颇有其书焉","是于吉、宫崇皆海滨区域之人,而张角之道术也传自海滨,显与之有关也"[①]。陈先生此文主要论证天师道与海滨地域的关系,也提出了太平道与海滨神仙学说的渊源关系,但对先秦燕齐神仙方士到巨鹿太平道的演变未作具体论证,因此,笔者试做分析如下。

一

先秦时期滨海地区形成神仙学说,是方士文化的主要来源。中原、南方的楚地都有神仙传说,主要记载于《山海经》《庄子》《楚辞》等文献。战国时期,随着神仙说的出现,社会上逐渐形成了一个专以泛海求仙、寻找不死之药为务的

【作者简介】张润泽(1967年—),男,邯郸学院历史系副教授,主要从事先秦史和赵文化的研究,现为"赵文化与区域经济"河北省哲学社会科学研究基地研究人员。

① 陈寅恪《金明馆丛稿初编》,生活·读书·新知三联书店 2001 年,第 1—3 页。

独特方士阶层,即燕齐神仙方士。燕齐神仙方士文化主要起源于春秋时期的齐威王、齐宣王时期,《史记》卷二八《封禅书》认为:

> 自齐威、宣之时,驺子之徒论著终始五德之运,及秦帝而齐人奏之,故始皇采用之。而宋毋忌、正伯侨、充尚、羡门高最后皆燕人,为方仙道,形解销化,依于鬼神之事。驺衍以阴阳主运显于诸侯,而燕齐海上之方士传其术不能通,然则怪迂阿谀苟合之徒自此兴,不可胜数也。

秦朝建立以后,燕齐方士的活动更加活跃。《史记》卷二八《封禅书》:

> 自威、宣、燕昭使人入海求蓬莱、方丈、瀛洲。此三神山者,其傅在勃海中,去人不远,患且至,则船风引而去。盖尝有至者,诸仙人及不死之药皆在焉。其物禽兽尽白,而黄金银为宫阙。未至,望之如云;及到,三神山反居水下。临之,风辄引去,终莫能至云。世主莫不甘心焉。及至秦始皇并天下,至海上,则方士言之不可胜数。始皇自以为至海上而恐不及矣,使人乃赍童男女入海求之。船交海中,皆以风为解,曰未能至,望见之焉。其明年,始皇复游海上,至琅邪,过恒山,从上党归。后三年,游碣石,考入海方士,从上郡归。后五年,始皇南至湘山,遂登会稽,并海上,冀遇海中三神山之奇药。不得,还至沙丘崩。

《史记》卷六《秦始皇本纪》具体记载了秦始皇派燕齐方士出海求仙活动。如,听信齐方士徐市等人的三神山之说,令其率数千童男女出海;如始皇帝东巡燕地碣石山,令燕地卢生、韩终、侯公、石生分别泛海求仙和寻找长生不老之药等。

汉武帝时期,燕齐海滨地区的神仙方士再度活跃。汉武帝为了寻求长生,先后十一次巡游燕齐海滨地带。以神仙方术进身,受宠一时的方士有许多,最著名的有李少君等人。随着燕齐的方士热,燕齐滨海地区的祠庙也建立起来。祠庙的建立来源于当时祈祷才能长生的观念。这些祠庙的管理者是方士,当时燕齐方士应当数量庞大。

秦汉神仙方士的活动为早期道教的主要来源。任继愈先生认为早期道教的来源有三,一是来源于古代宗教和民间巫术;二是来源于战国至秦汉的神仙传说和方士方术;三是来源于先秦老庄哲学和秦汉道家哲学;四是来源于儒学和阴阳五行思想;五是来源于古代医学与体育卫生知识[1]。笔者认为战国至秦汉的神仙传说、方士方术与古代宗教、民间巫术相结合为道教、太平道的主要来源。因为长生成仙说是道教的核心教义,与道教的产生最为密切。道教的主要源头是燕齐海滨神仙方士文化和荆楚文化,而太平道作为内地道教和燕齐神仙方士文化有密切关系。东汉末年的经学衰落,儒学不能维持正常的社会秩序,许多人去儒学以外寻求精神家园。长生神仙思想与道术治病结合起来逐渐发展为巨鹿太平道。以符水治病,又有神仙长生思想的太平道在广大百姓中逐渐便有振臂一呼的组织作用。任继愈主编的《中国道教史》序认为:"道教开始拥有群众是从下层开始的,如东汉的黄巾(内地道教)、张鲁(巴蜀的道教)多以下层群众为对象。中国农村长期愚昧落后,缺医少药,以符水治病,驱妖捉鬼,祈福禳罪,与民间巫术、占卜、星相、图谶等迷信相结合,道教活动得以广泛蔓延,道教典籍也保存了这一部分内容。"[2]

二

燕齐神仙方术缘何成为巨鹿太平道的主要来源? 笔者认为主要有以下理由。燕齐神仙方士所提倡的无外乎是长生、延寿。所以燕齐神仙方术主要内容即秦始皇和汉武帝所追求的长生不老之术。首先,汉代的民间宗教构成非常多元,但幸运的是有一部名为《太平经》的道教经典可以利用,现在一般都认为它包含有关东汉的材料,并代表了东汉下层民众的思想与感情[3]。比如,生的重要性被普遍强调,《太平经》视生为天地之大德[4],求仙便是达到不朽的根本。学界

---

[1] 任继愈主编《中国道教史》,上海人民出版社1990年,第9—16页。
[2] 《中国道教史》,第3页。
[3] 余英时《东汉生死观》,上海古籍出版社2005年,第10页。
[4] 《东汉生死观》,第20页。

通常从传统渴望长寿和"不死"来解释求仙的发展①。春秋时期,"毋死"观念深入人心,当时齐景公就表示对长寿的愿望:"古而无死,其乐若何?"对于秦始皇求仙,也要从追求世间长寿或"不死"的角度去理解②。《史记》卷六《秦始皇本纪》记载,秦始皇快接近人生终点时对死非常憎恶,没有人敢当他面言"死","至平原津而病,始皇恶言死,群臣莫敢言死事"③。因为,秦始皇求仙最感兴趣的是人世间的生命永恒。到汉武帝时,皇帝求仙成为一种信仰与一种观念的普及和转化。司马迁不止一次告诉我们,自从武帝求仙,并给一些方士封官赏赐后,燕齐方士先后争先恐后地放言自己拥有不死秘方,能与神仙交通④。《汉书》卷二五《郊祀志》记载:"秦始皇至海上,则方士争言之。始皇如恐弗及,使人赍童男女入海求之。"根据钱穆《两汉经学今古文平议》,以及汤用彤的《汉魏两晋南北朝佛教史》,秦始皇和汉武帝时期,获得不朽最方便、最重要的方法是祭祀神仙,药和其他法术都不如祈祷⑤。余英时先生也认为,驱使秦始皇举行封禅的无疑是他求长寿的世俗欲望⑥。东汉时期,神仙的观念变得与长寿及"不死"相一致。如成书于东汉的许慎的《说文解字》以"长生仙去"解释"仙"字。当成仙与长寿说成是一样的时候,长寿就成为天地人三者的大事。《太平经》云:"何者最善?三万六千天地之间,寿最为善。……天者,大贪寿常生也,仙人亦贪寿,亦贪生。"⑦冀州巨鹿太平道首领称天公将军、地公将军、人公将军不是偶然的,也与神仙方术、追求长寿有关。

其次,燕齐神仙方术不仅促使秦始皇、汉武帝积极寻求长生,也令秦汉帝王在民间播下求仙求长生的种子。在西汉时期,民间也有方术信仰的基础,所谓上行下效。《汉书》卷二五《郊祀志》:

---

① 许地山《道教史》,第139—140页。
② 《东汉生死观》,第28页。
③ (汉)司马迁撰《史记》卷六《秦始皇本纪》,中华书局1959年,第264页。
④ 《史记》卷一二《武帝本纪》,第457—458页。余英时《东汉生死观》,第20页。
⑤ 钱穆《两汉经学今古文平议》,商务印书馆2001年;汤用彤《汉魏两晋南北朝佛教史》,上海书店1991年;《东汉生死观》,第29页。
⑥ 《东汉生死观》,第29页。
⑦ 王明编《太平经合校》,中华书局1960年,第222—223页。

> 及秦始皇至海上,则方士争言之。始皇如恐弗及,使人赍童男女入海求之。船交海中,皆以风为解,曰未能至,望见之焉。其明年,始皇复游海上,至琅邪,过恒山,从上党归。后三年,游碣石,考入海方士,从上郡归。后五年,始皇南至湘山,遂登会稽,并海上,几遇海中三神山之奇药。不得,还到沙丘崩。

上文秦始皇的求仙路线以及最后秦始皇去世之地沙丘是经过或停留在冀州巨鹿之地的,如臣瓒曰:"沙丘在钜鹿县东北也。"其在冀州巨鹿地区也可能传播下信仰的种子。

《汉书》卷二五《郊祀志》认为:"武帝初即位,尤敬鬼神之祀。"

> 是时,李少君亦以祠灶、谷道、却老方见上,上尊之。……于是天子始亲祠灶,遣方士入海求蓬莱安期生之属,而事化丹沙诸药齐为黄金矣。久之,少君病死。天子以为化去不死也,使黄锤史宽舒受其方,而海上燕齐怪迂之方士多更来言神事矣。

汉武帝对燕齐方士的宠信,使得民间通过神仙祭祀活动获得长生的信仰非常盛行。巨鹿民间张姓早期道教世家涌现出来,如神人张宗。据《汉书》卷二五《郊祀志》:

> 元鼎、元封之际,燕齐之间方士瞋目扼腕,言有神仙祭祀致福之术者以万数。其后,平等皆以术穷诈得,诛夷伏罪。至初元中,有天渊玉女、巨鹿神人、辕阳侯师张宗之奸,纷纷复起。

因为巨鹿张家应是方士世家。西汉就有巨鹿神人张宗,疑为东汉巨鹿张角之先祖。可以推测从燕齐神仙方士到东汉巨鹿张角太平道的传播途径应为:燕赵神仙方士——秦汉帝王求仙长生——西汉巨鹿神人张宗以神仙祭祀致福——东汉巨鹿太平道。

三

　　东汉王朝后期,天灾不断,政治腐败,整个社会秩序趋于崩溃,为早期太平道的产生创造了条件。汉灵帝中平元年(184年),爆发了以张角为首的黄巾起义。张角是冀州巨鹿人,太平道的首领,自称大贤良师。燕齐神仙方士的长生观念与先秦巫术相结合后,在民间获得普遍的信仰,逐渐讲求炼丹、长生、追求脱胎换骨。在汉代,民间巫术继续得到人们的信奉。上文"至初元中,有天渊玉女、巨鹿神人、轑阳侯师张宗之奸,纷纷复起。"此大概说明燕齐神仙方士的长生求仙与民间巫术已经开始结合。东汉时期,谶纬迷信盛行,道教各派开始形成。巨鹿太平道主角张角与一般道士一样,也是一名巫医。而巫医的结合也是以追求长寿长生为目的的。《后汉书》中"巫医"一词屡见不鲜。"张角学过道教经典《太平经》,熟悉医学知识,精通医术,他行医的方法是巫术——手拿九节杖画符咒,教病人叩头思过,为之祈祷"①。"钜鹿张角自称'大贤良师',奉事黄老道,畜养弟子,跪拜首过,符水咒说以疗病,病者颇愈,百姓信向之。"②张角以治病为手段传布太平道,得到广大贫苦农民的拥护,百姓"流移奔赴","天下襁负归之"③。在黄巾起义之前至少发生过四次疾疫流行。《太平经》"人病积多,死者不绝"④之说就是针对此种情况而言。这样,太平道为人民治病就获得了广泛的群众支持。巨鹿太平道道士为百姓治病并不多收钱,《太平经》言:"卖药治病,不得多受病者钱"⑤。太平道首张角为百姓治病效果很好,"病者颇愈,百姓信向之",从而拥有广泛的群众基础。袁宏的《后汉纪》卷二四也认为:"初,角弟良、弟宝自称大医,事善道,疾病者辄跪拜首过,病者颇愈。"⑥为民治病的善举是争取民众的最好方式。巨鹿太平道其文化根源还是燕齐神仙方术和秦汉以来的

---

① 樊树志《国史概要》,复旦大学出版社2004年,第120页。
② (宋)范晔撰《后汉书》卷七一《皇甫嵩朱儁列传》,中华书局1965年,第2299页。
③ 《后汉书》卷五四《杨震列传》,第1784页。
④ 《太平经合校》,第28页。
⑤ 《太平经合校》,第611页。
⑥ (晋)袁宏撰,周天游校注《后汉纪校注》,天津古籍出版社1987年,第689页。

长生观念、符命图谶。其巨鹿道教张氏家族承接于西汉巨鹿神人张宗。

以上笔者从陈寅恪先生之言"张角之道术也传自海滨"出发,对燕齐神仙方士到巨鹿太平道的演变进行一些梳理,不足之处,请与会专家批评指正。

论张角太平道的思想来源和历史价值

吕庙军

东汉末年,巨鹿人张角成立的太平道组织是我国道教产生的重要标志,在我国道教史上具有开创性的意义。作为黄巾农民起义的领袖,张角的历史事迹曾为我国学者所津津乐道。然而,张角成立的太平道这个宗教和军事合一的组织的思想来源及其历史内涵究竟如何,当代学界鲜有论述。今不揣谫陋,撰以小文,奉共同探讨之,望能惠赐焉。

一 太平道组织成立简顾

太平道的成立与张角领导的黄巾起义存在着紧密的关系。实际上,太平道的最终产生有一个不短的历史过程。或者更直截地说,太平道刚一开始并非以对抗东汉政府的军事组织面目而出现的,只是由于后来随着东汉政局的变化和广大农民生活处境的恶化等历史条件才为其提供了契机。而这个历史契机使张角创立了军教合一的组织——太平道。关于这一点,史书明言:

> 初,钜鹿张角自称"大贤良师",奉事黄老道,畜养弟子,跪拜首过,符水咒说以疗病,病者颇愈,百姓信向之。角因遣弟子八人使于四方,以善道教化天下,转相诳惑。十余年间,众徒数十万,连结郡国,自青、徐、幽、冀、荆、杨、兖、豫八州之人,莫不毕应。遂置三十六方。方犹将军号也。大方

【作者简介】吕庙军(1969年—)男,邯郸学院历史系教师,历史学博士,主要从事思想文化史与中国古代史研究。

万余人,小方六七千,各立渠帅。讹言"苍天已死,黄天当立,岁在甲子,天下大吉。"①

可见,张角最初事奉的是黄老道,这是自西汉开国时期较长时间占统治地位的道家思想流派。然迄东汉末年,朝廷政治腐败,外戚宦官专权,政府卖官鬻爵;加上连年自然灾害瘟疫流行,人民流离失所,饥不得食,寒不避衣。可谓天灾人祸不断。张角以此收养门徒并以疗病救人为名深得人心。张角的治病术充满了巫术的色彩,采用了"符水咒说"等神秘方式,而这些正是我国道教符箓派产生的重要标志。

凭借着黄老道和治病求人的巫术,张角势力发展迅猛,"百姓信向之……角因遣弟子八人使于四方,以善道教化天下,转相诳惑。十余年间,众徒数十万,连结郡国,自青、徐、幽、冀、荆、杨、兖、豫八州之人,莫不毕应"②。即使在当时统治者看来,张角也是以"善道"来教化天下人的,因此并未引起重视和怀疑。后来,张角弟子们出现互相传播谣言和欺骗迷惑百姓的现象,以此为标志,张角聚众奉事的黄老道的性质发生了变化。经过十余年的时间,张角的势力发展到几十万人,遍及八州民众,达到一呼百应的地步。至此时,黄老道最终被张角成立的太平道所代替了。太平道成立的标志是张角设置的"大、小方"和"渠帅"等军事编制,尤其是他们提出的"苍天已死,黄天当立,岁在甲子,天下大吉"的农民革命口号可以视作太平道的战斗纲领。

除了以上《后汉书》关于太平道创建情况的记载之外,在《三国志》中也有关于太平道的注解:

太平道者,师持九节杖为符祝,教病人叩头思过,因以符水饮之,得病或日浅而愈者,则云此人信道,其或不愈,则为不信道。③

----

① (宋)范晔撰《后汉书》卷七一《皇甫嵩列传》,中华书局1965年,第2299页。
② 《后汉书》卷七一《皇甫嵩列传》,第2299页。
③ (晋)陈寿撰《三国志》卷八《张鲁传》注引《典略》,中华书局1959年,第264页。

考之上引文献,在太平道的宗教仪式、功能上两者记载并无二致。然此处所记太平道即为"师持九节杖为符祝,教病人叩头思过,因以符水饮之"与《后汉书》所言"(大贤良师)奉事黄老道,畜养弟子,跪拜首过,符水咒说以疗病"稍异。前者似乎认为太平道成立颇早,后者以为太平道是由黄老道变化而来。这里,我们当以《后汉书》记载为是。

由此综合考察张角创立太平道的过程,可以发现:起初张角以信奉黄老道并以赤脚医生的身份为人祛病消灾而获得了百姓拥护,加上其弟子的积极奔走和广泛宣传,其声势不断壮大,这是东汉统治者所说的张角"善道教化"阶段;待到张角发展众徒达到数十万人,遍及八州,以致黄巾起义于中平元年(184年)爆发,表明太平道组织已正式创立。这个时期,太平道完全达到可以和东汉政府相对抗的地步了。

二 太平道组织思想来源

对于太平道组织的创立,我们也已在上面作了一些阐述。那么,作为一种民间秘密宗教的太平道的思想渊源来自何处呢? 或者说太平道名称有何历史含义呢? 这些正是我们下面所要重点探讨的问题。

关于太平道的思想来源问题,学者基本认为与道教经典《太平经》(又称《太平清领书》)有关。然而,张角的太平道和《太平经》究竟"关系到"何种程度,学术界对此认识并不明晰。张角曾经拥有的《太平经》是否就是今日之《太平经》亦颇成问题。如已故著名历史学家唐长孺先生认为,"决不能无条件地将把传世《太平经》就当作'张角颇有其书之《太平经》'……襄楷所献大致即今《太平经》,但未必即张角所有的《太平经》。"[①]但至目前,我们也拿不出证据说今日之《太平经》就非张角所有的《太平经》。因为不少学者较为相信范晔在《后汉书》中的记载:

> 初,顺帝时,琅邪宫崇诣阙,上其师干吉于曲阳泉水上所得神书百七

---

① 唐长孺《太平道与天师道札记十一则》,《中华文史论丛》(总第83辑),第46页。

十卷,皆缥白素朱介青首朱目,号《太平清领书》。其言以阴阳五行为家,而多巫觋杂语。有司奏崇所上妖妄不经,乃收藏之。后张角颇有其书焉。①

的确,《太平经》一书出自干吉、宫崇两人之手,"后张角颇有其书"当指的正是百七十卷的《太平清领书》,亦即《太平经》。这至少说明张角创立太平道时受到过该书的影响和启示。因此,我们有理由认为太平道的名称很有可能借用了《太平经》中"太平"的思想内容。关于这个问题,我们不妨先从今之《太平经》所反映的主要思想内容进行对照分析。

《太平经》一书的主要思想可以概括为以下几点:

第一,提出"太平"的美好社会理想。何谓"太平"?其书曰:"太者,大也,乃言其积大行如天","平者,乃言其治太平均,凡事悉理,无复奸私也","太者,大也;平者,正也"②。可见,《太平经》的作者认为太平世界应该是一个和平安宁公正的世界。这正是地主阶级改良派和广大颇受动荡流离之苦的农民的美好理想世界。"太平"理想是东汉末年人所期盼的蓝图。太平经描述的帝王优游、百姓无怨、盗贼无有的社会表达了人们向往和平反对战争的愿望,拨动了乱世中人们的心弦,引起了普遍的社会共鸣,对东汉末年太平道的产生具有一定的影响。

第二,君臣民三名同心论。《太平经》作者在肯定先前董仲舒阳尊阴卑君尊臣民卑的理论基础上,非常强调君、臣、民三者之间的和谐相处。它认为自然和社会中的事物均包括阴、阳、和三种基本构成元素:"太阳、太阴、中和。形体有三名:天、地、人。天有三名:日、月、星,北极为中也。地有三名:山、川、平土。人有三名:父、母、子。治有三名:君、臣、民。"③这种三名同心的世界就是作者心目中的美好理想。《太平经》产生在东汉末年乱局的时代,其中缓和社会阶级矛盾的用意是非常明显的。《太平经》作者试图通过父母子和君臣民所维系的家和国的协调进从而达到一种社会的太平,然而日益处在水深火热之中的广大民

---

① 《后汉书》卷三〇《襄楷列传》,第1084页。

② 王明编《太平经合校》,中华书局1960年,第148页。

③ 《太平经合校》,第19页。

众对腐败透顶的政府已失去了信心,因此他们纷纷转向了张角创立的太平道的组织中。

第三,宣扬阴阳五行灾异说。两汉时期,社会思潮的主流盛行谶纬迷信。因此,在《太平经》这部号称早期道教经典中同样充满了阴阳五行灾异的学说,"其言以阴阳五行为家,而多巫觋杂语"①。董仲舒的天人感应神秘学说也当对其产生过一定影响。在该书作者看来,阴阳五行体现着天意,所以统治者顺应天意即阴阳之道,才能使社会太平安宁公正。如该书曰:"天乃为人垂象作法,为帝王立教令",人必须"案考于天文,合于阴阳之大决。"②又根据阳尊阴卑、臣顺从君的原则,认为敬事其上是顺应天道,反之则是逆天之道,还说"小人无道多自轻,共作反逆,犯天文地理"③。准此,《太平经》所宣扬的这种思想是站在封建统治者立场上来说的,是为了维护封建地主阶级服务的,因此,是书不可能成为张角领导的黄巾军起义的经典,更不能成为以后农民起义的指导纲领。当然,《太平经》书中又有一些维护人民利益的要求,反对残害妇女和女婴,富人要接济贫穷,天道具有好生恶杀的品质,统治者的行为都应该顺应天道,"天下之灾异怪变万类,皆天地阴阳之变革谈语也","日月为其大明,列星守度,不乱错行,是天喜之证也;地喜则百川顺流,不妄动出,万物见养长好善也"④,自然的变化和灾异警示统治者反省自己的行为,以改进对人民的统治。这些思想都关照了农民的现实生存状况。《太平经》主要作为上层统治集团的理想蓝图之外,也同时为下层大众提供了可以仰赖和利用的政治思想资源。其中,黄巾军起义的口号"苍天已死,黄天当立,岁在甲子,天下大吉",不妨视作在东汉社会思潮影响下的一种独特的革命谶语,"这既是一个改天换地的革命政治口号,同时也鲜明表示出太平道宗教信仰与官方天神崇拜的对立"⑤。

第四,神仙系统。在《太平经》中记载了有六个等级的神仙系统。这些按照等级由上从下是神人、真人、仙人、道人、圣人、贤人。这个神仙系统是《太平经》

---

① 《后汉书》卷三〇《襄楷列传》,第1084页。

② 《太平经合校》,第104页。

③ 《太平经合校》,第224页。

④ 《太平经合校》,第321—322页。

⑤ 牟钟鉴《中国道教》,广东人民出版社1996年,第26页。

独有的。它与《太平经》的天地阴阳系统相得益彰。《太平经》承认命运,但也承认力为。"人生各有命也,命贵不能为贱,命贱不能为贵也。"①"有天命者,可学之必得大度;中贤学之,亦可得大寿;下愚为之,可得小寿。"②可见《太平经》所创立的神仙系统是主要为上层统治者服务的,但它又从某些方面承认了下层人民是可以改善自己命运的。正是如此,张角在开始创立宗教组织时便自称"大贤良师",这表明他"师者"身份以"善道"来教化人民大众,并为百姓看病。他所采用的符水咒说既反映出其神秘性的特点,又透射出其工具性的本质。张角领导农民起义自称"天公将军",其弟张宝自称"地公将军",张梁自称"人公将军"。这些称呼反映出黄巾军武装起义的顺应天道和正义性,此中也寄托了张氏兄弟追求公平、公正的"太平世道"的理想诉求。

从以上几点对《太平经》反映的主要思想的剖析可以看出张角最初创立太平道时从一定程度上沿用和改造并汲取了《太平经》一书的有益的思想内容和名号,并带有服务于他反对东汉封建政府的政治目的。因此,太平道的名称、符水咒语、仪式、起义口号以及张角兄弟称呼方面的含义均带有《太平经》一书影响的印痕。

三 太平道的历史价值

张角领导的黄巾军起义最终没有能推翻腐败的东汉政府,它和之前的其他农民起义一样都以失败告终。其失败的主要原因一是农民阶级领导,军事斗争经验和策略不足;二是起义群众组织分散,作战时不能及时救援;三是由于唐周告密,起义时间目标提前暴露;四是张角在起义过程中病逝,影响士气;五是东汉政府实行了有效的政治拉拢政策和军事部署,迅速扭转了不利的战局。与此前农民起义相比,张角领导的这次起义具有不同以往的特色:首次利用宗教组织太平道发动广大群众;提出起义秘密口号,号召力甚强;张角三兄弟的智慧和英勇精神值得后人纪念;对后世农民起义影响巨大。

---

① 《太平经合校》,第289页。

② 《太平经合校》,第289页。

在整个起义过程中,张角汲取了《太平经》中可以利用的思想资源,创建了太平道组织,有效地联系和组织了群众,成功地组织了反对东汉政府的各种力量,宣传了黄巾军的起义宗旨。张角的最大贡献不是对东汉政府的打击程度如何,而在于其创立的太平道第一次以宗教的形式开创了反对腐朽封建政府的先例,它为以后的农民革命起义树立了光辉旗帜,并且丰富了农民斗争的内容和形式,凝聚了革命的力量,沉重打击了反对的封建势力。

"太平道"揭示的公平、公正、平均等多种思想内涵激励着鼓舞着后来的农民起义领袖提出"等贵贱""均贫富"等农民革命斗争口号。"太平道"的思想不仅直接影响了中国古代的农民战争的水平,也深刻影响到中国近代史上波澜壮阔的太平天国革命运动。太平天国革命队伍也号称"太平军",起义领袖洪秀全也通过创建"拜上帝教"这种宗教组合来宣传和组合群众,使太平军的影响范围达到大半个中国,还建立了声势浩大的"太平天国"革命政权。

巨鹿文化中的廉政思想及其现代价值

曹迎春　李奎良

巨鹿文化源远流长,蕴含着极有价值的思想精华,积淀着极为深刻的思想内涵。廉政思想是巨鹿文化中的重要内容之一。巨鹿历史上的两位著名的政治家——唐朝名相魏徵和后周皇帝柴荣,都有着丰富的廉政思想,并以其廉政思想指导政治实践,对中国历史的发展产生了积极的影响。研究历史,重在鉴今。当前,廉政文化成为反腐倡廉建设的一个焦点问题。本文旨在整理和继承巨鹿文化中所含的廉政思想,挖掘其现代价值,吸取其有益成分,以滋养当下的廉政文化。

一　以民为本

民本思想是中国传统文化中的一个重要内容,是实施廉政的根本保证。纵观巨鹿文化,不难看出民本思想是两位重要的政治家身上闪光的共同之处,是巨鹿文化中最为辉煌的元素。

唐代贤相魏徵是巨鹿历史上杰出的政治家,他博学多识,直言敢谏,在辅佐唐太宗开创贞观之治的过程中,形成了自己的一套政治思想体系,而其政治思想的基础就是以民为本。

魏徵的民本思想集中体现在其奏疏之中。特别是《谏太宗十思疏》和《十渐不克终疏》两篇,文词犀利,析理深刻,是我国历史文化遗产中不可多得的瑰

【作者简介】曹迎春(1976年—),女,衡水学院法政学院副教授,主要从事古代史研究。

李奎良(1957年—),男,衡水学院教授,主要从事思想史研究。

宝。魏徵在《谏太宗十思疏》中引用荀子的"载舟覆舟"之说,形象地说明君主与人民之关系如船与水。后来,在劝谏太宗的《十渐不克终疏》奏文中,又重申了这一认识,"不忧百姓,不图享受,珍惜民力,怜悯民苦,力求克己有利于民"。

魏徵民本思想的产生,一方面和他少时孤贫,曾出家为道,生活在社会下层,能够了解人民之疾苦有关;另一方面也是他目睹隋朝灭亡,清醒地认识到民作为一种政治力量在王朝更替中的巨大力量。在以民为本的思想基础上,他协助唐太宗制定出一系列有利于人民的政策和措施,休养生息、轻徭薄赋、选能任贤、戒奢从俭,为唐代的经济繁荣和社会安定奠定了基础。

从巨鹿大陆泽走出的后周皇帝柴荣也有着浓厚的民本思想。显德元年(954年),柴荣继位,他以"养百姓""拓天下""致太平"为己任,大刀阔斧地从政治、经济、军事等方面进行全面改革、彻底整顿,数年之间就把后周政权建设得生机勃勃。

柴荣的民本思想更多地体现在他的利民政策措施之中。早在尚为皇子,担任澶州节度之时,柴荣就十分重视减轻人民的负担。在他治下的澶州人民原来除了缴纳正税之外,尚须交纳羊毛、红花、紫草等东西,人民所受剥削十分苛重。于是柴荣奏请放免。他当皇帝后更是采取了一系列安民、利民举措。柴荣在即位的当月就下令,军中有年老疾病,情愿回家务农者,可以开列名单送上,放免他们回家。五代以来大批农民无休止地被束缚在军队中的现象有所改变,有利于农业生产。同月柴荣又下令招抚流民,凡从幽州、淮南、西川、河东等地流亡来的人民,各地方政府都要好好加以接纳,将当地荒闲无主的田地,分配给他们为永业,让他们定居下来。这种做法,使各地割据政权下的劳动力大量转入到后周的控制下,促进了中原地区农业生产的回复与发展。这一年的三月,柴荣又下令减免租税,凡诸道州府人民去年所欠的春秋两税,和按惯例应征收的两税以外的财产布帛等苛杂,一齐放免。乡村中流亡逃散的户口,也设法召唤回来,让他们能够定居务农。并罢去许多不合理的差役,免除掉不少的无名科敛,以减轻农民历来的苛重负担[1]。这些安定农民生活、缓和封建剥削的措施,都是柴荣以民为本政治思想的具体体现。

---

[1] 韩国磐《柴荣》,上海人民出版社1953年,第19页。

以民为本在魏徵和柴荣两位巨鹿名人的思想主张中格外突出,是巨鹿文化中的优秀传统,至今仍有重大的现实意义。这种民本思想和"以人为本"的科学发展观,和"权为民所用、情为民所系、利为民所谋"的主张,都是一脉相承的。"以人为本"的科学发展观就是中国共产党运用辩证唯物主义和历史唯物主义,对传统的民本思想进行批判地继承的结果,体现了民本思想在当代的价值所在。只有常怀一颗爱民之心,增强服务群众的责任感,把群众利益放在心上,真正实践民本思想,才能筑起拒腐防变的思想防线。

二 选贤任能

官吏是保证国家机器正常运转的关键,官吏的选任是"政治之隆替,邦国之治乱"的大问题,因此选贤任能是实施廉政的重要保障,受到为政者的高度重视。魏徵、柴荣等关于官吏选任的思想也是他们廉政思想的重要组成部分。

在选贤方面,魏徵主张"才行俱兼"的用人标准。贞观六年(632年),魏徵在答唐太宗问时说:"知人之事,自古为难,故考绩黜陟,察其善恶,今欲求人,必须审访其行。若知善,然后用人,设令此人不能济事,只是才力不及,不为大害。误用恶人,假令强干,为害极多。但乱世唯求其才,不顾其行。太平之时,必须才行俱兼,始可任用。"[①]贞观十六年(642年),魏徵上书全面论述用人之道,认为应该"贵则观其所举,富则观其所养,居则观其所好,习则观其所言,穷则观其所不受,贱则观其所不为"[②]。这六观都是要"审访其行"的,是在各种不同境遇下的考验。

在任能方面,魏徵阐述了"知人善任"和"用人不疑"的重要性。魏徵主张对人才要"因其材以取之,审其能以用之,用其所长,掩其所短"[③],把人才安置到合适的职位上,使其发挥专长,施展才干。魏徵在《谏太宗十思疏》中说:"简能而任之,择善而从之,则智者尽其谋,勇者竭其力,仁者播其惠,信者效其忠;文

---

① (唐)吴兢撰、谢保成集校《贞观政要集校》卷第三《论择官》,中华书局2003年,第161页。
② 《贞观政要集校》卷第三《论择官》,第166页。
③ 《贞观政要集校》卷第三《论择官》,第166—167页。

武并用,垂拱而治。"只要选准了人才,任用恰到好处,就可以调动各种类型,各个层次人才的积极性,达到"文武并用,垂拱而治"的目的。魏徵主张,要使人才能安于职守,君上必须要信任勿疑。他主张皇帝要以真诚对待臣下,做到用人不疑。他把君臣同心视为天下大治的重要条件,说:"首虽尊高,必资手足以成体;君虽明哲,必藉股肱以致治。"他又把"君视臣如手足"视为君臣同心的重要条件,说:"任之虽重,信之未笃,则人或自疑","上下相疑,则不可以言至治矣"①。

柴荣的选贤任能思想体现在其完整实用的选用人才的方法上。刚登帝位的柴荣,要推行改革,完成统一,急需大量的人才。为此,他采取种种措施,广开途径,选拔人才。首先,他沿用隋唐以来选拔人才的重要途径,以进士科选人。柴荣对进士科取士非常重视,尽管政事军务繁忙,从显德元年(954年)至显德六年,仍年年坚持开科取进士,并选拔到一批有真才实学的人。其次,恢复制科,选拔专门人才。制科是一种国家选拔急需专门人才的灵活方式,但在整个五代时期一直停废。柴荣即位后于显德四年十月下诏恢复制科,设置"贤良方正能直言极谏科""经学优深可为师法科""详闲吏理达于教化科",三科并设,选拔专门人才。此外,他还注意从地位低下者中搜罗任用有才之士。他力排众议,破格任用刀笔吏出身的魏仁浦为宰相,并正确地指出:"自古用文武才略者为辅佐,岂尽由科第邪!"②

柴荣选人用人不仅渠道多样,而且十分务实。他常在训练军队和实际作战的过程中选拔武将,用《平边策》《平燕论》《时务策》等与实际密切相关的题目测试文人,或从实际的任职理政中考察提拔文臣。在统一战争中屡立战功的杰出将领马仁瑀、白延遇、唐学思、赵匡胤等,即因在高平之战、战后练兵以及南征南唐的过程中骁勇善战,长于将兵,能满足整军纪、练士卒和南讨北征的实际需要而被选拔重用的。名臣王朴则因在《平边策》中总结后唐、后晋失败的教训,详尽分析对比南北诸政权和后周的经济政治状况和军事实力,提出改革的重点和统一的步骤,由于见识深远、见解精辟,而被提拔重用③。

---

① 《贞观政要集校》卷第三《君臣鉴》,第147—155页。

② (宋)司马光编著、(元)胡三省注《资治通鉴》卷二九四后周世宗显德六年六月,中华书局1956年,第9601页。

③ 李小树《柴荣选拔、善用人才的措施》,《贵州社会科学》1994年第6期。

在柴荣选用人才的一系列政策措施之下,后周政权组成了一支精明强干、生气勃勃的推行改革措施、进行统一战争的骨干力量。正是依靠了这支力量,柴荣所进行的改革在极短的时间内取得了很大成就;柴荣所发动的统一战争也节节胜利。

廉政建设是一项系统工程,要多管齐下,综合治理。魏徵、柴荣注重官吏的选拔任用,就是事先预防,从源头处防止腐败的重要措施,为我们今天的廉政制度建设提供了有益的历史借鉴。

三 勤政俭朴

勤政俭朴,是官吏应具备的基本素质,也是廉政思想的题中应有之义。在辅佐唐太宗共建贞观之治大业的过程中,魏徵始终力倡戒奢尚俭,并一生身体力行。作为帝王的周世宗柴荣也是一代勤俭之君。

魏徵亲历隋朝亡败,对隋炀帝因奢侈而亡国的感受尤深。贞观十年(636年),魏徵在与房玄龄关于创业难还是守成难之辩论中,阐述了自己的戒奢崇俭的廉政思想。他认为君主在取得政权后,往往"志趣骄逸,百姓欲静而徭役不休,百姓凋残而务侈不息;国之衰弊,恒由此起"①。他的这一主张为唐太宗所接受,认为"魏徵与我定天下,虑生骄逸之端,必践危亡之地,所以见守成之难也"。创业与守成的辩论,不仅使唐太宗君臣思想统一到廉政治国上来,而且在"戒奢尚俭"为中心的廉政思想上达成了共识②。魏徵恐怕太宗不能克终俭约,于贞观十三年又及时给唐太宗上了一道廉政奏疏,从十个方面分析概括了唐太宗的前后变化。这十个问题又都围绕着一个中心——戒奢尚俭,毫不留情地指出唐太宗正在走上历史上很多皇帝不能始终如一的老路。

魏徵本人生活俭朴广为人知。史书中记载,他虽位高权重却"无正寝",终生"素褥布被"。就连唐太宗赏赐给他的财物,也以所素爱使用朴素之物以遂其尚,"徵宅先无正寝,太宗欲为小殿,辍其材为魏徵营构,五日而成,遣中使赍素

---

① 《贞观政要集校》卷第一《君道》,第15页。

② 李小红、张如安《中国古代廉政思想简史》,中国方正出版社2011年,第96页。

褥布被而赐之,遂其所尚也"。魏徵死后,太宗要以一品礼葬,其妻裴氏曰:"'徵平生俭素,今以一品礼葬,羽仪甚盛,非亡者志',悉辞不受,竟以布车载柩,无文彩之饰"①。其俭朴风格,令人叹服。

周世宗柴荣是一代勤俭之君。柴荣即帝位后,"每思致治之方,未得其要,寝食不忘"②。他认为自己"涉道犹浅,经事未深,常惧昏蒙,不克负荷"③,因而十分注意勤于政事。此外,柴荣还承袭了郭威俭朴的作风,不贪游宴,戒止奢华,裁减宫中冗员,停办各级政府中不急的事务,不许地方长官进贡甘鲜的食物,宫殿中也摒绝珠宝珍玩。

勤政俭朴是重要的为官之德,以德养廉是古代廉政文化中的优良传统。虽然这种道德上的约束是一种软约束,但所起作用却不可低估。在当今的廉政建设中,我们要继承魏徵、柴荣那种律己践廉的优良传统,加强道德建设,提高官德修养,牢固树立正确的价值观、人生观,在自己的意识深处杜绝贪污享乐思想的滋生和侵入,提高勤政为民的自觉性。

巨鹿文化中的以民为本、选贤任能、勤政俭朴思想散发着穿越时空的光芒,滋养着当下的廉政文化。将魏徵、柴荣之廉政思想渗透到当今的廉政文化建设之中,必能使巨鹿的廉政文化建设彰显出本地特色。

---

① (后晋)刘昫等撰《旧唐书》卷七一《魏徵传》,中华书局1975年,第2561页。
② (宋)司马光撰、(元)胡三省注《资治通鉴》卷二九二后周世宗显德元年三月,第9525页。
③ (宋)薛居正等《旧五代史》卷一一五《周世宗纪二》,中华书局1976年,第1526页。

巨鹿历史文化与巨鹿传统产业融合的构想

杨英法

巨鹿是个工业欠发达、产业结构落后,但历史文化资源却十分丰厚的县。推进巨鹿历史文化与巨鹿现有产业的融合,不仅可推进巨鹿现有产业的提档升级,而且可使巨鹿历史文化的价值得到显现,化为现实财富,并且能提高巨鹿的知名度、影响力,提高巨鹿人的自豪感、凝聚力,对推进巨鹿精神文明建设和社会的和谐稳定也有重要作用。因此,推进巨鹿历史文化与巨鹿现有产业的融合是巨鹿经济社会文化发展的必然选择,须及早着手实施,全力推进。与传统产业的融合是巨鹿历史文化与巨鹿现有产业融合的难点,只有突破这一难点,才能真正实现巨鹿历史文化与巨鹿现有产业的有机融合,才能真正实现巨鹿产业结构的转型升级和巨鹿历史文化资源的充分利用和发扬光大。

文化创意是推进巨鹿历史文化与巨鹿与传统产业融合的中介和桥梁,文化创意与传统产业、传统文化现代文明之间存在着密切的相关互动关系,欲推进巨鹿历史文化与巨鹿传统产业的融合,必须妥善处理文化创意与传统产业、传统文化、现代文明之间的关系,先利用传统文化、现代文明来优化文化创意,然后再利用文化创意来推动传统产业的提档升级。传统产业相比于新兴产业,虽与文化的距离较远,运用文化创意会颇感困难,但如巧用仍可实现。将二者各自分为若干要素、环节,然后进行一对一或一对多的配对组合,就是十分有效的办法。如将企业的经营、生产活动分为企业精神、企业制度、材料和能源、设备和工艺、宣传推销、形象识别等若干要素、环节,就可在其中的某个环节或

【作者简介】杨英法(1965年—),男,河北平山人,河北工程大学社科部副教授,主要从事文化创意研究。

融入名景、名物、名人、名事等形象文化资源,或融入精神、理念等无形文化资源,从而推动其与文化的融合,实现双赢共荣。

一 推进巨鹿历史文化与巨鹿现有产业的融合是巨鹿经济社会文化发展的必然选择

巨鹿是个工业欠发达县,大型骨干企业不多,多为小规模的乡镇企业。虽已形成食品饮料、橡塑、机件、特种棉纺织、再生资源回收五个特色骨干行业,并出现了燕南食品有限公司等一批知名企业,其主导产品方便面、糖、玉米淀粉、蜜枣、果汁、果浆、三角带、力车胎、棉纱、棉布、绒布、机垫、皮革等也畅销海内外,特别是食品饮料行业已具有相当优势,日产糖果五十万公斤,已成为长江以北最大的浇注糖生产基地,被评为河北省"食品工业先进县",并且还出现了锂电池、阿维菌素、高档面料、PVC 手套等一批高新技术产业,但是主导产业毕竟为农业及农产品加工业,缺乏高精尖工业制成品,而且一些传统产业已经老化,产品附加值不高,家底还不厚。发展高新技术产业、新兴产业,推进传统产业提档升级,从而推进巨鹿产业结构的转型升级,提升现有企业的核心竞争力、产品附加值,就成为巨鹿经济发展的迫切需要。

推进巨鹿产业结构的转型升级,大体有两种基本选择,一是引进和培育新兴产业,二是设法使现有产业提档升级。引进和培育一个新兴产业虽然功效显著,但实现却极为艰难,颇不容易;而使现有产业提档升级、延长产业链条、提高产品附加值,就相对容易得多,是推进巨鹿整体产业的转型升级的首选。当今的时代条件和巨鹿丰厚的历史文化资源都为巨鹿现有产业的转型升级提供了有利条件。

(一)我国经济建设的巨大成就为产业结构的转型升级奠定了物质基础

改革开放以来,我国经济建设取得了举世瞩目的成就,无论 GDP 世界排名还是人均 GDP,都快速前移上升。我国 GDP 世界排名,1978 年为第十五位,1990 年上升到第十二位,2000 年上升到第六位,2005 年上升到第四位,2007 年上升到第三位,2010 年则超过日本,上升到第二位。经济总量占世界的份额从1978年的1.8%上升到2008年的7.3%。人均GDP,1978年我国只有三百八十一元(一说二百四十五元)人民币,不足二百美元,排名世界倒数第二,仅是印度的2/3,与朝鲜的六百美元相比也相差甚远;1990年突破四百美元,2000年突破八百美元,2003年突破一千美元,2006年突破两千美元,2008年突破三千美元,2010年则突破四千美元。①我国已由低收入国家转变为中等偏下收入国家。因此,当前我国居民消费水平已普遍实现小康,更多的居民群体正在由"小康型"向"富裕型"消费模式过渡,在追求物质消费的同时也在追求精神消费和服务消费,更加注重产品或服务的质量、品牌和美观。

但是,我国的经济发展方式总的来看,仍属于粗放式的、外延式的,而非集约式的、内涵式的,经济增长主要依赖于物质资源投入的增加和简单劳动,而非科技进步、劳动者素质提高和管理创新,仍存在产业结构不尽合理、产业技术层次不高、龙头企业实力不强、自主创新能力弱、产品附加值低、原材料和能源消耗大、环境污染严重等问题,从而导致发展的后劲不足,消耗不少却效益不高。现有产业若不转型升级,势必难以适应国民消费模式的转变,尤其难以适应购买力旺盛的高端客户的消费需求。国际经验表明,西方发达国家在人均GDP超过三千美元后,发展模式开始从主要依赖于物质资源投入的增加和简单劳动向主要依赖科技进步、劳动者素质提高和管理创新转变;亚洲国家在人均GDP达到五千美元后,经济的转型升级也开始加速。我国2010年人均GDP达到了四千三百六十一美元,上海、北京、天津、浙江等省市已超过五千美元,最高的上海甚至逾万,达到一万零四百五十四美元。这表明,我国经济已经进入调整转型阶段,现有产业的转型升级势在必行。

(二)文化与经济的融合是文化经济的基本要求

20世纪90年代以来,尤其是进入21世纪以来,随着经济的发展、科技的进步,尤其是网络的兴起,文化的力量日益凸显,经济文化的一体化趋势日益明显。文化与经济共生互动,经济和文化的一体化趋势日益增强。经济日益文化化,文化日益经济化。

---

① 《2010年底我国人均GDP将接近4000美元》,《中国证券报》2009年12月22日。

伴随着经济文化化，文化不断地向经济活动渗透，给经济的发展提供了强大的智力支持和精神动力。文化决定着资源的开发、组合，决定着经济增长和社会进步的速度，检验着经济增长和社会发展的合理性，推动着先进价值体系的形成，协调着市场和环境的结合与互动，以及人才素质的提高。对经济社会的发展来说，文化的内在驱动力比经济力、政治力具有更强大的牵引力。文化在经济社会发展中的地位和作用越来越重要，已成为影响地区竞争力的关键因素。经济活动中注入的文化内涵越多，物质生产中产品的档次和附加值就越高，竞争力就越强，效益就越好；文化发展中吸收的经济成分越多，科技含量越高，文化的覆盖面越广，影响力就越大，渗透力就越强。经济的文化含量日益提高，文化含量的高低直接决定着产品的被接受程度和价格的高低。

伴随着文化经济化，文化日益进入市场，进入产业，其经济功能不断增强，对企业的兴衰、产品的销售及品牌的流行起着越来越大的影响，并且文化本身也成为产业，在国民经济中的地位和作用日渐突出。文化还成为社会生产力中的一个重要组成部分，文化的商品属性日渐显现，从而增加了文化的造血功能，使文化进入良性循环的发展机制。

经济文化的一体化推动了文化经济的兴起。文化与经济互动，将构成新时代全新的生产形态和发展模式。打造文化经济，大力发展文化事业、壮大文化产业，在经济活动中更多地注入文化内涵，提升产业层次、产品档次，增强竞争力，逐步转变广大人民群众转变生活方式，注重物质消费产品的文化内涵，追求精神文化需要的满足，是经济社会发展和竞争力提高的合理选择。从改革开放的历程来看，改革开放初期靠政策优势，20世纪八九十年代靠环境优势，21世纪靠的是文化优势。知识、智慧、价值观念、精神动力，以及文化所创造的人文环境，文化发展所形成的巨大创新能力和人力资源，最终将转化为物质形态的竞争力。21世纪，各地区经济的赛局，在很大程度上取决于"文化力"的较量。

基于上述历史背景，"文化经济"这一概念在2002年被提出后，得到学术界和政界的赞同，虽尚未成为学术界的主流，但却有取代"知识经济"之势。

文化经济就是建立在人文精神和知识、技术高度发展基础上的新型经济，是人类社会发展史上继农业经济、工业经济和知识经济之后的又一种经济形式。文化经济的出现,深刻反映了当今时代文化与经济日益交融、彼此渗透、相互促进的现象,揭示了人类社会未来发展的新趋势和新动向。一个地区文化经济的兴起标志着该地区产业结构的成功转型和提档升级。文化经济是对知识经济的提升,其内容不仅有科学、技术等智力因素,还有理想信念、价值观念等精神因素。文化经济是一种文化和经济融为一体的经济。发展文化经济,其基本思路就是全力推进经济文化一体化,自然就得全力推进文化与现有产业的融合①。

(三)巨鹿丰厚的历史文化资源为巨鹿现有产业利用文化提档升级提供了有力支撑

巨鹿县历史悠久,在长期的历史积淀中积累了其他县难以拥有的十分丰厚的历史文化资源。巨鹿大地上曾出生过众多历史名人,并有众多重要外地历史人物在此活动,留下了他们的足迹,主要有远古的尧舜圣帝,商代祖乙,周代邢国的姬苴,战国时期的赵武灵王、扁鹊、李牧,秦代的秦始皇、项羽、李斯,常山国的张耳,汉代的丝纺机发明家陈宝光妻,著名司法官舒路温、军事家耿弇、大儒士张骞、农民起义领袖张角,晋宋时期的高僧道生,后赵的石勒、佛图澄,唐朝的魏徵、宋璟、僧一行,元朝的刘秉忠、郭守敬、张文谦,清朝的张绍先、杨思圣等。巨鹿历史上曾发生过众多重大历史事件,如五千年前唐尧曾在此禅位于虞舜,商朝第十四任国王祖乙迁都于耿(今巨鹿境内),秦末项羽在此击败了秦军主力(史称"巨鹿之战"),西汉末刘秀与王郎的军队在此大战一个多月,东汉末年张角在此酝酿和发动了黄巾大起义,明初朱棣与侄儿建文帝争夺帝位的"靖难之役"曾在此激战,明末卢象升在此曾与清兵激战殉国(史称"贾庄大战"),清末景廷宾也曾在夏头寺发动起义。巨鹿的民间文化也颇具特色,如道教音乐独具风味,手织布产业大放异彩,戏曲四股弦韵味独特,入选河北省第一批非物质文化遗产名录。

巨鹿文化与燕赵文化高度重叠,但又不完全等同于燕赵文化,文化融合交

---

① 杨英法、郑彦生、张纪元《论文化经济与知识经济的异同及发展路径》,《河北工程大学学报》(社科版)2009年第1期,第13—15页。

会的特征十分明显,有齐鲁文化中儒家思想的成分,有三晋文化中法家思想的元素,有中原文化中的黄老思想,又有西域文化中的佛家意识,内容纷繁、多元。巨鹿古地人在传承自己文化习俗时,习惯先入佛门、后借儒学,进而实施"道"政,古巨鹿人的佛学意识厚于儒学,而道学意识又厚于佛学,表象事佛实际为道,明显偏于"道"①,成为巨鹿历史文化区别于其他地方文化的鲜明特征。

这些历史文化资源可通过文化创意巧妙地渗透、嫁接入现有产业,促其提档升级。推进巨鹿历史文化与巨鹿现有产业的融合,不仅可推进巨鹿现有产业的提档升级,而且可使巨鹿历史文化的价值得到显现,化为现实财富,并且能提高巨鹿的知名度、影响力,提高巨鹿人的自豪感、凝聚力,对推进巨鹿精神文明建设和社会的和谐稳定也有重要作用。因此,推进巨鹿历史文化与巨鹿现有产业的融合是巨鹿经济社会文化发展的必然选择,须及早着手实施,全力推进。

二 与传统产业的融合是巨鹿历史文化与巨鹿现有产业融合的难点

任何一项事业的推进都会遇到这样或那样的难点,难点能否破解是一项事业能否顺利推进、发展的关键。一个国家、地区的产业体系可分为传统产业和新兴产业。新兴产业是随着新的科研成果的产生和新兴技术的发明、应用而出现的新产业,也包括传统的社会公益事业进行产业化运作后形成的产业,如影视、报刊、演艺、非义务教育、动漫、网络等。新兴产业运用了计算机网络等高新技术,文化含量高,与文化的融合相对较易;而传统产业因与文化的距离较远,与文化的融合会颇感困难。巨鹿县的产业体系以食品饮料、橡塑、机件、特种棉纺织、再生资源回收等传统产业为主,近年来才出现锂电池、阿维菌素、高档面料、PVC 手套等一批新兴的高新技术产业,产业链延伸短,大部分产品处于产业链的中低端,高端产品、最终产品少,大部分属于传统产业;新兴产业发育不足,在产业体系的中所占比重还很低。传统产业原有从业人员,对文化的

---

① 苗庭宽、张银雪《巨鹿历史之谜》节选之十,人民网,2011 年 03 月 31 日,http://unn.people.com.cn/GB/158820/14283991.html。

重要市场价值大多没有清醒的认识,与文化创意融合的意识并不太强烈,少数有清醒认识和强烈意识的,也欠缺融合的能力,未能找到有效融合的途径、方法;而文化部门的从业人员,为了提高效益、效率,自然会采取先易后难的路线,目前主要在致力于创作文化精品、开拓文化产品市场,将现有文化资源转化为现实财富,对与现有产业的融合只在某些新兴产业上作了探索、尝试,对与传统产业的融合,基本上尚未排上其日程,偶有为之者也欠缺经验和能力。

因此,与传统产业的融合是巨鹿历史文化与巨鹿现有产业融合的难点,只有突破这一难点,才能真正实现巨鹿产业结构的转型升级和巨鹿历史文化资源的充分利用和发扬光大。

三 文化创意是推进巨鹿历史文化与巨鹿与传统产业融合的中介和桥梁

如何实现巨鹿历史文化与巨鹿与传统产业的融合呢?必须通过文化创意。文化创意是推进巨鹿历史文化与巨鹿传统产业融合的中介和桥梁。

文化创意,说得简单明白一点,无非就是以文化为素材,以推进文化本身的提档升级、价值实现或文化与经济、与物品的融合为旨趣的具有新颖性和创造性的设计、策划、构想。文化创意本身是一种活动,如果具有了一定市场需求,成为获取财富、赚取利润的手段,便会形成文化创意产业[①]。借助文化创意,不仅可推动文化与产品、服务、市场有机结合起来,为人们提供较高文化含量的产品和服务,形成新的消费市场,还可以与传统产业融合发展,促进其转型升级,使其焕发出新的生机和活力。文化创意在推动传统产业转型升级中的作用具体可归结为以下几点:

第一,可推进传统产业转变增长方式。传统产业大多数都是初级产品或低端产业,生产成本高、能耗大、利润薄,总体档次不高,走的是传统粗放、同质化的发展模式。通过文化创意的融入,传统产业可以附加更多的文化内涵,进行

---

① 杨英法、苗方朔《文化创意与传统产业、传统文化、现代文明的融合模式研究》,《河北工程大学学报》(社科版)2011年第1期,第4—6,9页。

差异化竞争,打造特色品牌,使产品的竞争力得到提升。如同样的纺织面料,经过不同的设计师和裁缝加工,加入创意元素,价格就会明显提升。

第二,可推动传统产业向先进制造业转型。借助文化创意,能够将技术、商业和文化融为一体,实现产品的价值创新,推动传统制造业向高增值的先进制造业升级,拓展制造业的发展空间。如牛奶产业从奶牛的养殖、牛奶的加工到销售,产业由一产延伸到三产,层级不断提高,如果在这些环节中注入创意设计和创意营销,无疑会提升品牌价值、产业层次,逐渐转型为先进制造业。

第三,可推动传统产业增强自主创新能力。通过文化创意,可使传统产业提升创新层次,为自主创新提供切入点、制高点,从而增强其自主创新能力及发展后劲。如黄酒、茶叶之类的传统产业,工艺已十分成熟,更多的是需要文化元素和创意元素的融入,主要应在保持传统特色的基础上,在包装设计创意和品牌宣传创意上实现创新提升。目前,巨鹿从事文化创意的人还很少,文化创意产业发展不足,未能有效推进巨鹿历史文化与巨鹿传统产业的有效融合,从而非但不能使传统产业顺利提档升级,也使自身的价值难以显现,不能引起社会各界的高度重视而影响自身的发展。要有力推进文化创意产业的发展,推进巨鹿历史文化与巨鹿传统产业的融合,就要尽力消除文化创意与传统产业间的分离、隔膜,努力构建起二者间相互配合、相互带动、相互引领的良性互动机制,从而实现二者的双赢共荣。

四 以文化创意推进巨鹿历史文化与巨鹿传统产业融合的路径

文化创意与传统产业、传统文化现代文明之间存在着密切的相关互动关系,即:文化创意是推动传统产业提档升级的有效途径,而传统文化、现代文明则是文化创意的凭借、依托;文化创意与传统产业的融合为我们追求的最终目标,而文化创意与传统文化、现代文明的融合则是实现文化创意与传统产业融合的前提、桥梁。因而,从逻辑上讲,欲实现巨鹿历史文化与巨鹿传统产业的融合,宜先利用传统文化、现代文明来优化文化创意,然后再利用文化创意来推动传统产业的提档升级。

传统产业相比于新兴产业,虽与文化的距离较远,运用文化创意会颇感困难,但如巧用仍可实现。将二者各自分为若干要素、环节,然后进行一对一或一对多的配对组合,就是十分有效的办法。如将企业的经营、生产活动分为企业精神、企业制度、材料和能源、设备和工艺、宣传推销、形象识别等若干要素、环节,就可在其中的某个环节或融入名景、名物、名人、名事等形象文化资源,或融入精神、理念等无形文化资源,从而推动其与文化的融合,实现双赢共荣。具体操作模式,建议从以下几个方面着手:

(一)借文化创意培育企业危机意识

任何企业的发展都不可能一帆风顺,都会遇到这样或那样的危机。危机意识是企业的一种宝贵的精神财富,只有培育出危机意识,方可调动起人们的警觉心,使人们居安思危、放眼长远,防患于未然。当前,人们的危机意识还很薄弱,松松垮垮、粗心大意、得过且过的风气还广泛存在。因此,培育危机意识是企业发展的首要任务。应借助文化创意,使人明了魏徵不断向李世民这位明君提出谏诤,不断揭露"贞观盛世"背后的隐忧所体现的危机意识,教育员工树立危机意识,与企业团结一心,共渡难关;培育员工的忧患意识、互助意识和博爱意识,构筑应对危机的精神基础。

(二)借文化创意塑造优秀企业精神

企业精神是企业员工所共同具有的内心态度、思想境界和理想追求,表达着企业的精神风貌和企业的风气,可起到凝聚人心、和谐员工间关系、调动员工积极性与创造性等重大作用,是企业的灵魂、生死荣衰的关键。应通过文化创意,以本企业、同行业及巨鹿历史名人的事迹教育员工、引导企业,引导每个员工都牢固树立"以义取利""为社会服务、为消费者服务"的理念,将"信然重诺"作为道德基本准则;诱导企业确立"员工至上"而非"利润至上"的企业价值观,理解、承认并保护员工合理的个人利益,引导员工把自己溶于企业之中,自觉自愿地为企业服务。

(三)借文化创意完善企业制度

完善的企业制度是企业规范管理、高效运作的基础。企业的规模越大、业务越多、联系越广泛,就越需要建立完善的企业制度。当前,传统产业的企业制度建设已经滞后,领导决策及员工行为的随意性很强,导致很多事情被延误;上市公司内部人控制现象十分严重,董事会及管理层完全被大股东内部人控制,监事会和审计委员会监督失效,形同虚设,导致财务欺诈不时发生,小股东利益不时被大股东侵害。应通过文化创意,以周世宗柴荣这一杰出帝王为榜样,调动全社会共同建构一个公平的竞争机制和环境,引导政府完善法律、法规,引导企业进行企业制度的自我建设,完善企业的劳动纪律、奖惩办法、民主监督制度等各种制度,强化企业内部员工的行为规范。

(四)借文化创意更新材料和能源

俗话说"巧妇难为无米之炊"。任何生产活动都必须利用一定的材料和能源。正如爱迪生发明灯泡,关键在于能否找到合适的灯丝材料。能否找到恰当的材料、能源,是能否生产出特定功用产品或提高性能、降低成本的关键。如纸面石膏板、玻璃纤维增强水泥(GRC)板、无石棉硅钙板等新型建材,凭其轻质、高强度、保温、节能、节土、装饰等优良特性,用于建筑不但使房屋功能大大改善,还可以使建筑物内外更具现代气息,满足人们的审美要求。因此,对传统产业,应对所用材料和能源进行创意,更新材料或能源,借以节能降耗、提高品质,推动传统产业的转型升级。

(五)借文化创意更新设备、优化工艺

任何生产和服务,除了必须利用一定的材料和能源外,都必须利用一定的设备,借助一定的工艺。借助良好的设备、工艺,可以变废为宝,或用同样的材料生产出更加质优或价廉的产品。曾令钢铁企业一筹莫展的钢铁废渣,随着科技的进步,利用新设备新工艺可用来生产凝石这种高性能又环保的新型建材。以钢铁废渣、热电厂炉渣及粉煤灰为主要原料,加入适量的胶凝材料和外加剂,可制成承重和非承重混凝土小型空心砌块及粉煤灰发泡轻质保温板,并建夹芯外保温复合外墙的节能住宅。更新设备、优化工艺,必须依托高新技术。当前,以互联网为代表的信息技术是高新技术的核心,它极大地激发了全民创意。鉴于此,应通过文化创意,以僧一行、释道生等为榜样,积极培育巨鹿人的开拓创新精神,引导企业走新型工业化道路,以信息技术为核心,实现设备的更新和工艺的优化,推动传统产业由资源驱动型向科技驱动型转变。

(六)借文化创意进行造名策划

好的名声、大的名气、响亮的品牌,以一种产品或服务赢得市场的关键。这些从根本上说是顾客、社会赋予的,而不是自己造出来的。这并非说企业就不需要造名,事实证明,造名可能会产生轰动效应,进而促进企业进步,推动产业升级,带动区域发展。造名,巨鹿历史上及现实中的名人就是可资利用的宝贵资源,可有效吸引社会的高度关注。具体造名办法,除目前常用的聘用影视或体育明星在收视率高的电视频道、报刊频繁而持久地播发广告、赞助众所关注的大型运动会、选美、救助灾区难民等活动,请专家、领导、记者写科普文章向公众推介等之外,还可通过媒体有意营造某种消费热点,使公众对自己的产品产生大量需求,然后趁机把自己的产品推出。

(七)借文化创意方便公众识别

一个企业、一种产品如欲打开市场,必须通过品牌、商号、商标、包装、门牌、装饰等将自己标示出来,使公众能够方便地将自己与其他企业、其他产品区别开来。通过以下三种方法可将文化资源巧妙地融入品牌、商号、商标之中,大大方便公众的识别。

一是名字蕴含法。即以巨鹿当地历史人物、事件、建筑、传说、著作及艺术作品为企业、产品或商标命名,将其蕴含入所起名字之中,得到一个富有历史文化内涵的名字。如邯郸的一个酒厂将自己的酒取名"赵赐马",就有马姓源于马服君赵奢的含义。

二是图案展示法。即以巨鹿当地历史人物、事件、建筑、传说、著作及艺术作品为商标、包装、门牌及广告设计图案,使其在所设计的图案中得到展示。如世博会中国馆就采用了斗拱榫卯穿插、层叠出挑的中国传统建筑的构造方式,使得中国特色被活脱脱展现出来。

三是阐述关联法。即若自己的产品与巨鹿历史人物、事件、建筑、传说、著作及艺术作品存在某种关联,则在广告宣传中大加宣扬,使公众熟知。如板城烧锅酒一再宣扬乾隆皇帝与纪晓岚微服私访至下板城庆元亨酒店,突闻酒香扑鼻而斗对联的故事,就使公众对其产生了极为深刻的印象。

(八)借文化创意改善商品营销

无论什么商品,只有销售出去才能获得利润。应通过文化创意,努力改善营销的理念和技艺,使内在的、抽象的经营意识和商业哲学,外显的、直观的橱窗艺术、柜台艺术、广告艺术、展销艺术等都得到优化,从而赢得大量顾客,给商业企业带来滚滚利润。

北宋大观二年黄河巨鹿决口相关问题研究

陈瑞青

黄河作为北方最著名的河流,孕育了辉煌灿烂的中华文明,同时由于其自古以来就是一条多泥沙河流,以"善淤、善决、善徙"著称于世,因此又是一条给人类社会带来灾难的河流。北宋大观二年(1108年)黄河在巨鹿决口,巨鹿县城遭遇灭顶之灾,县城全部被洪水、泥沙淹没,屋内器皿尚存,以致正在家中吃饭的居民还围坐在桌旁,根本来不及逃避。1919年,当地人民挖井时发现了宋代的古城址。近年来在地下六米处发现宋代的瓷器和屋基。本文拟就这次黄河在巨鹿决口的原因以及结果等问题展开探讨,不当之处,敬请方家指正。

一 黄河北流与北宋回河之争

经近千年的堆积,至唐末开始黄河下游河口段已渐淤高,唐景福二年(893年)河口段就发生过改道。至11世纪初,今山东商河、惠民、滨州市县境内河道又"高民屋殆逾丈"。此后决口上移至澶州(治今河南濮阳)、滑州(治今滑县东旧城)一带。北宋初期,黄河下游河道大致和隋唐五代相同,经由孟州、怀州、郑州、开封府、卫州、滑州、濮州、澶州、大名府、郓州、博州、齐州、德州、沧州、棣州、淄州、滨州等地,仍从渤海南部入海。由于这条河流行水时间已经很长,河床淤积相当严重,入宋后河患更加频繁。从淳化四年(993年)到天禧三年(1019年),黄河又两次南流夺淮入黄海,两次合御河北流于天津附近入渤海。

【作者简介】陈瑞青(1977年—),男,河北社会科学院历史所助理研究员,主要从事唐宋史与河北地域文化研究。

景祐元年（1034年），河决澶州横陇埽（今河南濮阳东）经今河北大名、馆陶和山东聊城、惠民，至山东滨县入海。这是宋代黄河的第一次大改道，改道后的黄河干流史称"横陇故道"。横陇故道行河时间不长。十四年后，即庆历八年（1048年），黄河自澶州商胡埽（今河南濮阳东北）决口，合御河入海，横陇故道完全淤废。河水改道北流，自南乐以北，经馆陶、枣强，东至乾宁军（今河北青县），合御河入海，宋人称"北流"，这是宋代黄河最北端流入渤海的路线。黄河的北流使漳卫南运河再次成为黄河的下游，巨鹿因此成为黄河沿岸的县城。正是这条北流的黄河在大观二年决口，淹没了整个巨鹿县城。

由于在北方出现两条黄河，北宋政府内部从庆历八年（1048年）到元符二年（1099年）展开旷日持久的东流、北流之争，史称"回河之争"。期间还组织实施三次大规模的黄河改道工程，强制黄河恢复东流，但均未成功。皇祐三年（1051年），黄河在馆陶县（今河北馆陶县）郭固决口，堵塞后河道出现改道南流的趋势。河北转运使李仲昌提议堵塞商胡北流河道，开六塔河以回复横陇故道。此议遭到欧阳修的反对。他认为横陇故道已埋塞二十多年，黄河已弃的河道难以恢复。然而，恢复横陇故道的建议却被朝廷采纳。实施的结果正如欧阳修所料，开六塔河引黄河水入横陇故道的当晚，即由于水流宣泄不及而决口，"溺兵夫，漂刍蒿，不可胜计。水死者数千万人"。宋仁宗嘉祐五年（1060年），黄河自大名府魏县第六埽决口，即"大名决口"，形成北流和东流，即所谓的"二股河"入海。北宋人称原来的商胡河为"北流"，新冲出宽约六十多米的岔流为"东流"。其中，东流一支东北经沧州、乐陵、无棣入海。北宋朝廷黄河防洪和治理主要有两种主张：第一种主张是维持黄河北流河道，通过修筑堤防，减缓河北水患；第二种主张是堵塞北流旧道，稳定东流新河道。宋神宗和宰相王安石倾向于后者，但鉴于六塔河的教训，先派人在二股河口修建挑水坝，遏水向东。司马光先是同意回河之议，待至实地考察后，认为东流浅狭，堤防未全，必致决溢，因而回河之事应当缓行。然而，急于实施回河的宋神宗和王安石却于熙宁二年（1069年）八月趁东流畅通、北流渐浅之际，闭塞了北流。同年黄河又在闭口以南向东溃决。至元丰四年（1081年），澶州决口，恢复北流，东流淤塞。至哲宗即位后，为达到以黄河天险"御辽"的目的，回河东流之议死灰复燃。当时回河派的代表王岩叟专门列举了黄河北流的七大危害，另一代表安焘更是声称"设险"应先于"治河"。反对派苏辙、曾肇等人奋力反击。双方各持己见达几年之久。至绍圣元年（1094年），封闭北流。但元符二年（1099年），河决内黄口，依旧北流，东流断决，回河之争才算平息。

  北宋时期的回河之争双方争论的焦点，主要集中于治河对御辽策略、御辽之利的影响。反对回河东流代表人物之一的苏辙认为回河的动机有三："其一曰：御河堙灭，失馈运之利；其二曰：恩冀以北，涨水为害，公私损耗；其三曰：河徙无常，万一自虏界入海，边防失备。凡其所以荧惑圣聪，阻难公议，皆以三说藉"①。宋辽间的长期军事对峙，黄河防线的建设与利用被宋廷置于较为重要的地位来对待。北宋在黄河沿线部署重兵、修筑城池，将黄河作为防御辽朝的一道重要防线加以利用。一旦北流黄河再向北改道，直接导致黄河成为辽朝的内河，将对北宋的军事防御系统造成直接的威胁。因此，北宋君臣多次逆地势高下，堵塞北流黄河。但三次堵塞黄河的尝试均遭失败，造成"今年虽塞，明年且决，来岁傥行，后岁必淤"的严重后果。面对日益频发的决口，绍圣元年（1094年）正月，权河北路转运副使赵偁上书极力反对回河，建议在巨鹿县修建巨鹿埽，认为："自有司置埽创约，横截河流，回河不成，因为分水。初决南宫，再决宗城，三决内黄，亦皆西决，则地势西下，昭然可见。今欲弭息河患，而逆地势，戾水性，臣未见其能就效也。臣请闭阚村河门，修平乡巨鹿埽、焦家等堤，浚澶渊故道，以备涨水。如此，则五利全而河患息矣"②。赵偁总结了以往黄河决堤均在西岸地势较低处的规律，鉴于巨鹿县地势较低，建议在巨鹿修建埽体。埽是以薪柴（秸、苇、柳等）、土石为主体，以桩绳为联系的一种水工建筑物。它的作用是抗御水溜对河岸的冲刷，防止堤岸坍塌；此外，埽工还用来堵复溃决的堤岸。但是赵偁的建议并没有得到朝廷的认可，因此在巨鹿修埽的设想最终落空。如果赵偁的建议被采纳的话，或许可以避免后来巨鹿决口事件的发生。当时大名安抚使许将上书说："度今之利，若舍故道，止从北流，则虑河下已湮，而上流横溃，为害益广。若直闭北流，东徙故道，则复虑受水不尽，而破堤为患。窃谓宜因

---

① （宋）苏辙《栾城集》卷四二《户部侍郎论时事八首》，上海古籍出版社2009年，第325页。

② （明）黄以周等《续资治通鉴长编补遗》卷九绍圣元年正月戊子，上海古籍出版社1985年，第190页。

梁村之口以行东,因内黄之口以行北,而尽闭诸口,以绝大名诸州之患。俟春夏水大至,乃观故道,足以受之,则内黄之口可塞;不足以受之,则梁村之役可止。定其成议,则民心固而河之顺复有时,可以保其无害"①。许将的观点是和赵偁一致的,认为下游的河道已经湮淤,而上游水势不减,断然堵塞黄河北流,则会造成巨大的安全隐患。当务之急,应当是疏通下游河道,而不是堵塞北流。赵偁和许将均为河北地方官员,对当地情况比较熟悉,因此提出的建议都比较务实,但哲宗并没有采纳,而是让"吴安持同都水监丞郑佑,与本路安抚、转运、提刑司官,具图、状保明闻奏,即有未便,亦具利害来上"。吴安持系王安石的女婿,当时担任都水使者。他是东流的积极倡导者,因此他的建议不可能停止阻塞北流的行动。当时主张在巨鹿疏通河道的还有水官曾孝广,《续资治通鉴长编》引《曾孝广传》称:"哲宗即位,复知南外都水丞,迁都水监丞、京西转运判官、水部员外郎。孝广前论河事不合,水官卒建东流之议。已而河决内黄,俾孝广按行,因得伸其素志。疏苏村,凿钜鹿,以纾澶、滑、深、瀛之患,导河北行,朔部以安"②。这表明当时水官已经留意到巨鹿地区的重要性,通过在巨鹿地区疏通河道以减轻黄河下游流量压力。关于曾孝广的建议是否得到实施,史无明文。但从哲宗阻塞北流的行动看,似乎已经对疏通北流河道的建议并不感兴趣,曾孝广的建议应当没有被采纳。

二 徽宗朝对黄河治理的失误直接造成巨鹿决口

徽宗即位后,不再纠缠于堵塞黄河北流,但对黄河的治理存在诸多问题,是造成大观二年巨鹿决口的重要原因。宋徽宗在发运使和水官的任用上,产生重大失误。徽宗即位之后,因绍圣年间阻断北流造成黄河决口的郑佑、吴安持辈皆用登极大赦,次第牵复。当时大臣张商英对此提出异议,认为郑佑等主张回河,违神宗北流之意,不应大赦,但徽宗并不予接受。张商英又认为当时的水官并不称职,徽宗即任命张商英为河北都转运使兼专功提举河事。张商英针对

---

① (元)脱脱等撰《宋史》卷九三《河渠志三》,中华书局1977年,第2305页。
② (宋)李焘撰《续资治通鉴长编》卷五一七元符二年十月甲子,中华书局1995年,第11528页。

时弊,提出五条治河建议:"一曰行古沙河口;二曰复平恩四埽;三曰引大河自古漳河、浮河入海;四曰筑御河西堤,而开东堤之积;五曰开木门口,泄徒骇河东流",其大意是要"随地势疏浚入海"。但是徽宗并未采用,而是下诏"商英毋治河,止厘本职,其因河事差辟官吏并罢"①。张商英提出的疏浚黄河故道,导以入海的办法,一改以往堵塞北流的惯例,应当是切实可行的,但徽宗下诏,不得实施治河计划,只要完成分内职责就可以了,并裁撤了因治理黄河而差辟的官吏。这就大大束缚了水官的手脚,使徽宗一朝治河业绩,乏善可陈。大观年间,负责漕运的胡师文和水官赵霆等均属于碌碌无为之辈。胡师文和当时的权臣蔡京是儿女亲家,蔡京"欲兵柄士心皆归己,建澶、郑、曹、拱州为四辅,各屯兵二万,而用其姻昵宋乔年、胡师文为郡守。禁卒干撇月给钱五百,骤增十倍以固结之。威福在手,中外莫敢议"②。崇宁初,蔡京为相,"始求羡财以侈费。用所亲胡师文为发运使,以籴本数百万缗充贡,入为户部侍郎。自是,来者效尤,时有进献,而本钱竭矣。本钱既竭,不能增籴,而储积空矣。储积既空,无可代发,而转般之法坏矣"③。籴本被抽空,漕粮购买无法开展,其后果不仅破坏了均输法,而且连传统的漕运转般之法也难以维持。大观中,臣僚弹劾胡师文此前为发运使期间创开泗州直河及筑签堤阻遏汴水,"寻复淤淀,遂行废拆。然后并役数郡兵夫,其间疾苦窜殁,无虑数千,费钱谷累百万计。狂妄生事,诬奏罔功,官员冒赏至四十五人"④。胡师文由是自知州降充宫观。大观年间担任水官的赵霆对于水利一点也不熟悉。崇宁三年(1104年)十月,臣僚言:"昨奉诏措置大河,即由西路历沿边州军,回至武强县,循河堤至深州,又北下衡水县,及达于冀。又北渡河过远来镇,乃分遣属僚相视恩州之北河流次第。大抵水性无有不下,引之就高,决不可得。况西山积水,势必欲下,各因其势而顺导之,则无壅遏之患"。宋徽宗下诏开通直河,以杀水势。大观元年(1107年)十二月,工部员外郎赵霆言:"南北两丞司合开直河者,凡为里八十又七,用缗钱八九万。异时成功,可免

---

① 《宋史》卷九三《河渠志三》,第 2309 页。
② 《宋史》卷四七二《蔡京传》,第 13724 页。
③ 《宋史》卷一七五《食货志上》,第 4257—4258 页。
④ 《宋史》卷九四《河渠志四》,第 2334 页。

河防之忧,而省久远之费"①。虽然赵霆的建议得到朝廷的实施,但这条开凿直河在防汛方面并没有起到什么作用。更为荒唐的是,大观元年闰十月丙戌,都水使赵霆行河,得两首龟以为瑞,蔡京信之,曰:"此齐小白志谓象罔见之而霸者也。"郑居中曰:"首岂容有二,而京主之,意殆不可测。"徽宗命人将龟弃入金明池②。赵霆巴结皇帝的伎俩虽未得逞,但其为人若此,自不待言。及大观二年十月,黄河自巨鹿决口之后,朝廷对赵霆的处置是削官一级,当时的御史中丞石公弼认为对赵霆的处罚太轻,"水官赵霆建开直河议,谓自此无水忧,已而决壤钜鹿,法当斩。霆善交结,但削一官,犹为太仆少卿。公弼论为失刑,霆坐贬"③。就是这个赵霆,大观三年担任太仆少卿,"以知茶自名,取媚权要"④,被朝廷送吏部查办。宣和二年,赵霆担任杭州帅臣,恰逢宣和四年,赵霆担任淮南江浙荆湖等路发运副使,又因"任京畿漕日,按举不公"⑤,遭到言官弹劾,被降两官。

在治理黄河的资金投入上,徽宗朝较之前朝有所减少。黄河北流之后,北宋朝廷投入大量人力物力进行治理,庆历八年(1048年)十二月,判大名府贾昌朝即指出:"国朝以来,开封、大名、怀、滑、澶、郓、濮、棣、齐之境,河屡决。天禧三年至四年夏连决,天台山傍尤甚。凡九载,乃塞之。天圣六年,又败王楚。景佑初,溃于横垄,遂塞王楚。于是河独从横垄出,至平原,分金、赤、游三河,经棣、滨之北入海。近岁海口壅阏,滓不可浚,是以去年河败德、博间者凡二十一。今夏溃于商胡,经北都之东,至于武城,遂贯御河,历冀、瀛二州之域,抵乾宁军,南达于海。今横垄故水,止存三分,金、赤、游河,皆已埋塞,惟出壅京口以东,大污民田,乃至于海。自古河决为害,莫甚于此。朝廷以朔方根本之地,御备契丹,取财用以馈军师者,惟沧、棣、滨、齐最厚。自横垄决,财利耗半,商胡之败,十失其八九。"⑥哲宗时期"回河几三年,工费骚动于天下"⑦。徽宗时期,即位

---

① 《宋史》卷九三《河渠志三·黄河下》,第2311页。
② 《宋史》卷六五《五行志三》,第1430页。
③ 《宋史》卷三四八《石公弼传》,第11032页。
④ (清)徐松《宋会要辑稿·职官》六八之一八,中华书局1957年,第3917页。
⑤ 《宋会要辑稿·职官》六八之三一,第3923页。
⑥ 《续资治通鉴长编》卷一六五庆历八年十二月庚辰,中华书局1991年,第3977页。
⑦ 《宋史》卷九二《河渠志二·黄河下》,第2301页。

之初,即对前朝回河之议进行反思,崇宁元年,左正言任伯雨上奏:"元祐末年,小吴决溢,议者乃谲谋异计,欲立奇功,以邀厚赏。不顾地势,不念民力,不惜国用,力建东流之议。当洪流中,立马头,设锯齿,梢刍材木,耗费百倍。力遏水势,使之东注,陵虚驾空,非特行地上而已。增堤益防,惴惴恐决,澄沙淤泥,久益高仰,一旦决溃,又复北流。此非堤防之不固,亦理势之必至也",因此,应当放弃回河东流,宜"宽立堤防,约栏水势,使不至大段漫流。若恐北流淤淀塘泊。亦只宜因塘泊之岸,增设堤防,乃为长策"①。徽宗朝由于取消了回河之议,重点放在对堤岸的维护和河流的疏导,因此对治理黄河的投入上显然达不到神宗、哲宗两朝"半天下"投入治河的程度。在治理黄河的人力投入上,徽宗朝较之前朝有所下降。黄河北流之后,地处黄河中下游地区的河东路、河北西路、河北东路、京东西路、京东东路等地,黄河水灾更是频繁,夫役征发更显沉重。尤其三次大规模的阻塞北流的行动失败,不仅使多年治河成果付诸东流,而且造成河水泛滥,对北方农业经济造成巨大的破坏。神宗时期"齐天下之役,其半在于河渠堤埽"。即使在灾荒之年,河北地区的农民也要出河役,王安石《临川先生文集》卷六二《河北民》称:"河北民,生近二边长苦辛……今年大旱千里赤,州县仍催给河役"。连年的灾荒,加之常年的调发民夫修河,造成"公私困竭,河北、京东西之民为之不聊生"②。到了徽宗大观年间,"黄河调发人夫修筑埽岸,每岁春首,骚动数路,常至败家破产"③。河北地区由于是黄河北流入海的重要区域,"系黄河行流、人使经由道路,每年人户应副工役,比于它路尤为劳费"④。面对如此庞大的征发民力,宋徽宗不得不免除部分力役,大观二五月年下诏说:"河防夫工,岁役十万,滨河之民,困于调发。可上户出钱免夫,下户出力充役,其相度条划以闻。"⑤免役对于黄河下流地区的民众来说无疑是一件好事,但对河役投入的减少,势必造成削弱河防工事的修筑的严重后果。而就在徽宗下免役诏书五

---

① 《宋史》卷九三《河渠志三·黄河下》,第 2310 页。
② 《栾城集》卷四六,第 352 页。
③ 《宋史》卷九三《河渠志三·黄河下》,第 2311 页。
④ (宋)赵汝愚《宋朝诸臣奏议》,上海古籍出版社 1999 年,第 1177 页。
⑤ 《宋史》卷九三《河渠志三·黄河下》,第 2312 页。

个月后,黄河北流就在巨鹿决口。从后果看,徽宗的这道免役诏书,应当对黄河巨鹿决口产生了一定的影响。

三 黄河巨鹿决口的影响

黄河北流之后,北宋河役的长期开展,导致黄河沿岸地区"每岁春首骚动良民,数路户口不获安居……科夫数多,常至败家破产以从役事。民力用苦,无计以免"。这样,在水灾频繁、农业生产严重受损而繁重的河役又"无计以免"的压力下,为躲避河患,黄河中下游地区的人口即逐渐大量向他处迁移和流动。黄河在巨鹿决口之后,更是造成巨大的经济损失和人员伤亡。建中靖国元年(1101年)正月,右正言任伯雨也不无忧虑地指出,因此前黄河水灾的影响,引发河北境内民众大量外迁,以致"自永静以北,居民所存三四;自沧州以北,所存一二。其他郡大率类此。千里萧条,间无人烟"[①]。

大观二年,黄河北流自巨鹿决口造成的直接结果就是整个巨鹿县城被大水倾覆,成为水乡泽国,已经无法居住。宋廷下令将巨鹿县城整体搬迁到地势较高的地方。除此之外,黄河北流以及在巨鹿决口还使河北地区河流改道,北宋时期的漳河河道基本同唐代。由于黄河改道,其北支已徙入海河平原,并夺占了一部分漳河河道,因而漳河又变成了黄河支流,入河口也较唐时靠西。政和元年(1111年)漳河从成安分成两支后,北支仍循唐北支河道,入河口在武强;中支仍为唐中支河道,入河口为丘县城南的丘城。据《元丰九域志》记载,大约北宋末期,漳河曾有一支行过南道。同时,黄河决口还造成巨鹿地区大陆泽逐渐萎缩。河北地区的大陆泽原为发源于太行山河流的冲积扇和黄河故道之间的一片洼地,因东面受黄河故道的阻拦,水流在此潴聚而成湖泊,跨今河北省邢台市的隆尧、巨鹿、任县、平乡、南和、宁晋六县。以后随着黄河改徙,湖泊面积逐渐缩小。大观二年(1108年),黄河北流于巨鹿、隆尧两县决口之后,巨鹿整个县城被河水淹没,处于二县之间的大陆泽遭受到大量泥沙的灌入,湖泊的南部因首先受到泥沙落淤,湖底抬高,积水向相对低洼处排泄到今宁晋县原有

---

① 《宋朝诸臣奏议》,第471页。

汦泽和皋泽二个小湖。大陆泽水逐渐下泄后，就将汦湖扩展成宁晋泊。明清时大陆泽称南泊，宁晋泊称北泊。清代治理这一带水患的原则是将南泊的水排入北泊，北泊的水由滏阳、漳沱、子牙等河排入东淀。到了清代后期大陆泽就逐渐消亡了[①]。

黄河北流之后几次重大的决口给黄河中下游地区尤其是河北，带来重大破坏和深远影响。河水泛滥之处，良田、房屋、财产等付诸东流，并造成巨大的人员伤亡。北宋政府连续三次回河，均遭失败，不仅劳民伤财，而且直接造成黄河的决堤，使原本富足的华北平原中南部地区频繁遭受水灾。徽宗朝在黄河治理方面存在严重失误，人力、物力的投入都不如前朝，尤为关键的是在用人方面存在严重的问题，有才能者不得进，而无才能者预其谋，最终导致北宋大观二年黄河巨鹿决口。可以说这次决口既是天灾，也是人祸。大观二年巨鹿决口虽然不是历次黄河决堤中最为严重的一次，但这次黄河决堤对于巨鹿县来说却是一次浴火重生的过程。这次巨鹿决口，不仅给巨鹿县造成巨大的经济、人员伤亡，同时县城也被整体搬迁到高地。这次决口更是对巨鹿自然环境带来重大变化，漳水由于受到河水冲刷，被迫南流，原本水面宽阔的大陆泽，因河水的介入淤积，水面逐渐缩小。

---

① 邹逸麟《黄河下游河道变迁及其影响概述》，《复旦大学学报》1980年历史地理专辑。

巨鹿宋城的发现与研究

朱建路

巨鹿县位于今河北南部邢台市,古称"钜鹿"。1918年河北巨鹿古城的农民在掘地时发现宋代瓷器数十件,获利不菲。到1919年华北五省大旱,颗粒无收,人们为了生计开始疯狂挖掘。据符九铭记载:"年来乡人于土中掘得宋代磁器,售诸好古者,颇获厚利。于是举邑若狂,群思藉此发横财。九年,北五省旱灾,农人乏食,巨鹿之民益藉是易升斗以延其生命,城中顿添饮食店三家。"[①]这些出土器物被古玩商购去,运到北京出售。利益的驱动,使巨鹿古城内盗掘成风,"掘者日众,全城几至掘遍,故得物日益多。器不仅瓷,若漆器、铜器、铁器、石器、陶器、木器、骨器均源源而出焉"[②]。出土器物以瓷器为大宗,也成为人们挖掘的重点,"入其城,见憧憧往来之众,口有言,言宋瓷;目有营,营宋瓷,是亦一异观矣"[③]。这些瓷器虽然略显粗糙,并不雅致,但与其他官窑瓷器相比,它们粗犷豪放,生活气息浓郁,有着自己的特点。当时巨鹿隶属于直隶大名道,省会驻天津,天津博物院派李详耆、张厚璜两人到巨鹿进行调查。他们在城内对遗址进行保护并作科学的考古发掘,还从当地农民和古董商手中收购了一批古陶瓷。他们在城内发现《三明寺妙严殿碑记》记载:"(宋)大观二年秋,河决旧堤,流行邑中……水既东下,土高二丈……"他们据此判断现在的巨鹿城一定

【作者简介】朱建路(1981年—),男,邯郸市博物馆文博馆员,主要从事元史与河北地方史研究。

① 符九铭《梦云室丛谈·钜鹿故城》,转引自胡道静《钜鹿北宋雕版是淹城遗址的出土物》,《中国印刷》第21期。

② 李详耆、张厚璜《钜鹿宋器丛录》,天津博物院1923年。

③ 符九铭《梦云室丛谈·钜鹿故城》,转引自胡道静《钜鹿北宋雕版是淹城遗址的出土物》,《中国印刷》第21期。

建在大观二年之后。又部分出土器物有墨书题记,但没有大观以后的年号,他们判断被发掘出来的巨鹿古城就是北宋大观二年被洪水埋没的。

他们将考古发掘得到的瓷器带回天津,在1923年发表了《钜鹿宋器丛录》一书,在第一编"瓷器题字"中,对有文字的瓷器进行了图录。磁州窑有着悠久的制瓷历史,历史文献中对其记载很少,对其科学研究更无从谈起。《钜鹿宋器丛录》是第一次从科学角度,上升到文化层面对磁州窑瓷器进行研究,磁州窑的研究自此拉开帷幕。

1921年7月,北京国立历史博物馆派人员到巨鹿,在城址的三明寺附近进行了正式的发掘,重点发掘清理了两个房屋遗址。因为碗底多书写"董""王"二字,推测这是董姓与王姓两家房屋。1927年发表了发掘报告《钜鹿宋代故城发掘记略》①。报告非常简单,仅五百字左右。据卫聚贤记载,出土器物铜器有铜釜、铜镜(铜镜上有"长命富贵"四字),有"崇宁通宝"铜钱;铁器有铁鼎、铁钗、铁钉等。建筑物有琉璃佛光、琉璃兽、砖、瓦;瓦当有莲花、虎头两种;还有木梁、木门扇等。瓷器有白瓷碗、盂、碟、盃、盏、缸、罐、盆、枕,枕上画有黑色花草人物;有黑瓷瓯、碗、盘、洗、甄、盂、瓿、瓶等,有绿瓷盂,盂内有凸起的花纹。陶器有瓦甋、瓦温器。此外有算盘子、木梳、围棋子、石砚等②。

事实上,除了国立历史博物馆考古发掘所得以上器物外,宋巨鹿故城还曾出土木尺三把和三件北宋的雕版。木尺被罗振玉收藏,著名学者王国维先生曾对这三把木尺所反映的宋代量制进行研究③。宋代是中国雕版印刷的繁荣时期,宋版书之精美也享誉中外。但作为印刷工具的宋代雕版,却如凤毛麟角,十分少见。现在在美国纽约市国立图书馆存有一件北宋雕版,在中国国家历史博物馆存有两件,皆为1919年河北巨鹿淹城遗址出土,是印刷史上的重大发现④。据发掘报告还有木桌一张、木椅一把,其资料常被研究中国古代家

---

① 见《国立历史博物馆丛录》第一年第一册。
② 卫聚贤《中国考古小史》,商务印书馆1923年,第80页。
③ 王国维《观堂集林》卷一九《宋钜鹿故城所出三木尺拓本跋》,河北教育出版社2003年,第493页。
④ 胡道静《钜鹿北宋雕版是淹城遗址的出土物》,《中国印刷》第21期。据记中国历史博物馆两块雕版一为唐代女像,长59.1厘米,宽15.3厘米,长裙曳地,双手合掌;另一为三蚕姑像,长26.4厘米,宽13.8厘米,三女并列,上有文字"三姑置蚕大吉"和"收千百两大吉"。

具的学者引用。

巨鹿宋城的发现及发掘,在当时的学术界产生重大影响,具有极其重要的意义。首先,巨鹿古城的发掘是中国第一次科学的考古发掘。20世纪初期的二十年时间内,中国社会发生了天翻地覆的变化,西方的思潮涌入,冲垮了中国传统的三皇五帝的史学思想,民主与科学呼声高涨,疑古思潮流行。要重新认识中国古代史,文献材料不足,只有借助于新传入的考古学方法。考古学在当时成为一种流行趋势。过去考古学史提到中国第一次考古发掘是瑞典地址考古学家安特生1921年10月在河南渑池仰韶村的考古工作,中国人第一次独立主持考古工作是李济先生1926年在西阴村的发掘。事实上,巨鹿宋城的考古发掘不仅时间上比安特生要早,而且也是中国人独立主持的。俞伟超先生指出"第一次考古发掘实际上比安特生在仰韶村发掘要早,是由国立历史博物馆搞的,主持人是金石学家,挖的是巨鹿宋故城,时间在1921年7月"①。刘凤君《美术考古学导论》也认为"1921年间,河北巨鹿时常有宋代瓷器出土,北平历史博物馆派裘善元前往其地从事调查和发掘,发现宋代窑址,得宋代瓷器甚多。首开科学调查发掘古代瓷窑遗址的田野工作"②。这次考古发掘虽然是由金石学家主持的,但在国内也产生了一定的影响,沈兼士将巨鹿宋城的发掘作为科学考古的典型,在1922年9月《筹划北京大学研究所国学们经费建议书》中写道:"古董商为蒙混赏玩家起见,得于甲地者,往往冒称出于乙土,连带可以明了其时代者,故意错乱之以希图善价;学者于此对于地方及年代遂不得不费一番无谓之考证,而不易更进为比较综合的研究。此为有意的障碍。苟欲扫除此等弊病,必须集合各专门学者组织一古物调查发掘团,应用智慧的测量,为考古学的发掘。譬如巨鹿宋大观故城,必须先行设计,然后开掘,再施以科学的整理,如意大利之于罗马邦卑然,乃于学问为真有益。"③

其次,为陶瓷界认识磁州窑提供了重要契机。巨鹿位于漳河沿线,据《水经

---

① 俞伟超《考古学是什么——俞伟超考古理论文选》,中国社会科学出版社1996年,第223页。
② 刘凤君《美术考古学导论》,山东大学出版社1995年,第43页。
③ 沈兼士《筹划北京大学研究所国学门经费建议书》,《沈兼士学术论文集》,中华书局1986年,第363页。

注·漳河》,"……漳河自西门豹祠北迄赵阅马台西……又东北过曲周县东,又东北过钜鹿县东"①。北宋时漳河仍循此线,巨鹿位于磁州窑产品外运航道上。磁州窑自北朝开始烧造瓷器,到宋金元时期达到高峰,明清时期衰落。在绵延千年的制瓷过程中影响深远,形成一个"磁州窑系"。但由于它属于民窑,是普通百姓日常家居的必需品,所以在文人雅士的著作中很少能被提及。与宋代的五大名窑、元明清的景德镇瓷器不同,长期以来人们不认为它们有什么研究价值。巨鹿故城宋代瓷器的发现,给人们耳目一新的感觉。在瓷器白地上绘制黑花有传统水墨画的风格,在瓷器上书写浅显又蕴含哲理的诗文,清新隽永。大家一时不知道这些瓷器产在哪里。尤其是这些瓷器通过古董商大多数被外国人购走,一时间在国内外形成一股研究这种新发现瓷器的风潮。大家开始寻找这种瓷器的窑口。1925年英国陶瓷专家赫勃逊根据巨鹿出土的瓷器是在瓷胎上上一层化妆土,然后上釉的特点,与唐代文献中"磁器"相联系,提出这就是中国文献中提到的"磁器"。英国另一位学者维利阿姆斯夫人根据巨鹿出土的瓷器标本和其他窑址出土的标本,从制瓷技艺和装饰手法方面,把具有相同特征的这一类窑群归纳为十四个方面的特点,指出这一类瓷器不仅磁州生产,其他地方也有生产。她提出"磁州窑型"这一特点。

收藏巨鹿宋器最多的国家是日本。从江户时代开始,人们把白地黑花瓷器称为"绘高丽",认为其产自朝鲜。巨鹿宋器的发现改变日本学者对白地黑花瓷器的认识。巨鹿宋器被大量运到日本后,磁州窑的名字逐渐被普遍使用。

再次,瓷枕在宋金元时期磁州窑瓷器生产中占有很大的比重,尤其是宋代的瓷枕因白地黑花的装饰画在平面之上,更容易体现出中国传统水墨画的特点。但到明清时代,随着磁州窑的衰落,原来繁复的装饰工艺不再被磁州窑工匠使用,瓷枕的品种与数量都逐渐减少,以至于后人对这种瓷器越来越不了解。明代文震亨《长物志》记载:"有旧窑枕,长二尺五寸,阔六寸者,可用,长一尺者谓之尸枕,乃古墓中物,不可用也。"②因此在许多人的观念中陶瓷枕是墓葬明器一类,甚至被人视为不祥之物。事实上,明末与宋元时期已相去久远,他

---

① 郦道元撰《水经注》卷一〇《浊漳水》,浙江古籍出版社2001年,第952页。
② (明)文震亨著,陈直校注《长物志校注》,江苏科学技术出版社1964年,第294页。

并不了解宋元时期陶瓷枕的真正使用方式。尽管从明代开始至今,大多数陶瓷枕是出土于墓葬之中,但这应该是在丧葬习俗中事死如生的一种表现。据张厚璜、李祥著《钜鹿宋器丛录》中记载,当地人在挖掘中发现,这些陶瓷枕就摆放在房屋内的炕上,睡觉时放平,平时则立起。其中一方瓷枕上还有"崇宁二年新婚"的墨书铭款,足以证明这件瓷枕是当作婚嫁用具购置的,难以想象会是墓葬明器。"昔皆以瓷枕为殉葬之具,观此可知其非矣。"巨鹿宋代瓷器的发现,改变了人们对瓷枕的认识。

巨鹿故城的发现在当时即影响广泛,开风气之先的梁启超在其名著《中国历史研究法》中即将巨鹿古城与意大利庞贝古城并举,指出"惟我国当民国八年曾在直隶巨鹿县发现一古城,实宋大观二年(西一一零八)被黄河淹没者,距今垂九百年矣。惜乎国无政而民无学,一任遗迹散佚破坏以尽,所留以资益吾侪者甚希。苟能全部保存而加以科学的整理,则吾侪最少可以对与宋代生活状况得一明确印象,宁非快事。"[1]但巨鹿宋城是农民偶然发现的,引起全城的疯狂盗掘,没有科学性可言。李详著、张厚璜两位学者当时指出"当时发掘时,何处为衢市,何处为房舍,尚可得其梗概。以意度之,今城必即建于旧址之上,惜土人旋掘旋覆,不得考其全城之形式,未始非此行之遗憾。"虽然后来考古人员虽然在古城进行了一些科学发掘,限于当时的条件,发掘工作很不彻底,阎文儒在其《中国考古学史》中对北京历史博物馆在巨鹿故城评价道:"这样的遗址,等于是罗马的庞培城,实在有继续发掘的必要。"[2]无数珍贵的历史信息仍埋在我们的脚下,巨鹿宋城的还有待于重新发现。因为城市叠压原因,和全国其他许多古城一样,城市考古工作难以展开。当务之急,是提高认识,在进行城建时注意保护。著名考古学家徐苹芳曾说过,在古今重叠的现代城市中所保留的古代城市遗痕,是这个城市历史发展的见证,若干年后,一个城市中有没有保留自己历史发展的遗痕,将是这个城市有没有文化的表现。只要保护工作做到位,相信我们会更进一步揭开巨鹿宋城的神秘面纱。

---

[1] 梁启超《中国历史研究法》第四章《说史料》,上海古籍出版社1998年,第43页。

[2] 阎文儒《中国考古学史》第七章《20世纪上半叶中国考古机关的考古工作》,广西师范大学出版社2004年,第151页。

明清时期巨鹿自然灾害初探

姚东旭 王文涛

明清时期,河北地区人口有较大的增加,荒地大量开垦,生态环境遭到进一步破坏,各种灾害频发,给人们的正常生产、生活和生命安全造成了巨大的伤害。目前大部分学者专注于区域环境变迁和自然灾害的研究,而具体到县一级的小范围的自然灾害研究相对较少。研究县一级的自然灾害是整体研究的细化,是全面深入研究的需要。因此,选取明清时期巨鹿的自然灾害为研究对象很有必要。

一 明清时期巨鹿县的自然灾害

光绪《钜鹿县志》记载了明清时期巨鹿县发生的自然灾害,据此制成"光绪《钜鹿县志》所载明清时期自然灾害表"[①],作为分析研究的基础。

表一 光绪《钜鹿县志》所载明清时期自然灾害表

序号	朝代	帝王纪年	公元	灾情	县志页码
1	明	成化十八年	1482	大水	360
2	明	正德七年	1512	六月,旱	360
3	明	嘉靖七年	1528	蝗食禾稼,地赤	360

【作者简介】姚东旭(1989年—),男,河北师范大学历史文化学院中国古代史研究生。
王文涛(1956年—),男,河北师范大学历史文化学院教授,主要从事秦汉史与区域史、社会史研究。

① (清)凌燮修光绪《钜鹿县志》,《中国地方志集成·河北府县志辑》,上海书店出版社2006年,第69册。

续表

序号	朝代	帝王纪年	公元	灾情	县志页码
4	明	嘉靖七年	1528	旱	360
5	明	嘉靖八年	1529	蝗	360
6	明	嘉靖九年	1530	疫	360
7	明	嘉靖九年	1530	蝗	360
8	明	嘉靖十五年	1536	蝗	360
9	明	嘉靖十五年	1536	冬十月,地震	360
10	明	嘉靖十七年	1538	大雨潦,民饥	360
11	明	嘉靖二十三年	1544	春,旱,米价腾踊	360
12	明	嘉靖二十三年	1544	六月,大雨,水啮坏城,周围垛口俱颓	360
13	明	嘉靖二十九年	1550	三四月,红风热如火	360
14	明	嘉靖三十年	1551	五月二十二日,风霾大作,昼晦如夜	360
15	明	嘉靖三十二年	1553	大水,饥甚,人相食	360
16	明	嘉靖三十三年	1554	饥,瘟虐,人多死	360
17	明	嘉靖四十年	1561	蝗飞蔽天,大饥	360
18	明	嘉靖四十三年	1564	暴雨骤至,五门俱塞,浮舟于城	360
19	明	隆庆三年	1569	大水,自任县至邑境,舟楫相通城下	360
20	明	万历三十五年	1607	大水,庐舍漂没	360
21	明	万历四十二年	1614	正月至七月初旬,不雨。七月十一日夜,大雨,谷始播种,丰登	360
22	清	顺治十一年	1654	大水	360
23	清	顺治十二年	1655	大水	360
24	清	顺治十八年	1661	五月二十二日,辛庄等村雨雹,伤麦	360
25	清	康熙元年	1662	五月,大水	360
26	清	康熙元年	1662	八月,大水	360
27	清	康熙二年	1663	大水	360
28	清	康熙七年	1668	大水	360
29	清	康熙十四年	1675	大水	360
30	清	康熙十七年	1678	七月,漳水至城堤	361
31	清	康熙十八年	1679	七月二十八日,地震	361
32	清	康熙三十五年	1696	大水,蠲免钱粮三分	361
33	清	康熙四十四年	1705	旱,六月,始雨	361
34	清	康熙四十八年	1709	秋,蝗,捕	361
35	清	康熙四十八年	1709	九月十三日辰刻,地震	361
36	清	康熙五十一年	1712	三月十六日,风霾如火,昼晦如夜	361

续表

序号	朝代	帝王纪年	公元	灾情	县志页码
37	清	雍正二年	1724	蝗	361
38	清	乾隆二年	1737	蝗	361
39	清	乾隆八年	1743	蝗	361
40	清	嘉庆六年	1801	秋七月,大水	361
41	清	嘉庆十七年	1812	连岁荒旱,大饥	361
42	清	嘉庆二十五年	1820	六月,地震	361
43	清	嘉庆二十五年	1820	冬,大雪,壅人门户	361
44	清	道光元年	1821	七月,大疫	361
45	清	道光二年	1822	夏六月,大水	361
46	清	道光三年	1823	夏六月,大水	361
47	清	道光十年	1830	四月,大风雨,三日夜	361
48	清	道光二十八年	1848	连岁荒旱,米珠薪桂,野有饿殍	361
49	清	道光三十年	1850	春二月二十三日未刻,黑风,昼晦如夜	361
50	清	咸丰二年	1852	五月十三日,地震	361
51	清	咸丰三年	1853	秋七月,淋雨,七昼夜,坏民庐舍无数	361
52	清	咸丰七年	1857	春,旱	361
53	清	咸丰七年	1857	夏,蝻。秋,飞蝗蔽日,大饥	361
54	清	咸丰八年	1858	蝗	361
55	清	咸丰八年	1858	夏五月,黑风	361
56	清	咸丰九年	1859	大旱	361
57	清	同治元年	1862	大疫,人死甚众	361
58	清	同治十三年	1874	夏四月,黑风,昼晦如夜	362
59	清	光绪二年	1876	夏四月,黑气蔽日,无麦	362
60	清	光绪二年	1876	秋八月,陨霜杀菽	362
61	清	光绪三年	1877	夏,黑气蔽日	362
62	清	光绪四年	1878	三月十八日,雨雹	362
63	清	光绪四年	1878	冬十二月初三日未刻,地震	362
64	清	光绪四年	1878	三月二十八日,黑风,昼晦如夜	362
65	清	光绪四年	1878	三月,日赤无光	362
66	清	光绪九年	1883	大风拔木,禾尽偃	362
67	清	光绪九年	1883	秋,大水	362
68	清	光绪十一年	1885	夏六月,大水	362

县志所载是我们研究的基本依据，但县志所记，并非巨鹿自然灾害的实录，有遗漏，个别的记录还有错误，下面对表中的自然灾害做一些说明和订正。

第2条，正德七年六月旱。《明实录·武宗实录》卷八十五记载：正德七年，孙祯、吴棋等各奏裁革冗员，"况今水旱相仍，盗贼充斥，师疲于外，而馈饷屡绝，民困于下，而赋敛益烦，闾阎鲜甔石之储，太仓无数岁之积，米价腾踊，人情汹惧"。

第3条和第4条，嘉靖七年旱，蝗食禾稼，地赤。《明史》记载："七年，北畿、湖广、河南、山东、山西、陕西大旱。"①明朝时，北畿一般指北京周围地区，南畿为南京周围地区。北畿七府包括顺天府、保定府、河间府、永平府、真定府、顺德府和广平府，巨鹿县属顺德府。正史重京师而轻外地，当有遗漏。旱灾和蝗灾的关联性很强，大旱时常有蝗灾发生。

第9条，嘉靖十五年冬十月地震。《明史》载："（嘉靖）十五年十月庚寅，京师地震。顺天、永平、保定、万全都司各卫所，俱震，声如雷。"②上述地点在京畿地区，距离巨鹿较远，地震波及范围较大，巨鹿地区有震感或者震级较小，故县志有记载。

第10条，嘉靖十七年，大雨潦，民饥。据《明史》："（嘉靖）十七年，北畿饥"③，造成饥荒的原因是旱灾，"（嘉靖）十七年夏，两京、山东、陕西、福建、湖广大旱"④。两京指北京与南京地区。而巨鹿的"民饥"是由于大雨潦造成。《明史》记有嘉靖十六年发生的水灾，"十六年秋，两畿、山东、河南、陕西、浙江各被水灾，湖广尤甚"⑤，是县志所记有误，还是正史未载，待考。

第11条和第12条，嘉靖二十三年春旱，米价腾涌。夏六月大雨，水蚀坏城，周围垛口俱颓。《明史》只记有"（嘉靖）二十三年，湖广、江西旱"⑥，未有旱灾和水灾记载。

---

① （清）张廷玉等撰《明史》卷二八《五行志三》，中华书局1974年，第484页。
② 《明史》卷二八《五行志三》，第500页。
③ 《明史》卷三〇《五行志三》，第510页。
④ 《明史》卷三〇《五行志三》，第484页。
⑤ 《明史》卷二八《五行志一》，第451页。
⑥ 《明史》卷三〇《五行志三》，第484页。

第17条,嘉靖四十年,蝗飞蔽天,大饥。《明史》记有"四十年,两畿、山西饥"①。

第18条,嘉靖四十三年,暴雨骤至,五门俱塞,浮舟于城。《明史》记有"四十三年,北畿、山东大饥"②,未云水灾。

第19条,隆庆三年,大水自任县至邑境,舟楫相通城下。《明史》载:"(隆庆)三年闰六月,真定、保定、淮安、济南、浙江、江南俱大水。"③真定府"领州五,县二十七"④,其中,南宫、新河、宁晋、柏乡与巨鹿县紧邻,明朝巨鹿辖境与现在并不完全相同,巨鹿当有部分地区在其中。大水自任县至邑境,大雨造成河流决堤,洪水四溢,波及巨鹿。

第21条,万历正月至七月初旬,不雨。七月十一日夜,大雨,谷始播种,丰登。《明史》载,"(万历)四十二年夏,不雨"⑤,"四十三年三月,不雨,至于六月"⑥。光绪《钜鹿县志》在"七月十一日夜大雨,谷始播"之后说:"十三日立秋。是年闰八月,谷犹丰登。"万历四十二年没有闰月,而四十三年有闰八月,县志记载可能有误,四十二年当为四十三年。

第23条,顺治十二年,大水。《清史稿》记载:顺治十二年"六月,漳水溢,平地水深丈许,陆地行舟"⑦。漳水流经巨鹿境内⑧,漳水在巨鹿漫堤溢出,造成严重的水灾。

第24条,顺治十八年五月二十二日,辛庄等村雨雹,伤麦。《清史稿》记载:"十八年正月二十七日,顺德大雨雹,伤人畜"⑨。清朝沿袭明朝,仍设顺德府,治所在邢台。下辖邢台、巨鹿等九县。

第25条和26条,康熙元年五月八月大水,《清史稿》所记巨鹿水灾的月份

---

① 《明史》卷三〇《五行志三》,第510页。
② 《明史》卷三〇《五行志三》,第510页。
③ 《明史》卷二八《五行志一》,第452页。
④ 《明史》卷四〇《地理志一》,第893页。
⑤ 《明史》卷三〇《五行志三》,第485页。
⑥ 《明史》卷三〇《五行志三》,第485页。
⑦ 赵尔巽等撰《清史稿》卷四〇《灾异一》,中华书局1977年,第1537页。
⑧ 《明一统志》卷四:"漳水萦流于(巨鹿)东南",《景印文渊阁四库全书》本。
⑨ 《清史稿》卷四〇《灾异一》,第1495页。

分别为七月和九月,与县志不同。康熙元年,"七月,孝感、沔阳、广陵、江陵、松滋、钜鹿、兴化、萧县、沛县、宁州大水。八月,天门汉水溢,堤决,舟行城上,成安、钟祥、潜江大水。九月,冀州、阜城大水"①。

第27条,康熙二年大水。《清史稿》记载:康熙二年八月,"宜都、黄冈、钟祥、麻城、钜鹿大水"②。

第33条,康熙四十四年旱,六月始雨。《清史稿》说:"四十四年……九月,钜鹿旱。"③正史所记旱灾为九月,而县志记载为旱,六月始雨。县志所记载大概是春夏之季巨鹿旱,六月份开始下雨以后,未再出现正史中所记载的九月又旱。正史与县志记载不同,存疑备考。

第35条,康熙四十八年九月十三日辰刻地震。《清史稿》没有该年巨鹿发生地震的记录。"四十八年九月初二日,保德州地震。十二日,凉州、西宁、固原、宁夏地震伤人;靖远大震,塌民舍二千余间,城墙倒六百六十余丈,压毙居民甚多。"而在前一年,与巨鹿相距不远的永年和丘县有地震发生。四十七年九月"十三日,永年地震。十月十一日,丘县地震"④。

第40条,嘉庆六年,秋七月大水。据《清史稿》,嘉庆六年春,"平乡大水;滹沱河溢,田禾尽没"⑤。据正史所载,六年春天,平乡大水,滹沱河溢。根据这两条可以判定,巨鹿受其影响,在这一年也发生大水。因为平乡与巨鹿相邻。而滹沱河流经巨鹿,故二者发生大水,会波及巨鹿。县志所记巨鹿大水为七月,月份有出入,存此备考。

第42条,嘉庆二十五年六月地震。《清史稿》记载:嘉庆二十五年,"六月二十二日,南宫地震"⑥。南宫在巨鹿东北,二县相邻。可能震中在南宫,巨鹿有震感,震级比南宫低。

第44条,道光元年,七月大疫。道光元年,在山东、河北和北京的几十个县

---

① 《清史稿》卷四〇《灾异一》,第1537页。
② 《清史稿》卷四〇《灾异一》,第1537页。
③ 《清史稿》卷四三《灾异四》,第1599页。
④ 《清史稿》卷四三《灾异四》,第1635页。
⑤ 《清史稿》卷四〇《灾异一》,第1550页。
⑥ 《清史稿》卷四四《灾异五》,第1640页。

有大疫流行,三月从任丘开始流行,"至八月始止,死者不可胜计"①。可能巨鹿疫情较轻,《清史稿》未将巨鹿列出,巨鹿附近的南宫、平乡等县均有大疫发生,巨鹿自难幸免。

第52和53条,咸丰七年春,旱;夏,蝻生,食苗殆尽;秋,飞蝗蔽日,大饥。《清史稿》记载:"七年春,昌平、唐山、望都、乐亭、平乡蝗。"②咸丰七年春,平乡有蝗灾,巨鹿与平乡相邻,可能巨鹿的蝗灾比平乡轻,正史只记平乡,没提巨鹿。蝻为蝗的幼虫,夏蝻至秋成蝗,形成蝗灾。"夏,清苑、元氏、无极、邢台大饥。"③此处邢台为邢台县,距离巨鹿稍微远一点。《清史稿》说:"七年春,昌平、唐山、望都旱。夏,清苑、元氏、无极、武邑、永清、广宗、柏乡旱。"④广宗、柏乡有旱灾,二县与巨鹿接壤,正史没提巨鹿的原因,可能如同蝗灾,其旱情较邻县稍轻。

第60条,光绪二年八月,陨霜杀菽。据《清史稿》,"光绪二年八月初八日,宁津、东光、临榆陨霜杀禾"⑤。东光属河间府,临榆属永平府。二县距巨鹿较远。陨霜是地区性的气候灾害。存此备考。

县志所记并非明清时期巨鹿县自然灾害的全部,明清时期,巨鹿县在顺德府辖境,正史中记载顺德府发生的自然灾害,巨鹿可能也在其中。下面将县志未载而见于正史的顺德府自然灾害制表列出,作为明清时期巨鹿县自然灾害的补充资料。

表二 正史所见明清时期顺德府自然灾害简表

帝王纪年	公元	灾情	出处
洪武七年	1374	六月,真定、保定、河间、顺德、山东、山西蝗	《明史》卷二八《五行一》
洪熙元年	1425	六月,骤雨。临漳漳、滏二河决堤岸二十四。真定滹沱河大溢,没三州五县田	《明史》卷二八《五行一》
宣德三年	1428	七月,北畿七府俱水	《明史》卷二八《五行一》
宣德九年	1434	六月,顺天、顺德、河间俱水	《明史》卷二八《五行一》
正统二年	1437	顺德、兖州春夏旱	《明史》卷三〇《五行三》

① 《清史稿》卷四〇《灾异一》,第1530页。
② 《清史稿》卷四〇《灾异一》,第1514页。
③ 《清史稿》卷四四《灾异五》,第1654页。
④ 《清史稿》卷四三《灾异四》,第1606页。
⑤ 《清史稿》卷四〇《灾异一》,第1494页。

续表

帝王纪年	公元	灾情	出处
正统五年	1440	夏,顺天、河间、真定、顺德、广平蝗	《明史》卷二八《五行一》
正统六年	1441	夏,顺天、保定、真定、河间、顺德、广平、大名蝗	《明史》卷二八《五行一》
正统九年	1444	闰七月,北畿七府及应天、济南、岳州、嘉兴、湖州、台州俱大水	《明史》卷二八《五行一》
景泰元年	1450	大名、顺德、广平、保定、处州、太原、大同七府饥	《明史》卷三〇《五行三》
成化十五年	1479	京畿大旱,顺德、凤阳、徐州、济南、河南、湖广皆旱	《明史》卷三〇《五行三》
弘治十五年	1502	九月丙戌,南京、徐州、大名、顺德、济南、东昌、兖州同日地震,坏城垣、民舍	《明史》卷三〇《五行三》
万历十九年	1591	夏,顺德、广平、大名蝗	《明史》卷二八《五行一》
顺治六年	1649	七月,文安、真定、顺德、广平、大名、河间大水	《清史稿》卷一五《灾异一》
顺治八年	1651	二月十六日,顺德雨雹,大如斗,击毙牛马	《清史稿》卷一五《灾异一》
顺治十二年	1655	正月,顺德大旱	《清史稿》卷一八《灾异四》
顺治十六年	1659	闰三月初四,顺德大雨雹	《清史稿》卷一五《灾异一》
康熙三年	1664	十一月二十一日,顺德地震	《清史稿》卷一九《灾异五》
康熙六十一年	1722	十一月,顺德地震	《清史稿》卷一九《灾异五》
雍正三年	1725	九月,顺德大雨三月	《清史稿》卷一七《灾异三》
雍正八年	1730	六月,衡水、沙河、鸡泽、大名、顺德、广平、永年、高苑、博兴、乐安大水	《清史稿》卷一五《灾异一》
乾隆五十七年	1792	秋,顺德、武强、南宫、庆云、静海、望都、蠡县、乐亭旱	《清史稿》卷一八《灾异四》

除县志和正史外,《明实录》和《清实录》中也有关于巨鹿县自然灾害的资料,因时间关系,来不及查找,容后补充。

二 明清时期巨鹿自然灾害的影响与救助

自然灾害危害巨大,破坏农业生产,造成巨大的经济损失,甚而危及人们的生命,影响社会稳定,导致流民等社会问题的出现。试分述如下。

1.破坏正常的农业生产。水、旱、蝗、风、雹、霜等灾占对农作物生长具有巨大的破坏性。洪水冲毁田园,淹没庄稼,"高田下田同一川,南北那复辨禾垅"[①]。

---

① 《苦雨歌》,光绪《钜鹿县志》,第498—499页。

干旱、蝗灾、雨雹陨霜等灾害,导致农作物减产甚至绝收。例如,明嘉靖七年,巨鹿"旱,蝗食禾稼,地赤"①。旱灾和蝗灾连发,导致农作物颗粒无收。清顺治十八年五月二十二日,"辛庄等村雨雹,伤麦"。光绪二年夏四月,"黑气蔽日,无麦。秋八月,陨霜杀菽"。光绪九年,"大风拔木,禾尽偃"。

2.造成人口大量死亡和经济巨大损失。嘉靖三十三年和同治元年的大瘟疫都"人死甚众"。饥荒是自然灾害的最严重后果之一,轻者粮价上涨,如嘉靖二十三年巨鹿春旱,"米价腾踊"。如果没有有效的救助措施,饥民就会大量死亡,甚至出现"人相食"的惨剧。

表三 光绪《钜鹿县志》所见明清饥荒表

序号	朝代	帝王纪年	公元	饥情	县志页码
1	明	成化八年	1472	大饥	360
2	明	嘉靖十七年	1538	大雨潦,民饥	360
3	明	嘉靖三十二年	1553	大水,饥甚,人相食	360
4	明	嘉靖三十三年	1554	饥,瘟虐,人多死	360
5	明	嘉靖四十年	1561	蝗飞蔽天,大饥	360
6	明	崇祯十三年	1640	大饥,人相食	360
7	清	康熙二十二年	1683	饥	361
8	清	康熙二十八年	1689	饥己巳年	361
9	清	康熙四十七年	1708	大饥	361
10	清	乾隆五十七年	1792	荒	361
11	清	嘉庆十七年	1812	连岁荒旱,大饥,野多饿殍	361
12	清	道光二十八年	1848	连岁荒旱,米珠薪桂,野有饿殍	361
13	清	咸丰七年	1857	夏,蝻。秋,飞蝗蔽日,大饥	361
14	清	光绪三年	1877	秋,无禾	362

巨鹿县志所记明清时期饥荒,共十四次,明朝六次,清朝八次,其中七次由水(二次)、旱(二次)、蝗(二次)、疫(一次)灾造成;另七次饥荒的原因县志未载,乾隆五十七年饥荒的原因,据《清史稿·灾异四》是因旱灾而成。这年秋天,"顺德、武强、南宫、庆云、静海、望都、蠡县、乐亭"发生了旱灾。引发饥荒的原因不外乎天灾和人祸两种,其余六次原因不详的饥荒待考。巨鹿知县王鼐在《蠲赈记》中记载巨鹿一次大饥造成的危害,"赤地千里,乡村部屋,烟火阒寂,僵卧

---

① 未注出处者,均见表一"光绪《钜鹿县志》所载明清时期自然灾害表"。

之人,饥不能起,乞食道路者累累"①。

自然灾害造成的经济损失也很巨大。如嘉靖二十三年六月大雨,洪水冲坏城墙,"周围垛口俱颓"。嘉靖四十三年,"暴雨骤至,五门俱塞,浮舟于城"。隆庆三年大水,"自任县至邑境,舟楫相通城下"。万历三十五年大水,"庐舍漂没"。咸丰三年秋七月,大雨连续下了"七昼夜,坏民庐舍无数"。《苦雨歌》写道:"妇子啼号百计左,不眠终夜守灯火。南邻塌压北邻苦,辗转徙移无一可。"②平地走洪涛,遗黎无所遁逃。此外,地震相关的危害情况虽未载入县志,但造成的损失肯定相当严重。

3.引发流民等社会问题。大灾之后,人们被迫背井离乡去外地谋生,成为流民。光绪《钜鹿县志》记有两首《哀流民》诗,其一云:"霜重鸿飞急,时危民命轻,饥寒违故国,枕藉卧荒城。举目皆豺虎,他人孰父兄。齐心宽大诏,万一轸皇情。"③这首诗描写了饥民背井离乡,渴望官府救助的情形。遭罹饥寒,民命轻微,枕藉荒城,忍别故土,异乡求生。但举目所见,遍地豺虎,只好将希望寄托在高高在上的皇帝身上。另一首写道:"妇子嗟何计,漂流未忍分。全家依乱草,痛苦寄秋云。征税烦群吏,殷忧荷圣君。当今谁郑侠,早遣绘图闻。"④遭遇灾荒,全家寄身于乱草之中,食不果腹,无计求生,只得漂泊异乡,不忍分离,但税赋不减,群吏盘剥,如果"圣君"不出现,流民为了生存,只能"揭竿而起"。

为了减轻灾害造成的损失,缓和社会矛盾,明清政府采取了不少救助措施。此不详述,仅讨论针对巨鹿受灾所实行的救助措施。巨鹿的水土条件不好,"地界漳河,故广阿泽也。……水苦,土半卤","顺德九邑,唯此堪怜",不利于发展农业,"凶年引水灌禾,禾即槁",故"俗多逐末"⑤。有识之士很重视兴修水利,光绪《钜鹿县志》中有很多关于筑堤修坝的记载,王鼐《堤防议》记载:"城之西南以及于东北,斜筑长堤一道。界连任平、广宗,约百有余里。"修建水利工程,可以提高防灾抗灾能力,"虽遇旱涝,民不为病",大大减轻旱涝带来的灾难和

---

① 光绪《钜鹿县志》,第456页。
② 光绪《钜鹿县志》,第499页。
③ 光绪《钜鹿县志》,第499页。
④ 光绪《钜鹿县志》,第499页。
⑤ 光绪《钜鹿县志》,第456页。

损失。政府通常会在灾荒之年减免租赋，减轻百姓负担。顺治十二年十二月，巨鹿水灾，朝廷免除"水灾额赋"①。康熙三十五年巨鹿大水，官府减少税收，"蠲免钱粮三分"②，"道光元年，蠲免天下积年逋赋"。如康熙四十八年秋巨鹿蝗灾，采取捕杀之法。乾隆二年巨鹿蝗灾，当年受灾的还有八十多个州县卫。七月，户部议复："动支存仓谷石，分别赈济"③。有时灾害严重，政府不仅减免全年租赋，还派大员勘查灾情，落实救助措施。

县志《蠲赈记》记载了巨鹿县的多种赈灾方法。所记不虚，应是针对康熙二十八年饥荒而采取的救助措施。《蠲赈记》云："己巳秋，余忝牧斯土，正罹灾浸，赤地千里，乡村蔀屋，烟火阒寂，僵卧之人，饥不能起，乞食道路者累累。"巨鹿所遇大饥荒，只有康熙二十八年是己巳年。

1. 勘查灾情，"总宪于公有奉命查荒之举"④。
2. 发放救灾钱物。调查属实后，"圣心悯恻下诏：蠲本年正赋银三千九百五十两，复发帑金一千七百两，仓粟一百石一斗。"⑤
3. 根据饥民情况实施救助。"其饥民道远难归者，资以餱粮，至颠仆将毙者，药以参苓。"⑥一时，近万名饥民得到赈济。
4. 劝民助赈。在灾荒之年，除了政府的官方救助之外，地方政府也发动民间力量来分担赈济的压力，并把它作为一种赈济的补充形式。《蠲赈记》记载："余不忍食禄，转详蠲俸，外勉为文徧，告邑之父老绅士，量助谷钱不等。一时，诸从事如丁、梁二广文，陈千戎，赵县尉，靡不殚厥心力。"⑦

---

① 《清实录·世祖章皇帝实录》卷九六顺治十二年十二月。
② 光绪《钜鹿县志》，第361页。
③ 《清实录·高宗纯皇帝实录》卷四七乾隆二年七月。
④ 光绪《钜鹿县志》，第456页。
⑤ 光绪《钜鹿县志》，第456页。
⑥ 光绪《钜鹿县志》，第457页。
⑦ 光绪《钜鹿县志》，第457页。

编 后 记

2011年6月10日至12日,在巨鹿县巨鹿镇华丰宾馆召开的"千年古郡——巨鹿历史文化研讨会",是由河北省历史学会、邢台学院主办,得到了巨鹿县委、县政府的鼎力支持,巨鹿县委宣传部、巨鹿县文广新体局承办了会务工作。河北省历史学会会长、河北省社会科学院副院长孙继民教授与巨鹿县委书记王素平多次研究会议事务,协调各方面关系。邢台学院葛仁考博士牵针引线做了许多工作。巨鹿县委宣传部常务副部长、文广新体局局长张蔚霞认真筹划安排,巨鹿县委宣传部景怀栋、左会勇、王民涛等积极负责地做好会务工作。与会学者,无论是老专家、壮年才俊,还是青年学子,均踊跃地报名参与,认真地撰写论文,积极地讨论争鸣。正是由于各方面同心协力,才有了"千年古郡——巨鹿历史文化研讨会"的圆满成功。

"千年古郡——巨鹿历史文化研讨会",是以大巨鹿的观念,追根溯源,原始察终,汇集各位学者的学术优势,从政治、经济、军事、文化、文献、思想、社会等诸多领域研究巨鹿历史文化。在研讨会召开之前,我有幸作为第一读者拜读了诸位学者提交的论文。这五十二篇文章涉及巨鹿政区沿革的诸问题,讨论了巨鹿之战胜败与有关人物的命运,考察了巨鹿魏徵与魏氏的情况,探索了巨鹿历史人物问题,考究了与巨鹿有关的简牍、碑刻等文献,探究了巨鹿思想文化、科学技术等领域。这些论文第一次对于巨鹿历史文化进行了比较全面的专门研讨,既有新资料的发掘,新方法的运用,新领域的开拓,也有老课题的深化,旧问题的细化,取得了可喜的成绩。

2015年5月,承蒙新任河北省历史学会会长、河北师范大学副校长戴建兵教授支持,并与河北省社会科学院副院长、原河北省历史学会会长孙继民教授、巨鹿县委宣传部常务副部长、巨鹿文广新体局局长张蔚霞商议后,将《千年古郡——巨鹿历史文化研讨会论文集》改为《巨鹿历史文化研究》列入"华北府县历史文化研究丛书"出版。因为丛书规模限制,只得将五十二篇三十四万余字减为四十三篇二十五万字,删去了九篇十万余字。《千年古郡——巨鹿历史文化研讨会论文集》将在适当时机发到中国知网的中国重要会议论文全文数据库内。

此次整理,以学术是天下公器的精神,尊重作者各自的看法,观点不做统一,以利于学术研讨的争鸣与深入。作者使用的不同版本文献也未做统一。作者简介保持了原状,即便现在情况已经发生了变化,也未做修改。以每篇文章为单位,只做技术性整理,统一了注释的格式,标注作者的朝代,统一了卷次等数字用法,统一了古代历史人物的姓名用字,删改了一些不准确的引文,纠正了一些明显的错误等。长期以来,"钜鹿"与"巨鹿"通用,本书对双引号内的引用文字,多统一为"钜鹿",作者叙述文字多统一为"巨鹿"。

"千年古郡——巨鹿历史文化研讨会"的召开,得到了中共巨鹿县委、县政府和邢台学院等多方面的支持,得到了作者们的响应,为本书的出版打下了基础。在出版过程中,得到了天津古籍出版社领导的支持,责任编辑认真负责地修改,特别是承蒙磁州窑研究专家刘志国先生提供了封面的图片。在本书出版之际,向所有给予支持帮助的领导、学者们表示衷心感谢。

由于时间紧迫,学力不足,积累不够,有些文章虽经认真校阅反复修改,但仍然存在着一些毛病。我们期盼着通过《巨鹿历史文化研究》的出版,促进巨鹿历史文化研究的发展,把巨鹿历史文化研究推向一个新阶段。

秦进才

2015年7月10日